U0914745

高校人文社科研究成果丛书
Series of College Research Results in Humanities and Social Science

对外汉语教学的多角度研究

DUIWAI HANYU JIAOXUE DE DUOJIAODU YANJIU

主　编　安玉香　刘文惠　胥秋菊
副主编　许瑞蓉　段泗英　王晓斌　房玉霞　林　云　蒙瑞萍

中国书籍出版社
China Book Press

图书在版编目(CIP)数据

对外汉语教学的多角度研究/安玉香,刘文惠,胥秋菊主编.--北京:中国书籍出版社,2014.3
ISBN 978-7-5068-4104-7

Ⅰ.①对… Ⅱ.①安…②刘…③胥… Ⅲ.①汉语－对外汉语教学－教学研究 Ⅳ.①H195

中国版本图书馆 CIP 数据核字(2014)第 056354 号

对外汉语教学的多角度研究

安玉香　刘文惠　胥秋菊　主编

丛书策划　谭　鹏　武　斌
责任编辑　许艳辉
责任印制　孙马飞　张智勇
封面设计　崔　蕾
出版发行　中国书籍出版社
地　　址　北京市丰台区三路居路 97 号(邮编:100073)
电　　话　(010)52257143(总编室)　(010)52257153(发行部)
电子邮箱　chinabp@vip.sina.com
经　　销　全国新华书店
印　　刷　三河市铭浩彩色印装有限公司
开　　本　710 毫米×1000 毫米　1/16
印　　张　30.25
字　　数　542 千字
版　　次　2014 年 9 月第 1 版　2014 年 9 月第 1 次印刷
书　　号　ISBN 978-7-5068-4104-7
定　　价　82.00 元

版权所有　翻印必究

前　言

作为一门新兴学科，对外汉语教学在近二十多年中取得了长足的进步。一方面，随着中国经济的持续发展和中国国际地位的提高，以及中国与世界各国经济合作和文化交流的发展，来华留学生的数量呈逐年上升的趋势，越来越多的外国人开始学习汉语，而对外汉语教学也成为外国人学习汉语的重要渠道；另一方面，在国家的高度重视和大力支持下，对外汉语教学在理论和实践上都取得了巨大的进步，不仅满足了来华留学生学习汉语的需要，也是中国走向世界，让全世界了解中国的窗口。目前，以对外汉语教学为途径的汉语国际推广正处于全新的、催人奋进的态势中，因而，我们有必要对对外汉语教学的理论和实践进行研究，以推动对外汉语教学事业的进一步发展。

我国对外汉语教学的历史并不长，经验也不足，学科基础也比较薄弱，但是在研究对外汉语教学的专家学者和教师的努力下，对外汉语教学在学科建设方面已经沿着科学化和规范化的道路健康发展，正在逐步走向成熟。为了能让更多人了解对外汉语教学，为对外汉语教学研究事业增砖添瓦，我们参阅了大量中外学者的研究成果，写成了《对外汉语教学的多角度研究》一书。

本书共分为十一章：第一章为对外汉语教学的学科理论概述；第二章为对外汉语教学的目标；第三章为对外汉语教学的原则与方法；第四章对对外汉语教学中的语言理论进行了阐述；第五章到第十一章分别从对外汉语的听力教学、阅读教学、口语教学、写作教学、文化教学、计算机辅助教学以及综合课教学等多个角度对对外汉语教学的理论和实践进行了阐述。总体来说，本书结构清晰、内容全面、逻辑严谨、重点突出，对了解和研究对外汉语教学有一定的参考意义。

本书在编写的过程中受到了诸多同行的帮助，并参考引用了许多专家学者的研究成果，在此一并表示感谢。另外，由于时间仓促，编者水平有限，错误和不当之处在所难免，恳请广大读者多提宝贵意见，以便本书日后的修改与完善。

编　者

2014 年 2 月

目　　录

第一章　对外汉语教学的学科理论概述 …… 1

第一节　对外汉语教学的学科属性 …… 1

第二节　对外汉语教学的学科理论体系 …… 11

第三节　对外汉语教学的发展史 …… 30

第二章　对外汉语教学的目标 …… 40

第一节　教学目标概述 …… 40

第二节　教学目标的分类 …… 45

第三节　对外汉语教学目标的设计与编写 …… 53

第三章　对外汉语教学的原则与方法 …… 61

第一节　对外汉语教学的原则 …… 61

第二节　对外汉语教学的方法 …… 75

第四章　对外汉语教学中的语言理论 …… 84

第一节　语言理论与对外汉语教学 …… 84

第二节　语言习得理论与对外汉语教学 …… 94

第三节　语言学科分支与对外汉语教学 …… 106

第五章　对外汉语的听力教学 …… 116

第一节　对外汉语听力教学理论 …… 116

第二节　对外汉语听力教学实践 …… 134

第三节　对外汉语听力教学的技能训练 …… 148

第六章　对外汉语的阅读教学 …… 169

第一节　对外汉语阅读教学理论 …… 169

第二节　对外汉语阅读教学实践 …… 186

第三节 对外汉语阅读教学的技能训练…………………………… 212

第七章 对外汉语的口语教学………………………………………… 228

第一节 对外汉语口语教学理论………………………………… 228
第二节 对外汉语口语教学实践………………………………… 251
第三节 对外汉语口语教学的技能训练…………………………… 272

第八章 对外汉语的写作教学………………………………………… 291

第一节 对外汉语写作教学理论………………………………… 291
第二节 对外汉语写作教学实践………………………………… 304
第三节 对外汉语写作教学的技能训练…………………………… 316

第九章 对外汉语的文化教学………………………………………… 329

第一节 对外汉语文化教学理论………………………………… 329
第二节 对外汉语文化教学实践………………………………… 344
第三节 对外汉语教学中的跨文化交际理论………………………… 356

第十章 对外汉语的计算机辅助教学……………………………… 382

第一节 对外汉语计算机辅助教学理论…………………………… 382
第二节 对外汉语计算机辅助教学实践…………………………… 409

第十一章 对外汉语的综合课教学………………………………… 429

第一节 对外汉语综合课教学理论……………………………… 429
第二节 对外汉语综合课教学实践……………………………… 448

参考文献……………………………………………………………… 466

第一章　对外汉语教学的学科理论概述

理论是学科的立足之本。任何一门专门的学科都有自己的学科理论，对外汉语教学也不例外。对外汉语教学的学科理论与学科地位的确定是相辅相成的，任何学科都是在一定的理论指导下形成的，学科的形成离不开理论，学科的形成反过来也会促进理论的系统化。学科建设要求其理论不仅要跟进和配套，更应该先行一步，以发挥其指导作用。

对外汉语教学理论对教学建设、教学实践也有指导作用。各种语言教学的理论和方法都是以一定的语言学理论为背景的，如果缺少语言学理论的指导，教材编写、教学内容的安排和讲解等都会缺乏科学性。对外汉语教学活动的四大环节也离不开理论的指导。例如，对外汉语教学的总体设计就是在语言规律、语言学习规律和语言教学规律等各种理论的基础上整合各方面的因素如主客观条件等之后确立的，总体设计对于确定最佳教学方案、教材编写、课堂教学和测试、衔接各教学环节、协调全体教学人员等都有指导作用。对于语言教学来说，教学效率是关键，教学效率的提高也有赖于理论的指导。

第一节　对外汉语教学的学科属性

一、对外汉语教学的内涵

学者们认为，跟“英语教学”“法语教学”以及其他许多名称一样，“对外汉语教学”这个名称也具有多重涵义。例如，我们可以说“对外汉语教学事业”，这里的“对外汉语教学”是一项事业的名称；我们也可以说“对外汉语教学工作”，这里的“对外汉语教学”是一种工作或职业的名称——这种工作或职业就是对外国人进行汉语教学；我们还可以说“对外汉语教学专业”，这里的“对外汉语教学”是一个专业的名称——顾名思义，这个专业是指培养对外汉语教学人才的专业，而不是指培养汉语人才的专业。为了更好地发展对外汉语教学事业，更有效地从事对外汉语教学工作，进一步办好对外汉语教学专业，就必须开展理论研究。作为一种研究对象，“对外汉语教学”就成了一门学科的名称，就像把文学作为研究对象的学科就叫作“文学”、把数学作为研究对象的学科就叫作“数学”一样。

此外，在众多学者看来，对外汉语教学作为一门学科，必须有自己特定的研究对象、研究内容、研究目的和理论体系。对外汉语教学的研究对象就是作为第二语言或外语的汉语学习和教学。具体而言，就是研究外国人学习和习得汉语的规律及相应的教学规律。对第一语言为非汉语的我国少数民族学生和海外华侨、华人的汉语教学也是一种第二语言教学，所以，对外汉语教学的某些经验和研究成果也适用于对我国少数民族的汉语教学和海外的华语文教学。对外汉语教学的研究内容是作为第二语言或外语的汉语学习和教学的全过程以及与此相关的各种内部联系和外部关系。就纵向层面而言，对外汉语教学实际上是研究学生从开始学习到真正掌握，即汉语水平达到接近说汉语的汉族人的水平的过程；从横向上说，就是研究总体设计、教材编写、课堂教学和测试等全部教学活动。对外汉语教学的研究目的是揭示作为第二语言或外语的汉语学习和教学的内在规律，以便指导教学实践。对外汉语教学已经初步形成了自己的理论体系，这个理论体系由基础理论和应用理论两部分组成。基础理论包括语言理论、语言学习理论、跨文化交际理论和一般教育理论等；应用理论是指教学理论和教学法(教学法的部分内容具有理论性质，因此不妨把它也归入理论范畴)。对外汉语教学的学科理论就是建立在综合应用语言研究、语言学习研究、跨文化交际研究和语言教学研究等方面研究成果的基础之上的，所以是综合性的、跨学科的。

基于以上观点，在学者们看来，要认清对外汉语教学的内涵，还必须把机构、专业、课程和学科等不同的概念区分开来。吕必松先生指出：“一个大学可以设若干个学院，一个学院可以设若干个系，一个系可以设若干个专业，一个专业必须开设若干门课程，不同的课程往往属于不同的学科……机构、专业、课程和学科是不同的概念，不能因为机构、专业和课程变了，学科的名称和内涵也跟着改变。”在专业方面，还要区分培养“汉语”人才的专业和培养“汉语教学”人才的专业，前者属于作为第二语言的“汉语”或“汉语言”专业，后者属于作为第二语言的“汉语教学”或“汉语教育”专业。作为第二语言的“汉语”专业和“汉语教学”专业虽然都是对外汉语教学的研究对象，但是它们的培养目标、教学内容和教学要求等有明显的区别，所以是不同的专业，绝不能混淆。蒋妙瑞司长在讲话中指出：应该把对外汉语教学的定性、定位、定量问题分一分，一个是学科本身的“三定”，一个是专业的“三定”，甚至还有汉办工作的“三定”，这些都不是一码事。

二、对外汉语教学的性质

就其性质而言，总体上来说对外汉语教学是一种第二语言教学，也是一种外语教学。具体而言，对外汉语教学的性质主要体现在以下几方面。

(一)对外汉语教学是语言教学

语言教学的最根本的任务就是教好语言，而不是教哲学、文学、史学或别的什么学科。而语言教学必然涉及一定的文化内容，也必须包括一定的文化因素的教学，但文化因素的教学必须为语言教学服务。语言教学也不同于语言学的教学。语言是交际工具，教语言就是要让学习者掌握这个交际工具，培养他们运用语言进行交际的能力。吕叔湘先生说过：“学习语言不是学一套知识，而是学一种技能。”①所以，语言课首先是技能课、工具课。语言学是研究语言的性质和规律的科学，语言学的教学则是教授有关语言的理论知识以及有关语言的研究方法。语言学的课程主要是知识课、理论课。语言教学中当然也包含一定的语言知识和语言规律的教学，然而教知识、教规律是为培养运用语言进行交际的能力服务的。部分新教师不了解对外汉语教学的这一性质和特点，用大学中文系讲授语言学的方法在课堂上大讲汉语语法知识，或是词汇的各种义项和用法，这就完全违背了语言教学的规律。我们强调对外汉语教学作为语言教学的性质，就把它从教学内容和教学方法上与其他学科(包括语言学学科)区分开来。

(二)对外汉语教学是第二语言教学

对外汉语教学的第二语言教学使其不同于第一语言(常常是母语文)教学。不论是小学或中学的语文教学，都是在学生已经较好地掌握了母语听说读写的基本技能，有了用母语熟练地进行交际的能力的基础上进行的。所以，除了需要进一步提高母语的运用能力、特别是读写的能力外，语文课要求学生学习一定的语文基础知识，要提高他们的思想品德、情感品质、文学修养和审美能力。而对外汉语教学则往往是从零起点开始，学习者对目的语不但没有听说读写的能力，甚至从未接触过，需要从发音、说话学起。因此基础阶段的教学对他们来说显得特别重要，是对外汉语教学的重点阶段。为了能在较短的时间里尽快达到初步掌握这种目的语的目的，对外汉

① 吕叔湘：《关于语文教学的两点基本认识》，文字改革，1963年第4期。

语教学就必然带有短期、速成、集中、强化的特点，就必须强调所传授的知识要转化为技能并以技能训练为中心，以培养学生运用目的语进行交际的能力为根本目标。而伴随语言教学所进行的文学与文化教育、审美教育等，也会受到学习者目的语水平的限制，只有目的语达到一定水平时才谈得上通过目的语来研究文学、文化。第二语言教学的性质，就把对外汉语教学与第一语言教学即母语文教学明显地区分开来。

(三)对外汉语教学是汉语作为第二语言的教学

汉语作为第二语言的教学，不仅会受到第二语言教学普遍规律的制约，而且汉语教学又有本身的特殊规律，此外，它与英语、俄语、日语、阿语等其他第二语言的教学也有较大差异。汉语属汉藏语系，与世界上很多语言的谱系关系都比较远，对大部分外国学习者而言是一种陌生的语言，是“真正的外语(true foreign language)”。汉语所体现的文化与其他民族、特别是西方民族有很大的区别，这给语言学习也带来了一定的困难：汉语不像英语、法语等作为第二语言在世界上已经有了几十年，甚至几百年的教学基础，目前汉语教学在国外还不普及，属于“非普遍教授语言”(less commonly taught language)，学习汉语的人一般起点都不高。这些都是造成“汉语难学”成见的原因。此外，汉语在语音、词汇、语法、汉字方面也确实有许多不同于其他语言，特别是西方语言的特点；掌握汉语特有的书写系统——汉字，对以拼音文字为母语的学习者来说被认为尤为困难。通过语言对比可以发现，汉语的特点正是很多外国学习者的难点，也就成了对外汉语教学中需要突出的重点。正因为有这些难点与重点，在教学方法上也就要体现汉语教学的特点。

(四)对外汉语教学是对外国人进行的汉语作为第二语言的教学

对外汉语教学的这个性质使它不同于对我国国内少数民族的汉语作为第二语言的教学。不同之处在于国内各少数民族同属于中华民族大家庭，共同创造并沐浴着中华文化，在汉语的学习和使用中由于民族间的文化差异所造成的困难就要小得多。而外国学生来自世界各国，各国之间特别是东西方文化之间的巨大差异，就造成了对汉语的理解、学习和运用中的障碍，甚至产生文化冲突。因此与语言交际紧密相关的文化因素，就成了对外汉语教学中不可或缺的内容。

综上所述，对外汉语教学的性质是汉语作为第二语言的教学，它是第二语言教学的分支学科。对外汉语教学、世界汉语教学、我国少数民族汉语教学、我国母语文教学和我国的外语教学之间的关系如图 1-1 所示。

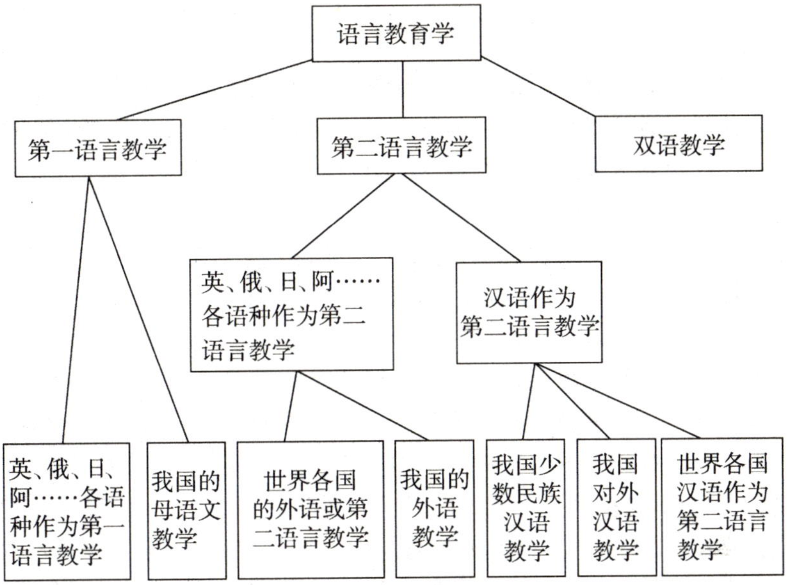

图 1-1

三、对外汉语教学的特点

对外汉语教学是一门专门的学科，是综合的学科，又是一门应用的学科。

(一)对外汉语教学是一门综合的学科

当今科学发展的一大特征是学科在愈来愈分化、愈来愈专门化的同时，不同的学科又综合或者说交叉渗透，形成新的交叉学科。由两门学科相交而介于其间的，称为边缘交叉学科；由多门学科涉及到同一对象而形成的综合性学科，称为综合交叉学科。

之所以说对外汉语教学是一门综合的学科，是因为以下原因。

1. 对外汉语教学具有明确的研究目标和研究对象

对外汉语教学作为一门独立的学科，其研究目标主要是外国人如何将汉语作为第二语言教学的规律、原则、方法，包括“教什么”“怎样教”“用什么技术手段教”“如何学”等内容。其研究的对象主要包括：作为第二语言或外语的汉语研究、汉语习得和认知研究、教学理论与教学方法研究、现代技术手段在对外汉语教学语研究中之应用研究等。

2. 对外汉语教学综合了很多学科的理论成果

对外汉语教学是一门综合交叉学科。它综合了多种学科的理论成果，研究对外汉语教学学科所面临的特殊课题，从而形成并逐步完善自身的学科理论。这里先概要介绍一下哲学、横断学科和社会学对对外汉语教学学科的作用。

哲学是关于世界观的科学，也是方法论的科学。哲学从总体上揭示客观世界最一般的规律，从而启发人们研究各门具体科学的特殊规律，从宏观上、方向上对各学科产生指导作用，因而是包括对外汉语教学在内的一切学科的理论基础。哲学史上认识论的经验主义和理性主义两大派，对不同的语言学习理论和语言教学理论流派的形成与争论，产生了很大的影响。马克思主义哲学思想是辩证唯物主义和历史唯物主义，它为对外汉语教学学科，也为一切学科提供了正确的世界观和科学的认识论。马克思主义哲学有关物质观、意识观、运动观、时空观、矛盾观、质量观、否定观等基本观点，马克思主义哲学认识论所阐明的实践和认识、感性认识和理性认识、相对真理和绝对真理的辩证关系，马克思主义哲学的辩证逻辑所揭示的对立统一、质量互变、肯定否定等思维规律，在科学研究中都发挥了方法论的指导作用。它使我们的研究工作有明确的方向、科学的方法途径，克服了盲目性，避免了片面性甚至极端化的倾向。我国对外汉语教学学科研究半个世纪的发展历程，除了“文革”时期的特殊情况以外，总的来说没有出现过大起大落，而是稳步地发展，这不能不说与我们一直受辩证唯物主义的哲学思想的正确指导有密切关系。

在众多学科领域中，数学等横断科学都起着方法论的作用。数学是从量的角度来反映客观世界及其规律的工具，也是科学研究的普遍方法。由于量和量的关系是多种物质形态和物质运动形式所共有的，因此数学方法适用于一切科学。科学数学化已成了现代科学发展的一个重要特点。马克思认为一种科学只有在成功地运用数学之后，才算真正达到完善的地步。今天不仅在自然科学中，而且在社会科学中，数学方法也在发挥巨大的作用。近年来对外汉语教学界也愈来愈多地运用数学方法进行量化的研究，把数学方法较普遍地运用到对外汉语教学学科的研究中去，将对学科理论建设产生大的推动作用。

20世纪中叶崛起的系统论、信息论和控制论，是最初产生于技术科学而后成为横跨自然科学、技术科学、思维科学和数学的新的横断学科。这些新的科学理论以系统整体性、动态开放性、结构层次性和目标、功能最优化等特点，不仅丰富和深化了马克思主义认识论，而且为人们提出了认识世界的新理论、新方法，因此是当代科学最新发展的前沿之一。这些学科所提出的系统方法、信息方法、反馈方法和功能模拟方法等，对各学科都有方法论的指导意义。对外汉语教学学科需要大力研究、汲取这些新的科学成果，以实现对外汉语教学学科研究的科学化、现代化。

社会学是研究社会生活、社会制度、社会行为、社会变迁和发展等社会问题的学科。语言是一种社会现象，社会性是语言的本质属性，因此语言学和语言教学的研究，都不可能不受社会学的影响。作为社会学和语言学之间的一门边缘学科，20 世纪 60 年代中期在美国兴起的社会语言学，从语言与社会的关系角度研究语言，着重于对语言使用中变异现象与社会环境之间的相互关系的研究。社会语言学对言语交际中言语行为的研究和会话分析，特别是有关在一定的社会环境和言语交际情景中言语行为得体性所要求的社会规范、交际策略和语言规则的研究，对第二语言教学培养语言交际能力有直接的借鉴作用。至于社会语言学突破传统语言学单纯对语言内部结构关系的静止的描写与分析，重视语言的社会功能和交际作用，则从宏观上对第二语言教学起指导作用，对对外汉语教学已经而且正在发生着巨大的影响。

可见，之所以说对外汉语教学是一门综合性的学科，正是因为它综合地、有选择地汲取上述众多学科以及其他相关学科的理论。这些学科与对外汉语教学学科的关系，正如生物学、生理学、化学等与医学的关系一样。医学从这些学科中汲取养料，在这些学科的基础上发展起来；但它们中的任何一门学科都不能直接派生出医学来，而且医学也不等于这些学科的总和。同样，在对外汉语教学与相关学科的关系上，我们也不能期望直接“应用”某学科的理论就能形成对外汉语教学学科的理论体系，综合汲取多学科的理论也不能代替对外汉语教学学科的研究。

3. 对外汉语教学具备完备的学科理论体系

对外汉语教学的基础理论为语言理论、语言学习理论、文化理论、教学理论。此外，它还具有完备的教学理论，如对外汉语教学的性质和特点、教学结构及其各构件之间的相互关系、教学类型和课程设计、教学环节（总体设计、教材编写、课堂教学，测试）、语言要素教学的特点和规律、言语技能和言语交际技能训练的特点和规律、有关课程的特点和规律。这些理论使得对外汉语教学具备完备的学科理论体系。

（二）对外汉语教学是一门专门的学科

所谓专门的学科，就是指它有专门的研究对象、研究任务和研究视角，是别的学科所无法替代的。

对外汉语教学的研究对象，主要是汉语作为第二语言的教学现象、教学原理和教学方法，并以对外汉语教学为核心，研究汉语作为第二语言教学的全过程及整个教学系统中各种内部和外部因素及其相互作用。对外汉语教学的研究任务，是揭示汉语作为第二语言的教育规律和教学规律，以指导教育实践和教学实践，解决实践中提出的各种问题，从而提高教学效率，更好地实现教育目标。对外汉语教学的研究视角不仅是语言学的，也是心理学的和教育学的，而且是这几方面的综合的独特的视角。从对外汉语教学学科所承担的主要教学任务来看，对外汉语教学是一种以培养语言交际能力为目标，将语言知识转化为技能，以技能训练为中心，以基础阶段为重点，与文化因素紧密结合，在语言对比的基础上进行的集中、强化的汉语作为第二语言的教学。带有这些特点的教学任务也是独特的。对外汉语教学学科的研究任务和教学任务，是其他任何学科，包括最相近的语言学学科、外语教育学科，甚至母语文教育学科所不承担的。所以，我们说对外汉语教学是一门专门的学科。

(三)对外汉语教学是一门应用学科

根据辩证唯物主义的认识论，作为反映客观规律的知识体系的科学，是从社会实践中产生、经受实践的检验而又为实践服务的。因而一门学科、一种学问总是要有自己的源于实践的理论体系，同时又应该用于实践，指导实践。但随着科学的发展，今天并非所有学科，特别是进行基础理论研究的学科都与实践直接相连。我们把与实践紧密联系、直接解决实际问题的学科称为应用学科，在新涌现的边缘学科中有很多属于这类应用学科。认为应用学科只是应用理论学科的研究成果解决实际问题，它本身没有也无须有什么理论，这种看法是片面的。应用学科也有其自身的基础理论研究领域和理论体系，它不仅需要进行具体的应用研究，不仅关注应用过程本身，而且要进行与之相关的基础理论研究。这是因为基础理论学科的研究成果并不一定能直接“应用”到某一学科，而只是对该学科产生“启示”作用。启示就意味着需要研究，包括理论研究。多学科的理论启示和应用，更需要从理论上进行选择与综合。每一门应用性的学科也有自己的特殊规律需要揭示，并据此提出对外汉语教学学科的理论、原则和方法。但应用学科也确实更为关注应用性研究。

对外汉语教学的学科任务，决定了这是一门理论与实践紧密结合、具有极强实践性的应用学科。对外汉语教学学科有自己的理论体系，包括基础理论和应用研究，主要阐述汉语作为第二语言的学习与教学规律以及教育规律。但对外汉语教学学科理论研究的特点是，它面对着对外汉语教学的实际和大量亟待解决的问题，理论研究的目的在于指导教育实践，解决教育和教学中发生的问题，提高教学的效率与质量，实现教育的目标。对外汉语教学的研究课题是从教育实践中产生的，研究成果或提出的理论应能直接指导实践并得到实践的检验。在解决问题的过程中，其理论体系不断得到修正、充实和发展。对外汉语教学学科的这一特点要求我们必须有敏锐的目光，注意教育和教学中的具体问题，同时以务实的态度踏踏实实地进行研究，从中发现规律，上升到理论高度并逐渐形成和完善理论系统。脱离教学实践闭门造车，即便理论花样翻新、教学法层出不穷也无补于教学实际。语言教学的历史已经说明，那些对语言教学理论作出特殊贡献的学者，很多人本身就是杰出的语言教师，其理论正是从教学实践中产生的。赵元任先生就是大家非常熟悉的例子，他是集语言学家、语言教育理论家和语言教师为一身的世界著名学者。我国著名语言学家王力、吕叔湘、周祖谟、朱德熙、张志公诸先生也无不如此。作为一门应用性的学科，对外汉语教学学科在研究方法上也体现一定的特点：不能仅仅坐而论道，要进行科学实验，获得数据，进行定量、定性分析，从而得出客观的、有说服力的结论。

正是在综合运用各相关学科理论并致力于研究汉语作为第二语言教育的特殊规律的基础上，在指导教育实践并经受实践检验的过程中，对外汉语教学已初步形成了一套有理论和方法的学科体系。

四、对外汉语教学的学科归属

对外汉语教学不仅是一门科学，也是一个学科。自 1978 年提出“对外汉语教学”开始，学界对对外汉语教学从各个层面、各个角度探讨学科的地位。我们一直认为，对外汉语教学显而易见地应属于语言学范畴，更确切地说是属于应用语言学范畴。

根据 1993 年 7 月国家教育委员会高等教育司颁布的《普通高等学校本科专业目录和专业简介》的学科门类划分标准，对外汉语教学属于同汉语言并列的、二级类中国语言文学类之下的独立专业。后来经调整中国语言文学为一级学科，下属语言学及应用语言学，对外汉语教学属应用语言学，其学科归属不言自明。

对外汉语教学的研究对象就是对外国人的汉语教学，也就是对外汉语教学的全过程以及与此相关的各种内部联系和外部关系。对外汉语教学是一种第二语言教学，又是一种外语教学，它与对少数民族的汉语教学一样，都归属于应用语言学。对外汉语教学既是第二语言教学，又是外语教学，这两个概念虽然有差别，但“出于汉语的习惯，我国学者把汉语作为第二语言教学定名为‘对外汉语教学’”。

对外汉语教学是不是一个独立的学科，以及它的归属问题，即它的上位学科究竟是什么，目前还存在不同的认识。对外汉语教学是语言教学的一种，是应用语言学的一个分支学科，这是对外汉语教学界大多数人的共识。目前我国已有人建议，把“语言学”列为一级学科，而语言教学是其下属学科应用语言学的重要分支学科。戴维·克里斯特尔所编《现代语言学词典》中认为应用语言学“主要关心的是如何应用语言学理论、方法和成果来阐释其他经验领域遇到的语言问题。应用语言学发展最充分的分支是外语教学，有时这个名称似乎只指这个领域。但是近年来，出现了好几个其他应用领域，包括语言故障的语言学分析（临床语言学）、母语教育中的语言使用（教育语言学）、词典学的发展、翻译和风格学等”。也就是说，狭义的应用语言学是以语言教学为对象的应用学科。这里的语言教学，特指外语教学。

基于此，我们可以为应用语言学绘制出中国的应用语言学谱系图（图1-2）。这样，我们就找准了对外汉语教学所处的位置，为对外汉语研究的学术定位打下扎实、稳妥的基础。

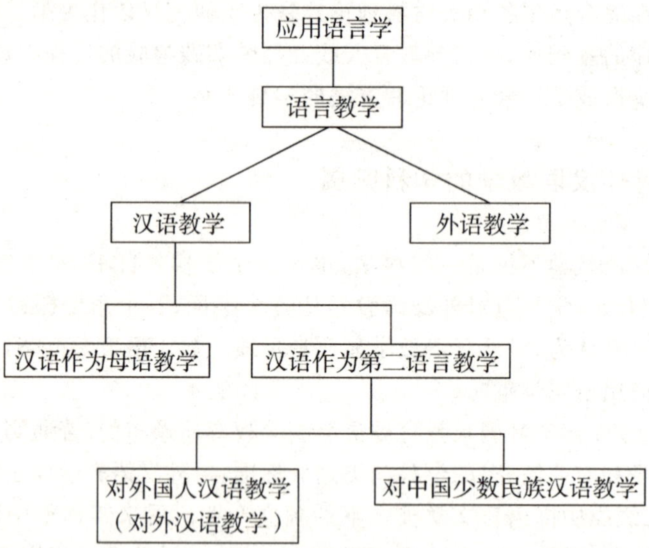

图 1-2

五、对外汉语教学的学科任务

对外汉语教学学科的任务是研究汉语作为第二语言的教学原理、教学过程和教学方法，并用来指导教学实践，从而更好地实现学习者德智体美全面发展的教学目的。

对外汉语教学学科研究的核心内容是对外汉语教学。通过研究汉语作为第二语言教与学的全过程和整个教学系统中各种内部和外部因素及其相互作用，揭示汉语作为第二语言学习和教学的本质特征以及学习规律和教学规律，从而制订出对外汉语教学的基本原则和实施方法，并用来指导教学实践，以提高教学效率。

这是一个非常广阔的研究领域。所谓内部因素主要指：(1)学习与教学活动的主体——学习者和教师，包括学习者的生理、心理、策略等个体因素和教师的基本素质；(2)学习与教学活动的客体——所教的目的语，即作为第二语言的汉语；(3)学习与教学活动本身——包括总体设计、教材编写、课堂教学和测试评估四大环节的理论与实践。要研究这三方面的特点与规律，也要研究这三者之间相互作用的关系。所谓外部因素首先是一些基础学科，特别是与对外汉语教学学科关系最为密切的语言学、心理学和教育学等对对外汉语教学学科理论所起的支撑作用；外部因素的一个重要方面是语言环境，包括社会语言环境和教学语言环境，及其对学习所产生的影响；还包括国家的方针政策，国家、社会及具体的教育单位所能提供的各种资源、条件对教学实践所产生的影响。教与学的全过程，指学习者从零开始到接近标准目的语的整个过程中其汉语水平发展的各个不同阶段教与学的特点和规律，也包括每个阶段上述总体设计等四大环节的内部规律和相互关系。这些方方面面的因素构成了一个复杂的系统工程，即学科体系。研究这些因素及所构成的学科体系的目的，是为了比较全面、客观地认识学习和教学规律，以便指导教学实践。

对外汉语教学作为一门分支学科，它还有一项任务，即以自身的学科理论建设，为对外汉语教学学科甚至整个语言教育学科的理论发展作出贡献。现有的第二语言习得理论和教学理论，很多是西方学者们主要以印欧语系语言为基础研究的成果，而汉语与印欧语系语言在谱系关系上距离很远，差别也很大，西方的语言教学理论是否适合汉语的情况还有待于进一步验证。另一方面，从汉语的特点出发研究汉语习得和教学的特殊规律，则可以丰富人们对语言教学普遍规律的认识。

第二节　对外汉语教学的学科理论体系

一、对外汉语教学学科体系的构成

任何一门专门的学科都有自己的学科体系。对外汉语教学的学科体系包括三大部分，即理论基础、学科理论和教学实践。

(一)对外汉语教学的理论基础

理论基础部分提出与对外汉语教学学科的发展关系最为密切的七类基础学科，即语言学、心理学、教育学、文化学、社会学、横断学科及哲学。这七类学科中又包括一些分支学科或边缘学科，这里不再详细讨论每门学科对对外汉语教学学科所发挥的作用。需要特别指出的是，这七类学科本身都是独立的学科，不能算作对外汉语教学学科的理论，但它们都从不同方面对对外汉语教学学科产生影响，提供理论养料甚至理论依据(当然，对外汉语教学学科的理论研究成果也对这些学科理论的发展起到积极作用)。这一部分可以看作对外汉语教学学科的理论基础，或者叫作支撑理论。

(二)对外汉语教学的学科理论

属于对外汉语教学学科范围内的学科理论，包括学科基础理论和应用研究两部分。

学科的基础理论包括对外汉语语言学、对外汉语教学理论、汉语习得理论和学科研究方法学四个方面。

其中对外汉语语言学是作为第二语言教学和研究的汉语语言学，包括语音、词汇、语法、汉字、语义、语用、话语、功能和文化因素等方面。作为一门学科，对外汉语教学需要从第二语言学习和教学这一新的角度来描写汉语、研究汉语。这种研究有很多区别于作为第一语言研究的汉语语言学的特征，比如它更侧重于语言的应用和交际功能的研究，着眼于语言交际能力培养的研究。使其一方面要研究如何描写和解释汉语规律，另一方面也要研究如何掌握和运用汉语的规律；一方面要研究汉语的一般规律，另一方面也要通过与学习者母语的语言对比，着重研究汉语的特殊规律。除了研究汉语本身以外，对外汉语教学还要从跨文化交际的角度和文化语言学的角度，对蕴藏在汉语中的文化因素进行研究；还要从心理学的角度，联系学习者的个体因素进行研究。这方面的研究不仅直接服务于对外汉语教学，同时也为汉语语言学的研究拓展了新的领域，发现了过去把汉语当作母语研究中从未注意到的问题。对外汉语教师和研究者在这方面的研究中处于极其有利的地位：他们不但能从教学第一线得到源源不断的研究课题，而且教学第一线也给他们从事科学调查和实验提供了最理想的环境和基地。几十年来特别是近20年来，在关心对外汉语教学学科的语言学界学者们的支持和合作下，我们已初步建立了对外汉语语音、语法、词汇、汉字等的教学体系，当然，这些体系还很不完善，还有待于进一步提高。

对外汉语教学理论是把上述两个方面——对教学内容和教学对象的研究结合起来，即研究如何通过教学活动使教学内容为学习者迅速、有效地掌握的规律和原理。教学理论有时也称为教学论或教学原理（甚至称为教学法），这是对外汉语教学学科研究的传统领域，但随着相关学科如语言学、心理学、教育学、文化学的不断发展，新的边缘学科的不断涌现，特别是语言习得理论研究新成果的出现，给教学理论的研究不断注入新的活力。我们认为，对语言习得理论的研究只会加强而绝不应当削弱甚至取代对教学理论的研究，特别是我们的对外汉语教学法体系至今还未很好地建立，这方面的研究任务还很艰巨。我们亟须把教学论的教学目标、教学原则、教学过程、课程设置、教学方法、教学手段和教学评估等一般理论与对外汉语教学的规律紧密结合起来，形成具有自己特色的对外汉语教学理论。

汉语习得理论是对对外汉语教育主体之一——学习者的研究，即侧重从心理学的角度研究教学对象的学习过程和学习规律。过去人们不重视对语言学习的研究，只是把它看作教学理论的一部分，处于很次要的地位。随着认知心理学和教育心理学的发展和语言习得研究本身的进展，人们逐渐认识到“教”的成功与否决定性的因素还在“学”的方面；对“学”的研究是对“教”的研究的基础和前提。近几十年来对语言习得的研究已成为对外汉语教学界研究的热点，在西方几乎有取代教学法研究的趋向。在我国对外汉语教学界也出现了汉语习得研究的新势头：从对留学生病句分析发展到以中介语理论为指导进行偏误分析，现在又进一步发展到对汉语习得过程和习得顺序的实证性的研究。当然，对语言习得的研究不能看作是对外汉语教学研究者的专利品，很多心理学家对此也十分重视。但在汉语作为第二语言的习得方面，我们对外汉语教学工作者和研究者是责无旁贷的。特别是目前这方面的研究无论在国内还是在国外都还处于初始阶段，这是我们学科建设的一个重点。

学科研究方法学也是对外汉语教学学科理论体系的一个重要组成部分。研究方法在很大程度上决定研究的成果，甚至影响到研究的成功与失败。我们这里所说的学科研究方法学，是指受哲学方法论的普遍规律的指导，用来探讨对对外汉语教学学科最具针对性的方法论原则，着重研究适用于对外汉语教学学科的一般方法，特别是对外汉语教学学科特有的研究方法。

在这里需要注意的是，以上所谈学科基础理论的四个方面中，对外汉语语言学的研究、汉语习得理论的研究和方法学的研究，都是为语言教学服务的，它们根据教学的需要确定研究方向，其研究成果又用于教学。教学理论的研究居于学科理论研究的核心地位。

对外汉语教学学科的应用研究指运用相关学科和对外汉语教学学科的基础理论，对总体设计、教材编写、课堂教学、测试评估、教学管理和师资培养等方面进行专题的研究。用学科的基础理论来指导教学实践，需要经过学科应用研究的中介环节；应用研究与教学实践最为接近，可以直接用来指导相关的教学实践活动。

(三)对外汉语教学的教学实践

教学实践是学科理论服务的对象，也是学科理论产生的土壤。教学实践既包括对汉语作为第二语言的学习者的教学也包括对未来的对外汉语师资的教学。二者的教学目标、内容、方法都不同，但二者又是紧密相关的，都受对外汉语教学学科理论的指导。把教学实践纳入学科体系之中，这是语言教育学科的一大特点，也是语言教育学科发展的需要。这样做能更好地体现对外汉语教学学科理论与实践的紧密关系：理论来源于实践，直接用于指导实践并在实践中得到检验。

二、对外汉语教学学科理论体系的内容

(一)对外汉语教学的学科理论体系

对外汉语教学学科是一门综合运用多学科理论的"新兴的边缘交叉学科"①，是在多种学科理论和研究成果的支撑下形成与发展起来的一门学科。因此，它的理论体系主要分为三个层次，即学科支撑理论、学科基础理论和学科应用理论。

1. 学科支撑理论

所谓的学科支撑理论是对外汉语教学理论(对外汉语教学学科理论)赖以生长的相关、相邻学科的理论。对外汉语教学在教学和研究实践的过程中，运用这些理论的相关部分，与自己的发展和创造有机地结合起来，形成和发展自己的理论体系。对外汉语的支撑理论主要包括以下学科的理论。对外汉语教学的学科支撑理论主要包括三大板块，即语言学、教育学、心理学。

---

① 许嘉璐：《中国语言教学现状与展望》，北京：外语教学与研究出版社，1996年，第236页。

(1)语言学

对外汉语教学理论和实践的发展一直深受语言学理论的影响。如著名的听说教学法受美国结构主义语言学的影响而产生，认知教学法的理论基础是转换生成语言学。正如皮特·科德所说："理论语言学同语言教学的关系是间接的。"此外，对比语言学、社会语言学、心理语言学等语言学分支，也都对语言教学理论和实践有所贡献。

(2)教育学

作为教育的一个类别，对外汉语教学必定需要遵循教育规律。如制订课堂教学计划、教学原则，进行课程设计与教学评估等。在语言水平测试中，还不可避免地要大量运用教育统计学的原理和方法。

(3)心理学

实施和研究语言教学规律需要研究学习者接受语言的心理过程、策略，这需要借助心理学的理论和方法。当前，认知心理学在第二语言习得的研究中备受重视，是语言习得理论的主要支柱之一。

2. 学科基础理论

所谓的学科基础理论是指导对外汉语教学学科教学和研究实践的基本指导思想和方法论。它是在综合吸取学科支撑理论相关部分的基础上，结合教学和研究的实践建立起来的，主要包括以下几方面。

(1)对外汉语教学理论

对外汉语教学理论是对外汉语学科不断发展的传统学科理论。它以语言学、教育学和心理学为基础，回答对外汉语教学的性质、特点、教学原则以及方法等问题。至今，对外汉语教学理论仍是对外汉语教学中"教"的指导理论。

(2)学科研究方法论

学科研究方法论是以综合各学科的基础理论为基础建立起来的一种研究方法体系。对外汉语教学的规律是由语言规律、文化规律、语言习得规律以及一般教育规律所共同决定的，是上述各种规律的综合反映。所以在对外汉语的研究中，必然综合运用相关领域的研究方法。值得注意的是，对外汉语教学学科的方法论体系不是各领域方法的拼凑，而是一个有机整体。

(3)语言习得理论

语言习得理论是在最近 20 多年才逐渐发展并流行起来的理论。它以现代语言学、认知心理学为基础，从语言学习者的立场出发，以学习者获得语言的过程为研究对象，试图了解外语学习者掌握目的语的过程和在获得过程中产生的现象及相关规律，以指导语言学习和教学活动。

(4)汉语语言学

对外汉语教学学科研究的对象是汉语言教学。因此,了解和分析汉语言规律是进行汉语教学的必备条件。此外,汉外语言对比也是对外汉语教学的一个重要手段,所以在教学和研究中也要用到外语研究的成果。

(5)学科发展史

外语教学已经经过了长时间的发展,经历了古典语言教学阶段、现代语言教学萌芽阶段、现代语言教学发展阶段、现代语言教学深入阶段。对外汉语教学也经历了初创、改进、探索和改革四个历史阶段。了解学科发展历史,权衡各阶段、各教学流派的得失,无疑对学科理论研究和教学实践大有裨益。

3. 学科应用理论

对外汉语学科应用理论是在对外汉语教学学科的基础理论上建立起来的直接指导学科教学实践的理论。作为对外汉语教学学科理论的核心部分,学科的应用理论包括以下几个方面。

(1)总体设计理论

对外汉语教学的总体设计就是根据语言规律、语言学习规律以及语言教学规律,在全面分析对外汉语教学的各种主客观条件、综合考虑各种可能的教学措施的基础上选择最佳教学方案,对教学目标、教学对象、教学原则、教学内容、教学途径以及教师的分工和对教师的要求等作出明确的规定,以便指导教材编写(或选择)、课堂教学和成绩测试,使各个教学环节成为互相衔接、统一的整体,使全体教学人员根据不同的分工在教学上进行协调行动。

(2)课堂教学理论

在学校语言教育中,课堂教学是帮助学习者学习和掌握目的语的主要场所。课堂教学理论探讨对外汉语课堂教学的规律,包括课堂教学的性质与目标,它在语言学习和教学中的地位、教学内容的教授方法,课堂教学的原则、程序、结构、技巧等。

(3)教学管理理论

根据教育规律、语言习得规律探讨适合语言教学的管理规律和体系。

(4)教材编写理论

教材编写理论是关于教材编写的原则、方法、类型、过程的理论。它探讨教材编写如何在教学总体设计的指导下,根据教学对象、学习者水平、学习目的、适用课程等选择以及规定教学内容(包括语言要素、言语技能、言语交际技能、语用规则和文化背景知识)和素材,如何根据语言学习规律选择和安排教学内容、教学项目(生词、语法、课文、练习等)及其顺序，以达到既定的教学目标。

(5)语言测试理论

语言测试是语言教学的一个重要组成部分。它不仅有评价学习效果的作用，还有诊断教学过程中的问题、激励学习者的学习积极性、调动教师和学生的教学和学习潜能等作用。语言测试理论涉及测试的功能和种类、测试标准的制订、考试设计、试题设计、考试实施、成绩统计，以及效度、等值等基本问题。

(二)对外汉语教学的学科教学体系

当前，对外汉语教学的学科教学体系存在于各高校以对外国人进行汉语言教育为目的的汉语言专业、现代汉语专业、汉语言文化专业和各种汉语短期教学、速成教学系统中。对外汉语教学的学科教学体系是以学科理论体系为基础，在学科应用体系指导下，依据教育规律和对外汉语教学规律而设计和建立的，它主要涵盖以下几个层面。

1. 教学设计

教学设计是指按照语言教学规律和教育规律，为不同类型学习者制订的各种不同教学层次、种类和职业的教学实施方案。方案通常包括教学计划(培养目标、教学内容、课程设置)、课程大纲以及教学质量保证体系等。

2. 教学类型

教学类型是指教学的层次和种类。通常包括本科和硕士层次的学历教育中的汉语教学，为进入非汉语专业学习作语言准备的汉语预备教育，各种不同语言水平的短期汉语教学与速成汉语教学，为不同职业需求设置的各种特别目的教学，汉语函授教学和广播电视教学等。

3. 教材建设

教材建设是指按照不同教学类型的需要编写的各类教材，如汉语言专业本科汉语言系列教材、短期汉语系列教材、速成汉语系列教材以及特别目的汉语教材等。

4. 教学管理

健全各种教学规章制度并严格执行，是语言教学得以顺利实施的保证之一。在语言教学中，教学管理对教学和学习效果来说是十分重要的。完善的教学体系应当包括完善的管理制度、高质量的管理人员以及良好的管理效果。

5. 课堂教学

课堂教学是语言教学的基本教学形式，是语言教学最基本的实践。课堂教学建设包括建立完善的课堂教学制度、方法，提供实现教学手段的设备、条件，使教师掌握良好的课堂教学方法和教学技巧，以达到良好的教学效果。

6. 语言测试

语言测试的建设也是教学体系建设的一个重要方面。通常包括学能测试、成绩测试以及水平测试三种。在教学体系建设中，注重于成绩测试，即应当建立各类成绩测试的原则、制度、题库、分析反馈手段等，保证各类教学具有有效的测量和评价手段。

(三)对外汉语教学的学科人才体系

每一门学科的发展和完善都离不开高质量的人才队伍，对外汉语教学也一样，需要学科人才体系的支撑。具体来说，对外汉语教学的学科人才体系可以从人才的知识结构、学科的人才结构、学科人才培养体系三方面来说明。

1. 人才的知识结构

对外汉语教学学科的人才需要具备的基本知识结构包括以下几方面。

(1)语言理论基础与技能

具有较好的语言理论基础、汉语言知识和技能，如普通话发音准确，能正确使用汉语拼音，较好的汉字书写水平，较好的辨别、分析学生语言错误的能力等。

(2)外语能力

具有外语能力可以获得习得外语的经验，还可以通过汉外对比启发教学。另外，可以具有在国外任教的生活和工作能力。

(3)对外汉语教学法和语言习得规律

具备一定的教育学、心理学知识，并能自如地将其运用到教学的各个环节中。

(4)对外汉语教学的研究方法

对外汉语教学的研究方法即由语言研究、心理研究和教育研究综合而成的研究方法。具有一定的研究能力和解决教学中出现的问题的能力。

(5)中外文化知识

主要包括现当代文学、古代汉语、古典文学、中国传统文化,以及自然科学和社会科学常识等。

2. 学科的人才结构

对外汉语教学学科的人才可以分为三类,即教学型人才、研究型人才以及管理型人才。

其中最基本的人才类型是教学型人才,但是我们所提倡的不是只能教书的人才,而是在教学某方面,如词汇教学、语音教学、口语教学的专家。他们不仅是这类教学的杰出实践者,也是这方面的理论权威。

除此之外,跟其他学科一样,对外汉语教学学科也需要有一些专门从事或偏重于理论研究的人才。如教材编写理论研究、语言习得研究、语言测试理论研究等,用来保证学科的高水平发展。

当然,管理型人才在对外汉语教学学科中也具有十分重要的作用,他们是具有对外汉语教学学科基本知识结构的教学设计、教学管理方面的专家。

3. 学科人才培养体系

要想使对外汉语教学学科不断获得发展,就需要不断进行人才培养。而人才的培养需要相应的教学培养体系作基础。具体而言,对外汉语教学学科人才的培养主要有以下途径。

(1)设立专门培养对外汉语教学学科人才的专业

专门为培养对外汉语教学学科人才设立相关专业的目标是培养具有对外汉语教学学科特定知识结构的各类人才。目前设有培养对外汉语教师和研究人员的"对外汉语教学"本科专业、"学科教学论"硕士专业和"现代汉语"专业的硕士课程。今后应当进一步理顺学历教育体系,并设立对外汉语教学学科的博士专业。

(2)对在职教师进行培训

对在职教师进行定期培训,以不断提高其教学、研究和理论水平,保证教学质量和学科可持续发展。

(3)对新教师进行上岗前的培训

鉴于目前教师大多来自其他专业的毕业生,应当坚持对新教师进行岗前培训和一定时间的指导。

三、对外汉语教学学科理论研究的范围

要想加强对外汉语教学的理论研究，必须先明确对外汉语教学理论研究的范围，即对外汉语教学理论在哪些领域开展研究，每一个领域又包括哪些具体内容和主要命题，不同的领域、内容和命题之间有什么样的内在联系。也许有人会问，现在提出研究范围问题，是不是无的放矢？我们的理论研究虽然起步较晚，但是文章已经发表了不少，书也出版了一些，难道连研究范围还不知道吗？不可否认，最近十几年来，我们在理论研究方面确实有了很大的进步。但是不能因此就认为，对外汉语教学理论研究的范围问题已经完全解决了。事实上，至今仍有很多问题没有得到解决，这方面还有不少问题我们并不十分清楚。例如，有一些应当研究的内容至今还没有涉及，或者只是顺便提到，并没有提出明确的命题进行专门的研究。尤其是在语言学习理论方面，我们的研究几乎还没有展开。无论是幼儿习得母语，还是成年人习得对外汉语，对词汇和语法的习得都是有一定的阶段性的，研究这种阶段性，对语言教学具有特别重要的意义，但是我们至今还没有看到对这种阶段性所进行的任何研究。这说明我们对研究范围的认识还是很不全面的。再如，有不少著述，包括某些已经发表的论文甚至专著，还存在着概念不清、内容含混的现象，常常会给人以似是而非、不知所云的感觉。这不但说明我们的基本概念范畴还很不统一，而且也说明我们有时实际上并不太明确自己所研究的问题的性质。又如，我们几乎每天都在谈论教学法问题，但是教学法包括哪些内容，教学法的研究算不算理论研究，也还有不同的看法。以上情况说明，对外汉语教学理论研究的范围问题还是一个有待于深入研究的问题，首先要对研究的领域、各个领域的基本内容及主要命题等进一步作出明确的界定。

本书认为，对外汉语教学理论研究的范围包括三大领域，即基础理论、教学理论和教学法。下面分别讨论这三个领域的基本内容、它们之间的相互关系以及部分主要命题。

(一)对外汉语教学的基础理论

跟其他事物一样，语言教学也有自己的规律，只有按照语言教学的规律进行语言教学，才能取得应有的教学效果。实践表明，语言教学规律是由语言规律、文化规律、语言学习规律和一般教育规律所共同决定的，是这几种规律的综合体现。所以，我们研究语言教学问题，必须把研究这些规律的理论，即语言理论、有关的文化理论、语言学习理论和一般教育理论作为自己

的理论依据。换句话说，上述四种理论都是对外汉语教学的基础理论。

1. 有关的文化理论

作为文化的载体，语言会在很大程度上体现不同民族之间的文化差异。因此人们在学习外语和第二语言的过程中，必然会遇到大量不熟悉或难以理解的文化因素，这些文化因素也经常使其难以理解或在使用目的语时出现障碍。所以在外语和对外汉语教学中，应注意同时进行跟语言理解和语言使用有关的文化因素的教学。要有计划地进行文化因素的教学以消除外语及第二语言学习和使用中的文化障碍，就必须应用有关的文化理论。影响语言理解和语言使用的文化因素多半是隐含在语言的词汇系统、语法系统和语用系统中的反映一个民族的心理状态、价值观念、生活方式和思维方式、道德标准和是非标准以及风俗习惯和审美情趣等的一种特殊的文化因素。这类文化因素对语言和交际有规约作用，但是本族人往往觉察不到，只有通过对不同民族的语言和交际的对比研究才能显现出来。因为这类文化因素跟语言和交际（包括语言交际和非语言交际）密切相关，所以可以叫作"交际文化"①，研究这种"交际文化"的理论也叫作"交际文化理论"；因为这类文化因素只有通过语言和交际的对比研究才能揭示出来，所以研究这种文化的理论也可以叫作"比较文化理论"。这类文化理论也总是从宏观和微观两个方面指导语言教学。作为一种理论系统及其所包含的理论观点，是语言教学的教学理论和教学法研究的不可缺少的理论依据，这是宏观方面的指导作用；对文化差异事实的具体描写是总体设计、教材编写、课堂教学和测试等教学活动所不可缺少的理论依据，这是微观方面的指导作用。

2. 语言学习理论

语言的学习和获得有自己特殊的心理过程，学习和获得语言的心理过程跟学习和获得其他科学文化知识的心理过程不完全一样，学习和获得第二语言和外语的心理过程跟学习和获得第一语言的心理过程也不完全相同。语言学习理论主要是研究语言学习和获得的心理过程、揭示语言学习和获得的客观规律的，属于心理学和心理语言学研究的范围。语言学习理论的研究对语言教学至关重要，因为如果不掌握语言学习和获得的规律，语言教学就会陷入盲目性，语言教学理论也会因为缺少可靠的理论依据而如同建立在沙滩之上。研究语言教学至少要着眼于学和教的内容、学习者怎样学、执教者怎样教三个方面的问题。只有对这三个方面的问题以及它们

① 张占一：《试议交际文化和知识文化》，语言教学与研究，1990年第3期。

之间的相互关系全面展开研究，才有可能全面揭示语言教学的客观规律。这三个方面的问题以及它们之间的相互关系可以用图 1-3 表示。

执教者
（怎样教）
↗ ↖
学/教什么→学习者
（教学内容）（怎样学）

图 1-3

截至目前，我们研究的重点大多集中在学和教的内容和怎样教这两个方面，对怎样学的研究重视不够，所以关于语言学习理论的研究还是一个薄弱的环节，也就是说我们的理论研究中最薄弱的一个环节。在没有关于外国人汉语学习规律的研究成果的情况下，我们的对外汉语教学理论的说服力和可信度是非常有限的。因此，关于语言学习规律的研究必须引起高度的重视。

在语言学习理论中，另外一个重要的理论就是中介语（interlanguage）理论。这里的中介语，指的是第二语言学习者在学习过程中所形成的一种特定的语言系统，这种语言系统在语音、词汇、语法、语用等方面不仅不同于学生的母语，也不同于目的语，它是一种随着学习的发展向目的语的正确形式逐渐靠拢的动态的语言系统。因为这是一种介于母语和目的语之间的语言系统，因此人们将其称为"中介语"或"中间语"。国外中介语研究的部分结果认为，学生习得第二语言的语法结构有特定的阶段性，这种特定的阶段性与儿童习得母语的阶段性相似；这种阶段性并不因学生母语的不同而不同，但是操不同母语的人通过某一特定阶段所需时间的长短不一。① 因此，这一结论是否符合外国人习得汉语的事实，还需要通过我们自己的研究去证实。假如能够对外语或第二语言学习者的汉语中介语作出全面、客观的描写，对外汉语教学的教学理论和教学实践就可以建立在更加科学的基础之上。在这里我们将中介语研究的问题专门提出来，是因为我们认为，中介语研究可以作为语言学习理论研究的一个突破口，同时可以通过开展这方面的研究去带动错误分析和对比分析的研究。把错误分析、对比分析和中介语分析结合起来进行研究，不仅对心理语言学研究和语言教学研究是必要的，而且对语言学的研究也具有重要意义。

① 鲁健骥：《中介语理论与外国人学习汉语的语音偏误分析》，语言教学与研究，1984 年第 3 期。

3. 一般教育理论

语言教学也是一种教育活动，所有的教育活动，都要应用一般教育理论，这方面的道理不需多说。

4. 语言理论

对外汉语教学教的是汉语，目的是培养学生的汉语能力和用汉语进行交际的能力。有鉴于此，必须有计划地进行汉语的语音、语法（包括句型）、词汇等语言内容的教学，必须进行有计划的听、说、读、写等言语技能和相应的言语交际技能的训练。要有计划地进行语言内容的教学和言语技能、言语交际技能的训练，就必须应用语言理论。这里的语言理论，一方面包括普通语言学理论，特别是其中关于语言的本质和特点的论述，另一方面也包括个别语言学理论，即汉语语言学理论和其他有关语种的语言学理论等，特别是其中关于汉语和其他有关语种的特点的论述以及对汉语和其他有关语种的语言事实的描写。对语言事实的描写是具体揭示语言规律的，事实上是对语言规律的描写，因此我们也将其归入理论范畴。作为语言教学基础理论之一的语言理论还包括语言学的其他分支学科，例如社会语言学、对比语言学、比较语言学、语用学、方言学、语言发展史等，因为语言学的这些分支学科都从不同的侧面揭示语言的特点和规律。语言理论总是从宏观和微观两个方面对语言教学发挥指导作用。除此之外，关于语言的本质和特点的论述，是语言教学理论和语言教学法研究所不可缺少的理论依据，所有的语言教学理论和语言教学法流派都要以一定的语言理论作为自己的理论背景。而对语言事实的描写，包括语音、词汇、语法、修辞、语用规律和规则的描写，关于话语和篇章规律和规则的描写，以及有关的定性、定量分析等，对语言教学的总体设计、教材编写、课堂教学和测试等具体教学活动有直接的指导作用，是这些具体教学活动所不可缺少的理论依据。任何一部语言教材都包含着编者对所教语言的语言规律和规则的认识以及或详或略、或明或暗的描写。应该说，没有对语言的规律和规则的描写，语言教学就寸步难行。这就是语言理论对语言教学的微观指导作用。

（二）对外汉语教学的教学理论

对外汉语教学的教学理论主要是以对外汉语教学本身为研究对象的，但其研究的内容十分广泛，涉及整个教学过程和全部教学活动以及跟教学有关的各种内部和外部因素在教学中的作用。如对外汉语教学的性质和特点，教学结构及其各构件之间的相互关系，关于总体设计、教材编写、课堂教学、测试和评估等各个教学环节的理论，有关课程的特点和规律，语言内容教学的特点和规律，言语技能和言语交际技能训练的特点和规律，与教学有关的各种因素在教学中的作用等。

就其研究目的而言，对外汉语教学的教学理论主要是揭示对外汉语教学的客观规律。如同上文所述，语言教学规律是由语言规律、文化规律、语言学习规律和一般教育规律所共同决定的，是这几种规律的综合体现，所以研究语言教学理论必须综合应用研究上述规律的理论——语言理论、有关的文化理论、语言学习理论和一般教育理论。我们强调“综合应用”，其原因在于上述各种理论都有自己特定的研究对象和理论系统，它们当中任何一种理论所揭示的规律都不能完全代替语言教学规律，所以它们当中的任何一种理论都不能单独全面指导语言教学。要揭示对外汉语教学的客观规律，要使对外汉语教学成为一门真正的科学，就要从对外汉语教学的实际出发，通过专门的研究从语言理论、有关的文化理论、语言学习理论和一般教育理论中吸取有用的成分，进行综合、梳理，使这些有用的成分统一起来，形成能够全面指导对外汉语教学的理论系统。这样的理论系统就是对外汉语教学的教学理论。这种情况揭示：对外汉语教学理论具有综合性和跨学科性。这也是对外汉语教学本身的重要特点。如果单单以某种基础理论，例如仅仅以语言理论或仅仅以一般教育理论指导对外汉语教学，就很容易导致片面性的产生。对外汉语教学理论的综合性和跨学科性也决定了它是唯一能够全面指导对外汉语教学的理论，是对外汉语教学的学科理论的核心，是对外汉语教学学科存在的主要标志，它的成熟程度就代表这个学科的成熟程度。我们说对外汉语教学的学科理论还不太成熟，主要是指教学理论还不太成熟，因为我们的教学理论还没有形成完整的系统。

在这里需要注意的是，研究对外汉语教学的教学理论一方面要综合应用有关的基础理论，另一方面在应用这些基础理论时还必须从对外汉语教学的实际需要出发，紧紧结合对外汉语教学的实践经验，包括有计划的调查研究和教学试验。这么做的原因是，有关的基础理论的内容非常广泛，而且学派林立，其中许多理论都还处于发展的过程中，有的还处于发展的初期，还很不成熟。假如不从教学的实际需要出发，就不知道众多的基础理论中哪些是有用的成分，就会把大量跟对外汉语教学无关的理论当成有关的理论，或者把次要的当成主要的，造成主次不分，从而影响教学理论自身的简明性；假如不结合教学实践经验，就会把基础理论中所有的理论观点都当成正确的理论，就会对各种理论观点不加分析地兼收并蓄，从而影响教学理论自身的科学性。这一情况说明，对外汉语教学的教学理论研究不完全是对语言理论、有关的文化理论、语言学习理论和一般教育理论的被动的应用，它本身也是一种主动创造的过程。其创造性主要体现为：按照教学实际的需要从有关的基础理论中吸取有用的成分，进行综合、梳理而达到融会贯通；对不同的理论观点则根据教学经验，特别是有目的、有计划的教学试验，去辨明是非而加以取舍；对教学实践充分证明为不全面、不正确的理论观点加以补充、修正；对尚未被发现或尚未被多数人认识的理论，通过自己的研究去加以发现或进行阐述。

（三）对外汉语教学的教学法

在语言教学中，常常会遇到两个问题，即教什么和怎么教。要解决前者，就必须开展教学法即后者的研究。对外汉语教学的教学法贯穿在总体设计、教材编写、课堂教学、测试和评估等整个教学过程和全部教学活动中，内容也十分广泛。如怎样选择教学内容，怎样处理语言和文化的关系，怎样处理理论讲解和言语操练的关系，怎样处理学生已经掌握的语言和目的语的关系，怎样处理听说训练和读写训练以及听和说、读和写的训练的关系等，都是教学法问题；再如，怎样进行语言内容和相应的文化因素的教学，怎样进行言语技能和言语交际技能的训练等，也都是教学法问题；又如，怎样安排课堂教学环节，在课堂上怎样掌握教学节奏和调节课堂气氛，怎样发挥学生的主动性和调动全班所有学生的积极性，甚至怎样板书，怎样提问等，这些研究的同样也都是教学法问题。

从上述例子可见，所谓教学法，不仅内容十分广泛，而且这些内容还不都处于同一个层面上。因为这些内容不处于同一个层面上，所以在讨论具体问题时，如果不先弄清所讨论的问题属于哪一个层面，就很难将问题讲清楚，写出的文章读者也不一定能真正理解。除此之外，许多人对教学法的内涵还不太了解，只教学法而言，就以为只是一些具体方法问题，无足轻重。但是教学法这个术语已经得到人们的普遍认知，使用这个术语也已成了一种习惯，也就是说这个术语已经约定俗成，废弃不用、改变内涵或更换一种说法恐怕都不能解决问题。在仍然使用教学法这个术语的情况下，我们认为当前可行的办法是讲清这个术语的内涵，同时对不同层面上的内容加以严格区分。为了便于区分不同层面上的教学法内容，笔者曾提出分别用教学原则、教学方法和教学技巧这几个不同的术语来表达。下面分别介绍这几个不同术语的内涵。

1. 教学原则

所谓的教学原则指的是从宏观层面上指导整个教学过程和全部教学活动的总原则，具体内容涵盖怎样处理教学中的各种关系。例如：教与学的关系，教学内容与教学方法的关系，教学内容中语言与文化的关系，语言内容教学与言语技能和言语交际技能训练之间的关系，言语技能训练与言语交际技能训练之间的关系，语言内容诸要素之间的关系，语言内容中形式结构与语义结构的关系以及结构与功能的关系，各项言语技能训练之间的关系，理论讲解与言语操练的关系，目的语与学生已经掌握的语言之间的关系等。这些关系的处理贯穿于总体设计、教材编写、课堂教学、测试和评估等整个教学过程和全部教学活动的始终，处理这些关系的原则就是从宏观上指导整个教学过程和全部教学活动的总原则，所以属于教学原则范畴。如何认识和处理以上各种关系，是各国语言教学界所共同关心的问题，不同的语言教学法流派，从其理论的具体内容层面来说，主要表现为对这些关系的认识和处理方法不同。

2. 教学方法

所谓的教学方法是指在教学原则的指导下，用来处理教材编写和课堂教学中语言内容和文化因素、训练言语技能和言语交际技能的具体方法，涵盖编排教学内容顺序的方法，讲解语言点的方法（例如采用演绎法还是采用归纳法），训练听、说、读、写等言语技能的方法（例如使用什么样的练习方式），训练言语交际技能的方法等。值得注意的是，教学原则与教学方法存在较大的差异，其具体差异包含以下三个方面。

第一，教学原则贯穿于总体设计、教材编写、课堂教学、测试和评估等整个教学过程和全部教学活动中，教学方法主要体现在教材和课堂教学中。

第二，教学原则对同一类教学对象和同一种教学类型具有普遍的适用性，而教学方法则具有较大的选择性。就是说，在同样的教学原则的指导下，可以采用不同的教学方法。例如，假设“精讲多练”是一条教学原则，但是在讲解某个语言点时采用演绎法还是采用归纳法，却可以根据具体情况灵活选择。又如，假设“结构与功能相结合”是一条教学原则，但是结合的方式可以多种多样，既可以采用结构—功能型，也可以采用功能—结构型，还可以在不同的教学阶段分别采用结构—功能型和功能—结构型。采用什么样的教学方法，往往取决于有关教师对教学原则的理解、教学对象和教学内容的特点以及有关教师个人的教学经验。

第三，教学原则直接受教学理论的指导，往往反映语言教学的客观规律，这些客观规律只能通过理论研究去加以揭示，而不能由任何个人加以创造。也就是说，教学原则的制订必须以语言教学的客观规律为依据。教学方法是在一定的教学原则的指导下进行教学的具体方法，具有一定的可创造性。教学经验丰富的教师能够在不违背教学原则的前提下，根据教学对象和教学内容的特点创造出多种多样的教学方法。

3. 教学技巧

所谓的教学技巧是指任课教师在课堂上进行教学的技巧，又叫课堂教学技巧。课堂教学技巧只能由任课教师个人掌握，虽然要受教学原则和教学方法的制约，但是比教学原则和教学方法具有更大的灵活性，能够充分体现教师个人的教学艺术和教学风格。通常情况下，教学技巧会贯穿于整个课堂教学组织中，如怎样引进一个新的语言点，怎样板书和利用直观教具，怎样运用表情动作帮助学生加深印象和吸引学生的注意力，怎样启发学生思考问题，怎样调动学生学习的主动性和发挥全班每一个学生的积极性，怎样掌握语速和教学节奏，怎样调节课堂气氛等，这些都是教学技巧要研究的问题。课堂教学是整个教学过程的中心环节，是帮助学生掌握语言的主要场所，娴熟地运用行之有效的教学技巧对提高课堂教学质量有决定性的作用。值得注意的是，教学原则和教学方法固然很重要，但是一定的教学原则和教学方法必须通过一定的教学技巧才能得到有效的贯彻，否则教学原则和教学方法就会成为死板的教条。

四、对外汉语教学的学科建设

(一)改革和完善教学法体系

当前，中外汉语教学工作者普遍对目前汉语教学效果不满意。比较而言，要想达到同样的程度，学习汉语所花的时间和精力明显超过其他第二语言。我们不能把教学效率不高完全归咎于汉语本身的特点和难点，以及汉语学习者汉语水平起点低等客观原因。究其根本，造成这种现象的原因可能还在于我们没有完全找到针对汉语特点的学习规律与教学规律，汉语作为第二语言的教学法体系还不完善，教学方法还需进一步改革。正如一些学者指出的，目前我国流行的对外汉语教学模式是在 20 世纪 80 年代中期定型的，它体现的是 20 世纪 60 到 70 年代国际语言教学的认识水平，而近 40 年来的国内外语言学、对外汉语教学、语言心理学、语言习得研究、语言认知研究等方面的成果，并没有吸收到当前的教学模式中来。我们的教学模式也非常单一，整个对外汉语教学界，除了极少数教师在进行一些教学试验外，基本上都是按照相同的模式进行教学，一般都很少有突破，相当长时间以来在教学法的研究和探索方面显得非常沉闷。完善教学法体系，首先必须进行教学方法改革。

1. 研究并借鉴其他第二语言教学的优良原则与方法，改革对外汉语教学方法

当前第二语言教学界强调培养跨文化的语言交际能力，反映了语言作为交际工具的本质和社会对语言教学的要求。我们汉语教学尤须如此。面对“汉语难”的传统观念和当前学生汉语起点低的实际，在短短四年的大学本科教育、特别是前两三年的教育中，既要学好汉语，又要进行系统的中国文学、中国历史或语言学理论的学习，是难以做到的。其结果，只能是偏重于文化知识的掌握而牺牲了语言交际能力的培养。实际上只有具备了一定的汉语交际能力，才谈得上直接用汉语来进行中国文化的学习和研究。而且，要改变汉语的“非普遍教授语言”的地位，也特别需要强化汉语教学，特别需要培养出大批具有一定听说读写能力、能熟练地运用汉语进行交际的人才，消除人们对汉语学习的神秘感和畏难情绪。

2. 从处理教学中的一系列问题入手，改革对外汉语教学方法

比如“以学生为中心”和“以教师为主导”的关系，语言知识教学和语言技能训练的关系，语言结构教学和语言功能教学的关系，听说技能教学与读写技能教学的关系，口语教学与书面语教学的关系，语言要素的教学和相关文化知识教学的关系，目的语和母语或媒介语的关系，语言和文学的关系等等。这些在前面所谈的教学法基本原则中都已提到，在处理这些关系时，需要客观地分析，全面地考虑，避免走极端。在不同的学习阶段，可能要突出某一方面，但仍需要兼顾另一方面，这就是我们总喜欢用“什么和什么相结合”的提法的原因。以学生和教师的关系而论，教师主宰一切，不考虑学生作为学习主体的作用是不对的。但如果只强调以学生为中心，在学校教育中不提教师的主导作用，让学生牵着教师的鼻子走恐怕也是不全面的，所以我们认为应当“以学生为中心”和“以教师为主导”相结合。更以结构与功能的关系而论，这是长期争论的问题，传统的教学方法只教语言结构，不考虑语言功能是不对的，但如果只教功能而忽视打好语言结构这一重要的基础，也无法培养语言交际能力，所以我们提出“结构与功能相结合”。现在整个第二语言教学界也强调各种教学方法的融合和各种教学原则的综合，这是教学法发展的新趋向。

3. 针对汉语的特点，改革对外汉语教学方法

如对汉语声调教学的研究，对汉语特殊句式教学的研究，特别是对汉字教学的研究，将成为近期的热点。国外的汉语教师本身就有把汉语作为第二语言学习的体会，对汉语教学的特点可能比中国教师和学者更为敏感。

有的外国学者认为汉语教学的根本问题在于探索不同于表音文字语言（如印欧系语言）的教学法体系，这是非常有见地的看法，切中汉语教学的要害。

4. 运用现代化手段，改革对外汉语教学方法

进行计算机辅助教学，运用多媒体技术，特别是大力开展网上的远程教学。我们要看到日新月异的信息传输技术的发展和教学手段、方式的现代化趋势。随着网上远程教学的开展，语言教学有可能冲破传统的教学模式，打破时间、空间的限制，成为面向全球的开放式、交互式的新型教学体系。技术手段的改革有可能引起一场新的教育革命，影响到教学内容、课程设置甚至教学原则。对此我们不但要有思想准备，而且要进行前瞻性研究。

（二）加强理论研究

对外汉语教学体系的建立和教学效率的提高，都需要对外汉语理论的指导。从这一层面来说，加强对外汉语理论研究是十分必要的。具体而言，可从以下几方面入手加强对外汉语理论的研究。

1. 加强对外汉语教学理论的研究

汉语作为第二语言教学与英、法、德语等作为第二语言教学相比，起步较晚，在教学理论研究的广度、深度方面还有一定的差距。另一方面，汉语具有很多与印欧系语言不同的特点，对汉语教学的研究不但可以印证，而且可以大大地丰富人们对语言教学规律的认识，因此汉语教学理论的研究对整个第二语言教学理论的发展具有特殊的意义。

2. 加强对外汉语语言习得理论的研究

除了教学理论的研究外，语言习得的研究也将是 21 世纪本学科理论研究的重点。研究语言习得，是为了揭示学习规律，也是为了使我们学科更好地与心理学相结合，更好地体现跨学科的特点和学科的发展方向。

3. 加强汉语的研究

理论研究的第三个重要方面是对作为第二语言学习和教学内容的汉语的研究。前面已经谈到，汉语作为第二语言的研究是汉语研究的一部分，但它有很多区别于汉语作为母语研究的特点。在语言学家和汉语教学界专家的共同努力下，这方面的研究已取得很多成果，反映在汉语作为第二语言的语音教学体系、词汇教学体系和语法教学体系中。这些体系还存在不少问题，教学实践又不断地提出新的问题。加强对汉语作为第二语言教学体系

的研究，继续完善这一体系，将是21世纪本学科理论研究的重要任务之一。作为教学内容的组成部分，除了对汉语语言结构的研究外，还包括对功能的研究和对文化因素的研究。

(三)加强教师队伍建设

不管是教学工作还是理论研究工作，都需要人来做。有一支能胜任教学工作、科研工作和教学科研管理工作的高素质的教师队伍，是汉语教学事业发展的最基础的条件。当前我们教师队伍的状况远不能适应新世纪汉语教学发展的需要。中国存在这个问题，海外汉语教学在很多国家也都面临着培养和提高本国汉语教师的任务。部分国家刚刚恢复了中断多年的汉语教学，因而出现汉语教师奇缺的困难，现有师资的素质也不能适应汉语教学的需要。加强教师队伍建设是整个汉语作为第二语言教学领域的当务之急。除了通过本科和研究生的学历教育培养本专业新一代的教师外，更为迫切和重要的措施是在职教师的培训。当前需要大力加强对在职教师的培训。

(四)在世界范围内确立学科地位

就像英、法、德语等作为第二语言教学是一门专门的学科一样，世界范围的汉语作为第二语言的教学也是一门专门的学科。目前在中国，这门学科虽已确立，但仍处于创立阶段，学科建设还刚刚开始。在国外，汉语教学是否应取得独立发展的学科资格，可能尚未形成共识。我们认为，各国汉语教学工作者和研究工作者需要进一步协调教学和科研工作，加强合作与交流，共同努力把这门学科树立起来，并把它建设好。建设一门学科需要长期不懈的努力，但提不提学科问题，有没有学科意识，对这项事业发展的影响还是大不一样的。

第三节　对外汉语教学的发展史

我国对外汉语教学事业开始于1950年，至今已有60多年的历史。其间以1978年为界分为两个时期，即20世纪50年代初至70年代末的“开创对外汉语教学事业”时期和70年代末至今的“确立对外汉语教育学科”时期。半个多世纪以来，随着作为中华文化载体和国际交往重要工具的汉语的地位和作用日益提高，世界范围内对汉语教学的需求也在不断增长。在我国政府和社会的大力支持下，对外汉语教学界同仁经过长期的不懈努力，无论在教学事业的发展还是在学科建设方面都取得了令人瞩目的成就。对外汉语教学作为一项"国家和民族"的事业得到极大重视，作为一门专门学科的地位得到确认。现在已建立了多类型、多层次、比较完整的教育体系和趋向科学化的课程体系，理论研究全面展开并初步建立了学科的理论体系，在教师队伍的建设方面也取得了较大进展。

一、开创对外汉语教学事业的时期

开创对外汉语教学事业时期（20 世纪 50 年代初至 70 年代末）又可分为三个阶段，即初创阶段、巩固阶段和恢复阶段。

（一）初创阶段（1950—1961 年）

1. 形式

在周恩来总理亲自过问下，1950 年成立的清华大学"东欧交换生中国语文专修班"于 1951 年初正式开课，拉开了新中国外国留学生汉语预备教育的帷幕。清华大学校务委员会主任周培元教授兼任专修班班主任，著名语言学家吕叔湘先生任清华大学外籍留学生管理委员会主席并兼管专修班的业务工作。第一年共接收来自东欧国家的 33 名留学生，学制为两年。任课教师共 6 名，包括曾在美国、英国教过汉语的邓懿、王还先生。由于全国高等学校进行院系调整，该班于 1952 年暑期转到北京大学，更名为"北京大学外国留学生中国语文专修班"。20 世纪 50 年代末 60 年代初，为接收来自获得民族独立的非洲国家的留学生，于 1960 年 9 月在北京外国语学院成立了"非洲留学生办公室"。1961 年，分别设在北京大学和北京外国语学院的这两个外国留学生教学机构合并为"北京外国语学院外国留学生办公室"。这十年中，外国留学生教学与管理机构先后附属于清华大学、北京大学和北京外国语学院，此外 1953 年至 1957 年间还在广西桂林开办了专门培养越南汉语人才的"中国语文专修学校"。到 1961 年，我国在校的外国留学生总数为 471 人，从 1951 年到 1961 年 11 年来共接收 60 多个国家的留学生 3 315 人，都是进行汉语预备教育。除了正规的学校教育外，其他形式的对外汉语教学，如对驻华外交人员的教学，函授或刊授教学，向国外派遣汉语教师（第一位到国外教授中国语文的专家是朱德熙先生）以及国内培养对外汉语师资等工作都已先后开始。

十年初创阶段，在教学机构、师资队伍、预备教育体系等方面，为我国对外汉语教学开了个好头，奠定了较坚实的基础。

2. 特点

第一，我国对外汉语教学从一开始就注意把对外国人进行的汉语教学与对本国人进行的母语文教学区分开来，摸索一条第二语言教学的路子。在特别重视学生掌握汉语语法、词汇基本知识的同时，强调对语言的实践和运用，大力进行听说读写基本技能的训练。

第二，很多著名语言学家如吕叔湘、周祖谟、朱德熙等先生在初创阶段就亲自参加这项工作，使我国对外汉语教学从一开始就有着雄厚的研究汉语语言学的实力，也从一开始就树立了语言学家积极支持并亲自参与对外汉语教学的好传统。数十年来，王力、吕叔湘、周祖谟、朱德熙、胡裕树、林焘、张清常、张志公、胡明扬、邢公畹等著名语言学家在对外汉语教学事业和理论建设中发挥了巨大作用。

第三，第二次世界大战期间协助赵元任先生在美国哈佛大学主持“军队特别训练课程中文部”、用听说法进行汉语教学工作的邓懿先生，和 20 世纪 40 年代末在英国剑桥大学从事过三年汉语教学的王还先生，都作为组织者(教研室主任)和骨干教师参加了初期的教学工作，这又使得我国对外汉语教学从一开始就有可能借鉴、汲取国外第二语言教学的好经验和新成果。

当然，总的看来，本阶段对汉语作为第二语言教学规律的认识还是初步的，教学中存在过于侧重语言知识特别是语法知识教学的倾向，对语言运用能力的培养，无论在认识上还是具体方法上都远远不够，这是历史的局限性。

(二)巩固阶段(1962—1966 年)

1. 形式

1962 年 6 月，经国务院批准，在北京外国语学院外国留学生办公室的基础上正式成立“外国留学生高等预备学校”，以适应对外汉语教学事业不断发展的需要。这标志着对外汉语教学进入巩固阶段。外国留学生高等预备学校是我国第一所以对外汉语教学为主要任务的高等学校，是北京语言学院的前身。该校的成立，结束了对外汉语教学依附于其他高等学校的情况，有了本学科自己的、独立的、稳定的基地，这是对外汉语教学事业发展的新的里程碑。由于学校任务的进一步扩大，1964 年 6 月经国务院批准，外国留学生高等预备学校改名为北京语言学院，1996 年又改名为北京语言文化大学。北京语言文化大学至今仍是我国唯一的一所专门以对外国进修生、本科生、硕士研究生、博士研究生以及汉语进修教师进行汉语言、中国文化、中国文学、中国艺术和汉语教学理论教育为主要任务的大学，该校40多年来一直在教学、科研、师资培养及对内对外的学术交流方面发挥着本学科基地、骨干和带头人的作用。

1965年，由于要承担2 000名越南留学生的汉语预备教育的任务，从事对外汉语教学的单位由北京语言学院扩展为包括北京大学、中国人民大学、北京师范大学、南开大学、吉林大学、南京大学、复旦大学、华东师范大学、武汉大学、杭州大学、西北大学等大学在内的遍布我国各地的23所大学。1965年暑期北京语言学院为新从事对外汉语教学的22所院校举办了培训班，这也是我国第一次举办全国性的对外汉语教师培训班，为后来对外汉语教学事业的发展起了一定的推动作用。为了加强各院校之间的交流，我国还创办了相关的对外汉语教学的专业刊物和汉语教学广播节目。

2. 特点

这一阶段，我国对外汉语教学呈现了迅速发展的良好势头。首先表现在教学规模进一步扩大。1965年底在校的外国留学生总数为3 312人，是1961年在校人数的七倍多。这四年间共接收外国留学生3 944名，超过了前11年的总和。从事这项任务的学校也由一所发展到23所。

在教学体系的建设方面，本阶段在巩固、发展汉语预备教育的同时，已着手试办汉语翻译专业。对外汉语教师的培养工作，也由于划归北京语言学院承担而得到进一步落实。更为重要的是，在教学法的研究方面开始对15年来所积累的经验、包括长期以来争论的问题进行了总结。钟梫《十五年汉语教学总结》一文中特别提到了“精讲多练”和“课内课外相结合”的实践性原则，用汉语进行课堂教学的直接性原则，教学内容与学生的专业相结合的学以致用原则，以及“语文并进”，听说读写全面要求、阶段侧重等主要的教学原则。这些从长期教学实践中总结出来的宝贵经验，虽然还缺乏理论的指导和系统的阐述，但却是对对外汉语教学规律早期探索所得出的重要共识，对后来的教学得以坚持正确的方向起了保证作用，也为学科理论建设奠定了基础。这一阶段，特别是从1965年开始，受国外新教学法的影响，北京语言学院教学法改革的试验以及新教材的编写出现了蓬蓬勃勃的新局面。

但是1966年夏天爆发的“文化大革命”使全国的对外汉语教学中断了六七年。

(三)恢复阶段(1972—1977年)

20世纪70年代初，随着我国在联合国合法席位的恢复、中日邦交正常化、美国总统访华所开始的中美关系正常化的进程等一系列外交上的重大突破，我国的国际地位进一步提高，很多国家要求向我国派遣留学生。这时国内高等学校已恢复招生，恢复对外国留学生的汉语教学也必须提到日程上来。1972年6月北方交通大学首先接收了200名坦桑尼亚、赞比亚留学生。1972年10月周恩来总理亲自批示恢复北京语言学院。经过不到一年的紧张筹备，北京语言学院于1973年秋季开始接收外国留学生。当年共接收42个国家的383名学生。北京大学、复旦大学等院校也陆续恢复招生。外交人员的汉语教学及广播汉语教学都逐渐恢复。1977年在校留学生总数为1 217人，从1972年到1977年我国共接收留学生2 266名——当然这还远未恢复到“文革”前的规模。

在教学理论的研究方面，这一阶段提出了“实践第一”的观点，强调课堂实践必须为社会实践服务，并把实践性原则定为对外汉语教学的基本原则。与此同时，在新教材的编写中进行了句型教学的试验，在语言技能训练方面进行听说和读写两类课型分开教学的试验等。在“文化大革命”刚刚结束、“四人帮”流毒尚未彻底肃清的情况下，教学理论研究还难以正常开展。

由于历史的原因，这一时期的主要任务是开创、发展对外汉语教学事业。在主要从事语言预备教育的情况下，人们还缺乏学科意识，当时也不可能致力于科学的、系统的学科建设。但是，这一时期对外汉语教学事业的发展和经验的积累，为以后的学科确立和学科建设奠定了基础。

二、确立对外汉语教育学科的时期

确立学科时期开始于1978年。1978年以来国家的正确路线和政策，带来了对外汉语教学事业繁荣发展的大气候和良好的外部条件；对外汉语教学作为一门专门的学科正式提出并得到确认，又成为学科发展的内部动力。20世纪八九十年代以来，随着国家经济的快速增长，我国国际地位的进一步提高，对外汉语教学事业也以前所未有的速度在发展。从1978年到1988年，我国从政府渠道共接收了130多个国家的、学习期限一年以上的长期留学生13 126名，这就相当于前一时期20多年总数的1.4倍。此外还接收了短期留学生33 812名。这两个数字均不包括通过校际交流途径来华的外国留学生人数。1988年在校的外国长期留学生达5 245名，是1977年在校留学生人数的4.3倍。而到了1997年，在校人数已达43 712名，又是1988年的8倍。现在，以不同规模从事对外汉语教学的高等院校已不是1965年的23所，而是300多所。很多学校都设立了专门进行对外汉语教学的“学院”或“中心”建制。

这一时期的成就，更主要地体现在对外汉语教学界为学科的确立而进行学科理论建设所作的巨大努力和所取得的丰硕成果上。这20年又可分为80年代的建构学科理论框架阶段和90年代的深化学科理论研究阶段。

(一)建构学科理论框架阶段(20世纪80年代)

由于这一阶段主要是建构学科理论框架，所以在对外汉语教学界逐渐形成了科学研究之风，在研究课题的涉及面和参加者的广泛性方面都是空前的。从20世纪80年代初开始，由于学科建设的开展，对外汉语教学界同仁的学科意识不断增强，激发了从事科研的极大积极性，对指导教学实践所亟需的教学方法、教材和测试评估等方面的研究全面展开，还开始了后来一直延伸到20世纪90年代的文化与语言教学关系的大讨论，并加强了对国外的教学理论、习得理论和教学法流派的介绍与研究。

同时，这一阶段从学科建设的高度开始了对外汉语教学宏观的、系统的研究，逐步建构了对外汉语教学的学科理论框架。吕必松先生最早对学科理论进行宏观研究，阐明对外汉语教学的性质和特点，探索学科体系的模式，论述学科的基础理论和应用理论并提出学科建设的任务。在教学理论方面，他提出由四大部件组成、受三类变因影响的教学结构，提出总体设计理论与教学活动四大环节理论，从而首次构建了本学科的理论体系和教学理论体系。其中很多观点已为本学科的广大同仁所认同、充实、完善。

另外，在这一阶段，以我国第一个对外汉语教学的研究机构北京语言学院语言教学研究所和北京语言学院语言信息处理研究所为基地，开展了本学科首批重大课题的研究，并陆续在20世纪80年代末和20世纪90年代初取得了一些不仅在对外汉语教学界而且在语言学界和语言教育界，不仅在国内而且在国外都产生了一定影响的研究成果。

在教学法的研究方面，本阶段提出了“结构与功能相结合”的原则以及“交际性原则”，并紧密结合教学的需要对对外汉语预备教育、短期教育、进修教育及现代汉语专业的本科教育等门类的课程与教材进行了全面的改革试验。

(二)深化学科理论研究阶段(20世纪90年代)

20世纪90年代，对外汉语教学学科的科学研究空前活跃，科研成果大量涌现，无论是学术论文、学术专著、教材还是研究课题，在量和质的方面都远远超出了上一阶段。特别是学科理论研究已突破早期由于历史的原因主要集中于个别院校的状况，出现了在全国各对外汉语教学单位遍地开花的新局面。这十年活跃的学术气氛还表现在召开了很多国际性、全国性和地区性的学术研讨会、座谈会，其中又以 1992 年的“语言学习理论研究座谈会”、1994 年的“对外汉语教学定性、定位、定量问题座谈会”和 1997 年的“语言教育问题座谈会”在推动学科理论建设方面的意义最为重大。

在 20 世纪 80 年代学科建设全面展开的基础上，90 年代出现了理论研究深化的趋势。所谓“深化”，主要体现在以下两个方面。

第一，语言习得的研究得到高度重视，进一步探讨汉语学习规律，使教学理论的研究建立在更为坚实的基础之上，“语言学习理论研究座谈会”对推动语言习得的研究产生了深远的影响。

第二，教学理论的研究逐渐改变了纯语言学研究的路子，更自觉地汲取心理学、教育学、语言习得理论、社会学、文化学和跨文化交际学的理论成果，借鉴认知心理学、社会语言学、心理测量学、教育统计学等学科的研究方法，探讨体现学科特色的研究方向。

在深化理论研究的基础上，教学层面的应用研究也有了新的发展。与国外研究的趋势相一致，这一阶段对教学原则的研究和总结，成为教学法研究的重点。特别是其中的“结构、功能、文化相结合”的原则，已成为带有中国特色的汉语作为第二语言教学的一项重要原则。对教学活动进行科学化、规范化的研究，又成为 90 年代学科应用研究的另一个重点。

已有数十年历史的对外汉语教学，随着规模的不断扩大，参与单位日益增多，教学质量的要求也在进一步提高。更好地解决教学中存在的盲目性、随意性和无序状态，对教学活动的全过程施行必要的规范化、标准化，既是教学第一线的要求，也是学科建设的需要。作为这方面的研究成果，本阶段陆续出版了《汉语水平词汇与汉字等级大纲》(1992 年)、《汉语水平等级标准与语法等级大纲》(1996 年)以及《中高级对外汉语教学等级大纲(词汇·语法)》(1995 年)等。对外汉语教学的功能大纲和文化大纲也正在研制。

三、我国对外汉语教学事业的发展

最近几年，随着中国国际地位的提升，国际上希望了解中国、与中国进行经济贸易以及社会文化、教育学术交流的人越来越多，来华留学生人数猛增。除了 2003 年由于受到“非典”影响来华留学生数量有所减少外，其他年份来华留学生人数逐年创新高。根据教育部国际合作与交流司编的《2004 来华留学生简明统计》《2005 来华留学生简明统计》《2006 来华留学生简明统计》《2007 来华留学生简明统计》《2008 来华留学生简明统计》，数据显示：2004 年达到 11 万人；2005 年超过 14 万人；2006 年突破 16 万人；2007 年超过 19 万人；2008 年突破 20 万人；2009 年突破 22 万。2001 年到 2008 年期间，来华留学生人数年均增长率超过20%。仅2008年当年在华学习的各类留学人员就达到223 500人，其中政府奖学金生14 000人，自费生209 500人，接收留学生的学校已经达到592所。留学生来源国也增加到180多个国家和地区。学习者的层次由语言预备教育延伸到本科、硕士和博士各个层次的学历教育，学科分布由语言类、中医类、农学类等少数学科扩展到文、史、哲、政、经、法、理、工、农、医等各个门类。

为了应对对外汉语教学发展的新形势，国家成立了由多个部委共同参与的对外汉语教学领导小组，统一协调领导全国的对外汉语教学工作。对外汉语教学领导小组办公室（国家汉办）开始的时候设在北京语言大学，后来由于工作面不断扩大而独立出去，现在汉办（Hanban）在海外已经成为知名品牌。尤其是2007年成立了孔子学院总部，海外希望建立孔子学院的教育机构趋之若鹜。国家汉办于2005年7月组织了第一届世界汉语大会、2006年7月组织了首届孔子学院大会，邀请海外大学校长参加。此外还组织海外中小学校长夏令营，进行教师培训，派遣志愿者去海外任教，组织编写教材，研究教学法，举办汉语桥比赛，设立汉语桥基金，设立孔子学院奖学金，开发新的汉语考试，开展网络教学等等。最重要的是，所有这些活动都得到了国家财政的大力支持。伴随着孔子学院的遍地开花，海外学习汉语的人数也在增加，据有关部门透露，目前海外孔子学院和孔子课堂注册学生人数已经有22万人。孔子学院的教学因地制宜，没有统一的教学模式，真正是有教无类，在孔子学院学习的人有小学生、中学生、大学生、家庭妇女、政府工作人员、公司职员、大学教授，教学方式灵活多样，不拘一格。孔子学院走进社区，组织中国文化周活动，把语言教学与文化推介结合起来。

汉语国际推广作为国家大外交战略的一个组成部分，提出的发展目标是实现六大转变：一是从对外汉语教学向全方位汉语国际推广转变；二是从“请进来”学汉语向同时加大汉语“走出去”力度转变；三是从专业汉语教学向大众化、普及型、应用型教学转变；四是从主要靠教育系统推广向系统内外共同推广转变；五是从政府行政主导为主向政府推动、加强市场运作转变；六是从纸质教材面授为主向发展多媒体网络等多样化教学转变。随着形势的变化，国家也在不断地调整战略，但是走出去的战略始终没有变。

当前，我国对外汉语教学事业在发展的同时也存在着诸多的问题，主要表现在以下几方面。

（一）在基础理论研究上没有重大建树

在西方发达国家，把自己的母语作为第二语言或外语进行教学与研究，已有百年历史。无论是理论上还是实践上，都取得了令人瞩目的成就。而汉语目前还被视为“非普遍教授语言”。因此，在21世纪要使汉语成为一门世界主要外语语种，还要付出相当大的努力。

自20世纪50年代起，我国对外汉语教学界就有“重表达、重实践、重对比”的研究传统，这在某种程度上忽视了理论的探讨。教师的教学经验非常宝贵，但是在我国却没能将这些经验升华为我们自家的教学理论与学习理论。

（二）在教学实践上没有重大突破

“对外汉语”的研究成果，必须应用于教学实践。语言教学界应善于吸收有价值的研究成果，来丰富、提高教学实践。几十年来，我们的对外汉语教学大多遵循单一的教学模式，在总体设计上大同小异，少有新意。外国人一踏入中国大门，开始学习汉语，一年学3 000多词汇，识800个汉字，学完基本语法，沿着语音、词汇、会话、短文的教学顺序，采用精读（综合）课＋复练（或单项技能训练）课的教学模式，几十年下来一直如此。

（三）教学思想与教学手段有待于现代化

教学思想现代化，就是对传统的教学观念、传统的教学方式和传统的教学模式进行变革，以适应现代学习者的要求。教学手段的现代化，指应用现代高新技术手段改进教学，如研制多媒体汉语教材，从事多媒体汉语教学；运用多媒体网站技术，建立对外汉语教学中心网站，实现网上汉语教学，并使对外汉语教学研究成果网络化，开辟远距离的对外汉语教学。

而实现网上对外汉语教学之后，将会出现一种不同于以往的教学景象。基于网络连接的课堂，打破了传统的课堂在时间与空间上的限制，是一种规模巨大、前所未有的开放的大课堂。而基于网络的对外汉语教材，也不同于以往的纸介教材，它是一种全新的、全方位的、立体化的教材。

因此，我们必须有一批网络教师，这些教师不再是依靠一本书、一支粉笔，在课堂上站在黑板前从事教学活动，而是在计算机前根据学习者的不同情况提供网上咨询与指导。而学习者则可以根据个人的学习需要，确定学习时间与空间，是一种真正意义上的个体化教学，这将是一种全新的对外汉语教学模式。

除了以上问题外，我国对外汉语教学还存在以下几方面的问题。

第一，从业人员教学任务十分繁重，研究时间难以保证。

第二，研究人员数量不足，专职研究人员数量极少，且专业水准、理论素养均不能满足研究之需要，研究素质还有待提高。

第三，代表本学科研究水平，在社会上有较广泛、深刻影响的研究成果不多。

第四，有关方面应充分认识到学科研究的意义，加大投入，集中人员，联合攻关，重点突破。

第二章　对外汉语教学的目标

在对外汉语教学中，教学目标有着非常重要的地位，不但教学内容、教材等都是为教学目标服务的，而且教师队伍的培养，尤其是教师能力结构的培养，也服从于教学目标。因此，研究对外汉语教学的目标，对对外汉语教学的目标进行系统分类、设计与编写，对对外汉语教学的进一步发展来说是十分重要的。

第一节　教学目标概述

一、教学目标的定义

对于教学目标的定义，许多学者、许多教学论著作中都有过阐述。《现代教学方法百科全书》中指出："教学目标是对教育者预先确定的，要求学生通过教学活动而发生的各种变化的具体描述，这种描述具有可见性和可测性，因此又称为行为目标。"田慧生、李如密认为："教学目标是指教学活动主体预先确定的、在具体教学活动中所要达到的、利用现代技术手段可以测度的教学结果。它表现为对学生学习结果及终结行为的具体描述，或对学生在教学活动结束时其知识技能等方面所取得变化的说明。"柳夕浪认为："教学目标是教学活动的主体在教学活动中所要达到的预期效果和标准，是教学目的、要求在每一教学阶段的具体化，是教学活动的出发点和归宿。"

综合以上几种对教学目标的定义，我们认为，教学目标应该是包括着几层含义的，具体如下。

(1)教学目标是教与学双方，即教学活动主体共同实现的目标。对于教师来说，教学目标主要表现为一种指向作用；对于学生来说，教学目标主要表现为一种心理激励功能；对于师生来说，教学目标是检测教与学效果的标准。

(2)教学目标是通过一系列教学活动使学生发生不同性质和不同程度的变化结果，而不是教师完成没完成的教学任务。也就是说，目标的对象不是教师，而是学生。

(3)教学目标是教学活动的出发点和归宿，教学中只有具有了统一、明确的起点，教师才能够依据目标来规范教学行为，判断教学目标的达成度，调控教学进程，最后达到教学目标的终点。

(4)教学目标是教学活动所要达到的预期效果和标准，而且这种效果和标准预先可以进行具体描述，并最终可以通过学生的行为得到体现。

因此，我们可以对教学目标给出如下定义：教学目标是教学活动主体共同实现的目标，是教学的出发点和归宿；是教育者预先确定的，要求学生在某一时间内所要达到的预期效果或标准，而且这种效果和标准预先可以进行具体描述，并最终可以通过学生的行为变化得到体现。

二、教学目标的层次性

教学目标是由多个层次的体系构成的，对于教学目标的体系，众说不一，但都大同小异。一般来说，教学目标从上而下可以分为五个层次，即教育目的、培养目标、课程教学目标、单元/课时教学目标、知识点的教学目标。

(一)教育目的

教育目的指的是对受教育者总的培养要求或为受教育者的培养而确定的总的质量规格，是教育活动的出发点和归宿。

教育目的是指导教育工作的方针，是各级各类学校确立培养目标的依据。如当前国际上在教育目标上的共识是“促进人的全面发展”，国际21世纪教育委员会向联合国教科文组织提交的《教育——财富蕴藏其中》的报告提出教育有四大支柱：学会求知、学会做事、学会共同生活、学会做人。毛泽东在1957年的国务会议中提出：“我们的教育方针，应使受教育者在德育、智育、体育几方面都得到发展，成为有社会主义觉悟的有文化的劳动者。”再如中国共产党在2002年11月召开的第十六次全国代表大会报告中将我国的教育目的表述为：“坚持教育为社会主义现代化建设服务，为人民服务，与生产劳动和社会实践相结合，培养德智体美全面发展的社会主义建设者和接班人。”

(二)培养目标

培养目标是教育目的的具体化，是各个学校根据教育目的以及学校的性质、任务，对学生身心发展提出的具体标准。也就是说，教育目的是各级各类学校的培养目标的抽象和概括，而培养目标是具体化了的教育目的。

(三)课程教学目标

课程教学目标指的是一门课程的教学活动所预期达到的标准，它是为实现培养目标而设置的主要目标，也是进一步具体化的教育目的。教学目标是学生学习所要达到的结果，是教学活动所要达到的指标或质量规格；既是“教的目标”也是“学的目标”。

(四)单元/课时教学目标

单元教学目标是第二级学科课程教学目标，由课程教学目标分解而成。课时教学目标是第二、第三级学科课程教学目标，由单元教学目标分解而成。

(五)知识点教学目标

知识点教学目标由课时教学目标分解出来，是对教学活动结果所要达到的标准的规定，是学生在学完一个指定的教学单元之后能够做的事情的具体的、明确的表述。

三、教学目标的功能

教学目标具有多方面的功能，概而言之主要有以下四大功能。

(一)导向功能

教学目标指引着教学活动的方向，对教学实践具有直接的导向作用。教学目标是教学活动的预期结果，制约着教学设计的方向，指引着教学的过程，能减少或避免教学的盲目性和随意性。

教学目标的导向作用对教师来说，主要体现在：决定着教学内容的选择和安排，教师教什么，教学顺序的安排，教学重点、难点的确定都受教学目标的制约；制约着教学方法和教学手段的选用，教师采用什么方法和手段才能保证教学活动指向教学目标；影响着教学过程的设计。

教学目标的导向作用对学生来说，主要是指引学生学习。教学目标是学习者自我激励、自我调控、自我评价的手段和标准。教学开始时，教师要明确告诉学生学习目标，引导学生注意课堂中的重要信息，使学生对教学内容产生预期。教学目标转化为学生的学习目标后，要激发、引导和维持学生的学习行为，每一个成熟和成功的学习者都具有明确的学习目标。

（二）调控功能

确定教学目标以后，整个教学过程实质上就是一个逐步实现其教学目标的过程。因此，教学目标对教学活动过程来说具有重要的调控作用。它不仅可以控制整个教学活动的进程，而且还能根据教学目标的需要调节教学方式，改进教学结构，使一切教的活动和学的活动都紧紧围绕教学目标的实现来进行，从而有效地克服教学中的盲目性和随意性，保证师生用最少的精力和时间，获得最大的教学效果。

（三）激励功能

教学目标对学生来说主要表现为一种心理激励功能，明确的教学目标可以激发学生的学习积极性和学习动力，使学生产生要达到目标的强烈愿望。当教师向学生展示明确而具体的目标内容，并引导学生认识到这种目标的实现能满足其心理需要时，学生就会对要学习的内容产生强烈的期待心理，对教学目标的达到产生强烈的渴望心理。因此，教学目标可以调动学生学习的积极性和学习动力，促使学生全身心地投入到课堂教学活动中来。

要使教学目标产生最大的激励效果，就要使制订出来的目标符合学生的心理需要，使学生认识到通过努力达到目标是有价值的，这样可以促使学生采取有效的措施去实现所追求的目标。也就是说，教学目标要超出学生的现有水平，又保证达到学生可能的发展水平，这样最容易激励学生的学习活动，保持持久的学习动力。因此，教学目标激励功能的发挥主要取决于目标的难易程度是否适中，太难或太易都不能使学生产生动力，只有目标高低适宜、难易适度，学生才能认识到目标的价值，从而激发和保持较高的学习动机，产生最大的激励效果。

（四）评价功能

教学目标为教学评价提供了可观察、测量的标准，是进行教学评价的必不可少的参照系。教学目标是评价教学活动过程，了解教学活动效果的基本依据，也是评价课程和教师授课质量的标准之一。因此，在教学活动过程中所进行的各种评价都要以教学目标为依据。

为了有效发挥教学目标的评价功能，教师应该注意以教学目标为依据进行测验题的编制，国外学者将这种测验题称为“标准参照测验”。标准参照测验的结果将向教师表明:学生在达成目标方面做得怎么样,哪些目标达到了,哪些目标还未达到,哪些地方需要修正。标准参照测验由一组直接测量既定教学目标中规定的题目组成,有四种测验类型:起点行为测验;前测,主要是确定学生究竟已掌握了多少将要教的知识和技能;插入测验,主要是检查学生的进步状况,为确定是否提供教学调整和补救措施提供依据;后测,评估全部的教学目标,尤其是终极目标。

需要注意的是,传统的学习测验采用的是常模参照测验,与标准参照测验还是有一些区别的,主要的区别在于对学生的学习成绩如何作出解释。标准参照测验中,学生的成绩同预先提出的目标相比较而确认是否通过;而常模参照测验则是每个学生互相比较其学业成绩,学生在群体中的排序是确定其成绩质量的参照点,而不是通过目标的特定比例来决定成绩质量。

在对外汉语教学中应主要以标准参照测验为主,即根据学生是否达到教学大纲所规定的标准来评价学生。

四、教学目标与教学目的的区别

人们在实际的教学中,往往会将教学目标和教学目的等同起来,但实际上两者是有着明显的区别的。具体来说,有以下几方面的区别。

(1)教学目的是对教学的总要求,对各级各类学校的所有教学活动都起指导作用,如历史上曾出现过以传授知识为主的教学目的,其教学实践活动便是教师向学生灌输知识。这种教学思想在各级各类学校的各科教学中都有体现。而教学目标是对教学的具体要求,只对特定范围的教学活动起规范作用,如某一学科、某一单元、某一课时的教学目标等。

(2)教学目的是教学的方向目标,具有终极意义,往往用比较概括的术语来表达。而教学目标是教学的达成目标,是教学目的在每一教学阶段的具体化,具有程段意义,经过几个程段教学目标的连续达成,才能实现最终教学目的。

(3)教学目的体现着社会的意志和要求,具有指令性,且在某一历史时期有着相对的稳定性。而教学目标更多地体现了教学活动主体的要求,具有自主性,且在具体教学活动中可以根据需要进行调整和变动。

总的来说,“目的”体现的是较长时期内社会发展和人的发展的终极价值;“目标”体现的是较短时期内阶段性的、局部性的具体价值。从目的设置到目标确立,显示了人们对教学由抽象定向到具体行为的认知过程。

第二节　教学目标的分类

为了评价教学，需要制订教学目标，并对教学目标进行分类。有关教学目标的分类方式，不同的学者有着不同的观点。现在国际上广为使用的是布鲁姆的教学目标分类，同时，加涅、梶田叡一提出的教学目标的分类也有较大的影响。当然，我国学者在总结经验的基础上，也对目标的分类有了一定的研究。

一、布鲁姆的教学目标分类

布鲁姆在多年的教学改革和实践中，越来越认识到教学目标的重要性。他在1948年与30多位"大专院校主考委员会"的成员组成了一个小组，开始就教学目标分类体系的课题展开了规模宏大的研究。1956年，他出版了著名的《教育目标分类学——认知领域》。我们所说的教学目标即这里的"教育目标"。

布鲁姆等人认为，教育目标可分为三大领域，即认知领域、情感领域和技能领域。认知领域的目标包括有关知识的回忆、再认和运用，理智能力和技能的形成等；情感领域的目标包括学习的情绪反应，情感、兴趣、价值倾向的发展等；技能领域的目标包括由心智活动控制的肌肉反应、活动或操作等。

（一）认知领域目标

布鲁姆将认知领域的教学目标由低到高分成了识记、领会、运用、分析、综合和评价六个层次。

1. 识记目标

所谓识记，就是学习者对所学材料的记忆，包括对具体事实、方法、过程、概念和原理的记忆。识记目标是最低水平的认知学习，要求的心理过程是记忆。

2. 领会目标

所谓领会，就是学习者能把握所学材料的意义，可以借助转换（即用自己的语言或不同于原先表达方式的方法表达自己的思想）、解释（即对一项信息加以说明或概述）和推断（即对事物之间的逻辑关系进行推理）三种形式表明对材料的领会。领会不仅是指学生能够背出它的定义，而且要能理解它的含义，因为记住了的东西不一定就是理解了的东西。因此，领会目标已经超越了单纯的记忆，代表着学习者对学习材料最低水平的理解。

3. 运用目标

所谓运用，就是学习者能将所学材料应用于新的情景中，包括概念、规则、方法、理论的应用。运用目标代表较高水平的理解。

4. 分析目标

所谓分析，就是学习者能将学习内容的整体材料分解成其构成成分并理解各部分之间的关系及其结构方式，包括对要素的分析和对关系的分析。分析既要理解材料的内容，又要理解材料的结构，还能对材料进行分类，并能指出各材料之间的关系。因此，分析目标代表了比运用更高的水平。

5. 综合目标

所谓综合，就是学习者能将所学的零碎知识整合为知识系统，包括用语言表达自己的意见时表现的综合、处理事物时表现的综合和推演抽象关系时表现的综合三个水平。综合是知识学习的质变阶段，强调新旧知识的整合和创造能力以及新的认知结构的产生。

6. 评价目标

所谓评价，就是学习者能对所学材料作价值判断的能力，包括按材料的内在标准和外在标准进行的价值判断。由于评价要求超越原先的学习内容，并需要基于明确标准作价值判断，因此，评价目标是最高水平的认知学习结果。

布鲁姆将认知领域的教学目标分成的这六个层次，实际上也可以归纳成两个方面，即“知识”和“智力技能”。第一层次是“知识”，只要求对信息作简单的记忆，不需要对原输入的信息作多大改组或加工。后面的五个层次是“智力技能”，是加工知识的方式，需要学习者在心理上对知识进行组织或重新组织。

总的来说，这一分类阐明了教学目标应反映这一分类系统中所涉及的各种能力水平，不能仅停留在“知识”这一起码的目标上，必须重视培养学习者的智力技能，为我们确定教学目标提供了一个很好的思考框架。

(二)情感领域目标

所谓情感，就是对外界刺激做出的或肯定或否定的心理反应。通常来说，个体的情感会影响其作出行为上的选择，而且，情感学习与形成或改变态度、提高鉴赏能力、更新价值观念、培养高尚情操等有着十分密切的关系。因此，这是教学的一个非常重要的领域。

依据布鲁姆研究的基础，心理学家克拉斯沃根据价值内化的程度把情感领域的教学目标分成了接受、反应、价值的评价、价值观念的组织和定型五个等级。

1. 接受目标

接受目标指的是，学习者能感受到某种现象或刺激的存在，并愿意接受或注意它们。

2. 反应目标

反应目标指的是，学习者能对现象或刺激给予积极的注意，并作出某种反应或回答。

3. 价值的评价目标

价值的评价目标指的是，学习者将特殊的对象、现象或行为与一定的价值标准相联系，并按照一定的价值观念而采取行动，属于“态度”目标，包括认可某种价值、偏爱某种价值、信奉某种价值。

4. 价值观念的组织目标

价值观念的组织目标指的是，学习者在遇到许多价值观念出现的复杂情境时，必须将多种价值观念组织在一个系统之中，对各种价值观进行比较，确定占统治地位的价值观，形成个人的价值观体系。

5. 定型目标

定型目标指的是，学习者能够通过对价值观体系的组织，逐渐形成个人的品性。

通过这一分类可以看出，对于学生来说，教师或教科书上所介绍的价值标准是外在的，其必须经历接受、反应、评价、组织等连续内化的过程，才能将它们转化为自己信奉的内在价值。

由于任何知识、技能或行为、习惯等都离不开一定的价值标准，因此，情感教学不只是政治课或思想品德课的任务，各门学科都包含这方面的任务。

(三)技能领域目标

心理学家辛普森和哈罗通过分析技能领域目标，将其分为知觉、模仿、操作、准确、连贯和习惯化六个层次。

1. 知觉目标

所谓知觉目标，就是学习者能够通过感觉器官对动作、物体和环境信息的认识能力以及进行心理、躯体和情绪等的预备调节能力。知觉是动作技能的组成部分，其确实会导致某些动作技能不可能完成。

2. 模仿目标

所谓模仿目标，就是学习者能够重复教师示范动作的能力。需要注意的是，学习者在这一层次的模仿性行为经常是缺乏控制的。

3. 操作目标

所谓操作目标，就是学习者能够按照教学的要求，自己做出动作的能力。需要注意的是，操作和模仿是不同的，学习者在进行操作时，可以不必按示范或演示动作去做，进而进行独立的操作。

4. 准确目标

所谓准确目标，就是学习者的练习能力或全面完成复杂作业的能力。学习者通过练习，可以将错误减少到最低程度，从而有控制地、正确地、精确地完成动作。

5. 连贯目标

所谓连贯目标，就是学习者能够按照规定顺序和协调要求去调整行为、动作的能力。也就是说，学习者能够按照一定的程序和方式将局部动作协调、流畅地表现出来，构成一个动作整体。实际上，连贯是在准确基础上的速度训练。

6. 习惯化目标

所谓习惯化目标，就是学习者能够自动或自觉地行动的能力，也就是操作的熟练化。达成这一目标之后，动作成为协调性运动模式，不需要或很少需要意识控制，且能在条件变化尤其是在不利条件下完成操作。

二、加涅的教学目标分类

美国教育心理学家加涅在系统总结各派学习理论的基础上，先是依据学习发生的条件，将学习分为了信号学习、刺激—反应学习、动作连锁、言语连锁、辨别学习、概念学习、规则学习和解决问题八类。后来，他又进一步发展了他的学习分类学说，在八类学习的基础上概括出言语信息、智力技能、认知策略、动作技能和态度五种学习结果。而学习结果，实际上就是要达到的目标。

(一)言语信息目标

所谓言语信息目标，就是学习者通过学习以后，能够记忆诸如事物的名称、符号、地点、时间、定义、对事物的描述等具体的事实，同时能够在需要时将这些事实陈述出来。他们所陈述的信息之所以被称为“言语信息”，是因为这些信息是基于一种或多种形式的句子(或命题)，是被言语化了的。判断学生是否获得信息，最为主要的就是看他们能够将所获得的信息表述出来。

(二)智力技能目标

所谓智力技能目标，就是学习者通过学习能够获得使用符号与环境相互作用的能力。在这里，需要对智力技能和言语信息的不同进行区别。言语信息与知道“是什么”有关，而智力技能则与知道“怎样做”有关；言语信息的学习是从不知到知、由知之甚少到知之甚多的过程，而智力技能所学的内容通常称为程序性知识，而且其发展则是从简单到复杂、从低级到高级的过程。

智力技能目标可以细分为若干小类，较简单的是辨别技能，进一步是形成概念，在形成概念的基础上学会使用规则，最高的形式是高级规则的获得。

1. 辨别目标

辨别是学习其他技能的必要前提。辨别目标，就是将刺激物的一个特征和另一个特征，或者一个符号与另一个符号加以区别的一种能力。在进行辨别时，主要是利用视、听、嗅、触、味觉。

2. 形成概念目标

形成概念目标，就是在一系列事物中找出同类事物的共同特征，并把它们归在一起，给同类事物赋予同一名称的能力，其基础是辨别技能的掌握。

3. 规则目标

所谓规则，就是揭示两个或两个以上概念之间关系的一种言语表述，可以是一个定律、一条原理或一套已确定的程序。我们所说的学习者学会了某条规则，指的是他能够在作业中按这条规则行事。在教学中，规则的学习往往不是逐条地、孤立地进行的，一门课程中常常将许多有关规则或原理有机地结合在一起，构成一个体系，因而有时学习者所学的是“一套有组织的智力技能”，其中某些简单规则的学习构成另一较复杂规则学习的先决条件。

4. 高级规则目标

所谓高级规则，就是学习者在解决问题过程中思维的产物，是通过简单规则重新组合而得到的规则。高级规则学习，主要是对学生运用简单规则以产生新的规则并解决复杂问题的能力进行培养。可见，高级规则还是规则，只是在复杂性上与作为其组成部分的较简单规则有所不同罢了。

(三)认知策略目标

所谓认知策略目标，就是学习者通过学习能够获得自我控制与调节的能力，即处理内部世界的能力。认知策略是一种“控制过程”，学习者通过认知策略指挥他自身对环境中刺激物的一定特点予以注意，对学习的事物进行选择和编码，对学习所得进行检索。

学习者的认知策略对其已掌握的言语信息和智力技能的综合思考，以及提出解决问题的高级规则有着重要的影响，因此，认知策略是学习者“使用脑子”管理或操作自己学习过程和解决问题的方式。

(四)动作技能目标

所谓动作技能目标，就是学习者通过学习能够获得身体动作的迅速、准确、力量或连贯。动作技能也称运动技能，是一种习得能力。在学生的学习中，动作技能的学习往往与认知学习交织在一起，而且学习者在动作技能的学习中感知因素的重要性和协调能力的作用。

(五)态度目标

所谓态度目标,就是学习者通过学习获得的影响个体行为选择的心理状态。当教学目标是使学习者形成先前未有的态度或改变当前积极的或消极的态度时,这意味着我们要求学习者从事一项有关态度的学习任务。

有关加涅的教学目标分类,实际上又可以分为三个领域,其中言语信息目标、智力技能目标和认知策略目标属于认知领域的目标,动作技能目标属于技能领域的目标,态度目标属于情感领域的目标。有一点需要注意:他的教学目标分类有一个很重要的观点,即不同种类的学习结果需要不同的学习条件,包括内部条件和外部条件。内部条件是学习者本身具有的、影响习得新能力的变量;外部条件是由教学提供的,用以支持或加强习得能力的变量。

三、梶田叡一的教学目标分类

梶田叡一的教学目标分类具有非常明显的东方意识,重视教学目标各个领域之间的相互联系和综合实现,并从实现目标的角度将其分为了基础目标、提高目标和体验目标三大类。

(一)基础目标

基础目标,就是要求学生必须掌握的知识和能力,是任何人都应达到的目标。其亚目标主要有以下三个。

(1)认知领域目标:知识、理解。

(2)情感领域目标:兴趣、关心。

(3)动作技能领域目标:技能、技术。

(二)提高目标

提高目标,就是要求学生向某种方向不断深化、不断提高、不断发展的目标。其亚目标主要有以下三个。

(1)认知领域目标:逻辑思维能力、创造力。

(2)情感领域目标:态度、价值。

(3)动作技能领域目标:熟练。

(三)体验目标

体验目标不是以产生某种行为变化为目的,而是以产生特定的内在体验、感受为目的。其亚目标主要有以下三个。

(1)认知领域目标:发现。

(2)情感领域目标:交往、感动。

(3)动作技能领域目标:技术性完成。

四、国内的教学目标分类

目前,将教学目标分成认知、情感、技能三个领域已经成为人们的共识。这种分类对于教师帮助学生教学,更好地组织教学,具有重要的现实意义。在国内,教学设计领域的学者在研讨这三个领域的教学目标分类的基础上,结合我国教育的实际提出了自己的学习水平分类,具体见表2-1。

表2-1 国内学者对三个领域目标的分类

领域	学习水平				
认知领域	记忆	理解	简单应用	综合运用	创见
动作技能领域	模仿	对模仿动作的理解	动作组合协调	动作评价	新动作的创造
情感领域	接受	思考	兴趣	热爱	品格形成

与此同时,国内学者还对这三个领域的教学目标进行了详细的说明。国内学者对认知领域的教学目标的详细说明见表2-2。

表2-2 认知领域的学习目标分类

学习水平	具体行为
记忆	记住学过的材料
理解	将学习材料从一种形式转换成另一种形式;理解学习材料;对学习材料作简单判断
简单应用	将学习过的材料用于新的具体情境中去解决一些简单问题
综合应用	对具体综合问题各组成部分的辨认;部分之间各种关系的分析;识别组合这些部分的原理、法则,综合运用解决问题
创见	突破常规的思维方式,提出独到的见解或解题方法;按自己的观点对学习过程的材料进行整理分类;自己设计方案,解答一些实际问题

国内学者对动作技能领域的教学目标的详细说明见表 2-3。

表 2-3　动作技能领域的学习目标分类

学习水平	具体行为
模仿	对演示、动作的模仿，对工具和装置的使用；把描述语言转化为实际动作
对模仿动作的理解	装置结构原理；动作作用解释；动作结果的解释和概括
动作组合协调	动作分解和组合协调的实现；动作组合计划设计；实验结果的解释和概括；并写出实验报告
动作评价	对动作作用估计；对组合动作、设备进行设计和计划；动作熟练进行；结果的解释、推论及评价
新动作的创造	新情景下对动作的设计和实现；新情景下对结果的解释、整理

国内学者对情感领域的教学目标的详细说明见表 2-4。

表 2-4　情感领域的学习目标分类

学习水平	具体行为
接受	在适当的环境中注意对象的存在；给予机会时有意地注意对象；集中注意教师的讲解或演示
思考	能遵照教师指示做出系统动作；能主动和对象打交道，且与过去的经验发生联系；能有意识地、兴致勃勃地和对象打交道
兴趣	有深入研究的意愿；愉快地和对象打交道；不愿意立即停止自己的思考和动作
热爱	关心对象的存在和价值；价值经过内化成为自己的坚定信念；认识到对象的美；成为自己的理想信念
品格形成	依据自己的价值所形成的信念，内化为自己的品格，并用于指导自己的言论与行动

第三节　对外汉语教学目标的设计与编写

在了解了教学目标的定义以及教学目标的分类以后，就应该讨论在对外汉语教学中如何对教学目标进行设计和编写了。

一、对外汉语教学目标的设计

一般来说，对外汉语教学目标的设计要处理好教学目标的系统性、教学目标的层级性、教学目标的灵活性和教学目标的可操作性等几个方面的问题。

(一)教学目标的系统性

1. 对外汉语教学目标的层级

对外汉语教学目标是由五个不同层级的教学目标构成的有序系统，如图 2-1 所示。

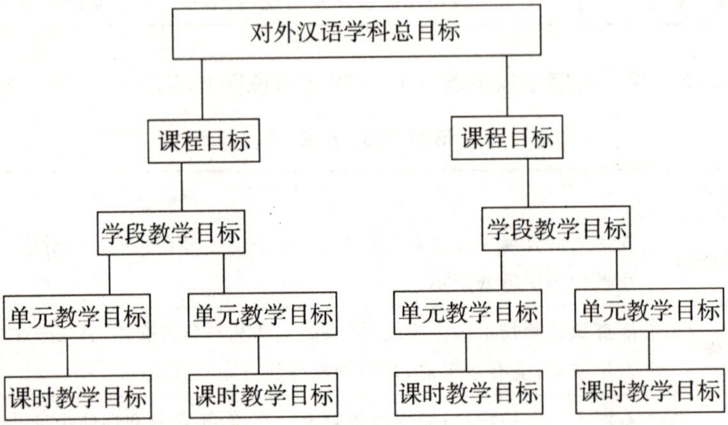

图 2-1

(1)对外汉语学科总目标

对外汉语教学的学科总目标指的是对外汉语教学过程所要达到的最终结果。一般来说，它只从整体上对教学内容、过程及其质量标准作出宏观的规定。对外汉语教学作为一门学科，它的学科总目标是培养学生用汉语进行交际的能力。作为一名教师，无论承担哪一阶段的教学任务，教哪一门课程，都要明确最终目标是什么。一般来说学科总目标应由国家教育主管部门组成的有关专家来制订。

(2)课程目标

对外汉语教学的学科总目标有了之后，就需要确定通过哪些课程来完成这一总目标。每门课程都有自己的具体要求，如基础阶段综合课和听力课、阅读课的课程目标是不一样的，因此，教师还要明确所教这门课的课程目标。一般来说,课程目标要由国家和各级学校的课程专家来制订。

(3)学段教学目标

对外汉语教学的课程目标有了之后,就需要考虑每门课要用多长时间来完成,这就涉及到了学段教学目标。在我们的教学中,一门课的教学时间一般为一年或半年,因而学段教学目标指的是学年教学目标和学期教学目标。如果这门课要用一年的时间来完成,那么就要在学科总目标和课程目标的框架下,设计学年教学目标。如这一学年学完后学生要达到什么样的水平、具备什么样的能力。如果这门课用半年来完成,那就要针对学生的特点设计学期教学目标。当然对于学段教学目标来说,最后都要落实在学期上,因此,教师应该非常明确这学期的学期目标是什么。一般来说,学段目标是由学院组织专门的研究人员和有关专家制订的。

(4)单元教学目标

对外汉语教学的学期目标确定后,就要考虑这学期的教学内容由几个单元构成,然后设计单元教学目标。在对外汉语教学领域,有的课程没有明确意义上的单元内容,特别是基础阶段,但可以将具有同类意义或功能的内容划为一个单元。在这里,单元可以是语音单元、句型单元、短文单元,也可以在这三个单元中再继续划分,比如句型单元中再划分成"是……的"句单元、"被"字句单元、"把"字句单元等。一般来说,单元目标由系主任、教研室主任和优秀教师来制订。

(5)课时教学目标

对外汉语教学的学期目标确定后,就要考虑课时教学目标了。课时教学目标是单元教学目标的落实和具体化,一般只规定一堂课应达到的结果,因而它应该具有内容的具体性、目标的可操作性、目标实现的及时性及目标设计的灵活性等特点。任何课时教学目标的确定,教师都必须从整体着眼,从整个教学目标出发,在逐渐明确各级教学目标的基础上把握设计课时教学目标,使教学目标之间相互衔接。课时教学目标一般由任课教师来制订。

2. 对外汉语教学目标各层级之间的关系

在对外汉语教学目标的各个层级之间,一方面是一种包含关系,也就是一个上一层级的教学目标包含了若干个下一层级的教学目标;另一方面又是一种递进关系,也就是通过若干个低层级教学目标的贯彻实施可以实现一个更高层级的教学目标。经过课时教学目标到单元教学目标再到学期教学目标等的层层推进,最终实现对外汉语教学的总目标。

(二)教学目标的层级性

对外汉语教学是一种循序渐进的活动,它是以学年、学期为单位加以组织与实施的,因而不能期望学习者一下子就达到教学的最终目标。因此,对外汉语教学目标的设计应该要具有层级性。当然,在设计对外汉语教学目标的过程中,可以运用布鲁姆、加涅等人的目标分类作为框架,把其分成不同的层级。

通常来说,对外汉语教学目标层级的划分是以学习内容分析的结果为基础的,学习内容分析得愈细致,教学目标层级的确定就愈简单。反过来,通过对教学目标层级的划分,亦可对学习内容分析的结果作进一步的补充。

(三)教学目标的灵活性

在进行对外汉语教学目标的设计时,要注意具有一定的灵活性,这是因为学习者的学习基础和学习能力是存在着一定的差异的。教师要认真钻研,在教材中区分出哪些是最低限度大纲要求的教学材料,哪些是基本教学材料,哪些是加深的教学材料,然后制订出灵活而富有弹性的对外汉语教学目标。

一般来说,这种目标可分为三个层次,具体如下。

(1)与大纲所提出的最低限度要求相符合,是达到合格水平的目标,也是学业不良学习者应完成的目标。

(2)与大纲所提出的各种基本要求相符合,是达到中等以上水平的目标,也是学业中等学习者应完成的目标,并且还是鼓励学业不良学习者完成的目标。

(3)与大纲所提出的最高要求相符合或是超出大纲所提出的最高要求,是达到优秀水平的目标,也是学业优良学习者应完成的目标,并且还是鼓励学业中等学习者完成的目标。

总的来说,对外汉语教学目标的设计一定要有一定的弹性,让学生有一定的目标选择余地。要使学生明确教学目标的下限,即最低标准,了解达到怎样的水平才是基本合格的;同时制订教学目标的上限,鼓励学有余力的学生更上一层楼,充分发挥自己的潜力。

(四)教学目标的可操作性

对外汉语设计的教学目标应该是具体的、可观察、可测量的。为了保证对外汉语教学目标的可操作性,应力求目标的陈述明确、具体,具有可观测性,并尽量避免使用含糊不清的用语。

二、对外汉语教学目标的编写

(一)教学目标的编写方法

目前，很多教育心理学工作者都致力于设计、开发、描述和分析教学目标的方法，并大致形成了两种不同的观点，即行为观和认知观。行为观强调用可观察、测量的行为来描述教学目标，认知观则强调用内部心理过程来描述教学目标。虽然两种观点有所不同，但都认为应该将描述教学目标的重点放在学生行为或能力的变化上。关于教学目标的编写方法，即如何描写教学目标，人们也提出了不同的方法。其中，常被用到的是加涅提出的“五要素目标表述法”和建立在马杰描述方法基础上的“ABCD法”。

1.“五要素目标表述法”

加涅认为，一个好的教学目标必须说明观察业已习得的教学结果的方法，为此，他提出了“五要素目标”表述法，认为学业行为目标中必须包含学业行为的情境、习得能力的类型、学业行为的对象、运用习得能力的具体行为和与学业行为有关的工具、条件或限制。

对于如何用“五要素目标表述法”编写教学目标，加涅给出了一些例子。

(1)辨别目标

【情境】给予字母b的示例和指导语：要求从包含d、p、b和q的一系列字母中挑出看上去和b一样的字母，通过【行动】圈出【对象】以示解【LCV】辨别。这里所说的“LCV”指的是表示学习类型的动词。

(2)具体概念目标

【情境】给予一套共10张腹部X射线底片，通过【行动】用蜡笔圈出以【LCV】识别【对象】底片上的胆囊。

(3)定义性概念目标

【情境】给出一些关于线的实例的描绘，其中有的是表示区域的范围，有的不是，通过【行动】挑选那些符合定义的线以对【对象】边界【LCV】分类。

(4)规则目标

【情境】给出10道需要短除法的算式，【行动】通过写出答案以【LCV】演示【对象】除法，【工具和限制】在无特殊帮助下，达到90%的正确率。

(5)问题解决目标

【情境】给出对一个操场上一项建筑工程的描述，【LCV】生成【对象】一个对工程所需时间和施工人数之间关系的表达式以便【行动】向老师口头解释规则。

(6)认知策略目标

【情境】给予有10个要被熟记的项目表,【LCV】采用【对象】关键字记忆术法,不用其他机械帮助,在30秒内【行动】熟记这一项目表,并且至少保持49个小时。

(7)言语信息目标

【情境】给予一个口头问题,【限制】在无参考材料的情况下通过【行动】"口述"或"写出",【LCV】陈述【对象】美国内战的三个起因。

(8)动作技能目标

【情境】从一个游泳池的三米跳板上【限制】以流畅、连贯的动作【行动】跳水,【限制】垂直入水,以此来【LCV】执行【对象】屈体跳水。

(9)态度目标

【情境】当同伴在吸毒时,作出【行动】拒绝【对象】别人提供的毒品的【LCV】选择。

2."ABCD法"

马杰以研究行为目标著名,他在1962年出版的《程序教学目标的编写》一书中提出,一个教学目标应包括行为、条件和标准三个基本要素。

(1)行为

行为就是说明学习者通过教学以后将能做什么,以便教师能观察学习者的行为变化,了解目标是否达到。

(2)条件

条件就是说明学习者表现学习行为时所处的环境、条件因素。

(3)标准

标准就是指出合格行为的最低标准(或行为改变的程度)。

当前,教育界仍然采用马杰的行为、条件和标准的三要素模式进行教学目标的编写,因为这种方法编写的学习目标明确具体,能清楚地告诉人们,学生将获得的能力具体是什么,如何观察和测量这种能力。与此同时,有教育研究者在教学设计的实践中指出,有必要在马杰的三要素的基础上加上对教学对象的描述,一个规范的教学目标就包括四个要素,简称ABCD模式。其中,A指的是对象,(Audience),即阐明教学对象,有的学者还主张在教学目标中说明对象的基本特点;B指的是行为(Behavior),即说明学习者通过学习以后应能做什么(行为的变化),行为在教学目标中的表述是最基本的成分;C指的是条件(Condition),即说明上述行为在什么条件下产生,条件包括空间、光线、气温、室内外噪音等环境因素,个人单独完成、小组集体进行、个人在集体的环境中完成、在教师指导下进行等人的因素，工具、设备、图纸、说明书、计算器等设备因素，资料、教科书、笔记、图表、词典等信息因素，速度、时间限制等时间因素，为引起行为的产生而提供什么刺激和刺激的数量等问题明确性的因素；D 指的是标准(Degree)，即规定达到上述行为的最低标准(达到所要求行为的程度)，对行为标准做出具体描述是为了使教学目标具有可测量的特点，标准一般从行为的速度、准确性和质量三方面来确定。

(二)对外汉语教学目标的编写

在编写对外汉语教学目标时，要注意在横向上对教学目标进行分类，在纵向上对教学目标进行分层。对外汉语教学目标有多方面的含义，不仅有类型之分，而且有层次之别。因此，要以教学目标分类理论、学生的水平和教学内容的难易程度为依据，分类、分层设置对外汉语教学目标。

依据布鲁姆、加涅等人的理论，结合对外汉语学科的特点，可以在设置对外汉语教学目标时将其分为以下几种类型，且每一类型还要有不同的层次，如图 2-2 所示。

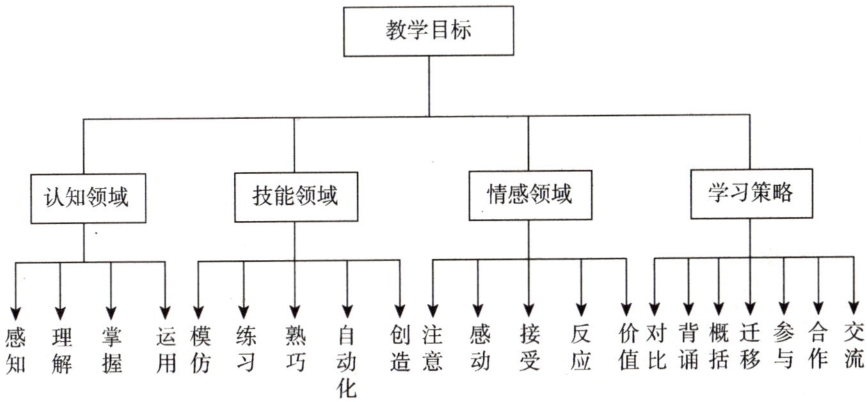

图 2-2

1. 认知领域

认知领域包括语言知识、语用规则、文化历史知识等。对这些知识的掌握应分为感知、理解、掌握、运用等几个层次。

2. 技能领域

技能领域主要是言语技能和言语交际技能。对这些技能的掌握应分为模仿、练习、熟巧、自动化、创造等几个层次。

3. 情感领域

情感领域主要是对中国人文地理、风俗习惯、文化知识的学习。对这些知识的掌握应分为注意、感动、接受、反应、价值等几个层次。

4. 学习策略

学习策略主要是学生在学习汉语时采取什么样的方法和策略。传统教学目标对于学习策略、学习习惯的培养很少涉及,但实际上学生只有掌握了方法才能更快地适应汉语的学习。这一目标的实现应分为对比、背诵、概括、迁移、参与、合作等几个层次。

第三章　对外汉语教学的原则与方法

语言教学的目的是培养语言交际能力，培养语言交际能力，在教学中，就不仅仅是语音、语法和词汇的教学问题了，也不仅仅是听、说、读、写四种语言技能的训练问题了。它所涉及的问题要更加广泛，更加复杂。要培养语言交际能力，首先要从根本上弄清楚原则与做法，这反映在对外汉语教学中，就是对外汉语教学原则和方法。

第一节　对外汉语教学的原则

对外汉语的教学原则，简单地说，就是在对外汉语的教学中，应该以什么为纲来安排教学内容。在第二语言教学中，大致有三种情况：以语法结构为纲，以功能、意念为纲，结构、功能相结合。而从中国对外汉语教学的历史来看，单纯以结构为纲或单纯以功能为纲的情况很少，多数情况是，有时侧重结构而兼顾功能，有时以功能为主而兼顾结构。这样做，在理论上有时比较自觉，有时则主要是凭经验。20 世纪 80 年代以后，主张结构、功能相结合，在理论上比较自觉了，也就是说提出这种主张是有明确的理论作为指导的。

一、教学原则

(一)教学原则的性质

一般认为，教学原则是理论见诸实践的中介，对整个教学过程起着调节作用。认识教学原则的基本特性有助于教学原则的确立。教学原则有以下基本性质。

1. 实践性

教学原则是基于对教学过程规律性的认识和概括，并据此得出指导教学实际工作的结论，提出有效行动的要求。这些结论和要求来自实践又反过来指导实践。

2. 时代性

教学原则是教学实践经验的总结，因此是一个不断发展变化的概念。古今中外所提出过的教学原则其名称、数目、内容和体系纷繁不一便说明了这一点。当然也有一些教学原则不受时代和教育目的的影响，如“循序渐进”“因材施教”等等，但总的来说，教学原则是具有时代性的。

3. 针对性

教育阶段、教育目的及学科门类等的不同，所确定的教学原则及其体系往往有所不同。也就是说教学原则不仅应该体现教育目的和教育的阶段性，而且应该体现出学科的性质和特点。显然中学阶段和大学阶段的教学原则是有差别的，大学教育中以知识传授为主和以技能掌握为主的学科，其教学原则也应该有所不同。

4. 理论性

一般来说，教学原则的提出和制订都有其理论基础做背景，持不同的哲学、教育学和心理学理论就可能提出不同的教学原则。例如持实用主义哲学观的杜威提出的是“从做中学”的教学原则，而持另一种哲学观就可以提出理论联系实际的教学原则。

5. 层次性

教育是一个庞大的系统工程，整个教学工作和全部教学活动所应该遵循的要求，以及遇到的各种矛盾关系是多种多样的；人们从不同角度、为了不同目的、针对不同事物，所提出的“基本要求”便也大大小小各种各样。但显然，它们是有各自的适用范围的，而并不同在一个层面上。

在以上基本性质之中，实践性是说教学原则来源于教学实践，同时对教学实践具有调节性指导作用。时代性表明教学原则不应该是僵化不变的，社会的发展、科技的进步，以及教育理念、教育目的和手段的更新，人们可以也应该据此制订出新的适应时代变化的教学原则。针对性要求教学原则的制订应该体现学科的性质特点和教学目的。理论性要求所确立的教学原则应具有一定的理论意义，体现某种教育理念和价值取向。层次性主要是就教学原则体系内部而言的，树立层次观念十分重要，有助于对教学原则的系统研究和制订。

(二)教学原则的体系

教学原则是有层次、成体系的。不分层次地等量齐观就可能造成教学原则过多过泛,不区分适用范围便不能有效地发挥教学原则的指导作用。然而如何划分教学原则的层次,并没有一个公认的意见,陈桂生认为,要使教育原则对教育实践发生重大影响,最好形成"教育基本原则"和"教育主导原则"两个层次。这里我们试图依据不同的标准对各种教学原则加以区分。首先依据时代性的强弱,把教学原则分为常规教学原则和非常规教学原则。前者时代性不强,基本不受教育目的的影响,后者则相反;然后依据适用范围的宽窄依次把非常规教学原则分为上位、中位和下位三类教学原则。据此,我们可以得到如下这样一个教学原则的分类系统。

1. 常规教学原则

常规教学原则是不受时代和教育目的影响,或者说是多数学科多种目的的教学都应遵循的常规性的教学原则。这类教学原则包括因材施教、循序渐进、学以致用、巩固性原则、启发性原则等。前面说过教学原则总体上说具有时代性,但是这些教学原则是千百年来共同遵守、普遍适用的教学规约。

2. 非常规教学原则

非常规教学原则可以分为非常规上位教学原则、非常规中位教学原则和非常规下位教学原则三种。

(1)非常规上位教学原则

非常规上位教学原则也叫大原则或总原则,是整个教学工作和全部教学活动应当遵循的基本原则,其适用范围是全局性的,如母语(语文)教学的工具性原则。

(2)非常规中位教学原则

非常规中位教学原则也叫亚原则或分原则,是部分教学工作或部分教学活动应遵循的基本原则,其适用范围是局部性的,如课堂教学原则、教材编写原则、评估测试原则等。

(3)非常规下位教学原则

非常规下位教学原则也叫微原则或单原则,是某一项教学工作或某一个教学环节应当遵循的基本要求,其适用范围是单一性的。如课堂练习机会均等的原则。

以上原则的内部关系:第一,非常规教学原则如果在长期多种学科的教学实践中失去了时代性和目的性便可能成为常规教学原则；常规教学原则体现在非常规教学原则之中。第二，从理论上说，非常规教学原则的数量由少到多依次是“上位→中位→下位”。第三，非常规教学原则中概括性由强到弱依次为上位→中位→下位；针对性由强到弱依次为下位→中位→上位。也就是说，总原则涵盖面最广、弹性最大，给行为主体留有较大的自主酌量的余地，分原则次之，单原则又次之。第四，非常规教学原则中，“上位→中位→下位”依次是决定和被决定的关系；“下位→中位→上位”依次是体现和被体现关系。就是说，大原则借助于亚原则和微原则来体现，微原则是亚原则和大原则的具体化。也即亚原则和微原则必须贯彻和体现大原则。

二、对外汉语教学的原则

(一)对外汉语教学原则体系

前述拟构的教学原则体系同样适合对外汉语教学。

(1)常规教学原则：如因材施教、循序渐进、精讲多练。

(2)上位(总/大)教学原则：如目前流行的“以学生为主体，教师为主导”的原则。

(3)中位(分/亚)教学原则：如课堂教学原则、课型教学原则、教材编写原则。

(4)下位(单/微)教学原则：如技能训练机会均等原则；搞活课堂的意识。

如果这个体系框架基本可行的话，应该研究的是每一类教学原则有多少，是哪些，为什么是这样。通过定性定位研究使对外汉语教学的各类教学原则的确立更有针对性，使教学工作和教学活动更加有序有效。

(二)对外汉语教学原则的确立依据

针对对外汉语教学原则的确立依据，前人有过不少论述。

(1)王策三(1985)认为，对于教学原则来说，教育或教学目的是出发点；教学实践经验是源，历史上的和外国的教学原则思想资料是流；分析教学中的矛盾关系是关键。

(2)吴立岗(1998)提到四个方面的依据：教学实践的经验；教育教学目的；教学规律；现代科学的理论基础。

(3)刘珣(1997)就对外汉语教学原则的确立进行了详细的论述，并提出了四条依据：从相邻学科中汲取理论的养分；正确处理其他人文科学的教学与第二语言教学的关系；要研究第二语言教学的普遍规律，更要研究汉语教学的特殊规律；从学习者的实际出发，根据不同教学目的灵活运用教学原则。

上面提到的制订教学原则的各项依据都是非常重要的，虽然着眼点和表述方式不尽相同，但基本想法大抵相同，只是这些依据是制订哪类教学原则时应该参考的并不是很明确。制订不同类别不同层面上的教学原则，其着眼点（依据）是不尽相同的。所以，我们认为确立对外汉语教学原则的依据应该包括以下几方面。

首先，总教学原则的制订应着眼于影响教学工作和教学活动全局的因素，如教学根本着眼点的选取、学科的性质和特点、教育教学目的的体现、教学路子的走向等。

其次，分教学原则的制订应主要依据总教学原则，它应该符合并落实总原则的要求；同时也要考虑分原则适用对象的性质、特点等因素，如听力课和口语课的教学原则应有所不同。

最后，单教学原则的制订应主要依据分教学原则，它应符合并落实分原则的要求，但同时要考虑单原则针对性极强，即“一事一则”的特点。

（三）20 世纪五六十年代的对外汉语教学原则

20 世纪 50 年代，对外汉语教学采用以结构为纲的教学原则，这主要表现在教材编写和课堂教学上。

1. 在教材编写方面

在教材编写方面，采用以结构为纲的教学原则，有当时语言学和语言教学理论背景，而苏联理论语言学和外语教学理论的影响很明显。正如周祖谟《教非汉族学生学习汉语的一些问题》中所说：

> 我们必须建立以新的语言学为基础的教学方法来进行汉语教学。斯大林同志的天才著作《马克思主义与语言学问题》，对于我们有重大的指导意义。他说：“语言的语法构造和基本词汇是语言的基础，是语言特点的本质。”因此我们要使学汉语的人能够充分掌握汉语，就必须注重词汇教学和语法教学，这是汉语教学的基本原则。

根据斯大林的语言学理论，周祖谟提出：“在全部教学过程中，词汇教学和语法教学应当是教学的中心，别的都要围绕着这一个中心来进行。”他认为：“不论通过一种什么讲解的方式或练习的方式，语法的知识是必须教给同学的。学习汉语在语法上必须掌握三点：句子结构的形式，句中语词的次序，词与词、句与句关联的虚字。有了这种基本的知识，自然学得快，理解得也快。”他还认为：“语法是语言教学的基础。如果不教语法，单单通过反复的口语练习，固然也可以达到能说、能看的目的，但是那种基础不是很实在的，而且教学的效果往往事倍而功半。”周祖谟的这种观点在当时不仅有代表性，而且在教学中得到了贯彻，在教材中也得到了体现。如《汉语教科书》教学内容的编排根据语法项目或语言点的难易程度，遵循由易到难、由浅入深、循序渐进的原则；重视汉语语法知识的传授，注意汉语语法知识的系统性；在说明结构和意义及功能的关系时，着眼点是一定的语法结构表示什么意思、表达什么功能，而不是着眼于说明一定的意思或功能用什么结构来表达。

2. 在课堂教学方面

从课堂教学方面看，我国的对外汉语教学也受到苏联外语教学法的影响。从20世纪30年代到20世纪50年代，自觉对比法是苏联唯一的外语教学法。20世纪50年代，我们各方面都向苏联学习，自觉对比法也传入我国，对我们国家的外语教学产生很大影响。自觉对比法“几乎成为我国唯一的外语教学法体系。从外语教学大纲和教材、基本理论和原则、教学过程和组织形式、方式和方法，甚至各种教学法的论著和文章几乎无不都以自觉对比法为依据”。可想而知，在这种情况下，把汉语作为外语教学的对外汉语教学，不可能不受影响。自觉对比法主张在理论指导下的实践、在理解基础上的模仿、在分析基础上的综合，它十分重视语法知识的讲解和传授。这些主张跟上面介绍的周祖谟的观点非常相似。在我们的教学实践中，具体做法跟自觉对比法也有很多相同之处。

除受苏联的理论影响之外，美国描写语言学对我国20世纪50年代的对外汉语教学也有影响，描写语言学很重视语言结构形式的分析和研究。处于当时的社会环境和政治环境之中，我国的语言学研究领域也是一边倒，处于苏联理论语言学的支配之下，而对美国描写语言学及以其理论为基础的听说法都是采取批判的态度。因此，不可能有人公开提出用描写语言学来指导对外汉语教学。而实际上，20世纪50年代初，对外汉语教材就是根据赵元任的《国语入门》来编写的，而这本书正是根据美国描写语言学的理论写成的。对外汉语语法教学也受到了美国描写语言学深刻的影响，《汉语教科书》的语法系统和分析方法，都留有《国语入门》的明显痕迹。可见，重视语法教学、以结构为纲的做法，很显然也受到了《国语入门》的直接影响。

总之，20世纪50年代采用以语法结构为纲编排对外汉语教学内容，有着深刻的语言学理论和外语教学法理论的背景。但是，我们没有完全受国外理论语言学所左右，也没有完全照搬国外外语教学法，而是从教学实际出发，使对外汉语教学具有自己的鲜明特点。首先是重视结构，兼顾意义和功能。以《汉语教科书》为例，它以结构为纲，但不是以纯结构为纲。当时，在主观上还没有功能、情境这些概念。但客观上已经注意在组织语言材料时让学生在一定的语言环境中理解语法结构及其所表达的意义。从课文形式看，开始是单句，然后是对话体，再到叙述体。语言环境也是从不大明确逐渐到有明确具体的语境，也即有具体的交际情境。不过，从整体上看，还是侧重于结构。同时，话题大多是学校的学习生活，交际的范围太窄。其次，不独法一家，而是博采众长。无论是在语言学和语言教学理论方面，还是汉语语法教学内容方面，都是博采众长，为我所用。这种做法一直被继承下来，成为对外汉语教学的传统。只是在理论上有时比较自觉，有时不大自觉。

20 世纪 60 年代的教学思路跟 20 世纪 50 年代没有什么变化，还是以结构为纲。但汉语语法教学的方法有所变化，由以演绎法为主变为以归纳法为主。

（四）20 世纪 70 年代的对外汉语教学原则

20 世纪 70 年代的对外汉语教学基本上还是采用以结构为纲的教学原则，教学思路没有根本性的变化。不过，具体做法在不断变化。从 20 世纪 70 年代初到 70 年代末，北京语言学院编写了三套基础汉语教材：《基础汉语》《汉语课本》和《基础汉语课本》。从这三套教材中，我们基本上可以了解到 20 世纪 70 年代的教学原则。这三套教材基本上都是以语法结构为纲编排教学内容，但具体做法不完全一样。以语法项目“有”的教学为例，不同时期的几种教材，围绕这个项目编写的课文就有不少变化。

《基础汉语》以结构为纲编排教学内容，对语法项目进行了精简，突出了范句教学。比如，《基础汉语》对语法项目的表述和解释也更加简单扼要；复句在《基础汉语》中不作为语法项目进行讲解，只是通过范句进行练习；《汉语教科书》有关体词谓语句的语法项目就有 7 项，《基础汉语》将其简化为“A 是 B”句。

如《汉语教科书》第十六课：

课文

(a8)您的朋友有本子吗？

(b8)有本子，他的本子很多。

(a9)那个学生有本子没有？

(b9)没有，他只有一张纸。

《汉语教科书》虽然采用对话体，但语境不大清楚，基本上还是属于单句练习。

如《基础汉语》第十五课：

课文

我们都有铅笔，也有钢笔。他们有钢笔，没有铅笔。你们有本子，也都有纸。我们都有本子，也都有纸。他们都有本子，都没有纸。

《基础汉语》采用叙述体，内容是对学习生活的叙述，但情境不具体。

《汉语课本》也是以结构为纲编排教学内容，但编者有淡化语法教学的意向。它采用句型教学法，突出句型练习，而把语法项目放在注释之中，注重说明而不注重讲解。

如《汉语课本》第十四课：

课文（二）

王英是我的朋友。他学习汉语。他有很多中文书和中文画报。我们常常一起看中文画报，听汉语广播和中国音乐。王英很喜欢运动，他常常游泳。我不常游泳，我喜欢打篮球，打乒乓球。

《汉语课本》也采用叙述体，有了人物，设计了比较具体的学习生活内容。

吕必松认为，《基础汉语课本》是“到那时为止按照结构法的路子编写的一部最成熟的教材”。《基础汉语课本》从教材的内容编排来看，基本上还是以语法结构为纲，但编者的指导思想是以继承传统的优点为主导：

从我们的教学实际出发，一方面继承我国汉语文教学中好的传统，一方面吸取外语教学法中有用的地方，同时总结我们自己的教学实践经验，这样就逐步形成了符合我们教学特点的教学法体系，这也就是我们编写教材所遵循的教学法原则。《课本》就是在这样的思想指导下，以句型法为主，兼顾传统法的某些优点，吸收了我们教学实践中一些有效的方法编写而成的。

如《基础汉语课本》第十三课：

课文（二）

丁力是中国学生。他有一个外国朋友。他的朋友叫阿里。阿里是留学生。

丁力学习英语。他有两本英文书、一本英文词典。他没有英文杂志。

阿里学习汉语。他有一本中文书、两本中文画报。他没有中文杂志。

这是阿里的宿舍。他有一张床、一张桌子、一把椅子和一个书架。

《基础汉语课本》进一步将语境具体化，用以引出“有”字句。“有”字句是入门阶段的学习内容，学生所掌握的语法结构和词汇都还很少。在这个阶段设计交际情境比较困难。

在 20 世纪 70 年代，对外汉语教学基本上是以结构为纲，重视结构，但对功能的兼顾越来越注意。由于越来越注意兼顾功能，于是在教材编写中也越来越重视情境的制造。上文中的“有”这个小例子就体现出这种趋向。

(五)20 世纪 80 年代的对外汉语教学原则

中国实行改革开放政策之后，对外汉语教学的规模迅速扩大。从 20 世纪 50 年代初到 20 世纪 70 年代后期，对外汉语教学的主要任务是汉语预备教育，学生人数也不多，每年平均只有三四百人。进入 20 世纪 80 年代，来华留学生人数逐年迅速增加，学生的类别多样化，学习动机也多种多样。在这种情况下，原有教学思路和教学模式就要有所变化才能适应新的形势。

同时，从 20 世纪 60 年代以后，在语言学研究中出现了新的潮流，社会语言学、语用学、语义学等语言学的分支学科不断建立。这些学科的一个共同特点是，它们不满足于对语言结构本身的研究，而把眼光转向语言与社会的关系、语言的实际运用，提出了许多新鲜的观点。语言学理论必然会影响语言教学，20 世纪 70 年代在西欧就出现了功能教学法。当时，我国的语言学研究处于完全停顿状态，但是这些新的理论还是通过不同的渠道传入国内。这必然会引起人们的思考，产生新的想法，只是时机未到而处于待机而发的状态。“文革”结束之后，特别是实行改革开放政策之后，出现了思想解放的新时期，对外汉语教学理论研究也得到蓬勃的发展。

20 世纪 70 年代对对外汉语教学来说是一个承上启下的时代。语言教学理论正在酝酿着新的突破，教学思路也正在准备转变。这自然也有广泛的社会背景和理论根源。在社会大背景下，进入 20 世纪 80 年代以后，对外汉语教学原则发生了改变。

1980 年，吕必松率先发表了《语言教学中结构、意义和功能的结合》的学术论文。他认为在语言教学中有三种不同的大纲：结构大纲、情境大纲和概念大纲。他认为：

> 上述三种大纲存在着一个共同的缺点，就是结构、意义和交际功能的脱节。结构大纲从语言的结构形式出发，过分偏重形式而忽视意义和交际功能；情境大纲和概念大纲分别从交际场合和语义内容出发，无法兼顾语法规则的系统教学，难以控制教学内容的难易程度和句型、常用词的重现率。

为了解决这些矛盾，他提出把结构、意义和交际功能结合起来，结合的基础是语言的结构跟意义存在统一性，句子的结构、意义、功能跟语言环境存在统一性。他主张，按照句型的难易程度安排教学顺序；以句型（或语言点）为中心组织材料；以单个句型（或语言点）为教学内容的基本单位。这篇文章，第一次从理论上阐述了为什么要把结构、意义和交际功能结合起来，阐述了三者结合的可能性和具体的结合办法。

1982 年，刘珣、邓恩明、刘社会在《语言教学与研究》第 4 期联名发表了《试谈基础汉语教科书的编写原则》一文，提出了“功能、句型和语法相结合”的设想，主张在语言教学中要把功能、句型、语法结合起来，并主张入门阶段侧重句型和语法，有一定语言基础之后，再突出功能：

功能、句型和语法相结合设想的特点在于它既能充分考虑到交际的需要，又能贯彻句型的循序渐进的原则，同时也保证了语法体系相对的完整性。跟单纯以功能为纲或以语法为纲不同，在这里功能与语法、句型之间的关系是互相配合而又互相制约的，必须采取“兼顾”的原则，同时根据不同的学习阶段又有所侧重——入门阶段要多着眼于句型和语法的循序渐进；作为基础教材的后一阶段则要更多地突出语言功能——把它们统一在完成教科书的任务之中。

1986 年，吕必松又发表了《试论对外汉语教学的总体设计》一文。指出处理结构、意义和交际功能三者之间的关系，可以有以下 7 种方式：

（1）纯结构方式。即以语言结构的难易程度为纲编排教学内容，练习方式的设计也以帮助学生掌握所学语言的结构形式为主要目的。

（2）以结构为主、兼顾意义的方式。即以语言结构的难易程度为纲编排教学内容，但在组织语言材料时注意制造情境，以利于学生在一定的语言环境中理解一定的结构形式所表示的意义。

（3）以意义（情境）为主、兼顾结构的方式。即以语言环境（交际场合）为纲编排教学内容，同时注意语言结构的难易程度。

（4）以结构为主、兼顾功能的方式。同样以语言结构的难易程度为纲编排教学内容，但在组织语言材料和设计练习方式时注意编排一定的功能项目。

（5）以结构为纲、以功能为中心的方式。即编排教学内容时以语言结构的难易程度为纲，但注意有计划地编排功能项目，并以功能项目为中心组织语言材料。

（6）以功能为纲、兼顾结构的方式。即以功能项目为纲编排教学内容，同时兼顾语言结构的难易程度。

（7）纯功能方式。完全以功能项目为纲编排教学内容。

吕必松认为,对以上几种方式不能笼统地评判优劣,应当说各自有自己的适用范围。选择什么样的方式,要根据教学对象的情况和汉语的特点来决定。

吕必松认为,无论采用什么样的教学法,都必须遵循这样的原则:(1)正确处理语言和文化的关系;(2)正确处理语言理论与语言实践的关系;(3)正确处理听说和读写以及听和说、读和写这几项语言技能之间的关系;(4)正确处理语言的结构、意义和交际功能的关系;(5)正确处理汉语跟学生的母语或媒介语的关系。

1987年11月2日到7日,国家汉办在广州召开了全国对外汉语教材规划工作会议。在会议之前,中国对外汉语教学研究会教材研究小组提出了《建国以来对外汉语教材研究报告》,《报告》谈到20世纪80年代的教材编写原则时,认为结构与功能结合的问题是人们思考的主题。报告的作者主张"以结构为主的、以结构与功能相结合的方法"。作者认为:

> 交际固然重要,但要从语言结构入手。语言的结构是有限的、可知的,而且可起举一反三的作用。功能项目没有穷尽,因此随机性极大。一个功能可能有多种表达方式,初学者难于掌握,犹如在茫无边际的语言海洋中游泳,很难有尽头。因此,尽管从学习者的心理要求看,交际的迫切性大于掌握结构的必要性,但从对初学者进行教学的效果看,掌握结构的必要性则大于掌握交际功能的迫切性。掌握了语言的基本结构,对不同的交际需要就会有较大的适应性。因而以结构为主的方式比较可行。

关于对外汉语的教学原则,作者最后得出这样的结论:"我们认为,集传统法、听说法、句型法、直接法、功能法等理论与实践于一身的、互为补充的、以结构和功能相结合为主的方法,对于汉语作为第二语言教学来说,从理论到实践,看来是可行的。"

1988年出版的《汉语水平等级标准和等级大纲》提出了"结构—功能—文化相结合"的教学原则。该书指出:

> 三十多年来,对外汉语教学在继承传统和不断吸取各种教学法长处的基础上,正在形成富有中国特点的教学法体系,向结构—功能—文化相结合的道路前进。经验表明,注意由易到难、循序渐进地安排语言结构,注重培养学生的交际能力,重视把语言作为"载体"的文化知识在交际中所起的作用,是符合语言教学普遍规律的。因此,我们认为以结构—功能—文化相结合的教学法原则作为制订本《标准和大纲》的指导思想,从理论到实践,是可行的、必要的。

提出"结构—功能—文化相结合"的教学原则,是对几十年来的对外汉语教学经验的总结。

《标准和大纲》提出的教学原则成为我国对外汉语教学的指导性意见。它对此后的对外汉语教学产生了巨大影响。制订《标准和大纲》，目的是使我国的对外汉语教学逐步走向科学化、标准化，它将成为此后进行对外汉语教学总体设计、制订教学大纲、编写各级教材以及作为进行课堂教学和测试的重要依据。

(六)现行的对外汉语教学原则

对外汉语教学总教学原则的确立应着眼于以下三点：一是影响教学全局的关键性因素，二是学科的现状和可预见的走势，三是教学原则自身的性质和特点。着眼于第一点可以使所确立的教学原则在影响全局的重大问题上作出选择，提出行动要求；着眼于第二点可以使所确立的教学原则有继承有发展，真正起到导向作用；着眼于第三点可以使所确立的教学原则更具科学性。据此，我们把现阶段对外汉语教学的上位教学原则，即具有教学法意义上的总教学原则确立为：以学生为中心的原则；以交际能力的培养为重点的原则；以结构、功能、文化相结合为框架的原则。

1. 以学生为中心的原则

以学生为中心的基本内涵：以学生为中心的原则其基本要求是什么、有哪些、为什么，等等，都是很值得深入研究的。我们认为，这一原则的核心含义应当是：整个教学工作应立足学生、满足学生、适合于学生的需要；全部教学活动应调动学生、依托学生、有利于学生的发展。

以学生为中心的基本机制：教学过程是一种特殊的认识过程，除主体学生和客体教学内容外，还存在着必不可少的作为助体的教师。通常情况下，主体有自主性，能够自主确定认识活动的目的、方式和进程等，然而在教育实践活动过程中，主体的自主性事实上是很难完全成行的(如果成行便可能走上极端的学生中心主义)，而往往是由助体教师代行“自主”(正是在这个意义上许多人认为教师是主体，是主导者)，这可能就是教育认识活动的特殊性。我们主张的以学生为中心的教学原则强调，教师应真正代行学生的“自主”而不是自己的“自主”，并且是代行符合绝大多数学生意愿和认知规律的“自主”。而不是相反。可见，教师的作用只是改变了而不是降低了。

以学生为中心的原因：(1)教学过程是一种认识过程，而学生是这一过程的真正主体，是教学实践和认识活动有目的的承担者；教材或教学内容是客体，是教学实践活动和认识活动的对象，是主体实现目的的必要条件和手段；教师实际上是作为助体而存在的，是主体实现目的过程中必要的设计者、引导者、解惑答疑者。简而言之，教师的作用就是辅助主体（学生）更好地实现教学活动所要达到的目的。不存在学生主体地位之上的主导者。(2)学校为学生而设，教师因学生而存在，“教”是为“学”服务的，“教”所追求的目标和结果必然要由“学”体现出来。“学”是学生自己独立的主动的活动，教师包办代替不了。(3)从教学原则体系上看，确立以学生为中心的原则，才可能真正实现因材施教、循序渐进、精讲多练等；才可能真正建立起平等的人际关系和民主化的课堂；也才更有利于语言学习规律和习得理论的研究。(4)从内外因原理来看，学生是内因，教师和其他条件都是外因，没有主体的能动活动，再好的外因也起不了作用。(5)对外汉语教学整个教学工作和全部教学活动中存在着大大小小各种各样的关系，其中居于核心地位影响全局的是教师和学生，也即教和学的关系。处理这一对关系的原则是对外汉语教学的根本原则，它在很大程度上决定着其他原则，包括其他上位原则以及全部中位原则和下位原则的价值取向。在师生关系的重心取向上，大致有三种做法：以学生为中心；以教师为中心；师生共为中心。传统的教学观念是以教师为中心，注重教师的教，以学生为对象为客体，只注重灌输而不太重视学生的学。现在公开持这种观点的人不多，但客观上许多情况下仍然如此。目前国内比较流行的提法是“以学生为中心，教师为主导”或“以教师为主导，学生为主体”。这种两点论的提法看起来是十分合理的，但实际上跟“师生共为中心”旨趣相同。想把二者“兼顾起来”“有机地统一在一起”的想法是好的，但“双中心”事实上是做不到的，往往顾此失彼，其结果恐怕仍然是以教师为中心。因此我们倾向“单中心”，提倡以学生为中心的提法。

以学生为中心的基本要求：(1)首先要认识学生、了解学生。认识他们的性格、动机、心理特征，了解他们的认知策略和认知规律，等等。因为教什么取决于学生学什么，怎么教取决于学生怎么学，因此必须先充分认识和了解学生。(2)教材的选择和使用、教学方式方法的确定、教学活动的组织安排等应跟学生一起协商，也即让学生参与决策，并使决策最终得到学生的理解和认可。(3)在教学目标的设定、教学大纲的研制、教材的编写等工作中都要站在学生的立场上，最大限度地考虑学生的需求、愿望和能力等因素。(4)要求加强对学生个体和个别学生的研究；研究和发展特殊目的汉语教学（如旅游汉语、工程汉语、媒体汉语、经贸汉语等）。(5)在课堂教学中，教学环节的确定，讲练内容的编排，以及教学中的一举一动、一言一行等都应着眼于学生的需要和接受的可能性，并通过调动学生广泛深入的参与来完成教学任务。在整个教学活动的进行中还应察言观色，并据此作出相应的调整。(6)要有建立民主课堂的意识，为此课下要多听取学生的意见，接受他们合理的主张（对那些不合理或不可行的意见，要作出合理的解释），课上应公平民主，一视同仁，给所有的学生以均等的机会，让所有的学生包括差生在内都得到发展。

在对外汉语教学中确立以学生为中心的原则要注意：(1)以学生为中心不是“学生中心主义”。不是学生想干什么就干什么，想怎么干就怎么干，更不是跟着个别学生的感觉走。一句话，以学生为中心不是放任自流，不是不加选择。(2)强调重视“学”并不意味着可以轻视“教”，更不意味着可以放弃“教”，而是强调“教”为“学”服务，强调“教”的方式方法应更适合于“学”。“教”的方式方法的改变不意味着“教”的作用和地位的下降。

2. 以交际能力的培养为重点的原则

教学原则应具有针对性，要体现学科的性质和教学目的，上位教学原则的制订尤其应如此。对外汉语教学属于第二语言教学，其根本目的是培养学生的语言交际能力。这一点自 20 世纪 70 年代主张以培养交际能力为目的的功能法产生后已得到国内外第二语言教学界的普遍认可。如威尔金斯(1974)认为“确定目的以后，最重要的教学法原则是要保证用语言实践和学习实践来充分体现教学目的和这些目的的具体内容”。把全部教学工作和教学活动的重点定位在培养学生的语言交际能力上，并作为一条总教学原则，就是为了保证教学目的在教学实践中得到充分的全过程的体现。因此交际能力的培养应该成为对外汉语教学的起点、过程和归宿。毫无疑问，作为对外汉语教学的上位教学原则理应体现这一基本要求。

3. 以结构、功能、文化相结合为框架的原则

20 世纪 50 年代以来，对外汉语教学经历了由重视结构教学，到结构与功能结合，再到结构、功能、文化“三结合”的发展过程。刘珣(1997)对“三结合”的原则作了精当的阐述，指出这三方面概括了教学的主要内容，又体现了教学路子。“三结合”的意思是：结构是基础，功能是目的，文化教学要为语言教学服务。“三结合”是对外汉语教学自身实践经验的概括和总结，反映了对对外汉语教学规律的认识。同时它又具有很强的理论基础，包括语言学基础、社会语言学基础和跨文化交际理论。“三结合”尤其体现了对外汉语教学跨文化教学的性质，这一性质决定了揭示语言教学中的文化，特别是交际文化因素的必要性。“三结合”作为对外汉语教学的一条总原则，不仅反映了学科发展的现状，同时也昭示了对外汉语教学在可预见的未来中的走势。结构、功能、文化的结合应贯穿语言教学的始终。但是，目前我们对汉语教学中的功能和文化的研究还比较薄弱，因此“三结合”还只是一种原则框架，有待于在教学实践中进一步完善和检验。

第二节　对外汉语教学的方法

一、对外汉语教学法的发展

(一)20 世纪五六十年代的对外汉语教学方法

在 20 世纪 50 年代，我们学习苏联，也用过通过翻译讲授语言知识的方法。20 世纪 60 年代，采用直接法的一些做法，自己提出了实践性原则。有的学者认为，我们在 20 世纪 50 年代用的是翻译法，20 世纪 60 年代用的是相对直接法。对这种说法，有的学者不同意，如李培元就说：

> 我们认为，50 年代的汉语教学，从教学法的狭义概念来说，在一段时间的讲授课上，使用过翻译的方式。但是，广义的教学法是指为完成一定的教学目的所采取的一系列教学原则和方法的体系。从广义教学法的意义来说，50 年代的对外汉语教学并不是翻译法。笼统地说 50 年代的汉语教学是翻译法，极易混淆广义的教学法体系和狭义的具体教学方式的概念，不符合当时的教学实际。
>
> 有的文章里曾经把 60 年代的教学法称为“相对直接法”，我们想，这是跟把 50 年代的教学法称为翻译法比较着提出的。上边我们已经谈过，把 50 年代的教学法概括为翻译法是不恰当的，同样的理由，把 60 年代的教学法称为相对直接法也是不准确的。所谓相对直接法，仍然指的是基础阶段前 7 周的课堂教学方法，从教学的全过程看，从广义教学法的概念上说，显然不能用相对直接法概括 60 年代的整个教学体系。

李培元认为，20 世纪 60 年代，我们用的是以综合法为基础、以实践性原则为中心的教学法，这是在 50 年代所创造的良好经验基础上发展起来的。可见，20 世纪 50 年代和 60 年代对外汉语教学的基本思路是一样的。所不同的是，60 年代提出了实践性原则。

李培元把对外汉语教学法概括为“综合法”，而且他认为，在 20 世纪 60 年代及在此以前所用的“综合法”具有以下特点。

(1)在教学指导思想上明确了要博采各派教学法的长处。

(2)课程设置上，基础阶段只开一门融语音、语法、词汇为一体的综合课。

(3)基础阶段实行听说读写综合训练,不分技能训练。

简单地说,综合法是两个综合:综合运用各派教学法、综合训练语言技能。

(二)20 世纪七八十年代的对外汉语教学方法

20 世纪 70 年代,我们引进句型教学法,而一些传统的做法也仍然保留。在整体上,上面所说的三个特点并没有消失。

20 世纪 80 年代以后,功能法的一些教学原则被广泛使用,综合训练的统一局面也被打破,一些学者主张分技能训练,并在教学中付诸实施,但传统的教学方法和句型教学法也仍在用,博采众长的特点还仍然保持着,教学法呈多元化局面。因而,有不少同志认为,纵观 20 世纪 50 年代的对外汉语教学,博采众长、不独法一家是我们的传统,是对外汉语教学法的显著特点。对此,也有不同意见传出。一种意见认为,博采众长是对外汉语教学的优良传统。实践证明,博采众长、不独法一家,在教学中是有效的,也是符合教学实际的。并且,现在也还找不到一种万能的教学法。而另一些同志则认为,所谓“综合法”,就是没有法;博采众长,就是没有自己的独特主张。有人主张应该独法一家,把认为科学有效的教学法在教学中贯彻到底。

(三)现行的对外汉语教学方法

目前,对外汉语的教学究竟用的是什么教学法,学界也是意见纷纭。从目前的实际情况来看,博采众长、不独法一家,是比较明智的态度。现有的所有教学法都只是部分地反映语言学习和语言教学规律,也总只是部分地适合于某种教学。没有一种教学法是完美无缺的,没有一种教学法可以放诸四海而皆准;也没有一种教学法是一无是处、应该被完全否定的。使用教学法是为了达到教学目的。目的应该明确,而手段可以选择。凡是有利于达到教学目的的方法和手段我们都可以用,也应该用。我们不能为教学法而采用教学法,更不能只为了教学法体系的完整性而拒绝别的教学法的长处。由于教学规律的复杂性和教学类型的多样性,教学法也应该具有多样性。我国的对外汉语教学从一开始就主张博采众长,这是符合外语教学法发展潮流的,在教学实践中也证明这样做是符合对外汉语教学实际的。

不过,尽管对学界所使用的教学方法有不同看法,对采取什么教学方法也有不同主张,但有一点是共同的,即都希望能创建符合对外汉语教学规律的教学法体系。经过长期的努力,这一工作已经取得卓有成效的成果。然而,要建立起一个独立的、科学的对外汉语教学法体系,还要进一步努力,有些方面的工作还有待进一步改进。除了汉语本体研究、与语言教学有关的基础理论研究要加强以外，外语教学法本身的研究也需要进一步加强，这可以从以下几方面入手。

首先，进一步了解和介绍国外外语教学法。20 世纪 50 年代和 20 世纪 60 年代，我国处于封闭状态，我们对西方的教学法知道得很少，对外汉语教学的规模很小，从事对外汉语教学的教师也不多。虽然后来逐渐引进了直接教学法（实际上是听说法），但因为看不到翔实的介绍材料，所以一般教师也不知道其详细内容。20 世纪 70 年代，我国引进了句型教学法、功能法等，但对其理论体系也是不甚了解。20 世纪 80 年代以后，情况有很大的改变，一些外语教学法的专著，翻译过来了，国内学者也撰写了一些介绍外语教学法的专著，但从研究的角度看，参考资料不系统、不全面。没有比较系统、全面的资料，就做不到对国外外语教学法的全面了解。因此，首先要加强对国外外语教学法的了解和介绍，组织力量搜集资料，然后有计划地翻译过来。

其次，更加全面、系统地研究。周流溪主编的《中国中学英语教育百科全书》这样介绍综合法："真正的科学方法，其原则在学习的客观方面，应以语言学为依据；在主观方面，应以心理学为依据；并应以几门能分清学习环境中的各个方面和各种因素的科学为依据。源于科学综合法的任何方法都来自：(1)用科学语言学和人类学的观点对一般语言现象和所教语言所进行的分析；(2)用心理语言学的观点对第二语言学习过程所进行的分析；(3)对所学语言课程要达到的特殊目标的规定；(4)外语教学中的有关教学经验的一般理论和实验的结果。"

再次，加强对国外外语教学法的研究和消化力度。了解情况之后还要进行深入的研究。研究其理论基础、教学思想、教学原则、教学手段和方法，分析其优点和不足，然后才能取其长、补其短。要真正做到取其长、补其短，还要结合实际进行消化。所谓消化，是把人家理论体系中的合理成分真正理解之后变成自己的东西，再结合实际运用到教学实践中去。所以说，对国外外语教学法的运用，要有一个研究、消化的过程。但在我国的教学历史上，学者和教师们在对待国外外语教学的态度常常表现得很浮躁，一听到有一种新的教学法（其实很可能不是什么新的教学法）就急于评价，或绝对肯定，或绝对否定；了解一点儿情况（其实可能只了解一些表面情况）就急于应用。在教材编写中也有浮躁情绪，说一句比较尖刻的话，有的说是用某某法编写的教材，实际上对这种教学法的基本概念也没有搞清楚。对一种教材没有深入研究，就轻易否定；在教学思想、教学对象和教学目的还没有搞清楚之前，就匆匆忙忙开始编写新的教材，还冠以某某法。这就导致教材的编写一直处在"编写—否定—再编写—再否定"的循环过程，而且是在同一水平上的重复。因此，对国外外语教学法的深入研究和认真消化是十分重要的。

二、对外汉语教学法的特点

(一)科学性

对外汉语教学法作为一个体系，它必须具有科学性。教学法的倡导者一定要以一定的科学理论来构建理论体系。教学法的使用者也一定认为他所使用的教学法是符合语言学习和语言教学规律的。至于某种教学法是否科学，必须接受教学实践的检验。

对对外汉语教学法有决定性影响的心理学，是最早研究语言习得和语言学习规律的学科。但直到今天，关于语言习得和语言学习的理论，多数还是假设，还没有得到科学的验证。在心理学、语言学等基础理论还不可能为对外汉语教学法提供现成的经过验证的理论之前，我们至少要求教学法体系或具体的教学方法能有一定的理论作指导，能在理论上自圆其说。教学法提倡理性思考，拒绝任意性，也拒绝纯经验性。任意的、纯经验的表述，不能成为理论。

(二)多样性

众所周知，作为广义的教学法体系，影响比较大的就有几十种之多，如翻译法、词汇翻译法、语法翻译法、直接法、情景法、听说法、自觉对比法、结构法、视听法、认知法、折中法、综合法、自觉实践法、意念法、功能法、领悟法、沉默法、暗示法，等等。W. F. 麦基说，以创建人命名的还有一百多种。到底有多少种教学法，没有精确的统计。狭义的个别教学方法，更是不可计数。

教学法的多样性有三个决定因素。

1. 教学法本身的性质

教学实践证明，没有一种教学法是万能的、完美无缺的。所以哪一种教学法都不能独霸天下。有的教学法曾在一些国家独领风骚一二十年，最后也为新的教学法所代替。就是目前影响比较大、使用比较广泛的功能法，也不能做到“罢黜百家”，独尊一术。反过来说，每一种教学法都有一定的优点，都有可取之处。某一种教学法，完全被否定、完全被代替，也不大可能。于是就造成多种教学法并存的局面。

2. 认识的不同

汉语规律和汉语运用规律本身就很复杂。对汉语规律和汉语运用规律的不同认识，就有可能产生不同的对外汉语教学法。可以说，语言观的多样性，是造成教学法多样性的原因之一。

认知心理学家奥萨贝尔认为人的学习有两种类型：一种是有意义的学习，另一种是机械性学习。有意义的学习是指在理解学习材料基础上的学习；机械性学习是没有理解学习材料的死记硬背，有意义的学习的前提是理解。实验证明，有意义学习的效果优于机械性学习。

皮亚杰在20世纪60年代创立了“发生认识论”。他认为人的认识是一种功能性结构，人是有智慧的，每种智慧活动都含有一定的认识结构。无论是接受刺激还是对刺激作出反应，都要受认识结构的支配。刺激被同化于认识结构中，才能对刺激作出反应。人类个体对刺激作出反应才能学会动作和行为，但是刺激—反应的过程要受人的认识结构的支配。

布龙菲尔德认为，人类语言行为的基本模式是刺激—反应，他提出了著名的S→r，s→R模式(S表示实际的刺激，r表示语言的替代性反应；s表示语言的替代性刺激，R表示实际的反应)，并说：“从生理学上来看，语言并不是一个机能单位，而是包括各式各样的活动的，这些活动之所以能够构成一个包罗万象的习惯的复合体，是由于人在幼年生活中屡次受到刺激才积累形成的。”赵元任也说：“语言是一套习惯，学习外国语就是养成一套特别的习惯。”乔姆斯基对语言的看法则完全不同：

> 我想我们甚至可以说，语言根本不是学得的——至少不是靠我们所了解的那种方法，那种具有我刚才提到的那些特点的学习过程学得的。如果我们想找一个合理的比喻，我们也许应谈到“生长”：语言在我看来，是心灵里生长的东西，就像我们熟悉的身体系统的生长一样。我们同世界交际之初，心灵的状态是由遗传决定的，以后随着同环境、同经验的相互作用，这种状况不断变化，直到出现一种相当稳定的成熟状况，在这种状况下，我们就具备了所谓的语言知识。心灵的结构，在这种成熟的状况中(包括中间状况)，包括一个由大脑反应和分析搜入这些反映的原则组成的复杂系统。这种从遗传决定的最初状况到最后的稳定状况的转变，在我看来，在许多方面相似于人体器官的生长。事实上我认为，把心灵看做为精神器官的系统——语言能力是其中之一——每个器官都有一种由天生的生物因素决定的结构，这不是不恰当的。……所以我说，不仅关于语言是教会的看法是错误的，而且认为语言是学会的至少会给人以误解，如果我们从常识意义上去理解“学习”的话。

根据这些理论，认知法的倡导者 J. B. 卡鲁尔提出“第二语言是一种知识的整体，外语教学主要通过对它的各种语音、语法和词汇形式的学习和分析，从而对这些形式获得有意识的控制的过程”。认知教学法“使学生在相当程度上认识和控制语言结构，语言的熟巧将会随着语言在有意思的情景中的使用达到自动化的发展”。

可见，对语言和语言习得、语言学习的看法，学者之间的分歧是很大的。因此，出现教学方法的多样性也就不足为奇了。

3. 行为的可选择性

上文说过，从人类的行为理论看，为了达到某种目的或意图，有多种行为可以选择，这就是行为的可选择性。汉语教学活动是人类的行为。教学目的和目标确定之后，达到这个目的或目标，不可能只有一种方法、一种手段或一种途径。当然，方法、手段、途径可能有优劣之分（下面还要讨论），但是在没有比较或没有可比性的情况下，就可以自由选择。就像一个人想要买电视机，他可以网购，可以电话订购，可以托人购买，也可以自己去买，无论通过什么手段和方式，都可以把电视机买到。

（三）发展性

发展性是说对外汉语教学法无论作为一个体系还是体系的组成部分，都不是一成不变的，总是处在不断的变化之中。这不仅表现为每个不同时代都有新的教学法产生，还表现在一种特定的教学法在使用过程中也总是不断变化发展的。一方面，构成教学法理论基础的相关学科理论在不断发展，这就促使教学法的发展变化；另一方面，语言教学跟科学技术有关，需要一定的教学设备，科学技术的不断发展，促使教学设备的改善。声像技术的采用，曾极大地改变了语言教学面貌；多媒体技术的发明创造，又一次影响语言教学的思路。总之，对外汉语教学法是随着相关理论和科学技术的发展而不断发展的。

（四）综合性和可互补性

从对外汉语教学法的发展历史看，一种新的教学法的出现，总是吸收原有教学法的一些成分。有相同理论基础的教学法，这种现象很明显。比如，听说法吸收了直接法的一些教学原则，视听法则又吸收了听说法和直接法的一些教学原则。认知法也吸收了翻译法的一些做法。就是理论基础不相同的教学法，也不是绝对互相排斥的。比如，认知法并不完全反对听说法的强化训练，它只强调要在理解的基础上进行语言操练。综合法和折中法更是主张综合各家的优点。

教学法的综合性跟教学法本身的特点有关。因为每一种教学法都不是完美无缺的，需要用别的教学法的一些成分来补充；又因为每一种教学法都有优点，都包含有价值的成分，于是就有可能用以弥补别的教学法的不足。因而，教学法的综合性同时表现为可互补性。

（五）艺术性

汉语教学具有艺术活动的某些特点。艺术的突出特点是追求个性、提倡创造和变化，艺术拒绝雷同、抄袭和死板。对外汉语教学法也具有很强的创造性和变异性，而教学法的运用更具有鲜明的个性。艺术当然可以学习，可以传授，但总是学而有变，学而有创造。

三、对外汉语教学法运用的特点

对外汉语教学法的使用是一种复杂的教学活动，是一系列有序的行为，理论体系和行为有不同的特点。对外汉语教学法的运用大致有以下几个主要特点。

（一）灵活性

1. 对外汉语教学法的运用具有鲜明的使用主体的个性特点

首先，人类行为具有可选择性，为了达到某种目的，实现某种意图，可以采用不同的方法和手段，通过不同的途径。所以，同一教学法，由不同的教师来使用，不会是完全相同的模式。不仅是使用的方式、方法有个体差异，而且效果也不会完全一样。既然人类行为具有可选择性，同理，对外汉语教学法也具有可选择性。由于对外汉语教学法具有多样性，这就为在教学中对教学法的多种选择提供了可能。人类行为的可选择性和人们对语言教学规律的认识不同，决定了语言教学法和教学方法的多样性。其次，教学法使用主体存在个体差异，不仅存在知识结构和能力结构上的差异，而且个人的修养和素质也不完全相同。每个教师对汉语教学规律的认识不会完全一样，对教学法的认识和理解也有深浅之分。为完成某一特定的教学任务，不同的教师也可能选用不同的教学法，而且都有可能达到教学目的。

2. 汉语教学有法而无定法

有法，是指汉语教学必须有一定的广义的教学法体系和狭义的具体的教学方法。没有教学法和教学方法的教学，会成为盲目的、任意的和无序的活动，也就称不上是科学意义上的教学活动。无定法，是指为完成某一特定的教学任务，不是只有一种方法可用，不同的教师可以使用不同的方法，同一个教师也可以同时使用多种方法。

此外，对外汉语教学法追求个性、提倡创造和变化，拒绝雷同、抄袭、死板的艺术性，也决定教学法使用具有灵活性。

对外汉语教学法使用的灵活性，决定了要想更好地达到教学目的和目标就要提倡根据实际情况灵活选择方法，而且要提倡教师间相互学习，不能硬性规定只能用一种模式上课，要提倡语言教学要有一定之规，更要提倡创新，提倡发挥个人的才能和特长。

（二）综合性

对外汉语教学法的使用同样具有综合性特点。这种综合性表现在语言教学活动中，很少有只使用单一教学法的情况，往往是几种教学法同时并用，或者是以一种教学法为主、其他方法为辅。

从整体看，对外汉语教学从一开始就是博采众长，不独法一家。从不同技能训练来看，听、说、读、写训练，很少拘泥于某一派教学法。听力课、口语课、阅读课、汉字课、写作课等，各有自己的教学要求和教学特点；而每一种课程的教学法，只要教师认为是合理的、有效的，都可以用，没有统一的模式。至于课堂教学中更具体的方法，更具有多样性和综合性。不用说不同的教师有不同的方法，就是同一个教师，因教学对象不同、课文的体裁内容不同，也常常采用不同的方法。这些现象，从整体上既说明教学法使用的综合性，又说明教学法使用的灵活性。

四、对外汉语教学法的选择标准

对外汉语教学法的使用有灵活性，但是并不意味着教学法的选择带有任意性。在人类社会生活中，行为的选择不仅跟特定的目的、意图相联系，还要受到行为以外的社会因素和条件的制约。要把手段、方法跟目的与条件联系起来考虑，才能有一个明确的行为选择标准。对外汉语教学法的选择也是如此。一定要选在一定时间内用什么方法对特定对象为了一定目的进行汉语教学最有效，这就是对外汉语教学法的选择标准，具体有以下四个标准。

（一）可行性

可行性是指在现实的条件下，采用某种方法是否有可能实行。现实可能性的因素很多，比如教师、教学设备、教学环境以及教学对象等，这些因素都要全面考虑到。比如说，如果我们认为采用多媒体技术效果很好，可是没有设备，也没有经费，我们就无法采用。这就像出去旅游一样，都认为坐飞机最快、最舒适，可是没有钱买飞机票，还是不行。或者有钱买飞机票，可是目的地没有飞机场，或者没有航班，也不行。所以，选择对外汉语教学方法不能不考虑到现实的可能性。

（二）科学性

所谓科学性，是指某种教学法应该是符合语言规律、语言学习规律和语言教学规律的。判断对外汉语教学方法是否科学可以通过以下两种方法来进行。

第一，根据经验。根据教学实践的经验来选择最有效的方法。

第二，理论比较。根据经验和从现有的理论出发，选择认为是科学的理论，当然带有相对性。在目前的条件下，这是唯一可行的办法。我们不能期望马上得到绝对真理，而只能追求“善理”。追求“善理”，就是将现有的理论加以比较，选择自己认为最合理的理论。这样做，是符合实际的。因为我们追求的是“善理”，而不是绝对真理，我们随时准备接受更好的理论。

（三）有效性

检验教学法是否有效，应该有计划、有目的地进行实验。任何外语教学法是否有效，都要通过教学实践的检验。在实验中将不同的教学法进行比较。有比较，才能知道哪种教学法更有效。教学实验是对外汉语教学中的薄弱环节。教学实验比较，要事先设计，不同的实验要有可比性。所谓有可比性，实验的对象所具有的特点应该是相同的，只有方法是不同的。这样才能判断方法的优劣。

（四）经济性

所谓经济性，是指用最少的时间、最少的人力物力财力，收到最佳的效果。也即要考虑“投入”和“产出”的比例。只看效果，不看投入，是不能判定教学方法的好坏的。时间的长短，学习班人数的多少，教学费用的多少，都会影响教学的效果。只有对条件相同的对象用相同的投入，得到不同的效果，才能判断教学方法的优劣。有一段时间，有的学校，对外国留学生进行汉语教学是不计成本的。几个教师围着一两个留学生转，课后又有中国学生陪读陪练，学生自然会学得快。但我们却不能因此就断定他们的教学方法好。

第四章　对外汉语教学中的语言理论

各种语言教学的理论和方法都是以一定的语言学理论为背景的，缺少语言学理论的指导，教材编写、教学内容的安排和讲解等都会缺乏科学性。对外汉语教学活动也同样离不开理论的指导，在本章内容中，我们就对对外汉语教学中的语言理论进行简要阐述。

第一节　语言理论与对外汉语教学

对于什么是语言理论这个问题，吕必松曾在其《对外汉语教学概论(讲义)》中作了明确的界定。他认为，语言理论主要包括三个方面：一是普遍语言学理论，特别是其中关于语言的本质和特点的论述；二是特殊语言学理论，如汉语语言学理论和其他有关语言的语言学理论，特别是其中关于汉语和其他有关语言特点的论述以及对汉语和其他有关语言的语言事实的描写；三是语言学的其他分支学科，如社会语言学、比较语言学、对比语言学、方言学、语用学、语言发展史、文化语言学等。这三个方面构成了语言理论，也是语言教学的语言学基础。这一界定是基于语言教学而作出的，虽然较为宽泛，并且将人们对语言特点和语言事实的论述和描写也归入其中，但却具有很强的针对性和适用性。

一、语言理论与对外汉语教学的区别与联系

(一)语言理论与对外汉语教学的区别

对于语言理论与对外汉语教学的区别，吕必松曾作过一番精辟的论述，他认为语言理论研究的是语言特点和规律，对外汉语教学理论研究的是对外汉语教学本身，涉及整个教学过程和全部教学活动以及跟教学有关的各种内部和外部因素。而且，对外汉语教学理论综合应用了语言理论、语言学习理论和一般教育理论，因此具有综合性和跨学科性。

当前，理论语法与教学语法、语法教学的不同是人们讨论较多的问题，主要的观点有以下几种。

(1)语言学家王力认为，教学语法重在实践，理论语法重在理论的提高。

(2)许国璋认为，供语言学研究的语法，即理论语法和供教学用的语法，即教学语法主要有四个方面的不同：其一，两者的分类不同。理论语法的分类要求有概括性和排他性，教学语法的分类以说明用途为主，不要求严格。其二，两者的目标不同。理论语法重在说明语法的理论，教学语法重在语法的运用。其三，两者的对象不同。理论语法的对象是语言的研究者，教学语法的对象是语言的学习者，他们的学习条件不尽相同。其四，两者的举例不同。理论预言一般以最少而又足够的例子来说明类别，教学语法则力求翔实，例子本身就是说明学习材料。

(3)崔希亮认为，教学语法具有简明性与可操作性，遵循实用、适用和管用三个原则。理论语法与教学语法有着不同的目标：理论语法的目标是揭示人类语言的结构规律和内在动因，进而建立一种解释模型，最大限度地解释语法现象；教学语法的目标则是在最短的时间内解决学习者的语法问题，让学习者提高语言能力。

(4)金立鑫认为，理论语法与教学语法之间的差别体现在三个方面：第一，理论语法追求对语言系统的系统性解释，而教学语法并不对语言现象进行系统的解释，它是针对学习者的、就事论事的、实用的解释。第二，理论语法讲究的是理论的系统性，它追求理论内部的一致性，而教学语法并不讲究方法之间的一致性。第三，理论语法具有理论的假设性，具有前沿性、尝试性，与在教学中的实践应用还有一定的距离。教学语法在本质上也是一种理论假设，但这种理论假设已经得到绝大多数学者的认同和教学的严格检验，已经具有相当高的可靠性。

对于对外汉语教学，特别是语法教学与理论语法、教学语法之间的不同，学术界目前主要有以下几种观点。

(1)胡明扬认为，语法教学并非语言教学的目的，而是一种手段。人们传授语法知识并不是为了进行语法教学，而是为了解决学习者的语言能力问题。可以说，语法教学主要是用法教学。从某种意义上讲，在语言教学中，语法并不重要，听读最重要，学语言应提倡死记硬背，学习语法是为了更好地掌握一种语言。

(2)崔希亮认为，教学语法是贯穿在语言教学过程中的语法，目的是教语言。而语法教学是独立的教学过程，目的是教语法。

(3)金立鑫认为，对外汉语教学属于应用语言学，是一门应用性学科，对各家理论采取实用主义的态度，追求解释力和可操作性，不追求内部的一致性和系统性，这与理论语法以及教学语法重视系统性、一致性、理论上的简洁性不同。①

（二）语言理论与对外汉语教学的联系

语言理论与对外汉语教学有着密切的联系，对于这一问题，吕必松也曾作过较为深刻的论述。他认为，语言理论与对外汉语教学及其理论是相互促进的。语言理论对语言教学具有宏观和微观指导作用，是对外汉语教学的基础理论之一。对外汉语教学理论既要根据教学的实际需要，从有关的基础理论中吸取有用的、正确的成分，以保证教学理论自身的简洁性和科学性，又要以自己的研究成果去补充、修正有关的基础理论，阐明尚未被多数人认识的理论。

崔永华认为，语言学与对外汉语教学的联系至少表现在以下三个方面。

第一，作为教学内容，即教师、研究者应当了解其基本规律，以合理地选择和安排教学内容。

第二，作为教师的知识背景，即优秀的教师应当是汉语专家，至少应当具备正确使用汉语的能力和必备的语言学知识。

第三，作为分析语言教学过程的方法，即分析语言教学，需要懂得语言学的方法。但他没有谈对外汉语教学对语言学的作用。

目前，对外汉语教学界对语言研究关注较多的是语法教学，因此，理论语法与教学语法的联系是人们讨论更多的。

中国语言学界区分理论语法和教学语法是在 20 世纪 50 年代，标志是“暂拟汉语教学语法系统”的出台。

对理论语法加以界定的观点，近年来主要有以下几种。

崔希亮认为，理论语法是语法学者在对语言事实进行观察的基础上，构建起来的语法解释模型以及发现的规则。

金立鑫认为，理论语法在其本质上是一种假设性解释模型。由于科学信仰的不同，理论之间是难分对错的。然而，理论的优劣是可以衡量的，即理论在方法上的内部一致性、理论本身的简洁性以及对事实的解释力和可操作性，这是理论语法的基本共性。

近年来，对教学语法的界定主要有以下观点。

赵金铭认为，第二语言的教学目的决定了，教学语法来自理论语法研究，主要侧重于对语言现象的描写和对用法、规律的说明，以便于教学。教学语法具有规范性，是一种学校语法。

---

① 赵金铭：《对外汉语教学语法与语法教学》，语言文字应用，2002 年第 1 期。

周小兵认为，非母语者的教学语法有八个特点：实用性、形式意义并重、考虑篇章语用因素、规则细化和条件的充分、描写解释相结合、重视语际对比、注重习得研究、使用统计方法和实验方法。

卢福波认为，教学语法是根据学习者的基本条件和学习目的确立的语法教学体系。学语法依据学习者的学习目的选择语法内容，再将教与学的规律、方法融入其中，使之形成一个水乳交融的整体。

崔希亮认为，教学语法是基于教学目的，在理论语法的基础上发展起来的语法规则，可以根据教学对象和教学目的不同区分为母语教学语法和第二语言教学语法。教学语法是贯穿在语言教学过程中的语法，目的是为了教语言。

金立鑫认为，教学语法是一个理论系统，知识性和体系性是其基本特征。教学语法在体系上基本遵循内部一致性、系统性等理论语法的基本要求。教学语法与理论语法的差别主要体现在学者之间的可容忍度上。

通过上面的阐述，相信大家已经对理论语法和教学语法的含义大体清楚了，那理论语法与教学语法到底有什么样的联系呢?

王力认为，理论语法和教学语法是互相依存的，教学语法要以理论语法为源泉，理论语法要以教学语法为出发点。

李英哲认为，理论语法与教学语法应是一致的，教学语法对理论语法有所选择，对不同背景的学习者提供不同的教学语法安排。

刘月华认为，理论语法是教学语法的来源和依据。一般来说，教学语法不可能另搞一套，它总是根据该语言的语法研究而制订，但在体系上以便于教学为准，且一切科学的语法都会对对外汉语教学语法有所帮助，教学语法是在不断吸收语法研究的成果中完善的。

崔希亮认为，教学语法与理论语法属于两个不同层次的语法，他们之间的联系主要表现在以下四个方面。

第一，理论语法可以为教学语法提供方法论意义上的解释模型。

第二，教学语法可以从理论语法那里汲取营养，可以从各种各样的理论框架中通过比较发现有用的东西并为我所用。

第三，教学语法可以为理论语法提供研究课题和驱动力。

第四，教学语法可以不依附于任何一种理论语法。

二、语言理论对对外汉语教学的重要作用

语言理论对对外汉语教学的作用主要表现在下面两个方面。

（一）语言理论是对外汉语教学的语言学基础

语言理论是对外汉语教学的语言学基础，没有语言理论，对外汉语教学就会寸步难行。对外汉语教学的学科理论可以归结为基础理论和教学理论两个方面，基础理论包括语言理论、语言学习理论和一般教育理论，也就是说，语言理论是基础理论中的一部分。而且，对外汉语研究可以分为认识论、本体论、工具论和方法论四个层面，其中，本体论层面主要从事汉语本体研究，其理论基础是语言学，解决的是教什么、怎么教的问题。在对外汉语研究中，教什么的问题是其需要首要解决的问题，否则教师和学生都无所依据。

（二）语言理论对对外汉语教学有重要的指导作用

语言理论是对外汉语教学的基本理论之一，对对外汉语教学有着重要的指导作用和启示作用。目前，人们都已充分认识到了这一点，并不断从语言理论中借鉴和吸取有用的东西，来发展对外汉语教学理论，提高对外汉语教学的质量。

自 20 世纪 90 年代起，有许多的学者从不同的角度、不同的方面对这一问题进行了探讨。他们试图将语言理论运用于对外汉语教学中，取得了不少有益的成果。

一般而言，语言理论可以从微观和宏观两个方面指导和影响对外汉语教学。从微观上看，对语言事实的描写，包括关于语音、词汇、句型、语法、语用规则等的描写和有关的定量分析，对语言教学的总体设计、教材编写、课堂教学和测试等具体教学实践活动有着直接的指导作用，是这些具体教学实践活动所不可缺少的理论依据；任何一部语言教材都包含着编者对所教语言的规律和规则的认识以及或详或略、或明或暗的描写。从宏观上看，对语言本质、特点的论述及描写，是认识语言学习和语言教学的本质不可缺少的理论依据，任何一种语言教学理论和语言教学法流派都要以一定的语言理论作为自己的理论背景，如认知法的语言学基础是转换生成语言学，功能法的语言学基础包括社会语言学和语用学，听说法的语言学基础是结构主义语言学等。

三、对外汉语教学对语言理论发展的反映

在探讨对外汉语教学对语言理论发展的反映之前，我们先简单介绍一

下语言理论的发展情况。

(一)语言理论的发展

语言理论已经过了一个世纪的发展,它的发展主要体现在语言学的流派和语言研究观念的变化两个方面。

1. 语言学的流派

关于语言学的流派,有人主张二分,即形式主义语言学和功能主义语言学,将认知语言学归入功能主义之中,也有人主张三分,即形式主义语言学、功能主义语言学和认知主义语言学。虽然认知语言学与功能语言学都主张句法不是自主、自足的系统,而是由句法之外的因素形成的,都是解释性的,但研究的出发点不同,前者从认知角度解释语法规则,后者通过语境与功能解释语言规则,因此,我们倾向于三分。

(1)形式主义语言学

形式主义语言学主要包括美国结构主义和乔姆斯基的转换生成语言学。索绪尔《普通语言学教程》中关于语言是一个符号系统的理论,以及关于语言与言语、历时与共时、组合与聚合的简明定义,奠定了结构主义的基础,美国结构主义就是由此发展出来的。美国结构主义以布龙菲尔德《语言论》的发表为标志,主张根据形式结构的差别分析语言,它只研究语言本身,不注重语言能力的解释,也不重视与语言有关的社会因素和心理因素,因而具有较大的局限性。乔姆斯基在20世纪50年代发表的《句法结构》为语言结构形式化的工作注入了新的活力:它研究人的语言能力,提出了一系列语法假设和理论来揭示其规律,说明其原因;主张采用转换规则,说明各种句式之间的内在联系;它重视语义,提出了深层结构和表层结构的概念。形式主义语言学经历了由经验主义到理性主义、由行为主义到认知主义的巨变,但语言始终是形式。形式主义语言学不注重语言的交际能力,无法解释语言中所有的复杂现象。

(2)功能主义语言学

美国形式主义大行其道之时,欧洲语言学则始终较为注重语言的功能。从19世纪末到20世纪初,斯威特、帕尔默、马尔丁内、叶斯柏森等多从语法意义、语法范畴的角度去概括语言的规则和用法,强调“了解一种语言的结构规律”与“学会如何使用这种知识”的区别与联系,认为对口语的研究应与语言为人类服务的社会交际功能紧密联系在一起。功能主义语言学从20世纪30年代开始得到逐步发展,产生了许多的学派。弗斯的伦敦学派提出语言包括结构和系统两个方面,强调了情境上下文对语言的影响。韩礼德继承和发展了这一理论，并提出了“语域”和“系统功能语法”。美国的布拉格学派主张用功能的观点研究语言，将语言与社会结合起来，强调语境对语言的作用。拉波夫的社会语言学把语言作为一种社会现象来研究，强调语言的社会制约性。在20世纪中期，菲尔默格语法以及兴起的语用学更是注重从功能上分析语言。

(3)认知主义语言学

认知主义语言学是20世纪80年代末，在吸收了语用学、生成语义学和认知科学诸多成果的基础上形成的，兰盖克、莱考夫、约翰逊和海曼是其代表人物。认知语法是认知语言学的主要内容，它基于经验主义的哲学观和语言观，认为句法不是一个自足的系统，主张从人类的基本认知能力出发，通过人类在与外在现实相互作用过程中形成的概念结构，分析、解释语言结构。认知语法更注重语言结构的理据分析和解释，使语法研究更加走向深入，这与以往对语言结构的原子分析和形式分析是不同的。近年来，认知语言学的研究焦点是句法隐喻、概念结构、范畴化的原型理论、意象图式及句法象似性。认知语法自20世纪90年代以来已成为欧美语法研究的大趋势，其自己的研究体系也正在形成。

当前，语言研究正逐渐走向深入、科学。形式主义语言学、功能主义语言学和认知主义语言学三大流派的发展，体现了语言研究从形式到意义、从描写到解释、从静态到动态的发展历程。三大流派各有优缺点，也各有其侧重点。三者可以互相补充，互相促进，共同解决语言现象。

2. 语言研究观念

语言研究观念随着形式主义到功能主义、认知主义的发展而变化，这些变化主要以现在本体和功能相结合、形式和意义相结合、描写和解释相结合、静态和动态相结合、共性和个性相结合。

(1)本体和功能相结合

随着功能主义语言学的发展，人们已逐渐认识到，语言的功能是语言的本质之所在。因此，在语言研究中，人们更加注意语境、社会、交际、文化等因素对语言结构的影响，不断地揭示语言在不同的交际场合和文化背景下发生的变异。因此，语言研究要力求本体和功能相结合。

(2)形式和意义相结合

语言学发展至今，形式与意义之间的关系问题恐怕是语言学者感受最深的问题了。语言学界经历了从形式到意义、再到形式与意义相结合的转变过程。只重形式，不重意义，或只重意义，不重形式，都无法揭示出语言的本质。语言是形式和意义的统一体，两者是相互依存的，没有形式，意义就无所寄托，同样，没有意义，也就无所谓形式。深入探求形式和意义之间错综复杂的对应关系是语言研究的根本目的，既可以从意义入手，去探求形式上的表现手法，也可以从形式入手，去寻找所表达的意义。①

(3)描写和解释相结合

在结构主义语言理论的冲击下，人们特别重视语料的收集，并对之进行细致的分类、归纳和描写，但这些工作都不是目的，而是语言研究的手段。揭示语言"为什么会这样"才是语言研究的目的。描写可以揭示规律，但规律并不等于理论上的解释。规律可以通过经验—归纳获得，而解释则要通过进行创造性的联想、推测、假设、演绎才有可能获得。描写是解释的前提、基础和保证，没有描写也就没有解释。因此，只有将描写和解释结合起来，才能更好地弄清楚语言的构造机制。

(4)静态和动态相结合

形式主义语言学注重语言的原子分析和结构分析，只满足于静态的研究，对语言进行孤立的分析。随着转换生成语法理论的产生，这种状态出现了转机。国内学者吕叔湘把语言单位分为静态单位和动态单位，并提出"研究句子的复杂化和多样化，可以说是在静态研究的基础上进行动态的研究，是不仅仅满足于找出一些静止的格式，而是要进一步观察这些格式结合和变化的规律"。② 随着功能主义语言学和认知主义语言学的不断发展，语言的动态研究也在不断开展，已取得了很大的成功。人们已逐渐认识到，静态研究是动态研究的基础，动态研究是静态研究的发展，只有将两者结合起来，才能更好地进行语言研究。

(5)共性和个性相结合

叶斯柏森在 20 世纪初时曾指出，在以各种实际语言结构为基础的句法范畴之上存在某种超语言的范畴，这些范畴适用于所有的语言，具有普遍性。但自从美国结构主义语言学兴起之后，形式开始成为了焦点，个性的一面受到了更多的重视。在转换生成语言学理论中，共性重新占据了重要位置。它认为，人类语言自身具有普遍性，人类语言的描写模式也具有普遍性。关于共性建立的基础，乔姆斯基认为，共性可以从一种语言的详尽研究中发现，在深层结构内进行共性分析，并用天赋性解释语言的共性。而格林堡等学者则更多地从类型的、归纳的、可验证的方面寻求语言的共性和个性。他们主张，共性要建立在多种语言抽样调查的基础上，共性分析要在具体结构即表层结构平面进行，可通过心理、生理、社会等多方面的因素来解

---

① 邵敬敏：《汉语语法立体研究》，上海：商务印书馆，2000 年，第 1 页。

② 吕叔湘：《汉语语法论文集》(增订本)，上海：商务印书馆，1999 年，第 553 页。

释共性。共性和个性实际上是相辅相成的。把语言的个性纳入语言的共性中，透过共性去看个性，有助于个性研究的深入。同样，把一种语言的个性分析得透彻了，也有助于促进语言的共性研究。沈家煊认为，过分强调语言的共性或者过分强调汉语的特点，对语言研究都是十分不利的。在研究汉语时，应该建立"共性＋参数"的思想，即语言的共性加上一定的变化参数就体现为汉语的语法。

(二)对外汉语教学对语言理论发展的反映

对外汉语教学在很大程度上受着语言理论发展的影响，但对外汉语教学的发展滞后于语言理论的发展。虽然语言理论、汉语研究在近几十年取得了很多新成果，但汉语教学各方面吸收的新成果却很少。在教学内容、教学理论和方法上，对于转换生成语法、系统语法、话语分析等领域所取得的卓越成果，对外汉语教学很少有反映。

对外汉语教学从总体来看经历了以下三个阶段，这三个阶段都受到了语言理论的影响。

1. 第一阶段

20 世纪 50 年代到 70 年代后期是第一个阶段。这一阶段的对外汉语教学是以结构形式为中心的。由于受到美国形式主义语言学的影响，对外汉语教学重视语言结构的教学，忽视了语言的交际规则，倾向于重视单个层面的、零散的、局部的相同点和不同点，很难从整体上去对比、归纳语言之间的共性和特点。以形式为出发点的思路在八九十年代有代表性的对外汉语教学语法著作中得到了较全面的体现和总结，如吕文华的《对外汉语教学语法探索》、刘月华的《汉语语法论集》等。

2. 第二阶段

20 世纪 70 年代后期到 80 年代后期是第二个阶段。这一阶段对结构与功能相结合的路子进行了积极的探索和评价，以结构为主，结构与功能相结合是这一阶段的主流派教学法。随着功能语言学、社会语言学的发展，对外汉语教学界开始引入交际教学法和功能—意念法。吕必松首先引入了第二语言教学总体设计和语法大纲、情景大纲、概念大纲的概念，且专门讨论了语言教学中结构、意义和功能的结合问题。赵贤洲、刘珣等认为，从学习者的心理要求来看，交际的迫切性要大于掌握结构的必要性。但是，从对初学者进行教学的效果来看，掌握交际功能的迫切性则要小于掌握结构的必要性。因此，对外汉语教学要采取兼顾原则，同时也要根据不同的学习阶段而有不同的侧重，如在入门阶段要多着眼于句型和语法的循序渐进，而语言功能则要在作为基础教材的后一阶段更多地突出。

3. 第三阶段

20 世纪 90 年代以来是第三个阶段。在这一阶段，由于受到功能语言学和文化语言学的影响，交际能力、功能得到更多的重视，文化因素也受到前所未有的重视，"结构、功能、文化"三结合的教学法成为多数人的共识。三结合的意思是，结构是基础，功能是目的，文化要为语言教学服务。通常，初级阶段要以结构为主，中级阶段则要加强功能并巩固、扩展结构，高级阶段文化因素教学特别是目的语国家文化背景知识教学的分量应该逐渐加大。从对外汉语教学的三个阶段可以看出，对外汉语教学经历了从以结构形式为中心到以结构为主、结构和功能相结合，再到结构、功能、文化三结合，从重视研究语言技能的获得和语言知识到重视交际技能和结构——功能的培养。

对外汉语教学研究也随着语言理论的发展不断走向深入，这突出地表现在对"三个平面"理论的运用上，对外汉语教学在深化句法分析的同时，也在加强语用分析和语义分析。吕文华在其《关于对外汉语教学语法体系的思考》一文中曾明确提出，对外汉语教学中应尽量做到句法分析、语用分析和语义分析相结合，这三个平面的分析应该在从初级到中高级阶段的教学中贯彻到底。对外汉语教学还从认知语言学、社会语言学、对比语言学、生成语言学、配价语法理论等语言理论中吸取有用的东西，用来分析和解释对外汉语教学中出现的问题，使研究取得了很大进展。近些年来，对外汉语教学研究也在力求做到本体和功能、描写和解释、共性和个性、形式和意义、静态和动态的结合。随着对外汉语教学学科建设的发展和汉语本体研究的发展，对外汉语教学的研究范围也有所扩大，由重视语法教学转向加强词汇教学和语音教学等。李泉指出，语法教学不应占据语言教学的中心地位，不应成为语言教学的主要内容，更不能代替语言教学的全部。杨惠元也提出强化词语教学，淡化句法教学的观点，认为在整个对外汉语教学中，词语教学自始至终都应该放在语言要素教学的中心位置上，而不必自始至终强调句法教学，只教最基本的句型，句法规则宜粗不宜细。因此，对外汉语教学不能只重视语法教学，还应重视词汇教学和语音教学等。对外汉语教学已从一开始只重视词、词组和单句的分析发展到加强复句、句群、语篇的研究和语素的研究。

第二节　语言习得理论与对外汉语教学

一、普遍语法理论与对外汉语教学

普遍语法理论早在1981年就已经提出，普遍语法理论的探讨主要集中于以下几点。

第一，普遍语法在外语学习中是否可及的问题。对于这一问题，研究者们众说纷纭，颇多争议，形成了直接可及说、间接可及说和不可及说三大阵容。

第二，探讨普遍语法理论在第二语言习得中的地位及作用。

第三，考察普遍语法在第二语言习得过程中的通达情况。一些学者采用各种方法，从第二语言习得的不同方面考察普遍语法在第二语言习得过程中的通达情况。

第四，探讨普遍语法理论在外语教学中的价值。

第五，普遍语法框架下的标记理论研究。

揭示人类语言的普遍特性是语言研究的一个主要目标。在人类所有的语言的深层结构中，存在着一种共同的句法规则和语言规律，一些抽象、复杂的语言规则为所有的人类语言所共有，所以称为普遍语法。普遍语法理论是高度抽象的语言原则，普遍语法理论原则可以分为形式普遍现象和内容普遍现象或语言元项。

普遍语法理论与语言习得是分不开的。语言不是学会的而是发展而成的，语言习得是一定的语言经历激发心理器官的生长，普遍语法理论具有两大基本特点：有高度的抽象性，属于原始概念，但数量极少；适用于所有的个别语言。普遍语法理论以第一语言习得速度快、知识准确完美等难解之谜为理据，主要涉及第一语言研究。第一语言习得与第二语言习得在学习者成熟程度、语言知识、语言环境等多方面存在着一定的差异。

在语言学习中，语言环境是外因条件，普遍语法理论是内因基础。普遍语法理论不是具体语言的语法，而是语法的语法，是一系列限制人类语法可能范围的条件。

关于普遍语法在第二语言习得中的可及性问题，大量学者在大量实证研究的基础上产生了可及性问题四假设——完全可及说、不可及说、部分可及说、间接可及说。

(1)完全可及说。完全可及说不赞成所谓语言学习临界期一说，认为普遍语法对第二语言学习者，不管是儿童还是成年人都起作用。之所以这样说是因为第二语言学习者能像第一语言学习者那样，在输入的基础上获得并未教给他们的语法知识，而且他们还拥有结构依赖性知识，可以和第一语言学习者一样具有无限的目标语生成能力。完全可及说的代表人物是弗莱恩和梅纽尔。

(2)不可及说。不可及说认为普遍语法不决定第二语言习得学习，因为成年人学习第二语言和小孩子习得第一语言有着本质的不同。第一语言习得者使用的是语言习得机制，而第二语言学习者使用的是一般性学习策略。第二语言学习者不是依靠受普遍语法制约的结构操作，而是借助于线性的、表面化的语序策略来学习第二语言的。不可及说的主要依据，也即最有说服力的就是语言习得临界期一说。普遍语法中最重要的规则之一的结构依赖性原则对第二语言学习者来说不起作用。不可及说的代表人物是梅塞尔。

(3)部分可及说。部分可及说认为，普遍语法原则对第二语言学习者的作用只是部分的、非全部的，在方式上也是直接的，并非都是间接的。第二语言习得与第一语言习得只有部分相同，所以成年学习者很难完全达到与本族人相同的语言水平。部分可及说的代表人物是弗莱利克斯和魏格尔。

(4)间接可及说。间接可及说认为，普遍语法通过学习者的母语在第二语言学习中起作用。第二语言学习者已经在自己的母语中应用了普遍语法的原则，设置了参数，这是他们发展第二语言的基础。第二语言学习者之所以会造出与目标语不一致的语法句子，是因为他们在第二语言学习中要对他们的母语中不曾有的参数进行设置时，不得不求助于其他一些学习机制所致。间接可及说的代表人物是沙赫特。

围绕普遍语法在第二语言习得中是否可及的问题而产生的四大假设，说明了该理论在第二语言习得中所起作用的问题上存在若干逻辑上的可能性。而且，普遍语法理论突破其作为第一语言习得理论的理论框架而应用于第二语言习得这一事实本身显示了该理论的强大生命力。

普遍语法理论对对外汉语教学的发展起了很大的推动作用。以普遍语法理论为基础，对对外汉语教学进行研究，已经成了对外汉语教学研究的一个重要发展趋势。以普遍语法理论为基础的对外汉语教学研究正在变得日益广泛深入。

二、中介语理论与对外汉语教学

1972年，美国学者塞林格首先使用了中介语一词，其建立的标志也是塞林格于1972年发表的《中介语》一文。对于第二语言学习者来说，整个学习过程伴随着母语规则迁移和目的语规则泛化，从而会产生一系列逐渐趋近但始终不同于母语和目的语的中间过渡状态的语言，这种语言有其自己的多变性的特点。塞林格率先把第二语言学习者的这种在自觉的学习过程中所形成的中间习得状态称为中介语。

在第二语言习得中，中介语是存在的，而且中介语的产生过程有以下五个途径。

第一，语言迁移，即学习者把母语的语言特点迁移到二语上。

第二，训练迁移，即在教学中学习者习得某些不符合目标语的规则，如教师的不规则发音长期影响学生的语音，教科书上某些语法正确语用却不得体的句式训练。有些中介语的成分产生于教师的训练方式。

第三，目标语规则的过分概括，即学习者错误使用目标语的规则，如“他把那件衣服洗了”这个句子可以看作是过度概括化的结果。

第四，交际策略，如学习者交际时为了便利而忽略某些语法要求，从而产生不合语法的句子。

第五，二语习得策略，这些策略指的是学生积累语言规则的一些方法和为了能运用自如所采取的一些手段，如简化法。这五个过程的综合作用影响了语言学习者的二语习得情况。

中介语理论的提出使得二语习得领域有了自己独立的研究方向，也使得二语习得开始成为一门独立的学科。

在中介语理论中，一个非常重要的概念是“僵化”或称“石化”。僵化就是母语的词条、规则和次系统倾向保留在与目的语相关的中介语中，不管学习者接受的解释和指导有多少，也不管学习者的年龄有多大，这种倾向都不会改变。僵化是存在于中介语中的一种心理机制，它可以出现在语言学习的任何阶段，而且无法消除。学习策略是引起僵化的主要原因。学习策略又可以分为对输入语言的理解和对自己的输出语言的控制两大类。

中介语研究在20世纪80年代产生了许多新的理论模式。有些理论模式是在早期中介语理论的基础上发展起来的，如埃利斯和陶伦关于中介语的可变能力模式。但是有些理论模式，如舒曼的文化适应模式、米歇尔·龙的言语输入与交互作用模式在理论方法上与最初的中介语理论已有相当大的分别。20世纪60年代末70年代初的偏误分析的理论基础也是中介语理论。中介语理论告诉人们,研究学习者本身的语言体系,不应该仅仅只重视母语的干扰而只集中于目的语和母语的对比,对学习者所产生的语言运用进行系统的研究也是非常重要的。这是偏误分析产生的理论基础。偏误分析将语言学习者作为研究的中心,并对学习者在第二语言习得过程中产生的偏误进行系统的分析,研究错误来源,揭示学习者的中介语体系,从而了解第二语言习得的过程与规律。语言学习者所犯的错误可以分为偏误和失误两种。偏误指的是由于目的语掌握不好而产生的一种规律性错误,它偏离了目的语的轨道,反映说话者的语言能力和水平。母语负迁移、目的语知识负迁移、文化因素负迁移、学习策略和交际策略的影响、学习环境的影响等五个方面是偏误的来源。失误是指由于紧张或疏忽而偶然产生的口误或笔误,它是一种临时现象,不反映说话者的语言能力。

中介语研究的最终目标是正面揭示中介语的性质、特点,从而最终确定其在语言学习研究中的价值和地位。中介语是第二语言学习过程中学习者把母语语言规则转移到第二语言的语言规则、运用母语语言规则简化第二语言的语言规则的产物。中介语认知的发生与学习过程中的语言、心理、社会和中介语系统等因素相关。中介语认知的系统发生形成中介语认知图式,指导和管辖第二语言习得。

中介语将第二语言学习过程看作是一个创造性地建立一种语言系统的过程。在这一过程中,学习者不断地、有意识地从各个不同的角度,通过实际的语言运用,将自己对于第二语言的种种假设进行检验和证实。这一过程不仅建立在人们所掌握的对目的语有限的知识的基础上,而且还包括人们对语言总体的认识、对语言的交际功能的认识、对自己本族语的认识以及对生活、人类以及宇宙的认识。中介语是由一系列规则组成的,这些规则虽然在体系上不同于目的语完善的语法系统,但也可以产生于简化、过分概括、转换等类似的学习策略。中介语的特征主要有三个。

第一,开放性特征,即中介语是一个开放的系统,具有逐渐进化的特征,其发展具有一定的阶段性。

第二,系统性特征,即中介语在任何阶段都呈现出较强的系统性与内部一致性。

第三,灵活性特征,即中介语是一个灵活的、不断变化的体系。

中介语可变性是第二语言习得研究中一个颇有争议的研究领域,争议主要是围绕着学习者中介语能力的可变与不可变及对自由变化的不同认识而展开的。中介语可变论中最具代表性的为语言能力连续体范式和可变语言能力模式。可变与不可变之争产生的根源主要有三个。

第一,理论目的问题,是解释习得过程还是中介语系统。

第二，语言观问题，包括第二语言习得中有无语言能力与语言运用之分，语言规则有无变化。

第三，获取资料的方法问题，是采用通过观察和实验获得资料数据的经验主义方法(empiricism)还是依靠与生俱来知识的唯理论方法。由于第二语言习得研究的理论背景、理论方法等诸多因素的差异，当有些研究者对中介语可变性孜孜不倦地进行探索时，也有一些研究者对它的研究价值不以为然，更有研究者彻底否定其可变性。

在外语习得研究中，中介语僵化现象是其中的一个重要理论，即在外语学习中，由母语向目的语转化过程中的一种特殊语言形式。由于僵化是外语学习的普遍现象，因此，探讨僵化的起因以及如何避免僵化也就成为第二语言习得研究的重点课题。当前，人们对僵化的研究更多的是从实验和观察所取得的材料来探讨其背后的原因，但大多都停留在理论分析的层面上。这些研究有的把僵化与学习策略联系起来，有的从语言标记等方面来说明一些带有普遍性的语言僵化现象。对僵化现象的探讨可以为二语学习的研究提供有用的启示和参考，因此，我们还应对其做进一步的概括和探讨。

20 世纪 80 年代初，中介语理论传入我国。由于偏误分析的理论基础是中介语，而且二者产生的根源基本相似，所以学者们往往结合中介语进行偏误分析。

在第二语言习得研究领域，众多语言学家及心理语言学家所探讨的重要问题之一是母语知识对目标语习得的影响，这种影响也被称为第二语言习得中的母语迁移现象。迁移是中介语的主要特点之一，它原本是一个心理学术语，指的是学习过程中学习者已有的知识或技能对新知识或新技能的获得的影响的现象。语言迁移指的是学习者在用目的语进行交际时，试图借助于母语的语音、词义、结构规则或文化习惯来表达思想的现象，语言迁移一般有正迁移和负迁移两种。当母语的某些特征同目的语相类似或完全一致时就会出现正迁移，而当母语与目的语的某些特点不同时，学习者如果借助母语的一些规则，就会产生负迁移现象。在母语知识对目标语习得的影响中，负迁移比正迁移更明显。

目的语对语言学习者也会产生影响。当学习者将其已获得的有限的、不充分的目的语知识，用类推的办法不适当地套用在目的语新的语言现象上，就会造成偏误。这种现象也可以称为过度概括或过度泛化。在对外汉语的教学中，学习者在学习的初期阶段，因母语负迁移而造成的偏误占主要部分，而到了中、高级阶段，因目的语知识负迁移而造成的偏误开始占优势。

随着外语教学和研究的不断深入和发展，人们也越来越重视第二语言学习的心理过程。中介语理论就是从一个崭新的视角来研究第二语言的习得过程的。从第二语言学习者的心理出发，结合学习者的语言环境，中介语理论把第二语言的学习过程看作是一个创造性地建立一个新的语言系统的过程，弥补了对比分析的不足。

中介语理论的确立对对外汉语的教学方法论产生了巨大的影响。这一理论揭示了对外汉语学习的一般规律，丰富和充实了对外汉语的学习理论，对对外汉语的教学也可以产生巨大的影响。中介语理论能够引导教师进行合理的教学设计，帮助教师调整教学内容和教学方法，也能够帮助教师改变对于学生语言错误的态度。中介语理论还能帮助学生克服语言习得过程中的沉默期，促进交际的成功。

三、语言监控理论与对外汉语教学

语言监控理论主要是由习得与学习假说、语言监控假说、情感过滤假说、输入法假说、自然顺序假说等五个假说组成的。

习得与学习假说是第二语言习得理论的核心。习得和学习作为两个不同的体系，所获得的语言知识在语言产出时起着不同的作用。习得和学习是既有区别又相互联系的两种途径，大多数人对第二语言的获得正是二者共同作用的结果。提高第二语言技能有习得和学习两种不同的方式。习得属于下意识过程，类似于儿童自然获得母语的过程，在习得过程中，习得者将注意力放在语言所传递的信息而非其载体语言形式上，即通过下意识活动内化。其结果是，习得者可以在自然交际中自然而然地学会一种语言。学习属有意识过程，在此过程中，学习者将注意力集中在语言形式即结构上，而非其所传递的信息上。第二语言习得在所有重要的方面都与母语习得相同，其理论依据是语言习得机制在成人身上与在儿童身上起着相同的作用，包括第二语言习得。在习得与学习假说理论中，语言学习者可以被看作是根据基本的语言变化规律以及输入信息对语法做出假设，最后形成语言习得。语言学习不同于语言习得，但后者的学习方式对前者具有很大的启发意义。习得与学习假说理论在对外汉语教学领域产生了一定的影响。随着汉语热的持续升温，对外汉语教学在我国得到了蓬勃发展。对外汉语教学重点应放在培养学生的语言交际能力上。

第二语言学习者的输出产生于习得系统，在课堂上学到的语法知识只起到一种监控或编辑的作用，而且其发生也要求三个条件。

第一，有足够的时间，因为在交流中回忆语言规则会花费一定的时间。

第二，注重形式、力求正确时。因为即使我们时间充裕，若只关注交流的实际内容而非交流的形式，这种监控作用也不会发生。

第三，已知有关规则后。到目前为止，我们很难说对某一种自然语言已作出了全面的描述，即使是像汉语这样研究已算相当深入的语言。

这些条件很难完全满足，导致这种监控作用的发生十分有限，而且这种监控会直接影响表达的流利程度。因此，这种监控对交流的意义不大。当然，是否重视学习的监控作用也要视学习者的学习阶段而定：对入门至初级阶段的学生而言，能大胆地开口、能积极主动地说就已经非常好了，他们出现一些错误也是在所难免的，因此，对他们不能太苛求；对已顺利度过入门阶段还需要继续提高的学生来说，学习的监控作用是必不可少的。要接近或达到一定的程度，自我调整或自我修正的监控则发挥了至关重要的作用。自我调整指的是监控发生在输出之前，自我修正指的是监控发生在输出之后或之中。外国学生在学习汉语时，光有流利，没有正确，是无法达到对外汉语教学的目标的。随着学生学习的语法和词汇等越来越多，他们很容易就会产生混淆，这时就需要对他们进行具体的辨别，在辨别的过程中，没有语言规则的监控是很难做到的。要想迅速获得这些语言规则，我们就需要进行有意识的学习。在对外汉语教学中，课堂教学法是一种以学习语言规则为主的课堂教学体制，通过教师在课堂上的讲解、强调和纠正，让学生模仿，强化他们对规则的记忆，而记忆巩固以后能形成习惯，习惯就是一种无意识的行为，监控也便由外而内了。因此，课堂教学法让学生使用监控的程度还是比较高的。我们也要根据习得者的具体水平和不同阶段来决定监控的使用程度。对初学者来说，监控的力度和范围可以适当减轻和缩小。当学习者已有一定的习得基础，用正确的语法规范来监控他们的输出，并让他们掌握这种监控，就会起到一定的促进作用。而且，在教学实践中，老师常常会遇到一些问题学生，他们的一些问题如影随形，很难改掉，老师和学生都很头疼。在这时，如果学习监控能早点发挥作用，局面就会得到很大的好转。

情感过滤假说认为，语言习得的关键不仅在于大量的可理解输入，还在于要有较低或较弱的情感过滤使得外来输入能够进入学习者的头脑中。情感过滤假说的重要性在于它指出了心理因素也是影响学生习得语言的重要因素。第二语言习得能否成功或成功度有多大，都与其有着很大的关系。这是因为，习得者并非总能将输入的语言信息吸收，即使是很简单的输入，是否吸收也要与他们的个人情感、态度等主观因素密切相关。如果习得者缺乏信心、没有学习动机、心情焦躁不安或身体状况欠佳，情感过滤的程度就很高，这会在很大的程度上造成可理解性输入的吸收率很低，进而阻碍习得的进行。因此，在习得时应尽量降低情感过滤的力度以减少它的影响。当然，情感过滤的程度和教师也有着一定的关系，如果教师了解了习得者在习得过程中的情感过滤机制，就可以想办法激发学生的学习动机，增强他们的信心，进而避免情感过滤。情感过滤是影响学习者使输入变为吸收的因素中，对语言学习影响最大而在课堂环境下教师能够借助有效手段干预的方法。在课堂上，教师应尽力为学生创设轻松愉快的学习气氛，使学生处于非抵御状态，激发学生的学习动机和兴趣，增强自信心，有效降低语言焦虑。在课堂上，教师除了使教学内容、方式丰富多彩、灵活多样外，还应特别注意授课技巧。教师要有选择有技巧地对学生学习过程中出现的问题进行纠错。教师应首先分析学生语言表达中的错误，对于那些口误、笔误性质的错误，可以通过引导让学生自行纠正，对于实质性的影响到句子意义表达的错误，教师可以复述学习者本来包含错误的句子并在复述时修改原句中的错误，或在反馈中有针对性地修改学习者容易犯的错误。这样做既避免了错误的语言表达内化为吸收，又保护了学习者的自信心，降低了语言焦虑，促进了语言吸收。

输入法假说理论认为，习得的一个主要条件是习得者借助于语境和语言信息理解略为超出其语言水平的理想的语言输入。在第二语言习得研究和教学领域，这一假设都受到了极大的重视。在第二语言或外语习得中，要想习得语言，学习者理解含有比他们本身的语言知识略多的语言信息的语言输入是十分必要的。要想理解这种语言输入，学习者就需要使用语境里提供的线索。课堂教学中语言输入的方法和纠错信息反馈与第二语言习得的关系的研究，是输入法假说理论在 20 世纪 90 年代新发展的两个侧面。输入假说虽只与习得有关，与学习无关，但它对于以学为主的外语课堂教学仍具有重要意义。在教学中，我们必须增加可理解输入，加大可理解输入。在课堂上，教师有责任向学生提供可理解输入，而且应不断地根据学生的反馈调整自己的语言输出，以确保对学生的输入是可理解的，同时创造一个和谐宽松的学习环境。课堂不仅要向学生提供足够的可理解输入，还应具有一个低情感过滤的氛围，从而有效地促进学生的语言习得。高效的语言输入不仅要依靠教学材料和课程设置，还要靠教师捕捉语言输入的机会。教师在合适的机会出现时，要及时、大量地提供能被学生理解的输入。对外语学习者来说，语言的环境无疑是至关重要的，因此，我们要尽可能地去营造一个较为真实的语言环境，使外语学习者根据环境去仿效本族语者，从而掌握一个词或句子在怎样的环境使用才得体可行，从而使学习者掌握自然的语言并能用自然语言进行交际的能力。现代化教学设备的普及，特别是将多媒体计算机作为重要的教学辅助手段，这将在很大程度上改善课堂内语言环境。采用网络技术将为语言学习者创造良好的课堂外语言环境。

在学习语言过程中，学习者在获得语法特征方面或多或少存在着固定的顺序，因此，语法结构是按一个可预测的顺序获得的。比如具体到儿童和成人将英语作为第二语言学习时，其习得语法词素的一般顺序是：ing 进行式名词复数系动词"to be"——助动词（进行式），冠词——不规则的过去式——规则的过去式，第三人称单数，所有格's。没有接受正规课堂教学的外语学习者显示出的自然顺序，与接受正规课堂教学的外语学习者显示出的自然顺序并无差别。自然顺序假设为汉语作为第二语言的习得研究提供了很大的启示。

第二语言输入——习得理论是现代语言习得和教学理论中颇有争议但影响深远的理论，它的重要意义在于，它可以激发人们对语言习得规律以及语言教学方法的广泛而深入的研究，进而推动语言教学理论的发展。

监控模式对第二语言学习有着显著的指导意义。习得和学习之间没有本质的区别，具有不同语言背景的人们的阅读过程是相同的，所有语言之间存在着共性，两者也都是人类获取语言知识和技能的行为，因此，有关语言习得研究的理论至少在一定程度上适合于外语教学和学习的研究，可以用来指导外语学习的实践。对学习与习得概念的区分，有助于解释语言学能、态度和动机等在第二语言习得中的作用，也能用来解释第二语言习得研究中的一些实验结果。在第二语言教学中，教师应给学生足够的、可理解的语言输入，以保证习得的产生。但监控理论也存在一些问题。监控理论建立在对学习与习得这两个概念的区分之上是不可靠的，因为这两者难以在实践中得到检验。另外，在自然顺序假说中，如果习得的知识也可以用来监控就意味着习得的东西也可以有意识地得到使用，这也就意味着自然顺序可以在这种有意识的语言加工过程中出现，即当语言学习者把注意力集中在语言形式上时，这种自然顺序也会出现。而自然顺序假说认为当语言学者把注意力集中在语言形式上时，即当他们监控时，自然顺序受到干扰。对于这些问题，还需要学者们去进一步的研究和探讨。

语言监控理论从提出之初就一直受到很多的争议，但正是这些争议所引发的讨论为第二语言习得研究提供了新的理论视角，我们对第二语言习得理论的研究成果及所存在的问题、争议、局限性等也有了进一步的认识，同时也为我们在教学中借鉴性地使用外语教学理论提供了指导。

语言监控理论极大影响了对外汉语教学的课程设置、教材编写以及课堂教学。语言监控理论对对外汉语教学有着很大的启示作用。语言监控模式经过大量的测试，将第二语言获得的社会心理因素进一步归结为学习动机的强弱。这一研究结论显然具有普遍的认识意义。在我国多年的对外汉语教学历程中，我们在培养学习者正确的学习动机方面有过失败的教训，而且可以说至今还没有找到行之有效的方法和途径。我们在 20 世纪 50 年代乃至70年代编写的对外汉语教材中，政治说教的内容过多。这种生硬的、强行洗脑式的第二语言教学，对学习者学习动机的引导效果产生了适得其反的作用。改革开放后，我国的对外汉语教学事业日益繁荣，遵循各种语言学习和教学法理论编写的对外汉语教材也呈现出了百花齐放的局面，但成功的、有意识地引导和培养学习者归附的学习动机的教材却是非常少见的。近年来，我国的对外汉语教学界出现了完全放弃甚至反对在教材编写和课堂教学中进行良性学习动机的引导和培养，认为语言教学就是语言教学，不必考虑语言以外的因素的说法，在这一思想的影响下，对外汉语教材中讲的是外国人的故事，口语教材似乎是编得越土越地道，插科打诨、揶揄调侃、方言土语充斥某些教材，这其实是从一个极端走向了另一个极端。事实上，对外汉语教学不乏诱导学习者归附动机的丰富题材，汉语音节铿锵悦耳、词汇丰富多彩、语法简洁严谨的语言美感，汉字丰厚的文化底蕴，我国人民勤劳勇敢的性格、朴实善良的民风，中华民族悠久灿烂的文化，祖国大地的名胜古迹、锦绣河山等，无不令人叹服、神往。目前，我国对外汉语教学面临的一项重大课题是如何科学、合理、有效地在对外汉语教学中帮助学习者克服社会心理障碍、引导学习者强烈的学习动机。

语言控制调节模式强调自然获得与课堂学习的区别，虽然这对获得和学习的关系的看法过于绝对化，同时也过分低估了学习对第二语言获得的作用，但这一理论模式关于语言输入的假设较科学地回答了一个理论和实践上都非常重要的问题，即学生怎样获得语言以及怎样在课堂上让学生获得第二语言。语言监控理论的输入假设认为，当学生能够理解略微超出其语言能力的语言输入时，语言的获得就实现了。这一假设从教材编写、课堂教学程序、课外语言实践活动等多方面都对我国的对外汉语教学有很大的启发。

在编写对外汉语教材时，根据语言输入假设，我们需要贯彻预现的原则，即在关键词和重要的语法结构集中出现的前一两课课文中，要有意识地安排关键词和重要的结构预现于学习者已经熟练掌握的上下文语境中。这样编写可以使学习者通过上下文的语言信息自然地理解和获得这些关键词和语法结构。先由信息教给学生生词和语法，而后通过学习来印证先前获得的词语和语法结构，这时的学习在某种意义上已经成为对获得的知识的重现，也兼具了可理解输入和控制调节的功能，同时也使得在课堂上让学生获得第二语言的教学目的成为可能。

语言监控理论在对对外汉语教学的口语教学也有一定的意义。加强信息输入是口语学习得以顺利进行的有效方法之一。外语教学录像带、外语经典影片、外文报刊及记者招待会等等都可以为外语学习者提供最佳的语言输入。依据情感过滤假说，教师要尽可能消除学生的心理障碍，鼓励学生多张口，注重语言的交际功能而宽容对待学生在交际时所犯的语言错误，强调流利性训练。因为语言包含着很深的文化烙印，因此在口语交际过程中，文化因素的干扰是十分明显的。在跨文化交际中，我们会常谈到语言震惊和文化震惊。语言震惊指的是伴随外语使用而来的恐惧和忧虑心理。文化震惊指的是接触到一种新文化感到迷惘而产生的焦虑。这些都会对学习者的情感因素产生一定的影响，也不利于语言的输入。因此，在对外汉语的口语教学中加强对学生主、客体文化的疏导、沟通是非常重要的。

四、话语分析理论与对外汉语教学

话语分析一开始就与语言学有着非常密切的联系。话语分析从一开始就是一门交叉学科，其理论框架上和研究方法都受到了理论语言学、结构主义语言学、语用学和应用语言学等语言学分支的影响，而且，话语分析还从人类学、社会学、心理学、教育学、认知科学、哲学、计算机科学、人类学等许多学科吸收了许多有益的理论和方法。

话语分析是对语境中语言如何用于交际所作的研究。话语分析的任务主要有：话语与语境之间的关系；句子之间的语义联系；话语的语义结构与意识形态之间的关系；语篇的衔接与连贯；会话原则；话语活动与思维模式之间的关系；话语的体裁结构与社会文化传统之间的关系等。话语分析的范围包括以各种形式出现的语言使用，关键是确保研究的对象的确是人们在真实的语境中使用的语言。

在话语分析中，从话语的角度研究具体的语法范畴，以了解某一语法范畴的语篇功能及其在组篇中的作用，从而把句法和话语有机地联系起来，经常会被人们忽略。将话语分析的理论与方法应用于外语教学或在话语层面上进行语言对比、语言习得、语言发展研究也构成了话语分析的一个重要方面。

批评话语分析是近年来兴起的一种话语分析方法。批评话语分析对语言教学甚至整个学校教育的启示是重大而深远的，而如何在语言教学中培养学生的批评语言意识仍是一个值得深究与实践的新课题。由于权势关系日益通过语言隐蔽地起作用，话语实践也日益成为干涉与控制的目标，因此，批评语言意识就成了获得有效公民权和民主资格的前提条件。学校教育，特别是语言教育，是培养批评语言意识的主要途径。在学校教育中，我们可以采用批评教学法来大力培养学生的批评语言意识。

话语分析理论推断，学习者在增强第二语言的交际能力时不仅仅是吸收输入信息，而且还积极地参与交际活动。话语分析以实际出现的语言材料为基础，力求通过概括对语言作出分析，并对语言使用作出解释。因而，话语分析总是与阅读理解、写作等语言应用和语言教学密切结合的。

话语分析是一门新的交叉学科。当前，话语分析研究正处于充满活力、向前发展的时期，它的研究领域不断拓展，研究成果也层出不穷。当然，话语分析中还有许多问题尚待研究，如在话语结构方面，因为话语结构不同于句子结构，话语是语义单位，所以对话语的研究离不开语境；而话语结构是指功能结构，那么功能结构又有怎样的语言体现？在话语理解方面，人们怎样将语言知识和非语言知识结合起来通过推理达到理解？非语言知识怎样通过语言知识起作用？这些问题不解决，话语结构的研究就难免有一定的任意性，从而失去其分析的价值。

话语分析作为一门新兴学科，广泛应用于对外汉语教学的各个方面。

在阅读教学中，图式理论的运用也是比较广泛的。句子和语篇层次上的图式理论可以帮助学生更好地理解句子和语篇的含义。因此，在阅读教学中，教师应采用含有吸引注意力手段或主题显示手段的变化表，还应让学生大量阅读包含目的语特有文化信息的语篇。阅读教学应着眼于培养学生的语用能力，教学策略对阅读能力的提高有着直接的影响。因此，在阅读教学中，我们可以采用切分语篇的方法。

在写作教学中，话语分析不但具有理论上的指导意义，而且具有极强的实用价值。图式理论和合作原则是篇章语言学中的两个基本问题，在写作教学中，我们可以对其进行应用。言语行为理论增强了教师分析和评价交际情景的能力，有助于发现运用于教学评论的语言在什么地方传达信息，如何传达信息、传达什么样的信息。话语分析还可以就如何将语篇同写作过程中流行的过程法结合起来提供假设。在写作教学中，教师还要注意运用功能句法观，尤其是要侧重其“句子由主题和述语两部分组成”的观点。这样做既可以帮助学生生成更易读和易记的语篇，更易了解特定读者的信息需要，还能为他们提供跨改作品的指导原则，帮助他们写出由较短主语向较长谓语移动的句子。

在听力教学中，由于听力理解过程是一种解码过程和意义再构建相结合的、有图式和语境等要素参与的复杂的话语信息处理过程，也是自上而下和自下而上相结合的话语信息处理过程，因此，教师可以充分优化影响听力理解的各要素，以提高学生的听力理解水平。

会话含意是与话语分析有关的一个比较重要的理论，在对外汉语教学中也有运用。含意理论是关于话语非明说意义、非字面意义的理论，它对自然语言中嘴上虽无而实际却有的意义作了明确的卓有成效的揭示，使人们对非明说、非字面意义的认识大大前进了一步，并为自然语言的机器处理提供了重要的理论根据。含意理论是认知语用学的重要成果，对语言教学、语言习得以及翻译等实践活动都有很大的指导意义。在对外汉语教学中，在跨文化交际中，会话隐含意义大量地存在着，这常会引起留学生的误解和不解。对这些会话隐含意义，应用会话含意理论，运用汉外对比的方式可以分析出它们的生成机制。

第三节　语言学科分支与对外汉语教学

由于人们以不同的目的、从不同的侧面、在不同的范围内对语言现象进行研究，因此，语言学便产生了众多的分支学科，如认知语言学、对比语言学、语用学、语义学、文体学、语料库语言学等，这些分支都对对外汉语教学的发展有着一定的影响。

一、认知语言学与对外汉语教学

认知语言学把语言看作是一种认知活动，以认知为出发点，研究语言的形式、意义及其规律，它是基于人们对世界的经验以及对世界进行感知和概念化的方法来研究语言的学科。认知语言学的研究内容有范畴化和原型理论、意象图式、认知语法、隐喻概念、象似性和语法化以及认知语用推理。认知语言学认为没有独立于人的认知以外的客观真理，也没有独立于人的认知以外的所谓意义，它强调人的经验和认知能力在语言运用和理解中的作用。汉语研究中引入了认知语言学，是因为可以利用其理论和方法来解释汉语以前尚未解释的一些现象，可以将过去零散的解释研究上升到认知的高度，并最终加以理论化和系统化。

（一）语法化理论与对外汉语教学

从认知角度考察实词虚化是语法化研究的重要的途径。语法化理论认为，语言并不是一个自足的系统，它需要跟语言外的因素，如人的认知能力等紧密结合在一起。如，“她在书房”和“她在看书”，“在”由表空间引申为表时间，而不是相反，这是人的认知总是从空间转移到时间的规律在起作用。语言共时平面上的变异是语言历时演变不同阶段不同层次的反映，因而，语法化理论能够为共时语法现象提供一种重要而有效的解释。

对外汉语教学中也引入了语法化理论，以便学生更好的理解词语之间的语义联系。在现代汉语中，很多介词和相当一部分结果补语、趋向补语的虚化，动词虚化为介词主要有句法功能扩大和类变两种情况。动结式、动趋式中后项动词（准词缀）的虚化主要表现为适用范围扩大的泛化和语义上由具体到抽象。虚化研究主要关心的是词语之间的意义联系，因此，了解和学习其本来的意义和虚化过程，对学生正确掌握和使用虚化后的用法是非常有帮助的。

（二）隐喻理论与对外汉语教学

隐喻是人类将意象图式从一个认知域投射到另一个认知域的过程。隐喻通常是从具体的认知域投射到抽象的认知域，通过隐喻可以构造其他复杂概念，特别是抽象概念。隐喻是认知语言学的一个重要概念，它为我们更深入地理解人类的语言机制和认知过程开辟了一条新的道路，在语言理解和解释中发挥着重要作用。隐喻在对外汉语教学中有着重要的作用，以趋向动词为例。趋向动词的句法、语义功能呈现出从比较实在的、可感的空间位移动词到意义非常空虚的助词，这种复杂性让人觉得趋向动词的语义变化多端，令人难以捉摸。但我们此时如借助隐喻理论，趋向动词就比较容易说明了。例如，“下来”可以通过结构隐喻从空间域投射到非空间域中，这一结构就是“位于较高处的某客体向位于较低处的某参照点作位移”，经过“隐喻化”之后，对客体的语义特征要求也就越来越宽泛，客体不必作空间上的实质位移，如“光线暗下来了”。

运用隐喻理论，我们也可以更好地说明一些文化现象。例如，对中国生肖语言独特的文化隐喻的论述，我们可以从文化的角度出发，并结合对外汉语中高级阶段文化教学，向读者展示一幅更为生动的“生肖大观图”。从汉民族的文化心理看，生肖语言的文化隐喻主要有三个方面的特征。

第一，敬畏型隐喻。在十二生肖中，由于虎的“威严”和龙的“神奇”，人们因此对它们寄寓了一种敬畏之情。

第二，喜爱型隐喻。在十二生肖中，人们相对而言对兔、牛、狗、马、猴等五种生肖寄寓了较多的喜爱之情。兔的“可爱”、牛的“勤恳”、狗的“忠诚”、马的“能干”、猴的“机灵”等都是广为人知的。

第三，排斥型隐喻。在十二生肖中，虽然鼠、蛇、鸡、猪也有和乐、吉祥的一面，但从个体来说，它们又都代表了中国文化中落后、卑微、险恶、丑陋的一面，人们因而不同程度地对它们寄寓了厌恶之情。

了解了以上的隐喻，学生就可以正确地使用生肖语言，同时也更深刻地领会中国富有独特魅力的生肖文化。

(三)认知、认知观与对外汉语教学

在现代汉语中,“认知”一词使用的频率越来越高,不同的人对其也有着不同的理解。认知是人类认识自然界和社会的一种普遍的心理活动,语言不仅是人类认知的工具,也是人类认知的产物。因此,语言的结构、意义和使用不可避免地打上了“认知”的烙印。认知的理解有狭义和广义之分。狭义的理解是认知语言学理论意义上的“认知”,广义的理解还包括人对现实世界的“感知”。

随着认知科学的发展,认知观对对外汉语教学的影响也逐渐凸显出来。在对外汉语教学中,认知观有着重要的作用,我们可以运用认知心理学的理论来分析学习者对汉语的认知过程,并可以尝试按照认知规律来建立教学原则,制订教学方法和策略。例如汉字的认知和教学。汉字是一种全方位立体组合的方块结构,笔画间的结构方式有开列、相加、相连、相交、相接等,汉字的记音以形为主。汉字的特点决定了对汉字的认知不能拼读,只能审视字形,对汉字的认知也要采用空间联想的整体认知。因此,在教学时要采用符合汉语特点的、符合学习心理机制的教学原则,以提高学习的效果。

(四)意象图式理论与对外汉语教学

意象图式是指人类在身体经验基础上形成的认知模式,它是形成语义结构的基本途径,是语义结构的认知经验基础。意象图式也是认知语言学的一个重要概念,可以为语义结构和句法结构提供充分的认知心理上的依据和解释。意象图式的研究内容主要有规模和范围、详细程度、图形—背景关系和部分的突显四个方面,这四个方面对分析和解释语言结构有着重要作用。例如,我们可以说“桌子上放着杯子、墙角处放着一只柜子、书上有一只苍蝇、墙上开着一扇窗户”,但我们不能说“杯子下面支着一张桌子、柜子后面垒着一个墙角、苍蝇下面有一本书、一扇窗户四周垒着一面墙”。之所以不能像后者这样说,是因为它违背了认知规律,将不适合作“背景”的杯子、柜子、苍蝇、窗户当成了“背景”。

意象理论与对外汉语教学之间有着一定的关系。认知语言学在揭示本族人习焉不察而外族人困惑不解的语言现象方面表现出明显的优势。如,汉语表达时空的顺序是空间大的、时段长的在前,空间小的、时段短的在后,而英语的顺序则是与之相反的。这是因为在表达时空关系时,人们可以采用不同的认知策略,汉语采用的是“自我移动策略”,而英语采用的是“客体移动策略”。

意象理论在对外汉语教学中的作用主要有以下四个方面。

(1)运用意象理论可以更好地说明语义的发展。以“张”为例,“张”的本义是“施弓也”,它为何后来成了量词?我们知道,弓的构型要件有弓背和弓弦,人射箭时,弓背和弓弦会形成一个面,当弓弦后拉,面变大时,“张”发展出“张开”的意义。当人们计量弓时,也以视觉显著具有动态特征的面为核心,用“张”来计量,“张”又发展出弓的单位的意义,然后再由“弓”发展为其他具有类似面的事物的计量单位,如桌、椅、纸等。由此可见,“面”在“张”由本义“将弦绷在弓上”到“张开”,再到弓的计量单位,直至“桌、椅、纸”等事物的量词的发展历程中起着主线索的作用,抓住“面”来说明“张”的词义发展,其他疑问就迎刃而解了。

(2)运用意象理论可以更好地行进行量词教学。如,一片纸和一张纸的不同用传统的词汇理论是无法解释的,但用意象理论去分析就会简单很多:“片”用于边缘毛糙、形状不规则、边界模糊的平面,因而,一片纸指的是撕破的边缘粗糙的纸片;“张”则用于边缘光滑、形状规则或较规则,边界清晰的平面,因而,一张纸通常指的是整齐的长方形的纸。

(3)运用意象理论可以更好地说明词的用法差异。例如,外国人在学习汉语时经常会为可以说“车上、飞机上”但不能说“教室上、房间上”而感到迷惑,用意象来解释这一问题就会比较容易理解了。车、飞机、教室、房间都是“容器”,但它们凸显的部分是不同的。车、飞机突出的功能是承载并将人或物运到别处,人与车、飞机互动的方式是人位于车厢、船舱的底部(平面)上面,因而可以说车上、飞机上。教室、房间突出的部分则是由墙、顶构成的立方体,人与其互动的方式是人可以在里边遮风避雨,因而应该说教室里、房间里,而不能说教室上、房间上。

(4)运用意象理论可以更好地说明同义句式的差异。如以下三个句子:①我送妈妈一枝花。②我送一枝花给妈妈。③我把一枝花送给妈妈。这三个句子之间意义上的细微差异,无论是结构主义理论还是转换生成理论都是无法说明的。但运用意象理论,我们就可以轻松地比较出三个句子之间的差别。我们可以把这三个句子抽象成一种改变事物,即花的领属者的过程:①句是语法上通常所说的双宾语句,它的意象凸显了接受者妈妈对花的领有关系;②句中语义侧重于花的转移路线和过程;③句是把字句,用“把”将花的位置提前,突出对被送物,即花的处置过程。

图式理论对对外汉语教学中的听力教学有着重要的作用。图式理论体现了人类已有的认知结构在理解输入信息时的主动作用,对人们听懂和记忆语言材料具有预测、补充和对信息的选择性加工等作用。在听力教学的三个阶段中,图式理论的运用主要表现在以下几方面。

第一,在听前阶段,教师可以提示材料的背景、范围、功能,以激活学生内在的相关词语、句式以及其他已知信息。

第二，在收听阶段，学生的已有知识即图式已被激活，并进入紧张的解码、筛选、检索的心理状态，教师应积极引导并训练学生把握录音材料的主题意义，学会筛选、跳跃障碍，从而有效提高听力理解的程度。

第三，在听后阶段，教师可以引导学生将所听懂的信息及时重组，如把短时记忆的内容先作一个摘要或提纲，然后再复述，以便储存在记忆里，降低遗忘率。

二、对比语言学与对外汉语教学

对比语言学对第二语言教学有直接的指导意义。在对外汉语教学中，运用对比分析的方法，可以更好地了解对外汉语教学的特点及其规律。在对外汉语的课堂教学上，也可以运用对比教学。我们可以运用音位对比方法进行语音教学，运用语素对比方法进行词汇教学，运用语境对比、文化对比等方法进行言语交际能力的教学等。这些方法可以帮助解决学生运用汉语交际得体性的问题。

(一)语音对比与对外汉语教学

语音方面的对比多集中于中外声母、韵母与辅音、元音的对比，通过对比，我们可以更好地认识中外语音的异同，从而可以有针对性地提出不同国家留学生学习汉语语音的方法。

(二)词汇对比与对外汉语教学

在不同的语言中，词汇在意义、用法、搭配关系、感情和语体色彩等方面都有着明显的差异，这是进行汉外词汇对比的基础。语素构词灵活，可解性大是汉语词汇的特点，因此，汉语词汇与其他语言词汇有着很大的可比性。汉外词语对比的角度有很多，如词缀、名词、动词、连词、量词、叹词以及成语、俗语、招呼语等。

在对外汉语教学中，通过两种语言的词语之间的对比，我们可以更充分地认识汉语和其他语言的词汇系统以及具体词的特点，还可以帮助我们能动地预测学生学习汉语词语时可能出现的偏误。因此，在对外汉语教学中运用对比研究是十分必要的。

(三)语用对比与对外汉语教学

语言的本质是交际，因此，在对外汉语教学中加强语用对比是非常必要的。语用对比多是对句式语用功能的比较。例如，将汉语的被字句和英语的被动式进行功能对比，可以发现，使受事话题化是两者共有的语用功能，但两者也存在着一些差异。汉语被字句通常表述一个话题因受某个因子的作用或影响而达成某种情状，并常在表达句际间的因果逻辑关系中承担“因”的角色。而英语被动式的功能则主要是回避施事、使受事话题化、实现施事和动作过程的信息焦点化、体现句子的末端重量以及作句法结构的联结纽带，这些功能在汉语中都不用被字句来表现。通过对比，以英语为母语的学生就能够更准确地掌握被字句。

三、语用学与对外汉语教学

（一）含意理论与对外汉语教学

含意理论是关于话语非明说意义、非字面意义的理论，是自然语言中“嘴上虽无而实际却有”的意义作出的明确的卓有成效的揭示。含意理论使人们对非明说、非字面意义的认识大大前进了一步。含意理论是认知语用学的重要成果，对语言教学、语言习得以及翻译等实践活动都有很大的指导意义。

在对外汉语教学中，含意理论也有着重要的作用。对外汉语教学因为是跨文化交际，因而会大量地存在着会话隐含意义的生成机制，而且，中外会话中隐含意义的推导是不同的。因此，只有把握好含义理论，对外汉语教学才能收到更好的效果。

（二）语境理论与对外汉语教学

语境是语言使用的环境，是交际过程中参与者运用语言表达思想及理解接收信息时所依赖的各种因素。在语言的生成和分析中，语境有着制约作用。在对外汉语的教学过程中，语境同样有着制约作用。这是因为外国学生在学习汉语的过程中同样不可能离开一定的语境。

语境积极地影响着对外汉语教学。在对外汉语教学中，如果忽视了语境，学生即使记住了语言规则，也不能适应环境灵活使用语言，完成交际的任务。在对外汉语课堂教学的一些具体环节，如语法难点的讲解、会话课的情景设置以及对社会文化背景的理解等，借助语境理论可以帮助学生提高语言的运用能力。当然，语言环境不能只局限于课堂教学，要积极开展课外活动，帮助学生从社会实践中学习汉语。因此，在对外汉语教学中，教师要采用语境教学的方法，创造或模拟情境，使学生入境会意，让学习者在具体的语境中加深理解记忆。采用语境教学法，可以使教学更加直观和形象，也可以使学生更易于接受，从而取得良好的教学效果。

（三）语用分析与对外汉语教学

语用分析一般来说主要包括话语结构分析、交际过程中的心理结构分析、交际过程中信息结构分析及语气情态分析等。在教学方面，语用分析具体涉及到话题、谈话心理、语用含意、预设、焦点，以及语境、交际双方的关系等因素。

在对外汉语教学中，语用分析有着重要的作用。在课堂教学中，语用分析可以揭示各种表达式所特有的语用功能，并以展现它们之间的语用差异见长。而且，语用分析在分析偏误和回答学生疑问时具有更大的说服力。因为我们理解句子必须要借助语境、前提等语用因素，所以运用语用分析还可以使学习者的理解更容易，使用也更容易。

四、语义学与对外汉语教学

（一）语言的深层结构与对外汉语教学

任何一个句子，都具有深层结构和表层结构，且表层结构是由深层结构转换而成的。表层结构和深层结构的区分，对语言学研究来说是非常重要的。而且，表层结构和深层结构的区分对对外汉语教学也产生了重要的指导作用。

语言的深层结构就是深层的语义结构，语义自成系统，是语言诸成分中的重头。语义的表层结构是指符合语法的具有音响形象的义位序列所显示的语义结构，义位的“义”是人所共知的公设义，这种义位序列里的音响形象如果转换为音，就成为公设性的语言中的句子。语义的深层结构则是指一段共时存在的有组织的思想。同一种思想可以使用不同语言来表达，但思想中义位的标志却是各民族语词的音响形象，这保证了一段思想能等值于一种民族语言的语义深层结构，从而能便捷地转换为这一民族语言的发音的表层结构。句义的深层结构主要包含两种成分：一种是句义表出成分，即话题和述题；一种是句义组成成分，即谓词、项、描述成分和连接成分。深入分析语言的深层结构，将有利于我们更好地进行对外汉语教学，帮助学生更加准确和深刻地把握汉语这门语言。

(二)意义理论与对外汉语教学

意义理论主要有以下五种类型。

(1)从语言符号与客观世界的事物之间的关系来研究语义的，主要有指称论、心灵主义论以及刺激反应论，即行为主义论等，这些理论都以词义为研究对象，并且局限于词的概念意义，是对语义的静态研究。

(2)从逻辑的角度来研究语义，主要有证实论和真值条件论。对语言研究来说，证实论和真值条件论都没有太大的价值。

(3)从心理观念的角度来研究语义，主要有意念论和联想论，它们将现实设想为现成事物的集合，并未看到语言是对现实的一种建构。因此，这些理论对语言意义的研究也没有太大价值。

(4)从词语在语言中的用法来研究意义，主要有用法论。这一理论否定词义是意义实体，只承认词的使用，认为词只有运用方法、使用规则而无固定的意义，这显然不符合认识论和词义发生论的基本规律。

(5)从符号学角度研究意义，主要是符号关系论。

语义有静态意义，也有动态意义，这两大类意义理论对对外汉语教学产生过很大的影响。静态意义强调静态意义的获得和理解。在语言教学中，常常脱离语境教词汇，教学生组词造句，在句子讲解中强调句法结构的分析和句子的字面意义，在教学法上强调句型训练、模仿造句，如翻译法、语言结构教学的听说法、直接法等。动态意义强调语境中的语义，要求学生能够根据语境及其他因素分析话语，并根据不同场合得体地表达自己。在语言教学中，常常会设置具体语境，教学生理解不同语境下语言的不同意义，在教学法上表现为交际—功能教学法。

语义的静态意义和动态意义是相互结合、不能割裂的。概念意义是基础和根本，不能很好地掌握概念意义，动态语义也就无从谈起，交际也无法进行。因此，在对外汉语教学的初级阶段应以学习词和句子的概念意义为主，中级阶段和高级阶段则应强调话语意义的学习，即把重点放在学生的交际能力上。

(三)语义分析法与对外汉语教学

在对意义进行研究和分析时，语义学提供了多种具体理论和方法，如语义场理论、语义成分分析、语义特征、格语法和语义指向等。

对外汉语教学中引入语义学理论有着重要的作用。语义场理论、语义成分分析和语义特征对分析词的概念意义有重要的作用：可以增加学生的词汇量和帮助学生准确用词；可以帮助学生准确地理解词义，并全面认识词义;可以帮助学生迅速分清词义之间的细微差别,并引导他们正确使用词语。运用格语法和语义指向,能够帮助学生更好地分析句子的语义结构关系,并深入理解句子表达的意义;可以开阔学生选词造句的思路,提高学生的理解和表达能力。

五、文体学与对外汉语教学

文体是以语言交际功能为标准所划分的语言风格类型,是适于某特定语用环境的一整套语言变异形式,文体一般分为口头语体和书面语语体两类。文体学是一门研究语言文体的科学,又称语体学或风格学。具体而言,文体学研究的是在不同的语言环境中所使用的文体的语言特点,通常涉及语音、词汇、修辞和篇章结构等方面的内容。语境与语言形式间的关系、语言成分的意义与效果以及语篇的连贯与整体风格等是文体学关心的主要内容。

文体学不仅为语言的使用和研究提供了理论依据,也为对外汉语教学提供了指导原则。因此,在对外汉语教学中引入文体学是非常必要的。

让学生掌握活的语言,即懂得在什么样的场合使用什么样的话是对外汉语教学的根本目的。迄今为止,文体学已经初步研究了口语和书面语中各个主要文体的基本特点,将这些研究成果应用于对外汉语教学,将有助于学生掌握语言的使用规则,有助于提高教学的效果,实现教学的根本目的。

六、语料库语言学与对外汉语教学

语料库是指存放在计算机里的原始语料文本或经过加工后带有语言信息标注的语料文本。语料库语言学是计算语言学的一个分支,它是以语篇材料为基础的对语言进行研究的一门学科。收集真实语言环境中的语言材料,并将其作为素材来解释和例证现存的语言现象,或发现新的语言规律是语言研究的基本方法。语料库能够为进行更广泛的研究和应用打下坚实的基础。

我国的语料库建设开始于 20 世纪 80 年代初期,当时不是为了建立供研究汉语文体用的语料库,而是为了统计词频,为字、词典的编纂提供例句。进入 20 世纪 90 年代后,在语言学界和信息工程界的共同努力下,我国的语料库建设和中文信息处理技术等都取得了重大的进展,建立起了基于各种目的的语料库,如现代汉语研究语料库系统、汉语中介语语料库系统等。

在对外汉语教学中,语料库有着重要的作用,主要表现在以下几个方面。

(1)语料库可以为编写对外汉语教材提供真实的语言素材。

(2)语料库可以为编写第二语言教学专用的辞书提供真实的语料和相关的语言信息。

(3)语料库可以为研制汉语词汇、语法和汉字教学大纲提供科学的参考依据。

(4)语料库有助于研究语言形式在语境中的意义和用法。

(5)语料库可提供第二语言学习者的“中介语”形式。

(6)语料库有助于从汉语的实际使用情况中发现和修正语言规律。

因此,加强我国语料库建设及其在对外汉语教学与研究中的应用是非常有必要的。

除了上面讲述的几种语言学理论外,还有不少学者从社会语言学、生成语言学、民俗语言学、功能语法、篇章语法理论等各个方面来探索它们在对外汉语教学中的应用价值。

社会语言学通过研究社会因素来研究语言,这种研究方式对对外汉语教学产生了很大影响,特别是学生的交际能力的培养和通过文化和语篇进行教学。

在对外汉语教学中,民俗语言研究也有着一定的作用。语言和民俗文化相互依存、相互作用,民俗文化是语言的重要内涵,语言是民俗文化的重要载体。因此,民俗语言是对外汉语教学的重要内容之一。而且,加强民俗语言研究,可以增加学习者对汉民族民俗文化差异的敏感性,有助于学习者克服跨文化言语交际中可能出现的障碍,同时避免对某些语言的误解或语用失误,从而达到提高语言交际能力的目的。

第五章　对外汉语的听力教学

听力是个人的听话理解能力，在对外汉语教学中，听力教学是必不可少的。近年来，我国学者对对外汉语听力教学进行了深入的研究，取得了一系列的研究成果，为对外汉语听力教学的进一步发展指明了方向。

第一节　对外汉语听力教学理论

一、对外汉语听力教学的理论依据

（一）听力理解的本质

听力理解是听觉器官接受以声波形式输入的言语信息，由大脑使用已有的语言知识对其进行处理和加工，同时与大脑中的已有认知结构相匹配（相互作用），建构意义，对输入的信息作出解释。也就是说，听是一种活动，而听力理解是一个过程。在这个过程中，大脑会对听觉器官收到的言语信号进行分析、辨别、归类，同时和已经储存在大脑中的老的言语信号（即经验成分）建立起联系，从而在语音、语法、语义三个层面上进行新的感知，理解言语信号所表示的意义，并且还要把新感知的言语信号存入记忆库变为经验成分，以便感知更新的言语信号，服务于听力理解的循环过程。这里所说的言语信号，指的是一个一个的音义结合体——词汇和由这些词汇排列组合成的语流。在听力理解中，如果只将这个过程理解为一个简单的解码过程，那我们就很难对“有不同理解”做出合理解释。

当言语信号被接收后，听者首先要对声音进行识别（比如切分音节，语流段等），根据已有的语言知识将其加工成有意义的语言单位，再在语言单位与储存在长期记忆中的各种已知信息、图式之间建立起联系，对它们进行匹配、核对、比较、推理等一系列认知活动，同时处理超音段特征，如重音、语调等，领会其含义，理解或者说出说话者的意思，并把获得的经过筛选的新信息贮存在长期记忆里以备后用。外国学生在理解汉语时，尤其在初级阶段，由于不能直接在目的语与自己长期记忆中的各种信息之间建立起联系，只能把经过识别后的目的语的语言单位转换成母语的语言单位再与长期记忆中的各种信息发生联系进行理解。

在真实的自然交际中，言语信号是快速连续呈现的，是转瞬即逝的，这就要求言语信号的接收、解码过程是高速的。通过研究发现，言语信号的接收、解码的速度与以下的因素相关。

首先，跟听觉器官的灵敏度有关。由于接收的声音信号是快速连续的，一闪即逝的，所以在听的过程中思维活动必须是高速的，反应必须是敏捷的。听觉器官越灵敏，对收到的言语信号就分析得越快，辨别得越准，归类越恰当。反之，灵敏度越差，就分析得越慢，辨别越不准确，归类越不恰当。学习外语的人听目的语时都有同感，语速慢容易懂，语速快不易听懂。在听不懂时往往抱怨别人语速快。实际上并不是言者的语速快，而是听者的反应慢。如果听者到讲目的语的国家生活一段时间或者经过一段时间的科学训练，言者用同样速度甚至更快的语速，听者也不会觉得快了。听觉器官的灵敏度是内在因素，跟先天有关，但是就一般人来说，这种灵敏度取决于后天的训练。

其次，与言语信号的清晰度有关。言语信号的清晰度包括信号的音位是否正确规范，语速是否正常，音量是否达到一定指数，有无外界杂音干扰等。清晰的言语信号易于接收和解码，反之则难于接收和解码。但是同样不清晰的言语信号（这种不清晰是有一定限度的），由于听者感知目的语的辨析能力不同，接收理解的深度广度就不一样。这说明人的听觉器官是可以适应不清晰的言语信号的，关键是提高感知目的语的辨析能力。

再次，与解码操作的熟练程度有关。在大脑中储存一定数量的经验成分只是有了先决条件，具备灵敏的听觉器官只是有了物质基础，要正确理解言语信号所表示的意义，关键在于解码操作的熟练程度。而先决条件和物质基础的获得以及熟练地进行解码操作全靠科学的训练。

最后，与已经存储在大脑中的经验成分的数量有关。经验成分主要包括三种。第一种，一定数量的具有可感应性的词汇；第二种，一定数量的具有可使用性的语法规则；第三种，跟目的语有关的社会文化知识。储存在大脑中的词汇、语法规则和社会文化知识越多，越便于加快解码的速度。储存一定量的经验成分不仅是解码（理解）的先决条件，而且也是编码（表达）的先决条件。经验成分储存的数量是内在因素，取决于后天的习得。

从以上对听力理解本质的分析我们可以看出，听力理解的过程是一种相当艰巨的高级神经活动。成年人学习第二语言之前，都已经牢固地建立了一套包括语音、语法、语义的母语的言语系统。在学习第二语言的初期，人们往往要借助于母语的言语系统感知目的语的语音、语法和语义，而不是直接把接收的言语信号跟目的语建立联系。这种借助母语的联系速度是相当慢的，而且容易造成理解上的失误。在对外汉语的教学中，我们常会遇到这样的情况，有时学生听到一些学过的音节而不能迅速反应出词义，有时听懂了一些词而不能理解整个句子，有时听懂了一个一个单句而不能理解整段或全篇的主要意思。出现这些问题，根本原因是学生还没有建立起目的语的语言系统，不能直接用目的语进行思维。而教学的根本目的就是通过一定的练习和刺激，通过可懂输入增强储存在大脑中的词汇的可感应性，增强使用语法规则的熟练程度，建立目的语的言语系统，摆脱对母语的依赖性。也就是说，必须经过科学的训练，培养目的语的语感，听力理解的能力才能真正提高。

(二)图式理论与听力理解

图式的提法最早见于哲学家康德的著作。图式作为一个心理学术语则是从英国心理学家 F. Barlett 开始的，Barlett 认为人们的记忆不是死记硬背的心理过程，而是一个保留事件主题，再根据总印象重建细节的过程。在 Barlett 之后，现代心理学家利用他的理论继续研究人们在语篇理解和记忆中图式是如何起作用的。研究结果显示，参与理解的已有知识(语言方面的知识和非语言方面的知识)经过整理、类化，并形成了一定的组织，这些心理组织就是图式。图式作为一种心理组织，集合了关于事物的具体构成的知识，当人的知觉开始发生的时候，所注意的外部信息激活知识网络中的某个图式，使得与它连接的其他图式处于活动状态，这就是预测和联想，当搜寻到的外部信息与开始的预测相吻合时，知觉过程便顺利完成了；而搜寻到的外部信息与开始的预测之间的距离太大时，知觉判定就会出错或需要更长的时间。

图式理论在听力理解中起着重要的作用，这些作用主要表现在以下几方面。

1. 预测作用

在听之前，图式会起到预测的作用。这是因为图式集合了关于某一事物的具体构成的知识，它能为听者听懂语言材料提供一种积极的准备状态，当图式被激活后，听者对即将要叙述的内容会产生一种预期。虽然由图式提供的信息不一定能够清晰地出现在意识中，但它们的可利用性是明显的。这主要体现在两个方面，当预期同听力材料所叙述的内容一致时，图式将促进对材料的迅速理解，而当预期同材料所叙述的内容不一致时，图式将阻碍对听力材料的理解。

2. 对信息的选择性加工作用

在听之后，某一图式只要被有关的线索激活，就会为信息的加工储存提供一种框架，能被图式组织进来的信息将获得长时记忆，而与图式无关、难以组织进来的信息则很容易遗忘。图式对记忆的促进作用贯穿在整个储存和提取过程中。

3. 补充作用

在听的过程中，听者不是停留在语言材料的表面形式，而是结合自己已有的图式理解材料，建立起意义表征，其中包括材料没有直接叙述而由图式提供的内容，这种补充与原文要表达的意思是一致的。

因此，可以说图式理论体现了人类已有的认知结构在理解输入信息时的主动作用。在对外汉语的听力教学中，可依靠整体性结构的知识（图式）来对学生进行引导。

（三）话语分析理论与听力理解

话语分析理论认为，生产语段和接受语段都必须遵循一系列双方所共同知晓的条件与规则。所谓语段，指的是具有一定交际目的和内容及形式上相对完整的口头语言材料，常见的是句与句组合成的句群、段落或会话。话语分析理论能够对听力理解中的语段理解起到指导作用。这种指导作用主要体现在以下两个方面。

1. 语段需要遵循语言规则

语段是单句之上的组合关系，这种组合关系可以分为两种：第一种是语法的内聚关系，比如名词及名词词组的句际再现，指代方向的前指和后指，超句际联系词；第二种是语义的内聚关系，比如语段的逻辑关系、同义词的不可随意替换等。语段需要遵循这些语言规则。否则，就会产生听力理解上的混乱。

2. 不能孤立语段

由于话语总是与交际情景难以截然分开，是处在具体的交际过程中的人与人之间的意向行为，是听说双方运用层次结构复杂的语言行为所表达的交际意图，因此，不能孤立语段，而是要把它与语境联系起来，同时还要遵循很多会话原则。

总之，话语分析理论对听力理解具有指导作用，在听力教学中不能够被忽视。

二、对外汉语听力教学的作用

在语言学习和语言交际中，听力是十分重要的。首先从语言学习过程的角度说，听总是先于说。只有首先听到别人说话，才能跟着别人学说话，听不懂也就学不会。其次，从语言交际的角度说，听的能力总要大于说的能力。在言语交际的过程中，“说”是“输出”，是主动的行为，不会说的话可以不说，或者换一种方式，变着法儿说。“听”是“输入”，是被动的行为，说话人说什么话，不能由听话人决定，也不会等你慢慢想。如果听不懂别人说的话，就不能做出反应，交际就无法进行。正是因为听力如此重要，所以在对外汉语教学中，听力教学是不容忽视的。听力教学的作用主要体现在以下几方面。

（一）能够打下听力基础

课外听的能力要以课内培养的听的能力为基础，没有这个基础，就不会有课外听的能力。正如上面第一点谈到的，在语言学习和言语交际中对听的要求更高，听的能力要大于说的能力，因此仅仅靠其他课型中听的机会是远远不够的。听的材料也不能以一般课型的教材为限，其分量要远远超过一般课型教材的分量。

（二）能够培养听的适应能力

每个人说话都有自己的特点和风格，有的带有方言，有的冗余成分多，有的条理不清，有的用词和语法不规范，有的语速较快，有的带文言成分，等等，这些都要能适应，这样的适应能力可以通过听力教学培养出来。

（三）能够培养注意力和开发智力

进行听的训练时必须通过一定的方式检查学生是否理解以及理解的程度，因此学生在听的时候必须高度集中注意力，并且要强记和进行归纳分析。经过长期训练，就能养成“听话”时注意力集中的良好习惯，提高记忆和归纳分析的能力。听是获取知识和信息的主要渠道之一，有了“听话”时注意力集中的良好习惯和记忆分析能力，无疑会终身受益。许多人“听话”、做事注意力不够集中，也没有记忆和归纳分析的习惯，就是因为没有经过专门的训练。由此也可以看出，即使在第一语言教学中，进行专门的听的训练也是非常必要的。

(四)能够培养听的技巧

听是有专门技巧的，例如抓关键、跳障碍等。这些技巧需要专门的教学才能获得。所谓“抓关键”，就是抓住关键性的内容。在“听话”的时候，即使是用第一语言交际，也不是要求每一个词都听得很清楚，一般只需要抓住主要的意思、关键性的内容。有的人说话比较啰唆，话语中总是夹杂着过多的冗余成分和非实质性的内容，这些冗余成分和非实质性的内容不听也无关紧要，但是关键性的内容不能忽略，通过听力教学的专门技巧训练，可以让听话者迅速抓住说话者所说内容的关键。所谓“跳障碍”，就是把不懂的非关键性词语跳过去。即使用第一语言交际，听别人说话，也不一定每一句话、每一个词都听得懂，用第二语言交际更是如此。有些非关键性的词语即使听不懂，也不会影响交际。所谓非关键性词语，就是不影响基本信息或主要信息的词语。例如，邀请某人吃饭，他说他要去某某地方，来不了。这个某某地方即使没有听清楚也不会影响到这次会话的目的，因为，这次会话的目的是想知道他能不能够来，只要听清楚“来不了”就可以了。需要指出的是，关键性词语和非关键性词语是相对的，不是绝对的，在整个词汇系统中不存在关键性词语和非关键性词语的区别。在一种情况下的非关键性词语，在另一种情况下就可能是关键性词语。例如，邀请某人去某某地方玩儿，如果没有听清这个地名，就达不到这次会话的目的了。

三、对外汉语听力教学的重点

(一)提高学生的快速反应能力

在真实自然的交际中，言语信号是快速连续呈现的，是转瞬即逝的。这就要求接收解码高速进行。为此，必须提高听觉器官的灵敏度，提高解码操作的熟练程度，即提高快速反应的能力。通常，为了课堂交际顺利进行，教师适当放慢语速是允许的，有时也是必须的。但是，教师的语速(包括录音材料的语速)不能一味迁就学生，该慢则慢，该快则快，尽量使用自然、正常的语速。否则，“学生只能听懂本班教师说话，听不懂其他人说话”的情况永远解决不了，对提高学生的听力无益。

要提高学生的快速反应能力，除了改变教师的职业习惯以外，首先是设计练习，让学生多听正常语速的听力材料，每一节听力课都要设计、安排提高快速反应能力的练习，而且这种练习要贯彻听力教学的始终，学过的词语、语法规则和文化背景知识在这些听力材料中大量重现，反复重现，就会对大脑大量刺激，反复刺激，反复提取，反复使用，反复储存，可以大大提高解码操作的熟练程度。然后要让学生进行快速回答，快速判别正误，快速选择正确答案，听指令做动作等等，通过大量、有效的练习来提高快速反应能力。这种练习做得越多，学生快速反应的能力提高得越快。

(二)提高学生的听后模仿能力

听后模仿是一种把感觉记忆转入短时记忆的能力。不断地听后模仿就可以完成感觉记忆—短时记忆—长时记忆的转化过程。语言学习本身就是通过听后模仿来进行的，最初模仿语音，然后模仿词语、句子，再模仿句子的重音、语气、停顿。听后模仿能够延长言语信号在大脑中停留的时间，这就使理解更为准确。更重要的是听后模仿使言语信号反复出现，从而加强大脑对言语信号的记忆，将其内化为经验成分，大脑中储备的言语信息越多，听的速度越快、水平越高。

在实际交际中，学生会遇到一些生词、听不懂的词组或句子。有听后模仿能力的人可以询问对方，增加无数个学习的机会，没有听后模仿能力的人不会询问对方，就失去了无数个学习的机会。比如，甲说："这本书是在琉璃厂买的。"其中"琉璃厂"是生词，乙可以问："琉璃厂是什么？"或"琉璃厂在哪儿？"甲解释以后乙就学习了一个生词。

听后模仿首先是听准，其次是说对。听后模仿的练习宜从音节开始，包括声母、韵母和声调，既要辨别音调，又要发好音调，这是基础的基础。然后是听后模仿词语，在语流中只有辨别出词语，才能理解句子的意思，否则就不能理解整个句子。再后是听后模仿句子，如果听后能够模仿整个句子，就可以增加这个句子在大脑中停留的时间，也就是延长解码操作的时间，从而提高理解的深度和广度。最后是听后模仿重音、停顿、语气、语调，听和模仿都是处理语言的声音信号，声音信号包括重音、停顿、语气、语调，它们具有区别意思的作用，不管是准确地理解，还是准确地表达，重音、停顿、语气、语调都起着重要作用。

提高听的能力需要听后模仿，提高说的能力也需要听后模仿，听后模仿既可以提高听力水平，也可以检测听力成绩，并且也能提高说的能力。大量的听后模仿是提高听说能力的必由之路。

(三)提高学生的辨别分析能力

提高听力首先是提高处理声音信号的能力，即辨别分析能力。这是因为，听力课本给教学提供了大量的语言材料，听懂课本提供的语料，是每一节课的具体目的，而每一节课的具体目的应该是为提高听力技能这一总的教学目的服务的。但再好的听力课本、再丰富的听力材料，也不可能把现实生活中的全部活生生的语言都编进去。如果学生只能听懂课本提供的材料，稍加变化就听不懂，那么这样的教学就没有达到提高听力技能这一总的教学目的。所以，提高学生的辨别分析能力是听力教学的重中之重。

人们利用听觉器官对言语信号接收解码，首先是对收到的言语信号进行分析、辨别、归类。分析事物要注意到矛盾的普遍性，即共性；但是更重要的是辨别矛盾的特殊性，即特性，特性决定一事物区别于他事物的本质。通过听觉器官收到的言语信号，是语音形式的排列组合，包括声韵调、停顿、重音、语气等等。一般来说，相同语音的排列组合表示相同的意思，而不同语音的排列组合和语音不同的排列组合则表示不同的意思。只有在连串的语流中准确地分析辨别语音形式排列组合的异同，才能正确理解言语的意义。听者理解语言的逻辑顺序是从感知单词开始，然后感知整个句子，最后感知成段话语，所以，分析辨别语音形式的排列组合，首先是分析辨别单词，其次是句子，最后是整段话语。例如：

王力的马真棒。

王林的妈真胖。

对上述两个句子，听者首先应该分辨出两个人名字的差异，“力”和“林”韵母不同；然后“马”和“妈”声调不同，前者是动物，后者是人；“棒”和“胖”声母不同，前者意思是“好”，指马又高又大，跑得很快，后者指人长得富态，跟“瘦”相对。这是对单词的感知，这种感知是通过神经系统的高速活动，要在极短暂的时间里完成。这个过程完成了，才能进而感知句子的意思。对句子的感知也应在极短的时间内完成，第一句是说王力有一匹马，这匹马又高又大，跑得非常快。第二句是说王林的妈妈非常富态，是个胖妇人。每个句子的意思都理解了，才能感知整段话语。

又如听到：

今天的包子卖完了。

接收言语信号的人要能准确地分辨出听到的是“包子(baozi)”而不是“报纸(baozhi)”，才能对听到的材料作出正确的解码。

除了这种对言语信号中音节的辨音辨调能力以外，对语流中的停顿、重音、语调、语气进行辨别分析的能力也同样重要。如听到：

(1)他们都来了!

(2)他们都来了!

这两句话的语音形式是一样的,可是语义并不相同,原因是句子重音不同。学生必须准确辨别句子重音,才能准确理解句义。

对所收到的言语信号辨别分析,还应当包括辨别分析言语信息的真实性和可靠性,听到正反两方面的意见、办法,必须识别优劣,去伪存真,作出自己的判断,得出正确的认识。例如下面这段话就有不少漏洞,要训练学生根据自己的生活经验,指出其中的错误:

除夕的晚上,我和小王来到中山公园。一对对青年男女在月光下散步,他们一边唱歌一边跳舞。不少年轻姑娘穿着漂亮的花裙子在鲜花前边照相。

当然,这种练习要在听力教学的高级阶段进行。初期听的内容应该以正面为主。

此外,在实际语境中,人们通过听觉器官接收的声音信号包括言语信号和非言语信号。诸如嘈杂噪音、机器轰鸣、汽车喇叭声、风声雨声、乐声歌声等等都属于非言语信号,这些非言语信号常常伴随言语信号被听觉器官接收,使言语信号的清晰度受到影响。为此,听觉器官必须能够分析辨别,具有把非言语信号滤去的能力,并通过高速的思维活动迅速抓住言语信号呈示的信息点。这种能力只有通过大量反复的训练才能逐渐形成。

(四)提高学生的记忆存储能力

俄国生理学家谢切诺夫说过:“一切智慧的根源都在于记忆。”可见记忆多么重要。美国教学法专家琼·莫莉(Joan Morley)把“听力理解”解释为“听加理解”,她认为,“听”要求接受信息,“接受”要求思考,“思考”要求记忆,不能把“听”“思考”“记忆”三者分割开来。其实理解和记忆是对立统一的辩证关系,在理解的基础上记忆可以提高记忆的效果,而记忆储存在大脑中的信息越多,越能加快理解的速度,增强理解的深度和广度。对言语信号接收解码的速度跟已经储存在大脑中的经验成分的数量有关,如果人的大脑中目的语的经验成分等于零,那么他就无法解码,听力理解的能力也就无从谈起。在以往的听力教学中,有的教师过分强调了理解能力的训练而忽视了记忆能力的训练,甚至有人反对练习中出现检查记忆的内容。这是对提高听力理解能力的误解。

语言教学的传统做法是,学生课前必须预习好生词,做到会念、会写、懂意思,甚至会造句。学生预习得越好,课堂教学越顺利。尤其是听力教学,课前预习生词，听课文前讲练生词是十分必要的教学环节。这是因为，词语教学是帮助学生把一个一个的音义结合体（词汇）输入大脑，成为经验成分，并且通过大量反复练习，使这些词语具有可感应性，达到呼之即出的熟练程度。如果缺少这一环节，就会出现学生什么也听不懂的情况，教学就无法进行。除了词语以外，一定数量的语法规则和有关目的语的社会文化知识也是解码必备的经验成分。这些经验成分的储存和积累，光靠听力课是远远不够的。各种课型必须配合起来，共同参与这项活动。尤其是精读课，词语教学和语法教学占的比重更大。对于词语、语法规则和有关的社会文化知识，精读课的训练基本属于感觉记忆和短时记忆阶段，而听力课的训练，则是通过再现和重复，把感觉记忆和短时记忆的信息转入长时记忆，储存在大脑中，以便在需要时迅速准确地提取有用的信息，参与解码和重新编码的活动。因此，听力教学的内容和进度宜在精读课之后。

（五）提高学生的边听边记能力

听力理解不仅要求学生听懂，而且要求记忆。由于声音信号本身具有瞬时性的特点，听力技能中记忆声音的能力就显得格外重要。根据记忆中信息保持时间的长短划分，可以把记忆分为瞬时记忆、短时记忆和长时记忆。听懂只是达到瞬时记忆阶段。如果不能把感觉记忆的信息及时转入短时记忆，进而转入长时记忆，这些信息就会被遗忘，不能作为经验成分储存在大脑中。如果能够完全听懂并默记言语信号，信息在头脑中储存的时间将会延长，成为短时记忆。而要想使信息转入长时记忆并作为经验成分储存在大脑中，则需要做更多的努力。俗话说："好记性不如烂笔头。"为了克服遗忘，对听到的言语信息要用笔记下来，把声音信号变为文字符号，以便复习和查阅。边听边记是学习的需要，也是实际工作的需要。边听边记中的"记"，包括心里默记和书面笔记。对于简短的材料，心中默记就可以了，默记的方法主要是心中反复默读，理解透语料。对于繁长的材料，则必须用笔记录下来，除了记录关键的词、数字等，还可以通过图表、符号的方式来记录概念和关系。

在听力课上教师要训练学生养成边听边记的习惯，而且要教学生记什么和怎样记。训练学生边听边记的能力，重要的是设计好练习，突出重点，从单项到多项。比如，第一个课文练习记人名和数字；第二个课文练习记地名和数字；第三个课文练习记时间和数字；第四个课文练习记话题和数字；第五个课文练习记观点和数字……以后的课文要全面记人名、地名、时间、话题、情节、观点和数字。记的时候可以用汉字，也可以用汉语拼音，还可以用外文，一个原则是使用自己最熟悉的文字，减少书写的困难。即便如此，一个句子也只能记主要部分，不可能把每个词都记下来，因此最好每个句子记一行，并且记住句子的主要成分，即主语、谓语和宾语，根据重音、停顿、语气、语调记下说话人强调的部分。每个练习的最后一部分都是学生整理笔记，教师要认真检查指导。这样从简单到复杂，日积月累，持之以恒，学生一定会提高边听边记的能力。

(六)提高学生的检索监听能力

在实际生活中我们都会有这样的体验：接触信息时，我们会把注意力集中在我们想要得到的信息上面。比如收听节目预告时，我们的注意力肯定会集中在自己喜欢的节目的播出时间上，而对其他节目的情况则会漠不关心。这种自觉地对材料进行过滤、筛选的行为就是检索监听。检索监听具有明确的目的性，在听大段话语的时候带着问题听，要集中注意力选听跟自己的问题有关的内容，听懂并且记住。例如，你明天去上海，今天晚上听全国气象预报时，你关心的是上海的天气情况，播音员说其他城市时你可以不注意，但是播音员刚一说出“上海”，你就要特别注意地听了，并且努力记住天气、风向、温度等等。再如，坐火车去旅行，在火车站听广播时，广播员说到你乘坐的车次时，要注意听发车时间，火车停在几号站台，检票的时间和地点等等，对无关的情况可以漫不经心。

检索监听会提高听的效率，使理解免受次要材料或干扰材料的影响。检索监听是一种重要的能力，必须经过专门的训练才能提高。训练检索监听能力，关键是训练集中注意力，养成良好的听话习惯。教学生善于抓住关键词语，把注意力集中在一个方向上，克服影响注意力的消极因素。影响注意力的因素一个是联想失去控制，另一个是视觉形象的干扰，第三是兴趣点转移。联想本来是一种正常现象，但是如果联想离开了所听话语的中心，越想越远，就会分散注意力，使该听的没听到。在听话的环境中除了声音信号以外，还有视觉形象。有的视觉形象能起到助听的作用，但大部分不能。大家知道，盲人没有视觉干扰，所以听力普遍比正常人好。如果把注意集中在视觉形象上，就会分散听的注意力，产生突发情况会使兴趣点转移。在训练检索监听能力的时候，教师要有意识地帮助学生克服消极因素，控制联想，防止视觉形象干扰和兴趣点转移，集中注意力，善于把握关键词语。这样才能集中注意力，养成良好的听话习惯。如：

我们旅游团一月三十号出发，先去深圳、广州，再去香港、澳门，最后去海南，大概二月十五号回到西安。

问：他们从哪儿出发？

A. 深圳　　B. 海南　　C. 西安

虽然这一语言材料中出现了很多城市的名字，可只要学生把握住关键的“回到西安”，就不会选错答案。又如：

这价钱一天一个样儿，一块五，一块八，两块，才几天，鸡蛋都涨到两块四了。

问：现在鸡蛋多少钱一斤？

A. 一块五　　B. 一块八　　C. 两块四

虽然这句话里出现了很多价钱，可是只要把握住“涨到”就能知道鸡蛋现在的价钱是两块四。

(七)提高学生的联想猜测能力

在听的过程中，人们会把感知到的言语信号与大脑中储备的言语信号联系起来，从而形成理解。而这一联系的两端都可能出现的问题：言语信号听辨不清；大脑已储备的言语信号不足，这都使联系难以构建，理解无法完成。这就需要具备联想猜测和跳跃障碍的能力。联想和猜测是人类共有的心理活动。联想是指接收到一个信号以后，马上跟其他相关的信号建立起联系的心理活动。猜测是指根据现实的感知和以往的经验凭想象对将产生的新形象作出推测、估计和预想的心理过程。

美国教学法专家王士元先生说的：“理解语言的过程是一种猜测、估计、预想、想象的积极相互作用的过程。”我们的听力教学就是通过一定质与量的训练、启迪、诱导，使学生的联想猜测能力得到充分发挥，以提高理解言语信号的速度。联想猜测可分为两种：一是内容方面，包括主题、观点、情节等；二是词语方面，包括人名、地名、方言、术语等非关键性生词。

在交际中，对话双方处于同一交际环境中，使用共同的代码，他们只使用极简单的句子，甚至个别单词表达思想，有时言者话未说完，也就是编码表达的过程尚未结束，听者已经理解了他的意思，并能把句子的下半段补出来。这些都说明交际双方共同参与了编码解码的活动，听者不是完全消极被动的，可以一边听一边积极主动地思维。但如果学习第二语言的外国人在听目的语遇到听不懂的词语，没有经验的听者遇到生词往往很急躁，一着急就听不进下文。而有经验的听者能够从容处理，他们根据上下文猜测生词的大概意思，猜不出来也不着急，继续往下听，有时听到后边对前边的词语自然而然地就理解了。

在遇到生词或不熟悉的内容，有时受到环境噪音的影响，个别词或句子也可能没听清，但一般不妨碍理解。这时，学生就要有跳跃生词障碍的能力，学会根据上下文跳跃生词障碍，听力的提高就可以来个飞跃。教师要不断总结规律的方法，并且要教给学生掌握这些规律，使学生跳跃生词障碍跳得准，跳得巧。但实际上常常遇到的情况是学生一听到听不懂的生词，注意力就聚焦在这个词上，而完全放弃了进一步获取信息的努力。如：

我觉得这首歌好，不仅旋律好听，而且歌词也写得很美。

上句中的“旋律”是个生词，很多学生听到这个生词，一紧张就听不进去下文了。可是学生如果能够跳跃生词障碍，利用句中的“这首歌好”“不仅……而且……”“歌词美”进行联想猜测，句子的意思是完全可以把握的。

另外，联想猜测能力也应包括对语料“言外之意”的把握能力。如：

他今天觉得好多了，就来上课了。

这句话虽然不难，句面意思很容易明白，可是对于“他病了”“他昨天（或前几天）没上课”的言外之意也要准确把握。

（八）提高学生的概括总结能力

在教学中，有时候听完一篇短文让学生说说其中最主要的内容，结果大都说的是一些细枝末节，只言片语。有的学生几乎能把文章的字句复述下来，可就是说不到点子上。因此，培养提高学生的概括总结能力就很重要。培养学生概括总结的能力最重要的是要抓住要点。就一个句子而言，言者往往通过重音、停顿、语气、语调等的变化，强调其中某个部分，这就是一句话的要点所在。如果别的词都听懂了，而恰恰是这个要点的部分没听懂，那么整个句子就无法理解。相反如果听懂了句子的关键部分，其他个别词语不懂，有时候不妨碍理解整个句子的意思。因此从开始阶段就必须教学生学会抓句子关键部分的方法，进行理解句义的训练。所谓要点包括两个方面，一是语言材料的主要内容，二是主要内容所蕴涵的深层意义，即中心意思或主题思想。抓要点的练习可以从单句训练开始，再过渡到成段的话语，最后训练学生概括总结全篇的主要内容和中心意思。

在成段的话语里，言者为了说清楚自己的观点、意见，往往从不同角度论述，要说很多话，而其中呈现主题的关键句子不过一两个，这就是一段话的要点所在。在对话中，即使是很短的对话，必定有谈话双方共同感兴趣的话题。有时候谈话者还要从一个话题转入另一个话题，这些话题也是要点。在听长篇文章的时候，教师不可能要求学生听懂并记住每一个句子，只能要求学生听懂并理解主要内容和主要意思。教师要训练学生集中注意力听懂并记住关键的句子和话题来理解整段话语。

在听力教学的高级阶段，概括总结能力的训练更为重要，而这种能力不是一下子可以提高的，要靠长期不懈的训练，因此，教师要培养学生养成良好的听话习惯，每听到一个句子、一个语段或一篇文章都要自问自答它的主要意思是什么，而且要循序渐进，从易到难。

四、对外汉语听力教学的难点

听力教学的内容，一是根据学生听力难点组织听力理解练习来提高学生听力微技能；二是教授语言文化知识、积累学生的言语信息。在哲学教学内容中，不同的阶段会呈现出不同的难点。这主要体现在以下三个方面的教学中。

(一)语音教学

语音教学阶段听力技能训练的主要难点是提高学生的辨音辨调能力和听后模仿能力。

针对学生辨音辨调的难点，学者们作了大量的调查和研究，有的指出声母的障碍主要集中在那些发音方法相同而发音部位不同的声母上，而不是送气不送气的问题；有的认为听辨时表现为第一声与第三声、第二声与第四声区分明显，而第二声与第三声混听则十分普遍，而且单音节第三声的误听率大大低于双音节中第三声误听率……有的认为声母、韵母不同，声调相同的词语较之声母、韵母相同，声调不同的词语更难辨别。教师针对这些普遍问题以及不同个体的特殊问题，可以设计出有效的练习来提高学生的辨音辨调能力。如为了提高学生对声母、韵母不同，声调相同的词语的辨音能力，可以设计以下的练习：

(1) rìlì　　lìrì
(2) yǐjīng　　yìjīn
(3) kāifā　　kāihuā
(4) lùdì　　lǜdì
(5) shēngchǎn　　shēnzhǎn

每组词读音接近，也是初级阶段就可学习的常用词，放在一起进行分辨，可以增加学生的兴趣。如：

被子—杯子，一碗—一万，人名—人民，四十—十四
胖子—盘子，房间—旁边，洗澡—洗脚，师傅—舒服

训练听后模仿的目的就是要在学习者大脑中输入准确的语音信号，并将其内化为学习者认知结构的一部分，为进一步学习语流打下良好扎实的基础。在语音阶段听后模仿出现的问题主要有两个：听不清就说不清、听清

却说不清。前一个问题要结合提高辨音辨调能力来解决,后一个问题要结合纠正发音来解决。

(二)语法教学

语法教学阶段听力技能训练的难点是联想猜测和跳跃障碍的能力以及听后模仿的能力。

学生在这一阶段的听力难点主要是生词。在学习第二语言的过程中,初中级水平的人还习惯于将听到的信息转换为母语或中介语,当听到生词时,这一转换发生困难,学生会不自觉地以为这个生词学过,而意思却忘了。这样思维就被迫中断,原本听力理解的反应速度就慢,受到这种影响,加之心理上紧张、焦虑的因素就会使之后的听力内容无法完成。或者是学生听到的都是已知的言语信号,可却仍然不理解意思。针对这些情况,训练学生联想猜测和跳跃障碍的能力就十分必要。而猜测与联想必须有根据,因为这一阶段都是句子与短篇对话,除了相关的语言信息提示外,是否善于利用语法结构来猜测语义也十分重要。

在这个阶段,要继续加强学生辨别分析的能力。单独的音节放到语流中,会产生一些变化,这需要学生能够识别。而能否辨别句子的重音、语气、语调也同样会影响对听力材料的理解。与此同时,辨音辨调的练习也应继续出现,在对已学习了半年汉语的留学生进行听力教学时,还会发现他们将音节听错。如:

(1)丽丽给山本一本书。

(2)给我拿三斤吧。

学生还会把“山本”听成“三本”,把“吧”听成“半”。这就说明,辨音辨调的训练还是很必要的。

在语法阶段,同样要提高学生听后模仿的能力,只是听后模仿的重点要从语音转移到句子的重音、语气、语调等上,还要强化学生的语法认知,让学生重复所听到的内容,并将语法结构内化在大脑中。

(三)短文教学

在成段的话语里,言者(作者)为了表达自己的观点,总是从不同的角度去论述,而其中往往只有一两个关键句。把握住关键句,就把握住了短文的要点。要想在听的过程中把握住要点,就必须带着目的去听,即带着问题去听。抓住短文的重点就是过滤次要材料的过程,排除干扰材料也会使注意力更为集中。同时,检索监听能力的训练也是对联想猜测和跳跃障碍能力的巩固。

这一阶段的听后模仿能力训练的难点集中在重复短文关键句上，即听后说出短文中心思想。对于长一点的文章，需要概括文章大意的能力，这种训练可以从听长句子复述句子主干开始，逐步深入。

另外，在短文阶段，听长一些的语料时，边听边用笔记录是十分必要的。人的瞬时记忆时间只有2秒左右，故听了后面忘了前面是非常正常的，这样就要求学生具备边听边记录的能力。

五、对外汉语听力教学的方式

在语言活动中，听、说、读、写四种技能并不是孤立的，而是需要综合运用的，因此在听力教学中也不是仅仅“听”就足够了，而是要与其他方面结合起来。从这个角度来说，听力教学的方式主要有以下几种。

（一）听与说结合

1. 先说后听

在听力教学的准备阶段，教师可以通过提问等方式让学生熟悉听的主题和任务，学生则通过“说”（回答）调用出大脑长期记忆贮存的各种知识，为“听”做准备，“说”是“听”的“热身运动”。通过“说”，学生熟悉了“听”的内容，通过教师的引导，听力材料中的语言结构和生词也可以“埋伏”，在“说”中得到操练。但不要忘记“说”是为“听”作准备的，信马由缰地“说”，或“说”的时间大大超过了“听”的时间就离谱了。

2. 先听后说

先听后说主要是指听完后学生根据听的内容和教师布置的听任务进行“说”，如回答问题，复述情节和大意，发表看法和评论等。这里说话是检查听力理解的手段和方法，主要看学生是否听懂、理解了意思，练习“说”则是次要的目的，千万不要本末倒置。

（二）听与写结合

可以是听写，可以是边听边记，也可以是听后书面完成任务，比如回答问题，写出大意等。现代第二语言教学理论认为，听写是全面检查学生语言能力的一种有效的手段，听写不仅仅是写汉字，还有理解的问题，如词界的切分就与理解有关。句子和段落应该是听写的重点，听的方式（教师念或是放录音)和语速则需循序渐进。边听边记主要是记粗的东西，比如大致情节、主要意思、要点等，“记”的前提是理解，只有理解了，才能抓住要害。这种练习对学生日后高层次专业的学习和工作是很有帮助的。

(三)听与做结合

这是以完成另类任务的方式来检查听力理解。比如边听边要求学生画一张路线简图，边听边让学生在黑板或图纸上指出听到的东西，要求学生按照听的指令或要求进行表演等都属于这类练习。用这种方式教学对听力材料的要求比较高，但学生听的注意力容易集中在听力材料的内容上。

(四)听与阅读结合

感觉上阅读似乎离听比较远，其实我们在做听后判断正误或听后多项选择就已经是在“读”了，通过读后的练习(打钩，画叉，画圈)来检查听力理解。需要注意的是，现在有些人把听后打钩画圈看成是听力训练的唯一方式和手段，这是错误的。有的教师采用边听边看材料的方法，或听后再发给学生材料阅读的方法进行教学(利用视觉)，对听力理解也有一定的帮助。

(五)听与听力策略培训结合

随着对听力理解过程的了解逐步深入，人们认识到听者对输入的语言材料的理解不是被动的而是主动的，采取有效的听力策略和方法能促进听力水平的提高，因此，教师不但要让学生听，而且要告诉他们如何听，如何根据自己的特点采用何种听力策略来提高听的效率和能力。

研究表明，影响听力的因素包括认知策略和元认知策略，认知策略是直接与听力的认知过程联系在一起的，比如如何利用大脑的已有知识去帮助理解听力材料，如何猜测意义，如何跨越听力障碍，如何捕捉关键词语等等。元认知策略包括如何计划、调整、组织、安排自己的听力活动，监控和评估自己的听力理解过程等。听力策略培训就是要让学生明确意识到自己是如何去听的，如果自己使用的听力策略和方法不合适就要进行调整。

听力策略培训或教学目前主要有两种方式，一种是结合实际的听力材料和听的活动进行，比如在听前告诉学生某种类型的听力材料采用什么方法听比较有效，或者在听后跟学生一起讨论为什么有的学生理解得又快又好，而有的学生则不行，他们各自采用了什么策略，为什么同样的策略对有的学生有效，而对另一些学生却无效等。另一种是开设专门的听力策略培训课或辅导讲座，从理论和实践两个方面帮助学生提高对策略的认识，从而在听力实践中去有意识地运用这些策略。

六、对外汉语听力教学的模型

听力教学的模型有很多种，在这里我们主要对自下而上的模型和自上而下的模型进行简单的介绍。

（一）自下而上的模型

自下而上的模型是美国心理学家 P. B. Gough 提出的一种阅读模型，用以描述从看到文字符号时起到理解意义为止的整个过程。这个模型是从信息加工的观点来解释阅读过程的，即从低级的小单位字母加工发展到高级的词组、句子以至语义加工的过程。显然，这一模型强调阅读是从读物中提取意义的单一过程。加工从外界刺激开始，由较小的知觉单元转向较大的知觉单元，通过一系列从小到大的连续加工达到对感觉刺激的解释。由于听力活动和阅读活动具有相似性，因此，我们可以借用自下而上的模型来进行听力教学。另外，从教材的角度来说，很多的教材体都是由生词和语法、听力文本、练习组成的，其中判断练习主要包括判断正误、选择填空、理解句子含义、回答问题和按故事发生的顺序排列句子。这种教材编写方法和练习安排方式表明听力教学可以使用自下而上的模型。从教学法的角度来说，在听力教学中，我们采取的一般步骤是词汇语法训练、听课文、做练习，这也是自下而上的模型的应用。

（二）自上而下的模型

自上而下模型是 K. S. Goodman 提出的一种阅读模型。其主要的观点是，人们在阅读过程中，通常是利用语言知识和有关经验的作用，对文章进行加工。他还指出，阅读是一种选择的过程，即在读者预期的基础上，对那些从知觉中选择出来的、最少的语言线索进行加工，形成暂时的预测和判定。这些预测和判定将在继续进行的阅读中得到证实、拒绝或进一步提炼。这种阅读模式同样也适用于听力教学。在听力教学中，这种自上而下的模型主要应用在预测方面。人的预测可以分为无意识预测和有意识预测两种。学习者在听力活动中，一直会进行无意识预测，这时的预测主要是根据已有的语义信息，预测后面的语义信息，并在此基础上预测词语搭配模式，特别是动词的搭配模式。例如，当学习者听到一个动词，可以在已有的语义信息的基础上，根据其配价，预测后面的名词词项。采用自上而下的模型则主要训练的是让学习者有意识地使用预测策略。这主要体现在两个方面。

第一，听前预测。听前预测不是任意的，是建立在我们头脑中的认知图式和知识结构的基础上的。如果预测的信息在听力文本中出现了，那么学习者会肯定自己的推论，并且对自己的预测能力树立信心。这样，学习者就可以把被动的接收信息的过程变为主动的思考和接收信息的过程。听前预测可以使听者在听力过程中重建文本信息时成竹在胸。

第二，听力过程中的预测。听力过程中的预测主要是根据学习者已经听到的内容，预测后面的内容。这样一方面可以加强学习者对文本的思考，另一方面也可以培养他们运用汉语思维的能力，真正实现学生在被动的听力活动中的“主体”地位。

第二节　对外汉语听力教学实践

一、对外汉语听力课程设置存在的问题

听力课设置是整个课程设置中的一环，听力教学也是教学总体设计中的一部分，因此，对听力课诸问题的讨论就不仅仅是听力课一门课的问题，它实际上涉及汉语、口语等几门课程，因此应放在整个对外汉语教学的框架下来进行讨论。

目前，听力课程设置存在的问题主要表现在以下几方面。

（一）初、中、高级的配合问题

汉语和口语教材，一般从初级到高级，都自成体系，特别是汉语教材，口语教材也在朝自身的系统化方向努力，但目前的听力教材就其本身来说，初、中、高级还成系统。初级目前还是用外校所编教材，中级使用自编教材，初中级之间缺乏衔接和配合。高级还没有开设听力课。调查中，也有中高级学生提出想继续上听力课，有的明确提出想练习新闻听力。如何有系统、有步骤地提高学生的听力水平，如何在加强听力课与汉语课、口语课的横向联系的同时，建立听力课自身的体系，还需要进行进一步的研究。

（二）与汉语课、口语课的配合问题

口语课与汉语课的配合问题一向受到关注，其实听力课也应该强调与汉语课、口语课的配合。听力课现存诸问题中，最主要的问题可能是听力课与汉语、口语等课配合不够、联系松散，我们还没有与所用汉语、口语教材配套的听力教材。教学计划、教学环节游离于主课之外。

(三)教材的问题

一些听力教材注意到了听力课的特点,注意到了语言的真实性,内容的趣味性,有一定的特色和长处,但是仍然存在着生词量大、课文篇幅偏长、文化含量偏高的缺陷,不适合学生的使用。

(四)课时安排的问题

有些学校在对外汉语教学中对听力课程重视不够,安排的课时较少,从而影响到了学生听力能力的提高。听力是需要不断进行训练的,安排的课时较少会减少学生训练的机会,同时也不利于对听力方法的学习以及掌握。

二、对外汉语听力教学实践的改革

对外汉语教学是第二语言教学,应符合语言学习,特别是外语学习的规律。在外语学习过程中,听、说、读、写四种能力,听是最基本最重要的能力。作为第二语言教学或者外语教学首先应该培养的能力是理解,尤其是听力理解。汉语作为一种非普遍教授的语言,在教学方法、教学理论等方面还不很成熟,需要借鉴和吸收先进的教学方法和教学理论,以完善和提高对外汉语教学。所以,对外汉语听力课程改革是必要且可行的,改革的可行方案有以下几种。

(一)改变课型的措施

(1)和汉语课合并,以读带听。如人大汉语中心的初级课程,基本上是6节汉语课,2节听力课。教材是严格配套的,听力课教材紧紧围绕汉语课教材编写。由一个教师担任,完全可以保证进度上的一致。

(2)充分利用仪器设备,变单纯的听力课为视听说课。设置"自助餐式"的听力室,变听力必修课为自学辅导课,但是保证一定量的作业并督促检查、定期考核。不过这就要求制作、选编合适的录像材料,如果能解决材料问题,对于中高级学生而言,就是一个好办法。

(3)和口语课合并,变听力、口语课为听说课。听说内容紧密结合,以"听"打头,以"说"压尾。

(二)不改变课型的措施

(1)学生人数要有所控制,不能超过两个班。听力课学生过多,将会造成两方面的问题:一方面学生的水平落差将比较大,另一方面学生之间难以沟通，教师也难以了解所有的学生。这都将直接影响到课堂气氛和教学效果。在条件允许的情况下，听力课同样也要尽可能地采取小班授课的方式。

(2)必须加强与汉语课和口语课的配合，教材配置合理，教学内容相关互补，教学进度合拍同步。同时加强听力课自身的系统性，建立从初级到高级的听力课体系。

(3)听力课自身的课堂教学也需改革。在维持现状不变的情况下，也可以从自身挖潜力，在教学方法方面：要充分利用设备但又不为设备所困，灵活多样。同时加强与学生的沟通以及不同班的学生之间的交流，建立良好的课堂气氛。针对听力教学的特点，采取相对灵活的办法(如考虑减少每次课的课时或适当提高某一课型的比例)，主动注意配合主课教学。在教学内容方面：教师对教材内容进行选择性的利用，同时根据学生需要，增加或自制听力材料，包括视听材料，力求内容具有趣味性、实用性。

(三)增设新闻听力课的措施

新闻听力，准确地说是广播听力，因为语料来自广播，它涉及广播的各个板块，有政治、经济、文化、科学、生活、法律、体育等方面的新闻内容，也有广播剧、小说连播、配乐散文等形式的休闲内容，它是一个开放的系统，把社会各方面的内容融为一炉，给学生打开一扇窗子，接触语言世界，在离开课堂后仍能随时学习到新的语言文化知识。

新闻听力是听力的高层次训练，它与普通听力课不同，它不依赖于某一门主干课，是一门独立的课程。新闻听力课的目的是有自己的一套体系，大运动量地给学生输入语言信息，拓宽其语言接受能力，增强语感，使其学会用目的语进行思维，在这个意义上新闻听力课的作用是其他课型所代替不了的。到了中、高级阶段，如果听力课的设置离不开主导课的限制，就会抑制学生前进的步伐，降低他们参与听力课的积极性。因此开设新闻听力课就是给学生一把钥匙，让他打开一扇自学之门，进入一种自觉学习的境地，这是非常有意义也是有必要的。

1. 新闻听力取材遵循的原则

(1)要坚持内容的精选性，不能无论什么新闻拿过来就用，方音过重影响听解效果的、节目质量不高的、音质传输效果不好的一般不予采用，而且选材时语料在句法表达和词义理解上的难度不超过50%时才使用。

(2)要注意内容的实用性和趣味性，选材时要充分听取学生的意见，了解他们的听解愿望，并让学生把自己喜欢的内容按先后次序进行排列，大大激发学生学习的积极性；确保录音的清晰性，背景音或方音的干扰过大，无疑会挫伤学生的听解信心，给学生心理上带来不良影响，因此，切忌背景音喧宾夺主，造成纯粹的听力障碍。

(3)要突出内容的鲜活性，除了每次课都给学生听当日的新闻联播内容提要以外，还特别注意扩大学生的生活语言词汇量，比如他们在模拟的语境下能听到各种语料，其中像“活见鬼、公子哥儿、苦命、瘪三”等在课本上很难见到的词语，生活中又比比皆是，听时有语境的烘托，学生很容易就理解了，这样学生每次来上课都怀着一种期待的心情。

2. 新闻听力课的教学实践要求

(1)在一堂听力课开始前教师要做大量的准备工作，虽然语料和录音是预先准备好的，但仍要声文对照听一遍，所有的生词、惯用句式都要逐一查阅资料，以备做精练的讲解，因为新闻听力课的课时较少，要妥善处理好课时与教授量的矛盾、教授量与练习的矛盾、生词和语法讲解在教学中所占的比重等问题，尽可能把八成到九成的时间留给学生，给学生营造一个良好的听力环境。

(2)要让学生大量地听，给学生提供充足的语料，保证一定程度上的重复率，才能使进入学生头脑中的信息从短时记忆转为长时记忆，达到牢固掌握的目的，在课上的训练注意题材的多样性，把各类新闻、专题报道和其他题材的内容穿插编排，经常变换形式，努力使每次课都有一个新专题，一个专题最多不超过两次课，这样可以使学生始终保持兴趣，全部听的过程中不做过多的讲解，目的是提高单位时间里听解的利用率，达到“过渡学习效应”。

(3)要逐渐提升新闻听力的难度。新闻的内容很丰富，但语速较快，新闻联播的语速每分钟达到了290～300字，其他听力内容也都在每分钟280字以上，学生开始听很紧张，觉得很难把握，需要有一个适应期，这时教师不应给他们提过高的要求，对所听的内容只要区分出每一条新闻摘要，并抓住某一点信息即可，听的时间不能过长，然后转入比较生活化的听力内容，让语速相对慢一些，这样学生有一个缓冲的时机，可以调整大脑的接受状态，便于继续学习，这样的方式重复几次后，便可逐渐加长时间，提高要求，引导学生一步一个台阶向上走。

(4)高级班学生的词汇量和语言运用能力都具有相当的水平，因此教师对生词的处理应该是不加中外对比注释，课堂上教师作简要的讲解，课下学生深入领会，训练学生用目的语消化的能力，这也是强化语感的过程，这样做的好处是有利于改善他们听得懂生词、句子却不能理解整体含义的局面。

(5)为了使学生的听解过程更加有效，在正式听之前要通过提示和完整的听解给学生一个整体概念，即预听，无论一段录音有多长，第一次都是让学生完整地听完，不是为了急于让学生理解而一开始就将材料分割成很多片段，只有在完整地接受新信息之后，学生才可能根据自己的听解和判断，对听不懂的部分进行有效地预测，这种预测能力的训练是符合听力思维发展规律的。

(6)在听力课上讲语法内容要有别于其他课型，因为重点是听，不应在语法讲解上花费太多时间，出现的语法结构和惯用形式，给予适当的解释和例句示范即可，不过多地做练习，以保证足够的时间来听，但应特别注意对不规范、不合语法的地方要给予指明，要从正确的方面引导学生听，避免不规范性的东西对他们产生影响，如主持人主持某一专栏节目，表达方式是口语形式的，比较随意，因此会出现口语中常有的重复、颠倒、错句、表达不准确以及口语冗余现象等，这时候，教师要及时指明。

(四)增加有声作业的措施

在对外汉语教学中，仅仅依靠课堂教学或一本现成的教材是远远不够的，必须要让学生下了课有事做。对于听力教学来说也是如此。然而目前的听力教学偏重于课堂，忽视课后的现象很严重，这样势必会造成课堂教学与课后练习的脱节。那么应该怎么给学生留听力作业呢？受听力教学自身的特点影响，书面形式的作业显然不够科学，针对听力教学的特殊性，可以采取有声作业的形式。所谓有声作业就是要求学生在每次上完听力课后，自己录制一段五六分钟的录音，以配合教师的课堂教学，它是课后作业的一种形式。有声作业的目的非常明确，即着重练习学生的听说能力，它可以作为课堂上使用的辅助听力素材，并以此来丰富课堂教学的内容。

在听力教学实践中，教师可以从以下几方面来指导学生完成有声作业。

1. 单向式命题有声作业的指导

像写作中的命题作文一样，单向式命题有声作业是教师出题目，学生按要求独立录制五六分钟的录音，教师认真批改，提出自己的评价意见，在肯定其成绩的同时要重点纠正不正确的语音语调、错词错句及不符合汉语思维习惯的错误。这种指导方法具有以下优点。

(1)避免了课堂上同学间的相互干扰，为爱面子的学生充分发挥自己的潜能留有较大的余地。成年人往往有很强的自尊心，爱面子怕丢人是阻碍学生进步的一大绊脚石。

(2)可大大提高学生的自学能力。要完成一段五六分钟的主题明确的有声作业，并非一件易事。为使自己的表达更为准确、流畅，不查字典，不请教别人，恐怕是难以做到的。由此看来，这不失为一个扩大词汇量的方法。

(3)学生可将教师的录音点评作为听力材料来听，达到了师生相互沟通的目的。教师将学生的有声作业作为课堂教学的素材，能使学生明显地意识到自己的缺点与不足，尤其是对改正习惯性错误有较大的帮助。

单向式命题有声作业的具体做法是教师为每个学生建立一个“录音档案”，把对学生所录内容的评价和对错误的修正意见录在录音的后面，并配上书面的批语，以便学生可听可看。这样听和读也就有机地结合了起来。

2. 双向式命题有声作业的指导

单向式命题有声作业固然具有很多优点，但同时又存在着明显的不足之处。即它是学生自己一人独立制作的，有很大的封闭性，缺乏与他人的相互交流。为了能够改变这一状况，教师可以采用双向式命题有声作业的方式，即改变由学生独立录制作业的方法，用与别人对话的形式来完成作业。在双向式命题有声作业中，可以让学生充当“记者”，采访除任课教师以外的中国人。之所以采用这种方式是因为教师讲的汉语学生听得懂，学生讲的汉语教师也听得懂。学生自以为说的听的都可以了，但一走出课堂情况就远非如此。“外人”讲的汉语有很多听不懂，自己讲的“外人”也听不懂。这是因为长期的教学，使教师积累了一定的经验，知道怎样说学生才能明白，学生的发音甚至是不正确的发音和语调，教师也能听懂。正如一个牙牙学语的孩子说的话，很多除了自己的父母以外，别人是不明白的，而孩子似乎也只能听懂父母的话。为了改变这种现象，教师可以让学生去采访“外人”，为防止学生采访时的盲目性，教师应适当地加以引导，为学生规划一定的采访范围。由于每个学生看问题的角度及对某一问题的兴趣点不一样，必然会提出不尽相同的话题，而“被采访者”由于年龄、阅历、性别、身份、立场、观点等的不同，他们的回答也会不一样，这样可以让学生感受更加丰富、真实、自然的汉语，同时，也可以锻炼学生的听力能力。

需要注意的是，双向式命题有声作业由于是让学生充当“记者”的角色，又由于有录音时间的限制，采访前学生就应该精选自己要提出的问题，这样对提高学生的概括总结能力会有很大的帮助。

3. 无主题有声作业的指导

无主题有声作业就是给学生充分的自由，让他们想说什么就说什么，要让他们忘却错误对他们的约束和教师对他们的种种限制，使他们完全说自己的话，甚至允许他们在有限的时间内“海阔天空”“东拉西扯”，让他们无所顾忌地说。这样做的目的是让学生在有限的时间内摄取更多的信息，以此作为听力材料，主要练习学生的记忆储存能力和概括总结能力。

在无主题有声作业中，教师可以采用以下方法对学生进行指导。

(1)猜测法。听完学生的说话后，可以让学生猜一猜说话者的身份、年龄、职业、爱好以及他们有没有习惯用语等。通过这种练习，可以锻炼学生比较敏感的鉴别和判断能力。

(2)纠错法。使用这种方法的第一个步骤是让学生听完后指出其中有无错误，若有，是什么错误，是语音、词汇还是语法错误，然后自己来改正。有时学生所犯错误有一定的共性，自己找不出来，这时教师就要发挥作用，把学生的错误改正过来，并使其了解自己所犯毛病的原因，避免以后一错再错。

(五)运用图式理论的措施

1. 听前阶段图式理论的运用

在听之前教师可提示材料的背景、范围、功能，激活学生内在的相关词语、句式以及其他已知信息，具体方法有预测和利用关键词。

在缺乏环境直观因素的条件下，“听前预测”对整个听力理解所起的作用尤其重要，它为学生制订了一个听的目标和框架，在听的过程中能有的放矢，它还起到了一种“热身”作用，它会调动起学生的兴趣和好奇心，调动他们的学习积极性，活跃课堂气氛，因此，教师引导学生就所听材料自己提出问题——预测，带着问题去理解往往会有助于理解，这会比被动接受听辨材料更容易保存信息。

需要注意的是，预测不是“瞎猜”，而是有一定的客观依据的。人们表达的思想往往具有内在的逻辑性，在一定内容的一定思路下可能出现与该内容和思路相关的词语，而不会相反；任何一个民族的语言和该民族的文化是相联系的，熟知目的语国家的文化背景，有助于有关内容的听解。

预测有不同的方式，对于一些贴近生活的题材，可让学生结合自己的经验进行讨论，激活他们的内在图式，并引起听的欲望。对于一些具有文化特性的题材，学生常常因为思维方式、社会背景的不同而缺乏理解目的语的认知结构，教师可通过提供与材料有关的图片，阅读有关知识材料等方式帮助学生建立一种新的图式。如汉语听力《“福”倒了》这篇课文讲的是中国人过春节时祈求吉利、平安的情形，涉及民俗文化——“口彩”即谐音祈福，教师事先就应该向学生说明、介绍这一民俗文化的特点及功能，否则学生在理解材料时会有困难。

2. 收听阶段图式理论的运用

经过听前阶段的准备工作，学生的已有知识即图式已被激活，并进入紧张的解码、筛选、检索的心理状态，教师应引导并训练学生把握录音材料的主题意义，学会跳跃障碍或筛选，从而有效地提高听力理解的程度。

W. F. 麦基说："语境能够帮助我们猜出词的意义，……随着语境的增加，新词的意义也越来越清楚。"①短时记忆的容量有限、保存时间短，听者在检索所输入的信息时应进行筛选或跳跃障碍，否则短时记忆会由于负荷过重而流失信息。因此在听的过程中我们应敢于放弃某些信息的听辨并能"容忍知识的模糊和不完整性，对成功的听力者来说尤其是这样"②。如汉语听力中有一篇关于结婚办事的对话，第一句就有"办事儿"这个词，学生搞不清是什么意思，但随着语流的进行，又出现了"新娘""喜酒"等词，在这样的语境中要猜出"办事儿"的意思就容易多了。学生经过利用语境猜生词、跳跃生词障碍的训练之后，会产生"听不知道的生词也不怕""即使不预习也不怕"的心理暗示，这对他们的学习是极为有利的。

学生在检索、解码、筛选、重建信息的过程中会遇到一些干扰，一种是文化观念的干扰，如学汉语的留学生听一条介绍某农村农民致富的基本经验的新闻，当听到农民们选择了"少生孩子多栽树"的致富道路时，学生们感到莫名其妙，他们认为"少生孩子"与"多栽树"是不相干的两个概念，这时教师就应该给他们介绍我国的国情和计划生育政策，而"少生孩子多栽树"正是我国农村控制人口、致富的一种办法；另一种是字面意义的干扰，如汉语听力中有一个句子："本来么，这届大学生都是招生制度实行重大改革后考进来的，谁没有三拳两脚的。"句中的比喻"三拳两脚"留学生认为是"这届大学生的体育不好"，有的则认为是"这届大学生都会武术"等的意思，他们只是把每个词的字面意义与他们头脑中的原有词汇作简单的对应，然后进行解码，因而出现干扰，此时教师就应该加入一些这方面的训练，增加学生的语感，减少听解中解码的错误。

3. 听后阶段图式理论的运用

经过收听阶段的解码、检索，学生已基本听懂录音材料，在听后阶段就需要将所听懂的信息及时重组，教师可让学生整理收听阶段的记录，把短时记忆的内容先作一个摘要或提纲，然后再作口头报告(复述)，因为学生在听

① W. F. 麦基：《语言教学分析》，北京：北京语言学院出版社，1990 年，第 288～297 页。

② 刘绍龙：《外语听力＝声学信号的被动接受吗？》，现代外语，1994 年第 3 期。

懂、理解了课文并有了一个更新了的旧图式时也就有了一种想表达的愿望，最后可让学生再听一遍录音以加深理解、记忆，降低遗忘率。

(六)运用话语分析理论的措施

1. 猜测语段中生词的意义

为避免语段听力教学中一遇到生词就停下来讲解，需要培养学生在语段听的过程中，如遇到生词难句，运用期待、回味的语言理解过程，有意识地猜测词义，并运用语段结构上的特点，总结规律。要对学生进行猜测语段中生词的训练，可以从三方面入手。

第一，可以用指代词猜测前面名词的人或物；用同义或近义结构猜测前后出现的生词；用个体猜全体的词义，用词义的对比猜测，如“鸽子——鸟”“差劲——很好”等。

第二，可以利用“词汇套”增强生词的预测能力，或是让学生熟记一些“动词——名词”的常用搭配，如“邮局——寄信、打电话、发电报等”，“保持……势头”“持……观点”等。

第三，可以利用语段信息句末重心的特点，运用语音重点，找信息点，如一个成分的“分量”可以从音节长度和语法结构的复杂程度来确定，一般是副词比名词重，短语比单词重，介词短语比名词短语重，音节较多的一般也重于音节较少的成分，单词数较多的一般也重于单词数较少的成分，结构复杂的通常也比结构较简单的成分重。

2. 掌握语段的语义结构

语段所含信息量较大，能体现出多层次、多角度，既有主要事件或论点，又有细节或论据。学生理解起来难度也比较大，因为这既需要短时记忆信息，又必须跳跃语言的障碍，依靠推理、判断、猜测来把握理解内容。因此，需要让学生掌握语段的语义结构，可从以下几方面来进行。

第一，要根据学生来源不同，了解学生的不同文化背景和思维方式。

第二，根据语段不同的语义内聚关系，教师可以通过说出语段中心意思，归纳语段各层次的内容等方式，让学生逐步习惯对长段语料抓关键词、关键句，培养泛听能力，在听懂60%以上主要意思的基础上，理解语段的整体意思。较大的语段或几个小语段构成的语篇通常都有开头、中间、结尾等部分。不同语体的语篇通常用不同的结构形式表示开头、中间、结尾等部分。学生可以根据不同语体的特色边听边分析和预测上下文内容。

3. 辨别语段的语法结构

理解语段的意思，关键是分清复句之间和段落之间的关联词语和掌握一些段落间常用的联系词。语段常用一些能把一个意思加到另一个意思上去的短语或句子，比如："这样、但是、一方面……一方面……换句话说、首先……另外……再有一点"等等。熟记这些语段联系词，对判断语段表达的逻辑关系、理解句义，非常有利。但是由于语段单位的语义性，在形式标志上，往往不是很明显，常用零标记或意合法。如：

持中国威胁论观点的人是别有用心的。（ ）他们有意回避了这样一个事实，（ ）中国仍旧是一个发展中国家，根据世界银行统计，中国人均收入水平排在一百多个国家的第98位。（ ），中国人口占全世界的1/4，（ ）中国不发展（ ）很难养活如此庞大的人口，不知持中国威胁论观点的人有没有想过？（ ），（ ）中国发达了，会不会（ ）对世界构成威胁呢？

如果让学生听过语段后，填出联系词，就能帮助他们分出层次。对于这种情况，教师要在学生听懂了上述语段的基础上，给出全部联系词和重点词语，让学生复述原文，帮助学生形成一定的语感，在今后的语段中能举一反三。

4. 认识语气情态和语境

在进行听力实践时，要引导学生注意听到的说话人的语气情态，这对于判断说话人的目的是很有帮助的。语境是十分复杂的，很多语段听力理解上的障碍都是由语境造成的。学生在较全面地掌握了目的语，并有一定"语感"之后，才能把听到的话和语境自然结合起来，同时，词、句总在一定的语段环境中，因此，还可采用集中提问的方式，引起学生对语境的注意。如："这句话是谁在何时、何地、何种场合发出的？""话发出后交际的双方（或一方）期待着什么？""发话者说这句话的目的、动机是什么？"等。

（七）运用认知结构理论的措施

认知结构是指一个人过去的知识经验。在言语理解过程中，认知结构在知觉前、知觉时和知觉后三个阶段所起的作用是预测、消化和补充。在听力教学实践中，教师可以根据认知结构理论来组织实施教学。这主要表现在以下几方面。

1. 利用预测作用做好听前指导

在学生听听力材料之前，教师需要利用认知结构所具有的预测作用做好听前指导工作。教师可以从以下三方面来着手进行。

第一，教师导入新课时，要让学生明确本课的教学目的和要求。从教师导入新课之始就可以采用预测手段。例如在学新课时，教师先引导学生听课文的题目，学生说出来后教师再板书。然后教师介绍本课的教学目的并提出要求，这样做的作用有两个，一是可以让学生明确本课的交际任务，也就是听懂某一话题。二是可以让学生了解本课要进行的各项听的技能训练。例如在进行“在学校里”这一话题的教学时，教师可提问学生到了学校以后，一般要先做什么，学生大多数会回答要了解学校的情况，办住宿手续，买学习用品，了解入学考试和上课的情况等。这样一来，教师就可以把本课关于学习生活的话题串起来介绍一下，明确本课就是要听懂这方面的话题。最后教师再提出本节课技能训练的具体要求。这样就可以把学生认知结构中有关学校生活的知识加以定位，激活学生脑中的知识图式，促进学生对话题的接收理解。

第二，教师要指导听的方法，提醒需特别注意的地方，预测可能出现的问题，消除学生的畏难心理。听力课上，语音、词语、句子、对话和短文等练习都可进行听前预测。针对每项训练内容，教师在备课时要对教学对象听的能力和以往教学中学生容易听错、出错的地方做到心中有数。听以前教师先教给学生正确的听的方法，提醒学生需要特别注意的地方。指导学生预设可能出现的问题，想方设法消除学生畏难的心理障碍。例如，有时某个句子里有刚学过的生词，学生还没熟练掌握，可能会影响学生听懂这个句子。这时就可以重点提醒学生注意带某个生词的句子，或把生词写在黑板上进行提示。

第三，教师要布置具体任务和次数要求，让学生带着问题和要求听，启发兴趣，使其精神饱满，注意力集中。每项训练的具体任务要明确，这主要包括两方面的内涵，首先要明确地告诉学生带着什么问题去听，作好听前提示。如果是对话或短文，要提示学生“说话的人是谁？在哪儿？做什么？”或者提出更具体的单一任务。例如有时某段课文里有个关键词，教师就可以提示学生，请学生找出这个词。诸如此类，课文中出现的某个重要人物、时间、地点和某个重要句子都可以采用这种方法。其次，要明确地告诉学生听完以后做什么。例如采取边听边填空、边听边问、听后模仿、听后回答问题、听后选择、听后转述或概述大意、听写练习等。这两项任务还要和学生听的次数结合起来，要明确地告诉学生是泛听，听一遍；还是精听，听N遍。若是听N遍时，则要告诉学生粗听还是细听，要求听第一遍时注意什么问题，听完以后做什么。听第二遍注意什么问题，听完以后做什么。以此类推。如果教师的指导有效，学生的学习主动性充分调动起来，预设准确，接收到的信息就容易消化吸收，听并理解的目的就达到了一半。

2. 利用消化作用做好听时指导

在播放言语材料的过程中，教师也要以初学者的姿态，和学生一起来听。如果言语材料的难度不大，学生在准确预设的基础上，便会很快在已有的认知结构中调动可用的知识与经验对内容进行消化，就是说新信息变成了可懂输入。如果言语材料的难度较大，教师可通过以下措施帮助学生进行消化。

第一，调节语速，降低难度。听力材料中有没学过的生词，有比较长的难句，或者语速较快，教师可将带生词的句子、较长的难句或某个段落先以较慢的速度说一两遍，降低听力材料的难度。给学生提供一个消化吸收的捷径，避免学生因输入的信息难度过大而拒绝接收。

第二，间接提示教师要全力调动学生的认知结构，寻找到与新信息相同或相近的知识或经验，将新信息赋予意义，便于学生消化并吸收，新信息也变成了可懂输入。例如，学生听不懂“看你说到哪儿去了”这句话的意思，教师可以举例：

A：听说汉语水平考试考了 8 级？

B：谁说的！

问：“谁说的！”是什么意思？

学生就会说出是“你说得不对的意思”。再把“看你说到哪儿去了”替换到对话中，学生马上就掌握了其意。

第三，重点部分反复听或做板书提示。课文中涉及汉语的一些习惯用语，如话中话、弦外音、暗示语，以及反语、讽刺语、委婉的告诫语等等，可以用重复键反复让学生听几次或做板书提示，便于学生理解消化。

3. 利用补充作用做好听后指导

在经过听时练习的消化过程后，学生对信息有了具体的知觉，教师就要利用补充作用做好听后指导工作。主要是通过上文提到的各种听后练习检查学生理解和掌握的程度，对听的情况进行检查、评议、总结。对学生听不懂的地方给予解释；对学生理解错误的地方给予纠正，这即是利用认知结构补充出语言信息中并未包含的那部分信息。这时教师可以把有关的部分让学生再听一遍，使学生达到对语言信息的完整理解。听后指导要灵活处理。比如一段课文学生听完一遍后，教师通过检查发现学生听的效果不好，可以对本段课文的内容作一下方向性的指导，然后布置学生带着问题加听一遍。

听后指导在学生达到对新信息的完整理解后并没完全结束，教师还可以选择一两段重点课文用自然真实的语气、语调和较快的语速再说一遍，或找一段相关内容的补充材料让学生听。比如学完有关天气的课文后，可以从广播中录一段天气预报放给学生听。这样能使学生的听力理解能力在不断的量的积累上达到一个质的飞跃。

总之，认知结构在听力理解中的这三种作用相互之间有着密切的关系。其中，预测作用是基础，也是最重要的。消化是预测的延续和验证。补充是对预设和消化的总结。三种作用互相依赖、互相影响、互相促进，形成听前、听时、听后一个良性循环的过程，使言语理解者能够准确、完整地完成理解活动。

三、对外汉语听力教学实践应注意的问题

(一)教师备课时应注意听读结合

读和听虽然都是输入信息的过程，可是读是自觉的，听却是被动的，文字视觉信号是平面性的，而听觉信号却是线性的。听的时候，只能顺着语流“走”，而教师在阅读时常常意识不到自己在跳读或者反复阅读，这样就很难从“听”的角度去发现问题。因此听力课教师在备课时，要特别注意教师不能只是阅读听力文本(即教师用书)，而且还要听录音(特别是在对话短文阶段)。并且教师要把自己做练习的结果和体会记录下来，课后与学生所作练习的情况进行比较。只有通过不断的比较和总结，才能把握学生听的难点。

(二)听录音前教师要进行必要的讲解或说明

上听力课，最忌教师什么也不讲就开始放录音，让学生做练习。教师应该结合所要听的内容，向学生进行必要的讲解或说明，使学生注意力更为集中，听的目的更为明确，这样听的效果才会好。

这就像做体育运动前，运动员都要做一些热身运动一样，听力课开始前，教师也要带领学生做一些热身运动，在语音阶段，教师要对题型进行说明，让学生明白他要听什么，做什么。在语法阶段，为了让学生了解这节课的重点，教师要准备一些有代表性的材料先让学生熟悉。在短文阶段，教师要围绕所听材料的主题提些问题，让学生对将要听到的材料有个大概的了解，让学生带着问题听，就会帮助学生理解文章的主旨。

(三)对听力材料的选择要慎重

听力教学的原则是要给学生以可懂输入。要想提高学生的听力水平，就要选择难度合适的听力材料。除了材料的难度以外，也要注意材料的有效性和可信性，不能故弄玄虚，使材料的人为性过于明显。如北京语言学院速成学院的听力理解试题[①]：

昨天下午，小张、小马、小李、小王和小白都去参加足球比赛。因为时间紧张，他们把上衣拿错了。小张拿了17号上衣，小马拿了11号上衣，小李拿了6号上衣，小王拿了10号上衣，小白拿了4号上衣。小张拿的上衣是小白的，小马拿的上衣是小王的，小李拿的上衣是小马的，小王拿的上衣是小李的，小白拿的上衣是小张的。

请你用连线的方法说明每个人的上衣是几号。

这种练习几近于语言游戏，试想以汉语为母语的人听一遍也未必能做对，可见这种题并不适合学生做听力练习用。

(四)问学生问题时要注意方式和技巧

做听力练习时，针对一篇听力材料，应该将问题划分出不同的层次，先问较简单的，再问较难的，问题还应尽量带有启发性，如"你们觉得会不会是……?""你们想可能不可能是……?"教师应该通过观察学生的表情来猜测学生是否理解了听力材料，通过与学生的眼神交流来了解学生的问题所在。切忌总是问"大家听懂了吗?""还有谁不懂?""××，你懂了吗?"等，这样的问题学生一般或是会用沉默来回答，或是会因为碍于面子而不懂装懂，也会使课堂气氛变得沉闷。况且，这样的问题并不能真正地检查出学生听的质量到底怎么样。

此外，教师也要会开一些适度的玩笑，尽量缓解学生紧张的情绪，使学生抛开顾虑，勇敢地开口回答问题。但要注意的是，不论多么好的教学方法与技巧，重复使用都会失去趣味性，所以教师要根据教学内容不停地变换教学方法和技巧。

(五)课堂教学中要注意优化教学气氛

教学气氛作为教学活动的背景，起着非常重要的作用。情绪记忆较之

① 杨惠元：《汉语听力说话教学法》，北京：北京语言文化大学出版社，1996年，第190页。

知识记忆更为持续而长久，同时情绪会对人的认知产生一定作用，故营造一种轻松活泼愉快的教学气氛十分有利于学生的学习。

优化课堂教学气氛，要求教师本人必须热情、大方、幽默，语言和表情、动作都要有感染力，而且教师还必须想尽一切办法来带动学生的情绪和积极性。同时，学生的性格千差万别，除了教师本身的因素，也可以在熟悉学生的基础上，尽量利用班里性格活泼、幽默的学生来调动整个班的积极性，活跃课堂气氛。此外，教学材料的趣味性也是决定课堂教学气氛的关键，现在的听力教材在选编听力文本时都很注意材料的趣味性，但教师平时还应该注意多搜集一些报刊杂志上的幽默小故事，穿插在教学过程中，这对活跃课堂气氛很有帮助。例如：

男：小王，这台电视机坏了，你能修一修吗？

女：你还是找别人吧！

问：小王的意思是什么？

听后如果教师紧接着举同类的一个例子，如：

我今天穿了一件新衣服，碰见一个朋友，我问她："你觉得我这件衣服漂亮吗？"

她说："明天你还是穿别的衣服吧！"

这样不仅可以活跃课堂气氛，还能加深学生对这种句型的理解。

第三节　对外汉语听力教学的技能训练

一、对外汉语听力教学技能训练的方法

言语技能包括听、说、读、写这四项，虽然人们获得这几种不同的言语技能的心理和生理过程不完全相同，所采用的训练方法也因此不同，可是这四项技能之间具有紧密的关系，这是不容置疑的。在学习过程中，这四项技能常常是互相影响、互相促进的，不可能有什么绝对的单项技能训练。听的过程是语言输入的过程，在这个过程中学生处于被动接受的状态，为了发挥学生的积极主动性，必须将听与说、读、写结合起来。所以，对外汉语听力教学技能训练方法也离不开听说读写。具体来说，对外汉语听力教学技能训练方法主要包括以下几种。

(一)听说结合法

在人类交际活动中,听占据最大的比例,在交际过程中,接受和理解是表达和应用的基础和前提。但听力教学在加大输入的同时也不能忽视输出的作用,输入和输出是语言习得过程的两端,输入的最终目的是为了输出。在对外汉语的教学实践中,我们常常会发现听力好的学生一般口语都不错,而听力差的学生一般都不太好,这从一个侧面证明了听和说这两种言语技能的关系是相当密切的。

学习者在经历了对语言知识和材料的输入和记忆后,要进入输出阶段,才能最终完成学习过程。语言也只有通过输出才能检验输入的效果和交际的能力,否则输入就是失败的输入。所以,对外汉语听力训练要将听和说这两种言语技能紧密结合。听说结合法可以分为听后模仿、听后总结和听后回答三个主要类别。

1. 听后模仿

听后模仿,是指收听者对听到言语信息进行模仿,然后再复述出来。在语音阶段,主要是对汉语声母、韵母、声调的听后模仿,在语法阶段,除了句子本身,听后模仿还包括对句子的停顿、重音、语气和语调的模仿。

听后模仿还可以加入一些主动性成分,从而形成替换性模仿和添加性模仿。

(1)替换性模仿

替换性模仿是指先让学生听一句话,再听一个词,要求学生用这个词替换句子中可对应的词。如:

学生听:这是丽丽的书包。——杯子

学生说:这是丽丽的杯子。

学生听:衣服

学生说:这是丽丽的衣服。

(2)添加性模仿

添加性模仿是指学生要将听到的言语信号依据一定的语法规则添加适当的成分再说出来。如:

学生听:我,骑自行车,学校,上课

学生说:我骑自行车去学校上课。

这种模仿与简单复述相比,多了一些学生主动性的参与,并且有助于增加学生对语法的记忆。

需要指出的是，在进行听后模仿时，要做到以下几点。

第一，学生复述时不要看文本材料，不看文本学生就必须在大脑中记住所听到的言语信号，为了复述，还需要尽量理解信号的意思，这才充分调动了大脑的积极性。

第二，听和复述可以有适当的时间间隔，听后马上就复述难度较小，而间隔一定的时间，学生为了能够复述，就必须在间隔的时间里反复默记所听到的材料，这就加长了信息在大脑中停留的时间并增加了信息在大脑中出现的次数，对于内化输入信息有很好的作用。

第三，听了集体模仿之后，也要注意个体的模仿。为了更好地检查听的效果，教师可以在了解学生水平的基础上，让个别学生来进行听后模仿，以便检验该学生的水平。

2. 听后总结

听后总结，即听材料后用自己的话简述材料的内容，从语法阶段就可以逐渐引入这种方法，当学生听到较长、较复杂的句子时，就可以让他们说出关键词或句子的主干。到了短文阶段，就可以让学生说出所听短文的关键句子或中心思想。

3. 听后回答

听后回答就是听材料后回答问题，这是语法阶段和短文阶段听力教学最常用的方法，也是言语操练最常用的方法。在语法阶段听后回答的顺序是：听—提问—回答。在短文阶段听后回答的顺序是：提问—听—回答。教师所提问题的难度必须要能体现出听力技能训练的重点。

(二)听做结合法

听做结合即根据听到的言语指令，做出所要求的动作。在听力教学中，听后做动作能够活跃课堂气氛，能够提高学生学习兴趣、加深对知识的印象，能够促进对语言要素的理解等。而且在学习某些语言要素时，听和做是不可缺少的。如在学习“过来”“过去”“上来”“上去”“下来”“下去”“进来”“进去”等词时，教师除了进行动作演示外，也可以让学生根据教师发出的指令来做相应的动作。这样不仅可以检查学生的学习情况，还可以加深学生的理解。

(三)听读结合法

听和读都是输入言语信号的过程，一个是通过耳朵，一个是通过眼睛。

把这两种同属语言交际中接收理解型的能力结合起来，会加强接收的效果，促进理解的深入。听读结合法主要有两个内容，一个是听后朗读，一个是听后阅读。

1. 听后朗读

听后朗读主要是练习对言语中语音、语调、语气的把握。

2. 听后阅读

听后阅读主要是通过语音信号、视觉符号的双重刺激促进言语信息在大脑中的储存。

需要指出的是，听读结合法中听应该是重点和中心，要以听来带动读，以读来印证听，这是因为听可以摆脱读的视觉干扰和其他消极影响，读可以作为听的及时补充和加强，从而达到听读并进的效果。

(四)听写结合法

听和写也是输入和输出的关系。“写”的过程实质上是利用储存在长时记忆系统中的汉字知识，对由听进入到短时记忆系统中的语言信息进行再编码，并将其输出的过程。一般认为，边听边写，可以延长学生对信息的记忆时间，因此，可以说听写的突出特点就是能使学生对听到的信息记忆深刻，这对提高听力技能、强化语言知识无疑都是有重要作用的。听写中“写”的内容包括拼音、数字、符号、图表、汉字(兼指由汉字组成的词汇、句子、文章)等。边听边写还对语言要素的学习有重要的作用。听写训练除了可以提高学生听力水平以外，还是检查学习者汉字识记程度及进一步强化巩固汉字识记的基本手段之一。

(五)视听结合法

随着多媒体设备的逐渐普及，听力教学技能训练中也融入了多媒体的成分，从而形成了视听结合法。视听结合法可以使信息同时刺激视觉器官和听觉器官，从而加强学生大脑对信息的印象，而且可以通过视觉信息来对听不懂的言语信息进行弥补，从而缓解学生对听的畏难情绪，也能减少持续听的疲惫。

需要指出的是，在运用这一方法时，还是要注意以“听”为中心。另外，因为视听会降低听的难度，教师在视听教学中不能只是播放视听材料，而是要以训练听力技能为目的设计各种练习，因此视听结合法只能作为听力教学的一种辅助性方法。

二、对外汉语听力教学技能训练的技巧

(一)语音阶段听力教学技能训练的技巧

语音阶段听力教学技能训练可以从以下几方面来着手进行。

1. 运用听说结合法的技巧

(1)听后模仿

听后模仿包括对声母、韵母、声调、音节的模仿。由教师来读,学生来重复。例如:

教师:b
学生:b

教师:ǔ
学生:ǔ

教师:bǔ
学生:bǔ

(2)听后拼读

听后拼读就是由教师分别说出声母、韵母和声调,由学生来拼读。例如:

教师:b,ǔ
学生:bǔ

教师:d,èng
学生:dèng

教师:ch,ūn
学生:chūn

(3)听后辨音

听后辨音就是让教师读音节,让学生分辨声母、韵母、声调分别是什么。

①辨声母。例如:

教师:bǔ
学生:b

教师：dèng
学生：d

教师：chūn
学生：ch

教师：qīngxīn
学生：q，x

②辨韵母。例如：

教师：bǔ
学生：u

教师：dèng
学生：eng

教师：chūn
学生：un

教师：qīngxīn
学生：ing，in

③辨声调。例如：

教师：bǔ
学生：3

教师：dèng
学生：4

教师：chūn
学生：1

教师：qīngxīn
学生：1，1

教师：hǎoyùn
学生：3，4

(4)听辨转换

听辨转换就是由教师在黑板上写出学生容易听混的两个声母、韵母、声调，让学生根据听到的音，辨别是哪一个，并说出相对应的音。

①辨声母。例如：

教师在黑板上写“ s—sh”
教师：sì
学生：shì

教师：shā
学生：sā

教师：sēn
学生： shēn

②辨韵母。例如：

教师在黑上写“in—ing”
教师：bīn
学生：bīng

教师：líng
学生：lín

教师：mín
学生：míng

③辨声调。例如：

教师在黑上写“ˇ—ˋ”
教师：zǐ
学生：zì

教师：hǎo
学生：hào

教师：dòng
学生：dǒng

2. 运用听写结合法的技巧

(1)听写

听写就是由教师读声母、韵母、声调、音节，由学生来写。例如：

教师读：b
学生写：b

教师读：āo
学生写：āo

教师读：dèng

学生写：dèng

(2)听后填空

听后填空就是由教师读出音节，让学生来填写音节所缺的部分。例如：

教师读：hǎo

学生填：(h)ǎo

教师读：dèng

学生填： d(èng)

教师读： qīngxīn

学生填： q(īng)(x)īn

教师：hǎoyùn

学生：(h)ǎo y(ùn)

(3)听后选择正确答案

听后选择正确答案就是由教师读出音节，让学生从两个或两个以上的音节中选出与教师所读一致的音节。例如：

教师：hǎo

学生：hǎo，bǎo

教师： dèng

学生：hèng， dèng，zhèng

教师：qīng

学生：dīng， bīng， qīng

(4)听后判断正误

听后判断正误就是由教师读出音节，让学生判断自己所看的音节是否与教师所读的音节一致。例如：

教师：lín

学生：líng　×

教师：mín

学生：mín　√

教师：míng

学生：míng　√

教师：dòng

学生：dōng　×

3. 运用听做结合法的技巧

(1)听辨声母做动作

听辨声母做动作就是由教师规定听到某个声母做什么样的动作，当学生听到教师所读的音节含有与之一致的声母时就做出相应的动作。例如在分辨卷舌音声母 zh,ch,sh,r 与不卷舌音声母 z,c,s 时，可以由教师规定听到含有 zh,ch,sh,r 的音节时就举起拳头，听到含有 z,c,s 的音节，就举起手掌：

教师：shàng

学生：举拳头

教师：sēn

学生：举手掌

教师：rù

学生：举拳头

教师：cè

学生：举手掌

(2)听辨韵母做动作

听辨韵母做动作就是由教师规定听到某个韵母做什么样的动作，当学生听到教师所读的音节含有与之一致的韵母时就做出相应的动作。例如在分辨前鼻音后鼻音这一难点时，可以由教师规定听到含有前鼻音的音，手就向前指，听到含有后鼻音的音，手就向后指：

教师：lín

学生：向前指

教师：nòng

学生：向后指

教师：hěn

学生：向前指

(3)听辩声调做动作

听辩声调做动作就是由教师读音节，学生根据听到音节的声调在空中画出调号，动作可以夸张一些，或是用伸手指来表示声调。例如学生根据听辩声调做动作的声调来伸手指：

教师：lín
学生：伸两个手指

教师：nòng
学生：伸四个手指

教师：hěn
学生：伸三个手指

教师：qīng
学生：伸一个手指

(二)语法阶段听力教学技能训练的技巧

1. 运用听说结合法的技巧

(1)听解释说词语

听解释说词语就是由教师说出一个词语的解释，学生说出这个词语。做这个练习，可以对刚学过的生词加深理解，也可以将学过的同类词语放在一起复习。例如刚刚学习过“奶奶、公司、同学、英镑、日语、后天、教室、宿舍、银行”等几个生词时：

教师：爸爸的妈妈
学生：奶奶

教师：工作的地方
学生：公司

教师：一起学习的人
学生：同学

教师：英国的钱
学生：英镑

教师：日本的语言
学生：日语

教师：明天的明天
学生：后天

教师：上课的地方
学生：教室

教师：学生睡觉的地方

学生：宿舍

教师：取钱、存钱的地方

学生：银行

(2)听后说出非同类词语

听后说出非同类词语就是由教师说出一组词语，学生听后说出其中非同类的一个。例如：

教师：苹果、葡萄、西瓜、黄瓜、香蕉、橘子

学生：黄瓜

教师：黄色、红色、蒜色、脸色、白色、绿色

学生：脸色

教师：汽车、火车、摩托车、自行车、开车、卡车

学生：开车

教师：中国、韩国、日本、亚洲、新加坡、泰国

学生：亚洲

(3)听后替换模仿

听后替换模仿就是由教师说一句话，再说一个词语，要求学生用这个词语替换句子中可对应的词语，再说出句子。例如：

教师：还有半个小时上课。十分钟

学生：还有十分钟上课。

教师：你去买点儿苹果吧。西瓜和香蕉

学生：你去买点儿西瓜和香蕉吧。

教师：他骑自行车到学校上课。出租车

学生：他坐出租车到学校上课。

教师：丽丽是英国人，他是韩国人。美国，泰国。

学生：丽丽是美国人，他是泰国人。

(4)听后添加模仿

听后添加模仿可分为两种情况。

①教师先说一个句子，让学生重复一遍，再说一个词语，然后让学生把这个词语添加到句子中并作适当变化再说出来。例如：

教师：我吃米饭。

学生：我吃米饭。

教师：学生食堂
学生：我在学生食堂吃米饭。

教师：昨天
学生：昨天我在学生食堂吃米饭。（我昨天在学生食堂吃米饭。）

教师：三碗
学生：昨天我在学生食堂吃了三碗米饭。

②教师说一连串的词语，学生用这些词语组成句子。词语的顺序可灵活变动。例如：

教师：同学，明天，我，买邮票，邮局
学生：明天我和同学去邮局买邮票。

教师：昨天，我，同学，操场，踢足球
学生：昨天我和同学在操场踢足球。

教师：他，星期三，两个，杯子，商店
学生：星期三他在商店买了两个杯子。

教师：我，喜欢，黑色，钢笔，写字
学生：我喜欢用黑色的钢笔写字。

(5)听后说反话

听后说反话就是由教师说一个词语或一句话，让学生说出意思相反的词语或句子。在这个过程中，教师要注意修正。例如：

教师：大
学生：小

教师：多
学生：少

教师：成功
学生：失败

教师：这件衣服很漂亮。
学生：这件衣服很难看。

(6)听后快速回答问题

听后快速回答问题是教师先说一句话，再根据这句话问问题，让学生进行快速的回答。注意要求学生回答问题的速度要快。例如：

教师：玛丽和凯特去商店买衣服。玛丽和谁去商店买衣服？
学生：凯特。

教师：姑姑送给我两本英语书。姑姑送给我两本什么书？
学生：英语书。

教师：他明天坐出租车去飞机场。他明天怎么去飞机场？
学生：坐出租车。

(7)听后模仿句子停顿和语调

①听后模仿句子语调就是学生对教师读句子的停顿进行模仿。例如：

教师：中国队和韩国队的那场比赛|太精彩了。
学生：中国队和韩国队的那场比赛|太精彩了。

教师：前边那个穿红衣服的女孩儿就是|王丽娜。
学生：前边那个穿红衣服的女孩儿就是|王丽娜。

②听后模仿句子语调就是学生对教师读句子的语调进行模仿。例如：

教师：明天去旅游(↓)。
学生：明天去旅游(↓)。

教师：明天去旅游(↑)？
学生：明天去旅游(↑)？

教师：中国队赢了(↓)。
学生：中国队赢了(↓)。

教师：中国队赢了(↑)？
学生：中国队赢了(↑)？

(8)听后模仿句子重音

模仿句子重音主要有两种情况。

①让学生模仿句子重音，明白句子所强调的成分。例如：

教师：约翰在中国住了两年。(强调人物，是约翰，而不是别的什么人)
学生：约翰在中国住了两年。

教师：约翰在中国住了两年。(强调地点，是住在中国，而不是其他国家)
学生：约翰在中国住了两年。

教师：约翰在中国住了两年。(强调时间，是两年，而不是三年)

学生：约翰在中国住了两年。

②让学生模仿句子重音，明白句子重音不同句意会不同。例如：

教师：他们八点都到校门口了。（对时间进行强调）
学生：他们八点都到校门口了。

教师：他们八点都到校门口了。（对人数进行强调）
学生：他们八点都到校门口了。

(9)听后问问题

听后问问题可以分为以下几种。

①教师说陈述句，学生用一般疑问句或正反疑问句提问。教师注意修正。例如：

教师：他是韩国人。
学生：他是韩国人吗？他是不是韩国人？

教师：我有这本书。
学生：你有这本书吗？你有没有这本书？

教师：明天我去北京。
学生：明天你去北京吗？明天你去不去北京？

②教师说陈述句，学生根据句重音提问。例如：

教师：丽丽给凯特三本英语书。
学生：谁给凯特三本英语书？

教师：丽丽给凯特三本英语书。
学生：丽丽给谁三本英语书？

教师：丽丽给凯特三本英语书。
学生：丽丽给凯特几本英语书？

教师：丽丽给凯特三本英语书。
学生：丽丽给凯特三本什么书？

(10)听后判断正误

听后判断正误就是教师说一句话让学生判断正误，根据学生的水平，也可让学生说明理由。例如：

教师：今天是9月6号，明天是9月5号。
学生：不对。

教师：昨天是星期三，明天是星期五。

学生：对。

2. 运用听写结合法的技巧

(1)听后填出词语

听后填出词语就是由教师读一句话，让后由学生填出听到的词语。教学生可以用此来复习学过的词语。复习时注意尽量将读音相近的词语放在一个句子中，训练学生辨音辨调的能力。例如：

教师：他工作的公司每个星期给他工资。

学生：他工作的(公司)每个星期给他(工资)。

教师：小王去商店买被子，服务员却给他一个杯子。

学生：小王去商店买(被子)，服务员却给他一个(杯子)。

教师：旁边是他的房间。

学生：(旁边)是他的(房间)。

(2)听后写出词语的拼音

可以用这种方法来预习生词。听后写出词语的拼音就是由教师读两个含有同一词语的句子，然后让学生写出词语的拼音，并引导学生猜测词语的意思，这种方法用来预习生词，使学生对该词语有初步的印象。例如：

教师：你感冒了，怎么不去医院看看？

　　　我不想去医院，买点儿药吃就可以了。

学生：yīyuàn

教师：如果有事或者生病不能去上班，应该向公司请假。

　　　他今天没来上课，也没有向教师请假。

学生：qǐngjià

教师：你喜欢哪种颜色，白色还是红色？

　　　这件衣服大小很合适，可是颜色不太好。

学生：yánsè

(3)听后写出句子中的人名和地名

听后写出句子中的人名和地名就是由教师读句子，由学生写出句子中的人名和地名，没学过的字可以用拼音代替。例如：

教师：孙家月是江苏扬州人。

学生：孙家月，江苏扬州

教师：李云的衣服是在长安路那家商店买的。

学生：李云，长安路

教师：云南在中国的西南。

学生：云南，中国

(4)听后写出句子中的数字

听后写出句子中的数字就是由教师读句子，由学生写出句子中的数字。例如：

教师：我们住在10楼105房间，不是501房间。

学生：10，105，501

教师：他的手机号码是13909153776，不是767。

学生：13909153776，767

教师：他的电话是八三个五四个二。

学生：85552222

(5)听后写出句子中表示时间的词或短语

听后写出句子中表示时间的词或短语是由教师读句子，由学生写出句子中表示时间的词或短语。例如：

教师：我是1981年7月23日出生的。

学生：1981年7月23日

教师：4月11号到17号在北京剧院有京剧表演。

学生：4月11号到17号

教师：明天的报告于上午9点开始。

学生：明天，上午9点

教师：考试的时候请大家关上手机。

学生：考试的时候

3. 运用听读结合法的技巧

有的句子语法结构或者语气语调较为特殊，针对这样的句子，教师可以采用听读结合的方法。先让学生自己看材料读一遍，再听教师读(录音)，体会句子的意思，模仿语气语调。例如：

学生：你早不回来，晚不回来，偏偏我刚把卫生打扫完你就回来了。

教师：你早不回来，晚不回来，偏偏我刚把卫生打扫完你就回来了。

学生：你早不回来，晚不回来，偏偏我刚把卫生打扫完你就回来了。

学生：这房子你现在又不住，空着也是空着，不如租出去，还能有点儿收入。
教师：这房子你现在又不住，空着也是空着，不如租出去，还能有点儿收入。
学生：这房子你现在又不住，空着也是空着，不如租出去，还能有点儿收入。

学生：这衣服怎么洗了一次就掉色了，还名牌儿呢！
教师：这衣服怎么洗了一次就掉色了，还名牌儿呢！
学生：这衣服怎么洗了一次就掉色了，还名牌儿呢！

4. 运用听做结合法的技巧

运用听做结合法的技巧可以分为以下几种。

(1)根据指令做动作

①教师发出指令，请学生做动作。注意：可以同时请两位或多位学生一起做，以免因为单独让一位学生做动作使学生感觉到紧张。例如教师可以发出如下指令：

请你(你们、×××同学和×××同学)过来。
请你(你们、×××同学和×××同学)到我这里来。
请你(你们)向左(向右、向后)转。
请你(你们)举起你(你们)的左手(右手)。
请你(你们)向左(向右、向后、向上)看。
请你(你们)向前走三步。
请你(你们)向后退两步。

②学生根据教师说的话，利用教具、卡片以动作重复听到的内容。例如教师准备写有"教师、律师、工程师、经理、留学生……"的卡片，交给一位学生，根据班上学生的实际姓名说："×××同学是教师，×××同学是律师，×××同学是工程师，×××同学是经理……"，请这位学生根据听到的内容把卡片分发给相应的同学。

(2)学生以表演的形式重述教师说的话

例如：

教师：你出来一下，有人找你。
学生：(走到教室门外，对教室里说)你出来一下，有人找你。

教师：你快点儿进来，要上课了。
学生：(在教室里，对门外说)你快点儿进来，要上课了。

教师：你先进去吧，我等一会儿再进去。

学生：（走到教室门外说）你先进去吧，我等一会儿再进去。

（3）根据听到的内容画图

根据听到的内容画图就是让学生听句子，听完后画出相应的图。例如：

教师：山脚下有一座房子，房子的右边有一棵树，树上有两只小鸟，树下面有很多的小花。

学生：根据教师所说内容画图。

（三）短文阶段听力教学技能训练的技巧

1. 运用听说结合法的技巧

（1）听后判断正误

听后判断正误就是教师对学生所听到的内容进行重组，由学生来判断重组后的内容是否正确。例如：

听录音：

女：结婚的东西都准备好了吗？

男：差不多了，只是给客人发的请帖还没准备好。

女：我想送你一件礼物，不知送什么好。

男：算了吧，你的心意我们领了。

女：那怎么行啊？对了，电饭锅怎么样？

男：电饭锅倒是还没买。

教师：说话的两个人要结婚了。

学生：不对。

教师：女的要送给男的一个电饭锅。

学生：对。

教师：男的不要电饭锅。

学生：不对。

（2）听后回答问题

听后回答问题就是教师对学生所听到的内容进行提问，由学生来回答问题。例如：

听录音：

男：听说你对日本的茶道很了解。

女：哪里哪里。

男：我的几个学生对日本的茶道很感兴趣。能不能请你给他们讲一讲？
女：好啊。不过，我对茶道了解得也不全面，不知道能不能讲好。
男：你太谦虚了，要是可能的话，他们还想实际体验一下。

教师：女的对茶道了解吗？
学生：了解。
教师：男的想让女的做什么事？
学生：请她给他的学生讲茶道。

2. 运用听写结合法的技巧

听写结合就是让学生听短文来完成填空、选择或写出短文的中心思想等练习。例如：

听录音：

无论是在餐厅、饭店，还是在家里吃饭，许多人都喜欢饭后吃点儿水果，其实这是一种错误的生活习惯。因为饭后马上吃水果会影响消化功能。医生解释说，由于食物进入人们的胃以后，必须经过一到两小时的消化，才能慢慢排出。如果人们在饭后马上吃水果，水果就会被先吃的食物阻滞在胃内，不能正常地在胃内消化，如果水果在胃内时间过长，就会引起肚子胀、拉肚子或便秘等病。老人们常说：早上吃水果是金，中午吃是银，晚上吃是铁，虽然是句俗语，但却说出了一天之中人体吸收水果营养的最好时间。

学生填空：

无论是在（餐厅）、饭店，还是在家里吃饭，许多人都喜欢饭后吃点儿（水果），其实这是一种（错误）的生活习惯。因为饭后马上吃水果会影响消化功能。医生解释说，由于食物进入人们的（胃）以后，必须经过一到两小时的消化，才能慢慢排出。如果人们在饭后马上吃水果，水果就会被先吃的食物（阻滞）在胃内，不能正常地在胃内消化，如果水果在胃内时间过长，就会引起肚子胀、拉肚子或便秘等病。老人们常说：早上吃水果是金，中午吃是银，（晚上）吃是铁，虽然是句俗语，但却说出了一天之中人体吸收水果营养的最好时间。

3. 运用听读结合法的技巧

运用听读结合法的技巧有两种，一种是让学生听后跟读，模仿语气语调，另一种是阅读完相应的材料后再听录音，寻找到阅读材料与录音不一致的地方。例如：

阅读材料：

洗澡对健康有好处，但是有些人刚吃完饭就去洗澡，这样做不仅刚吃下的东西得不到充分消化，而且心脏也得不到很好的休息，再加上洗澡间的空气不流通，对心脏病人是有危险的。所以，心脏功能不正常的人更不应该吃了饭就洗澡。另外冬季天气寒冷，上了年纪的人洗澡也要注意，浴室要暖和些，水温却不要过高，洗的时间也不宜太长。

录音材料：

大家都知道，洗澡对健康有好处，但是有些人刚吃完饭就去洗澡，这样做不仅刚吃下的东西得不到充分消化，而且心脏也得不到很好的休息，再加上洗澡间的空气不流通，缺少氧气，对心脏病人是有危险的。所以，心脏功能不正常的人更不应该吃了饭就洗澡。另外冬季天气寒冷，上了年纪的人洗澡也要注意，浴室要暖和些，水温却不要过高，洗的时间也不宜太长，最好家里有人照顾，以免发生意外。

4. 运用听做结合法的技巧

运用听做结合法的技巧可以分为以下两种。

(1)根据听到的内容画图

根据听到的内容画图就是让学生听短文，听完后画出相应的图。教师可以以“我的房间”“我的家”“我的学校”等为主题说一段话，让学生根据听到的内容画出示意图。例如：

听录音：

你要去我家？我家就在友谊超市的对面，什么？你不知道友谊超市？那你知道第二小学吗？知道，那好，第二小学就在友谊超市的左边，我家就在友谊超市的对面。

学生画图：第二小学→友谊超市→我家

(2)听后表演

听后表演就是由教师说一个故事，让一位学生或多位学生边听边表演。例如：

家乡的父亲给在城里当局长的儿子打电话，电话是秘书马小姐接的。“我找邓小三。”父亲习惯叫儿子的小名儿，可是马秘书可不知道呀：“我们这儿没这个人！”“啪”地就把电话挂了。父亲想，对了，儿子现在是局长，又打电话说：“邓局长在不在？”“你等一下，我看看。”马秘书说。邓局长听说是找“邓局长”，想着肯定是最近单位里的麻烦事儿，不由得皱了皱眉头，摆摆手，秘书马上明白了，拿起电话说：“邓局长现在不在。”父亲放下电话，突然想起来，应该说儿子的大名儿，万一有两个邓局长呢？于是又拿起电话："喂，我找邓德发。"马秘书一听，这个人直呼邓局长的姓名，忙客气地说："请您等一下，我去看看。"可是邓局长一听是找"邓德发"，知道这人肯定是熟悉自己的亲友或乡亲，害怕他们来求自己帮忙，于是小声地对秘书说："说我在开会，不能接电话。"秘书照办。父亲越来越纳闷儿了，打了三次电话都没找到儿子，答复还不一样，不禁又气又急。突然父亲又想到一个办法，他又拨通电话，说："找一下小邓。"马秘书一听，不敢怠慢，笑着说："请您稍等，我去找他。"邓局长一听是找"小邓"，急忙跑到电话旁，恭敬地拿起电话说："我是小邓，请问您是……""我是你爸爸！"父亲生气地吼了一声，然后挂了电话。邓局长拿着电话愣住了。

可以让学生分别扮演邓父、马秘书、邓局长等人物，并进行表演。

第六章　对外汉语的阅读教学

对外汉语阅读教学的内容主要包括语言要素的教学和言语技能训练两大方面。语音教学、词汇教学、语法教学和汉字教学是语言要素教学的主要方面，而言语技能训练则主要体现在听、说、读、写这四个方面。在言语技能训练这一领域，阅读技能的训练显得尤为重要。科学研究表明，在感觉器官接受的信息总量中，视觉占83%，听觉占11%，其他器官占6%。在对外汉语阅读教学中，阅读课的重要性可见一斑。因此，如何提高阅读课的教学水平，如何对留学生进行有效的阅读技能训练，成了我们必须面对的问题。

第一节　对外汉语阅读教学理论

一、阅读的基本知识

(一)阅读的概念

在谈到个人爱好时，我们常常问："你喜欢看书吗？""你喜欢看什么书？"这时我们用"看"而非"读"。相似的表达如"看报""看小说""看杂志""(去书店)看书"等等，但我们也常说"读书""读哲学""读文学""读鲁迅"等。"读"与"看"有什么分别？

比较"看"和"读"可以看出，二者强调的重点不同。"看"偏重视觉感知，指比较随意的阅读。而"读"侧重于学习、理解，指比较深入的阅读。

《现代汉语词典》中，"阅读"被解释为：看(书报)并领会其内容：他已认识二千多字，并能阅读通俗书报。

可见，阅读离不开"看"，但"看"并不等于阅读。"阅读"除了视觉的"看"，还要"领会其内容"，而"领会"就包括理解的心理加工。因此，阅读包括了视觉活动与心理活动两个方面。如果我们把视觉活动的"看"作为阅读的外部过程，把"领会"的心理活动作为内部过程，那么也可以说阅读包括了外部过程与内部过程。

当然，现在“阅读”的对象远远不止“书报”。各种实用性的文本，如多种用品（包括药品）的说明书和广告，各种公共场所的告示、通知、广告牌、屏幕、标牌等，还有电脑、手机屏幕等，只要包含文字系统（甚至其他有意义的符号、图表等），都可以是阅读对象。

因此，可以将阅读定义为：阅读是指从广义书面语中理解作者传达的信息。

阅读对象为“广义书面语”，包含各种标牌、屏幕中展示的语言形式。方式为“提取、建构”，将被动、主动的阅读心理过程都包括进去。

除此之外，我们还认为，阅读实际上是一种综合技能。这些技能包括如何既提高速度又能加深理解；如何从一个字一个字地阅读发展到一个词组一个词组，甚至一个短句一个短句地阅读；如何猜测生词的意思；如何理解长句、难句；如何根据篇章词语（“因为……所以……”“首先……”“总之……”等）掌握文章的结构；如何从字面义找出作者真正要表达的含义；如何在众多的文字中迅速找出你最需要的信息；等等。这么多技能，需要经过培训才能具备，才能快速、有效地理解广义书面语中作者要传达的信息。因此，我们还可以将“阅读”定义为：

阅读是一种需要经过专门训练以便能从文字中提取作者所传递信息的认知技能。

（二）阅读与文字、语言、认知的关系

阅读包括了对文字的视觉感知、语言知识、阅读理解的认知过程。因此，有必要让读者了解视觉感知、语言和认知方面的知识。现在我们从三方面来认识阅读：阅读与文字、阅读与语言、阅读与认知。

1. 阅读与文字

就阅读与文字层面而言，人类的阅读活动是从文字开始的。文字是记录语言的符号系统。文字的产生，是人类文明发展的重要标志。自从有了文字，人类的活动就开始有了记载，为后世的发展与进步提供了基础。文字的出现，才能使语言跨越时空的限制，使它的交际功能得到前所未有的扩展。人们不仅可以进行口头交际，还可以进行书面交际。交际不仅可以在同一个时间进行，还可以在不同的时间进行。没有电讯之前，人们可以通过文字了解不在身边发生的事情。现在，人们可以了解一两千年以前发生的事情，也是通过对当时文字的阅读。

从阅读行为来看，阅读者先看到的是文字。看不懂文字，就无法进行阅

读。文字是形音义的统一体，而字形是文字的存在方式。文字与口头语言的不同之处，就在于它的形体特征。对字形的识别是阅读的第一步。

不同的语言常常有着不同的文字体系。现有文字通常分为表音文字与表意文字两大类。

表音文字是指字形直接标记语言的声音的文字。它用数目不多的符号表示一种语言里有限的音素或音节，作为表示词语声音的字母。掌握了字母的发音与拼写规则，知道读音就可以写出字形，根据字形也可以读出语音。如英语，只有26个字母，掌握了它们的发音与拼写规则后，看到文字就可以读出发音，根据读音很容易写出文字。如read、book等。因此，一般认为表音文字是目前世界上比较简单的文字，容易学习，因为它使用有限的字母来记音与表形。

表意文字是指用图形或符号来记录词或语素的文字。古埃及的圣书文字、美索不达米亚的楔形文字、汉字，都是古老的表意文字。在历史发展中，不少表意文字逐渐演化成表音文字，如楔形文字。而汉字在演化过程中，并没有发展成表音文字。

汉字不是直接表示语音的字母，而是用不同的笔画构成的表意符号。其基本特点是：字形标记的是一定的词或语素的意义，而不是声音。如，跟英语read、book对应的是"读""书"，它们本身不能直接表示语音。

尽管汉字阅读跟汉语口语的关系不像拼音文字那么密切，但是从阅读角度看，汉字还是有不少方便阅读的因素：

第一，汉字是表意符号，通过字形容易看出意义，有利于阅读辨认。当学习者掌握了最常用的几百个汉字后，对会意字、形声字的辨认，对这些字所示意义的获取，就会比较容易，如看到"江、河、湖、海"等，就知道跟水有关。

第二，汉字是立体组合，信息量大，所占空间小，有利于快速阅读。当眼球不动时，看到的词语多，有利于词组和短句的阅读理解。请对比以下两个句子(例1)就可以看出这点。

例1：

a. People who speak English and those who speak Chinese apparently have way of seeing numbers.

b. 讲英语的人和讲汉语的人理解数字的方法显然不同。

2. 阅读与语言

就阅读与语言层面而言，阅读的对象是书面语言，语言理解自然是阅读的重要内容之一。语言理解需要语言知识和能力，包括词汇、语法、语义、语用、语篇等各个方面的知识和使用它们的能力。

第一，词汇量对阅读理解起着关键的作用。如例 1，只懂 200 个词的人肯定无法阅读；掌握了 2 000 个词，可以看懂基本意思；掌握了 6 000 个词语，才可能理解每一个词。因此，词汇的学习与积累一直是对外汉语阅读教学关注的重要问题之一。

第二，语法知识对阅读理解也有重要影响。长句、难句的理解就离不开语法知识和能力（例 2）。

例 2：

一位来自韩国的体操明星在中国学习期间跟一位中国体操王子结婚了。

这个句子比较长，但如果具备语法知识，可以将长句子简化为“体操明星结婚了”。“一位来自韩国”是定语，说明“体操明星”；“在中国学习期间”是状语，说明结婚的地点、时间；“跟一位中国体操王子”也是状语，说明结婚的对象。这样简化、分化，长句就不难理解了。但要具备简化、分化能力，就需要语法知识和理解长句的技能（包括抽取句子主干等）。

第三，篇章能力不但可以帮助读者分析文章的结构，抓住文章的主要内容，还有助于读者理解作者的思路、意图与目的。

事实上，当第二语言学习者掌握一定的目的语语言知识、具备一定的目的语能力之后，阅读与上述语言知识的学习是相互作用的：大量阅读有助于语言知识的积累，语言知识的丰富有助于阅读理解的深入与阅读速度的提高。

3. 阅读与认知

就阅读与认知层面而言，“认知”是现代认知心理学的术语，包括注意、知觉、记忆、问题解决、思维等。阅读，是人类一种复杂的认知活动。认知研究主要关注阅读时的眼球运动、单词识别、阅读过程的模式建立等。这些研究可以帮助成绩不好的阅读者解决困难，帮助第二语言学习者提高阅读能力。

阅读第一步就是进行单词的识别。大量研究表明：快速而自动的单词识别对阅读影响重大。在英语阅读中，熟练读者只需要阅读 80％的实词、40％的虚词，而不熟练的读者却要阅读几乎百分之百的实词和接近 80％的虚词。

读者已有的知识会跟阅读内容发生相互作用。不少研究表明，对外汉语阅读的内容跟读者头脑中已有知识关联越密切，阅读越容易，不论这种已有知识是以什么方式输入、贮存的。

阅读策略研究也是近年来的热门话题。如，是带着问题阅读，还是阅读后才遇到问题；在阅读练习中，是先看问题再看文章，还是先看文章再看问题。

阅读策略还包括词义提取方式和词义推测策略。如看到例3这句话。

例3：

他看见老板走过来，对我嘀咕了一声："快干活吧！"

读者不认识"嘀咕"这个词，如果要猜测词义，是根据两个字的偏旁（"口"字旁），还是根据上下文（"对我……一声"），还是综合考虑，这些都涉及猜词策略。

（三）阅读过程模式

"自下而上"的信息驱动模式阅读往往是从字母辨别开始的，这一阶段叫作扫描。扫描所获得的信息经语音转换后，在心理词典帮助下进行词语识别，即从语音转换为意义。接着读者注视下一个单词，以同样的方式进行词语识别，直到完成句子中所有单词的识别。此后，句法与语义规则共同起作用，获得句子的意义。

诚然，这个自下而上不是一步一步进行的。不少实验证明，单词识别可以比一个字母的识别更快，这就是"词优效应"，即单词识别与字母识别的加工是平行的，而非串行的。

实际上，初学阅读时，多使用自下而上的程序，眼睛对文字的注视始终是阅读的开始。字词辨识是阅读的重要基础。然而，当学习者具有相当语言水平以后，就不仅仅是自下而上的加工了。

读者驱动模式"自上而下"与"自下而上"在字面上似乎刚好方向相反。"自下而上"是从字母开始，加工程序是从小到大。那么，"自上而下"是不是就倒过来，从大到小？当然不是。

事实上，"自上而下"模式强调的是，读者在阅读过程中有着重要作用。该模型认为阅读是一种选择过程。读者是带着假设来处理文本，然后利用文本材料来对先前的假定进行证实、否定或进一步提炼。先前的假定是相对的，这个假定可以是关于整篇文章的，也可以是关于某个词的，或者是读者的背景知识。有效的阅读并不需要精确的知觉与辨认所有文字成分，而是选择最少的语言线索以产生有效的猜测的一种技能。该模式强调背景知识在阅读中的重要作用。

通常认为，在读者掌握了较好的目的语知识和一定的阅读技能后，就可以适量地采用这种模式。它可以大大提高阅读速度，有效地完成有特定目的的阅读任务。

"相互作用"模式认为阅读是自下而上与自上而下相互作用的过程,既是感知的过程也是认知的过程。视觉的感知加工需要视觉信息,即文字;认知加工需要非视觉信息,也就是读者已有的知识结构。在阅读过程中,各种不同来源的信息以复杂的方式相互作用。

在相互作用中,可以偏向于"自下而上",也可以偏向于"自上而下"。一些研究支持"自下而上"模式,它们多是对单词识别与词义提取的研究,研究对象为小学生或外语学习者。另一些研究支持"自上而下"的模式,它们多是对句子甚至语篇理解的研究,研究对象多是有较高阅读技能的人。

二、对外汉语阅读教学的目的

对外汉语阅读教学包括对外汉语知识的学习与阅读理解技能的训练,具体说来包括以下四方面内容的学习与训练。

(一)学习、巩固对外汉语知识

相对于精读课和语法课,阅读课的特点之一是:提供大量语篇,让学习者在语篇中学习语言知识,学习字、词、句、篇等语言知识。这些知识,很多是在精读课、语法课中学过,但缺少复习的机会。在阅读的课文中,字、词、句的出现都不是孤立的,而是有相应的语言环境。阅读教学有助于学生对语言知识的理解与掌握以及语感的培养。

阅读课对阅读材料的选择和改写、对语言知识的编排都有相应的原则。比如说,阅读材料比精读课要容易,数量比精读课多得多,选材讲究趣味性和实用性;生词量、语法难点没有精读课那么多,生词重复出现的频率高。这样一来,容易让学习者在大量的阅读中自然而然地学习、巩固语言知识,提高语言能力。

(二)全面提高学生的汉语语言水平

对外汉语学习需要通过大量的阅读来复习巩固学过的字、词和语法,接触并尽可能吸收一些新的字、词和语法,同时学习有关的文化知识。阅读训练的任务之一就是培养学生善于发现新的语言现象和文化现象的能力。在阅读中学到的新的词语、语法和文化知识可以用于听、说、写,从而提高听、说、写的能力。由此可见,培养阅读能力有助于全面提高学生的语言水平。

在对外汉语阅读教学中,出于上述目的的阅读训练还没有受到足够的重视,因此还需要进一步强调进行专门的阅读训练的必要性。周小兵在一篇文章中谈到,他们在 1988 年对一个班的学生做过一次两周速读训练的实验，结果是："原来阅读较快的学生读速可提高 60%左右，原来阅读较慢的学生读速可提高将近 100%，而理解力一般略有增加。"该文还列举了另一项实验："美国明尼苏达州有人做过一个实验，未经训练的学生，阅读难易程度适中的材料，每分钟 240～250 个词，理解力达 70%。经过 12 周速读训练，每分钟可达 500 词，理解力没有下降。"以上事实说明，在对外汉语阅读教学中进行专门的阅读训练，包括快速阅读训练，是完全必要的。

（三）进行阅读技能训练

阅读技能训练是对外汉语阅读教学的主要内容。

对外汉语阅读目的是理解语篇的意义，而理解意义的基础，是对外汉语的知识，理解意义的具体手段，则是对外汉语的阅读技能。因此，阅读技能应该是阅读课学习和训练的主要内容。同时，阅读技能训练也是阅读课区别于其他课型（精读课）的一个重要特点。请看例 4 中的这个句子。

例 4：

年轻人的服装新颖，老年人的服装陈旧。

只掌握 800 个汉字的学习者可能不懂"新颖""陈旧"这两个词，但是，如果他们掌握了猜词技能，就可以通过上下文和构词语素"新""旧"猜测出这两个生词的大致意思。猜词技能，就是阅读教学中培训学生掌握的重要技能之一。

阅读技能是与语言知识相结合的。从语言单位来看，阅读技能包括词语学习技能、句子理解技能、语篇分析技能等。从内容理解上来看，阅读技能还包括抓关键词技能，抓主句技能，概括难句和语段意思的技能，推断作者意思的技能等。这些技能都跟语言知识相关。

（四）扩展学生的汉语词汇量

学生的词汇量对阅读理解起着关键的作用。词汇量的大小与阅读技能的高低有明显的关系。因此，扩充其汉语词汇量是阅读教学的重要任务之一。

如何扩展词汇量，一般阅读课有以下处理方法。

第一，周密地控制或安排阅读材料中的词汇使学生接触目标词汇（生词）。

第二，部分目标词设计生词表进行学习，如在阅读前向学生讲解。

第三，部分目标词在生词自然出现时向学生简介意思。

第四，部分目标词经过精心设计让读者利用各种线索猜测词义，教师最多辅助一点讲解。

第五，单独进行词汇教学，如学习单词拼写规则、构词法或做词汇游戏等。词汇学习是阅读教学的核心，阅读课上的词汇学习应是输入理解性的（接受性），而不是输出生成性的（使用性）。阅读课上词汇训练的重点是实词而不是虚词（虚词教学应该在精读课、语法课上解决），阅读课的词汇学习应该进行大量的多样化的训练。

三、对外汉语阅读教学研究

我们所说的对外汉语阅读教学研究，包括教学方法研究、教学模式研究、教材研究、汉语测试研究以及跨学科研究五个部分。

（一）教学方法研究

教学方法研究至关重要。“用不同的方法教外语，收效可以悬殊。”①对外汉语阅读教学界历来十分注重教学方法的探讨。早在1965年之前，对外汉语阅读教学界就创造了“相对的直接法”的教学方法，强调精讲多练，加强学生的实践活动。同时，通过大量的练习，画龙点睛式地归纳语法。②

但是，对外汉语阅读教学还是一个年轻的学科，教学法的研究多借鉴国内外语教学法的研究，这也是很自然的事情。而国内外语教学法的研究，又是跟着国外英语教学法的发展亦步亦趋的。有人这样描述：“纵观20世纪国外英语教学法历史，对比当前主宰中国英语教学的各种模式，不难发现很多早被国外唾弃的做法或理念，却仍然被我们的英语教师墨守成规地紧追不放。”③

对外汉语阅读教学界也有类似情况。在20世纪70年代，当我们大力推广“听说法”，强调对外汉语阅读教学应“听说领先”时，这个产生于20世纪40年代末的教学法，已并非一家独尊。潮流所向，人们已不再追求最佳教学法，而转向探讨各种有效的教学法路子。

20世纪70年代至80年代，当我们在教学中引进行为主义，致力于推行“结构法”和“句型操练”之时，实际上行为主义在国际上已逐渐式微，而代之以基于认知心理学的“以学生为中心”的认知法。

在国际外语教学界，以结构为主的传统教学法与以交际为目的的功能

① 李晓琪：《对外汉语阅读与写作教学研究》，北京：商务印书馆，2006年，代序第19页。

② 钟梫：《十五年汉语教学总结》，语言教学与研究·试刊，1977年第4期。

③ 丁杰：《英语到底如何教》，光明日报，2005年9月14日。

教学法交替主宰语言教学领域之后，20 世纪 80 年代末至 90 年代初，在英语教学领域“互动性综合教学法”便应运而生，盛行一时。所谓综合，偏重的是内容；所谓互动，强调的是方法。①

到了 20 世纪 90 年代末，体现这种互动关系的任务式语言教学模式在欧美逐渐兴盛起来。这种教学方法的基本理论可概括为：通过“任务”这一教学手段，让学习者在实际交际中学会表达思想，在过程中不断接触新的语言形式并发展自己的语言系统。

任务法是交际教学法中提倡学生“通过运用语言来学习语言”，这一强势交际理论的体现，突出之处是“用中学”，而不是以往交际法所强调的“学以致用”。

这种通过让学生完成语言任务来习得语言的模式，既符合语言习得规律，又极大地调动了学习者学习的积极性，本身也具有极强的实践操作性。因此，很受教师和学生的欢迎。以至于“20 世纪末、21 世纪初在应用语言学上可被称为任务时代”。②

交际语言教学理论的另一个发展，是近几年来在西方渐渐兴起的体验式教学。这种教学法的特点是把文化行为训练纳入对外汉语阅读教学之中，而不主张单纯从语言交际角度看待外语教学。在整个教学过程中，自始至终贯穿着“角色”和“情景”的观念。2005 年，我国高等教育出版社出版由陈作宏、田艳编写的《体验汉语》系列教材，是这种理念的一次尝试。

今天，在教学法研究中人们更注重过程，外语教学是个过程，汉语作为第二语言教学也是一个过程。过程是组织外语教学不可忽视的因素。桂诗春说：“在 20 世纪 70 年代之前，人们认为提高外语教学质量的关键是教学方法，后来才发现教学方法只是起局部的作用。”③我们已经认识到并接受了这样的观点。

现在我们可以说，汉语作为第二语言教学在教学法研究方面，我们已经同世界上同类学科的研究相同步。

（二）教学模式研究

近年来，对外汉语阅读教学界尤其注重教学模式的研究，寻求教学模式

① 王晓钧：《互动性教学策略及教材编写》，世界汉语教学，2005 年第 3 期。

② 李晓琪：《对外汉语阅读与写作教学研究》，北京：商务印书馆，2006 年，代序第 20 页。

③ 李晓琪：《对外汉语阅读与写作教学研究》，北京：商务印书馆，2006 年，代序第 22 页。

的创新。什么是教学模式？教学模式是指具有典型意义的、标准化的教学或学习范式。

具体地说，教学模式是在一定的教学理论和教学思想指导下，将教学诸要素科学地组成稳固的教学程序，运用恰当的教学策略，在特定的学习环境中，规范教学课程中的种种活动，使学习得以产生。① 更加概括简洁的说法则为：教学模式，指课程的设计方式和教学的基本方法。②

教学模式具有不同的类型。我们所说的对外汉语阅读教学模式，就是从汉语和汉字的特点及汉语应用的特点出发，结合汉语作为第二语言的教学理论，遵循大纲的要求，提出一个全面的教学规划和实施方案，使教学得到最优化的组合，产生最好的教学效果。这是一种把汉语作为第二语言教学的特定的教学模式。

教学模式研究表现在课程设计上，业内主要围绕着“语”和“文”的分合问题而展开，由来已久，且持续至今。

早在 1965 年，由钟棂执笔整理成文的《十五年汉语教学总结》就对“语”与“文”的分合及汉字问题进行了讨论。③ 当时提出三个问题：

第一，有没有学生根本不必接触汉字，完全用拼音字母学汉语？即学生只学口语，不学汉字。当时普遍认为，这种学生根本不必接触汉字。

第二，需要认汉字的学生是否一定要写汉字？即“认”与“写”的关系。一种意见认为不写汉字势必难以记住，“写”是必要的；另一种意见认为，“认离不开写”这一论点根本上不能成立，即不能说非动笔写而后才能认，也就是说“认”和“写”可以分离。

第三，需要认（或认、写）汉字的学生是不是可以先学“语”后学“文”呢？后人的结论是否定了“先语后文”，采用了“语文并进”。而“认汉字”与“写汉字”也一直是同步进行的。

这种“语文并进”“认写同步”的教学模式，从 20 世纪 50 年代起一直是占主流的教学模式，延续至今。20 世纪 80 年代以后，大多沿用以下三种传统教学模式：“讲练—复练”模式，“讲练—复练＋小四门（说话、听力、阅读、写作）”模式，“分技能教学”模式。

目前，对外汉语阅读教学界广泛使用的是一种分技能教学模式。以结构—功能的框架安排教学内容，采用交际法和听说法相结合的综合教学法。

---

① 李晓琪：《对外汉语阅读与写作教学研究》，北京：商务印书馆，2006 年，代序第 17 页。

② 崔永华：《基础汉语教学模式的改革》，世界汉语教学，1999 年第 1 期。

③ 钟棂：《十五年汉语教学总结》，语言教学与研究·试刊，1977 年第 4 期。

这种教学模式大约在 20 世纪 80 年代定型。

总的看来，对外汉语阅读教学界所采用的教学模式略显单调，似嫌陈旧。崔永华认为："从总体上看，这种模式反映的是 20 世纪 60 年代至 70 年代国际语言教学的认识水平。30 多年来，国内外在语言学、第二语言教学、语言心理学、语言习得研究、语言认知研究等跟语言教学相关的领域中都取得了巨大的进步，研究和实验成果不可计数。但是由于种种原因，目前的教学模式对此吸收甚少。"①

这种局面应该改变，今后，应在寻求反映汉语和汉字特点的教学模式的创新上下功夫，特别要提升汉字教学的地位，特别要注意语言技能之间的平衡，大力加强书面语教学，着力编写与之相匹配、相适应的教材，进行新的教学实验，切实提高汉语的教学质量。

(三)教材研究

教材的创新已经提出多年，教材也已编出上千种，但无论是数量还是质量均不能完全满足世界上学习汉语的热切需求。今后的教材编写，依然应该遵循过去总结出来的几项原则。

一是要讲求科学性。教材应充分体现汉语和汉字的特点，突破汉字教学的瓶颈，要符合语言学习规律和语言教学规律。体系科学，体例新颖。

二是要讲求针对性。教材要适应不同国家(地区)学习者的特点，特别要注意语言与文化两方面的对应性。不同的国家(地区)有不同的文化、不同的国情与地方色彩，要特别加强教材的文化适应性。因为"语言是文化的符号，文化是语言的管轨"②，二者相辅相成。因此，编写国别教材与地区教材，采取中外合编的方式，是今后的发展方向。

三是要讲求趣味性。我们主张教材的内容驱动的魅力，即进一步提升教材内容对学习者的驱动魅力。有吸引力的语言材料可以引起学习者浓厚的学习兴趣。要靠教材语言内容的深厚内涵，使人增长知识，启迪学习；要靠教材的兴味，使人愉悦，从而乐于学下去。

四是要注重泛读教材的编写。要保证书面语教学质量的提高，必须编有大量的、适合各学习阶段的泛读教材。远在 1956 年以前就曾有人提出"学习任何一种外语都离不开泛读"。认为"精读给最必需的、要求掌握得比较牢固的东西，泛读则可以让学生扩大接触面，通过大量、反复阅读，也可以

---

① 崔永华：《基础汉语教学模式的改革》，世界汉语教学，1999 年第 1 期。

② 李晓琪：《对外汉语阅读与写作教学研究》，北京：商务印书馆，2006 年，代序第 22 页。

巩固基本熟巧”。① 遗憾的是，长期以来，我们忽视了泛读教材的建设。

(四)汉语测试研究

语言测试应包括语言学习能力测试、语言学习成绩测试和语言水平测试。前两种测试的研究相对薄弱。学能测试多用于分班，成绩测试多由教师自行实施。而汉语水平考试(HSK)取得了可观的成绩，让世界瞩目。HSK是一项科学化程度很高的标准化考试。评价一个考试的科学化程度，最关键的是看它的信度和效度。所谓信度，就是考试的可靠性。一个考生在一定的时段内无论参加几次HSK考试，成绩都是稳定的，这就是信度高。所谓效度，就是能有效地测出考生真实的语言能力。HSK信守每一道题都必须经过预测，然后依照区分度选取合适的题目，从而保证了试卷的科学水准。目前，国家汉办又开发研制了四项专项考试：HSK(少儿)、HSK(商务)、HSK(文秘)、HSK(旅游)。这些考试将类似国外的TOEIC。HSK作为主干考试，测出考生汉语水平，可作为入学考试的依据。而四个分支考试，是一种语言能力考试，它将测出外国人在特殊职业环境中运用语言的能力。主干考试与分支考试形成科学的十字结构。目前，HSK正致力于改革，在保证科学性的前提下，考虑学习者的广泛需求，鼓励更多的人参加考试，努力提高汉语学习者的兴趣，吸引更多的人学习汉语，以适应汉语国际推广的需要。与此同时，“汉语水平计算机辅助自适应考试”正在研制中。

(五)跨学科研究

近十几年来，对外汉语阅读教学界的跨学科研究意识越来越强烈，集中表现在两个方面。一方面是与心理学、教育学等相结合进行的学习研究。另一方面便是与信息科学和现代教育技术的结合，突出体现在对外汉语计算机辅助教学的研究与开发上。

对外汉语计算机辅助教学是个大概念。我们可以从三个不同的角度来观察。

第一，中文信息处理与对外汉语阅读教学。研究重点是以计算语言学和语料库语言学为指导，研究并开发与对外汉语阅读教学相关的语料库，如汉语中介语语料库、对外汉语多媒体素材库和资源库，以及汉语测试题库等。这些库的建成，有力地推动了教学与研究的开展。

第二，计算机辅助汉语教学，包括在多媒体条件下，对学习过程和教学资源进行设计、开发、运用、管理和评估的理论与实践，比如多媒体课堂教学

① 钟棂：《十五年汉语教学总结》，语言教学与研究·试刊，1977年第4期。

的理论与实践，多媒体教材的编写与制作，多媒体汉语课件的开发与运用。这一切给传统的教学与学习带来一场革命，运用得当，师生互动互利，教学效果会明显提高。目前国家对外汉语阅读教学领导小组办公室正陆续推出的重大项目《长城汉语》，就是一种立体化的多媒体系列教材。

第三，对外汉语阅读教学网站的建立和网络教学的研究与开发。诸如远程教学课件的设计、网络教学中师生的交互作用等，都是研究的课题。中美网络语言教学项目所研制的《乘风汉语》是目前网络教材的代表作。

所有这一切都离不开对现代教育技术的依托。诸如影视技术、多媒体技术、网络技术以及虚拟现实技术等在教学与研究中都有广泛应用。

放眼未来，人们越来越认识到计算机辅助教学的作用与前景。当然，与此同时，仍然应当注重面授的优势与不可替代性。教师的素质、教师的水平、教师的指导作用仍然不容忽视，并有待不断提高。

四、对外汉语阅读教学中应注意的问题

（一）注意区分对外汉语阅读训练和母语汉语阅读训练

在阅读教学中还应注意区分对外汉语阅读训练和母语汉语阅读训练。究其原因，在于近年来汉语母语阅读训练成果显著，这些成果可以引入对外汉语阅读训练中，但二者是不同的。汉语母语阅读训练的对象，不存在汉语言知识欠缺，他们只需学习阅读技巧。而对外汉语阅读训练不能脱离汉语言知识的学习，没有逐渐积累增加的汉语言知识基础，所谓的阅读技巧，只能是空中楼阁。

（二）注意各个国家学生的汉语阅读水平差异

对外汉语阅读教学中的学生来源于各个国家，非汉字圈的日、韩等留学生与其他国家学生的阅读能力基础是不同的，这些差异在听说等课上表现并不明显，但在阅读课上就是较突出的问题。作为教师来说，应注意这一差异的存在，并进行协调。

具体来说，可鼓励阅读基础差的学生多做课下功课，在预习、复习上下工夫，努力赶上其他学生。对学生的程度差异教师要了然于心，在课堂上把容易些的问题提给基础差的学生，让他们回答得上来，树立起自信心；把富有挑战性的问题给基础好的学生，不让他们感到无聊，保持学习的积极性。能够协调好各方关系，平衡课堂进度，满足不同学生的学习需求，是一个成熟教师的标志。

(三)注意目前阅读教学存在的问题

在理论研究上，现有的有关对外汉语阅读教学方面的研究文章都是从阅读本身或其具体的方面入手，如阅读训练的速度、阅读中的词汇、篇章理解、阅读课上使用的具体教学方法等，有关阅读教学的课堂模式并没有形成。

在教学实践中，由于缺乏理论的指导，有些教师在课堂教学中所采用的一些教学活动，或多或少带有一点任务的性质，但这种任务是不明确的，也没有形成一个系统。另外，精读与泛读阅读方法训练未有效结合，主要表现在泛读比较薄弱上。这是对外汉语阅读教学中普遍存在的问题。胡文仲先生在总结北京外国语学院的基本经验时指出："在50年代初期曾经有过在篇幅很短的精读课文上花过多时间，忽视了阅读量的偏向。"[①]胡明扬先生也指出："综合法又强调'精读'，强调'活用'，整个四年的课文加起来还抵不上一部原著的分量。虽然有泛读课，分量也很小，内容也不够广泛。"[②]包括现在关于"精读"的讨论，往往只谈"精读"，而不谈"泛读"，可以说也是对"泛读"的重要性认识不足，对"精读"和"泛读"的关系认识还是比较模糊的反映。总之，对外汉语教学中，泛读课始终没有得到足够的重视。虽然曾经编写、出版过一些属于简易读物或简写读物性质的材料，但由于不适用，这些读物都自生自灭了。到目前为止，还没有适当的泛读材料，当然也没有相应的课程。

(四)注意了解影响学生阅读的因素

阅读是一个复杂的心理过程，阅读理解包括词汇加工、句法分析与语义分析等过程。在对外汉语阅读教学中应注意了解影响学生阅读的因素，以此提高教学的有效性。本书尝试通过以下几个内容，讨论在对外汉语阅读教学中影响学生阅读的相关因素。

1. 语料难度因素

语料本身的难度是影响学生阅读理解的重要因素。国外对英语语料难度的研究已比较成熟，普遍认为英语句子的长度及单词的长度是衡量语料难易的两条重要标志。国内学者也开始涉及语料难度的定量分析。张宁志以平均句长与非常用词(甲乙两级以外的词)作为量化语料难度的

---

① 李晓琪:《对外汉语阅读与写作教学研究》，北京:商务印书馆，2006年，第34页。

② 同上

标准对国内一些常用教材的语料难度进行了量化分析。因此，如何根据学生水平限制阅读语料的难度，是我们在对外汉语阅读教学中需要分析的一个方面。

2. 题干、选项因素

以往的研究，一般认为作者态度在阅读理解中是最难于把握的。最近蒋严的研究从语用的角度对语言理解试题的难度进行了分级。由易到难的次序依次是显义、预设、寓意、命题态度。诚然，他也认为问题并不是这么简单，对具体语义的理解还要受到很多因素的影响。本书赞同这一观点，并认为阅读题干与选项设置合理，作者的态度是非常容易把握的。下面以留学生阅读试卷的一段阅读材料《每晚朗读 20 分钟》为例来说明：

在英国坎皮恩学校，95％的男孩子一个星期从学校图书馆借阅两本甚至更多的书。坎皮恩学校在读书方面的积极行动已经受到有关部门的表扬，现在这个学校利用慈善机构捐赠的特别教育基金 2 000 英镑成立起课后读书俱乐部。

一位名叫罗布·多拉格的英语教师四年前发现学校 30％的男孩子来自藏书少于 6 本的家庭，于是他创立了一个读书计划，而现任的计划领导人芒迪女士改进了他的计划。芒迪女士说："我们的计划是规定孩子每天晚上要在父母面前朗读 20 分钟。父母要在小册子上签名以证实孩子读过了，如果小册子上没有签名，我们会给家里打电话找原因。"

孩子们从朗读中得到了一种成就感，大多数父母也对有机会帮助孩子表示欢迎。一些父母本人也对阅读产生了新的兴趣。

芒迪女士说："我们还布置了一些耗时不多，形式活泼的任务：学生将利用 3 分钟来说服小伙伴，让他赞同自己最喜欢的一本书值得一读。或者就是我向孩子们读一段我喜欢的文章，然后让他们也这样做。以牵涉到表演和说服力，并让孩子们喜欢这样。"

许多孩子每年读书超过 60 本。8 年级的"书籍大使"会给刚进校的 7 年级的学生做关于他们最喜欢的作家的讲座，学生们的热情一下子就给书籍带来了"街头信誉"。一些学生甚至还帮图书馆选择书籍。

（据《参考消息》1999 年 6 月 19 日）

根据以上材料，选择正确的答案。

作者对坎皮恩学校读书计划的态度是：

A. 称赞的　B. 怀疑的　C. 无所谓的　D. 看不出来

《每晚朗读 20 分钟》一文中谈的都是读书计划带来的好处，所给信息比较明显，因此比较容易判断作者的态度，应选择“称赞的”。

通过了解这一影响阅读的因素，在编写试题时就可以注意阅读材料题干与选项的合理设置了。刘颂浩曾对多选题编写原则进行了分类，提出了关于题干的原则、选项的原则、选项与文章的关系、选项与题干的关系、选项与选项的关系等五大原则。这对我们在对外汉语阅读教学中提高选择题的质量，编写出更合适的测试题非常有帮助。

3. 猜词线索因素

猜词线索也是影响学生阅读理解的重要因素，它的正确率是变化不定的，如果线索明显，则正确率较高，反之则难度较大，容易发生错误。我们以留学生阅读材料《过去》为例来详细说明：

去年夏天回苏州家里小住。有一天在石桥上遇到高中时代的一个女老师，她见我第一句话就是：“你知道宋老师去世的消息吗？”我很吃惊，宋老师是我高中的数学老师，我记得他的年纪不会超过45岁，是一个非常认真的老师。女老师对我说：“你知道吗？他得了肝癌，都说是累死的。”我不记得我当时说了些什么，只记得女教师最后的一些话，她说：这么好的一位教师，你们都把他忘了，他在医院天天盼望着学生去看他，但没有一个学生去看他，他临死前说他很伤心。

在故乡的一座石桥上我受到了这几年来最沉重的感情谴责，我责怪我自己，因为我确实快把宋老师忘了。现代城市人都习惯了遗忘，没有多少人会去想念从前的老师、同学和老朋友了，人们有意无意之间割断了与过去的联系，他们关心的只是自己的未来。对于我来说，过去的人和事只是我的小说的一部分了。我为此感到难过，而且我开始怀疑过去是否可以轻易地割断，比如那个夏天的午后，那个女教师在石桥上问我：你知道宋老师去世的消息吗？

文章中有7个加线的词，用它们填空，完成下面句子。

(1)我家外面的电话线不知被谁用刀(　　)了。

(2)他在(　　)之前，把钱都留给了儿子，这样在他死后，儿子过得很好。

(3)战争应该受到(　　)！

(4)(　　)是一种很严重的病，如果发现得晚，医生也没办法。

(5)如果你不肯定，不要(　　)地回答别人是或者不是。

(6)(　　)就是忘记的意思，是书面语。

(7)爷爷(　　)了，他离开了这个世界，离开了我们。

这部分测试内容为填词，考查学生根据各种线索猜测词义的能力。一般认为，猜词是一种综合要求较高的阅读技能，猜词测试题被认为难度较高，但这段阅读文章的猜词测试因为有多条理解线索，因此相对容易。此题的猜词线索主要有以下几个。

(1)语素线索。如“临死”“去世”“谴责”，在这几个词的上下文语境中都出现了相同语素的词语。

(2)词语搭配，也可称为语义线索。如“你知道吗？他得了肝癌……”“得病”是一种常用的搭配关系。在填词语境中有“(　　)是一种很严重的病……”，语义搭配线索很明显。

(3)语法线索。比如“轻易地割断”，该题考察的七个词语中，有五个动词，一个名词，而“轻易”是形容词，在两个上下文语境中都作状语。后面都有结构助词“地”，语法线索较明显。

综上所述，本书认为猜词的正确率与猜词的线索紧密相关。我们在对外汉语阅读教学中应该注意对学生的猜词技能的训练，使他们掌握猜词的种种方法，从而达到提高阅读理解能力的目的。

有些人认为，猜词会浪费太多的时间，还不如查词典。但我们应该认识到，猜词训练的最终目的并不是猜词本身，而是为了提高学生阅读理解的综合能力。猜词也是阅读理解过程中的一个环节。前面我们讨论的各种线索也是阅读过程中“自下而上”与“自上而下”相互作用的理论模式的具体应用。同时，阅读技能的习得也有一个自动化的过程，阅读能力强的读者已使一些低层次的阅读技能自动化。他们阅读的主要目的是抓住短语、句子乃至整段文章的意思，但对于阅读能力较差的读者则还处于对这些技能的控制阶段，必须通过反复练习才能过渡到自动化阶段。因此，在对外汉语阅读教学中还是应该注意猜词线索因素的影响。

4. 语篇理解因素

语篇理解因素也对学生阅读教学产生着重要影响。一般来说，语篇理解可大可小，有时测试对全文主要内容的理解，有时测试对复句或语段的理解。但这都要经过分析和归纳。下面以前面阅读材料《过去》的选择项为例来讨论阅读理解对语篇理解的依赖性。该试题是测试学生对这样一个复句的理解：

现代城市人都习惯了遗忘，没有多少人会去想念从前的老师、同学和老朋友了，人们有意无意之间割断了与过去的联系，他们关心的只是自己的未来。

试题为：

作者认为现代城市人：

A. 有意不和过去认识的人联系

B. 无意之中把过去都忘记了

C. 把过去的事和人都写成了小说

D. 容易忘记过去，更关心未来

解答这个题目的时候，如果学生明白最后一句的“他们”就是指代前边提到的“现代城市人”，就不容易做错。因此，本书认为如果学生具备了有关篇章理解的技能，他们的阅读理解能力一定会得到提高，在对外汉语阅读教学中应注意此因素的影响。

第二节　对外汉语阅读教学实践

一、针对不同水平的对外汉语阅读教学实践

（一）初级阶段的对外汉语阅读教学实践

目前，在对外汉语教学界，人们普遍认识到阅读在培养学生汉语语感、提高学生的汉语理解能力方面所起的作用，从阅读心理、阅读技能训练等各个角度对阅读的性质、目标、手段进行了不少探讨，而且还借鉴了国外有关阅读理论的研究成果指导阅读教学，取得了较好的教学效果，总结了许多经验。不过，这些研究、探讨大多限定在较高水平，而对于那些处于初级阶段的学生如何进行阅读能力的培养却很少有文章涉及。有观点认为阅读有赖于阅读者自身具有的语言知识，如果没有一定的词汇量和语法知识，阅读就无法进行，初级阶段的学生掌握的汉语词汇和语法规则少而又少，对他们进行阅读能力训练为时过早。因此，本书认为在初级教学中，教师就应该训练学生阅读，通过阅读巩固、积累语言知识，在阅读中培养阅读习惯，这对学生将来接受正规的阅读训练会大有裨益。

1. 初级阶段对外汉语阅读教学的内容

教学内容受教学目标的制约。目标的高低影响训练内容的多少以及侧重点。

我们的调查显示，在初级的第二个学期刚开始时，很多学生掌握的汉字仍然十分有限，字词认读还是阅读的主要内容之一。因此，认记汉字、积累词汇、句子理解应该是教学的重点。在这个时候进行抓中心思想、找主要事实或特定细节、进行判断推理等以内容为导向的阅读技能训练，还为时尚早。国家汉办编制的教学大纲，对初级阅读课程内容的要求十分明确：

教学内容是认读字、词、句，在此基础上，阅读与综合课教学语法、词汇相关的短文。短文内容包括与学生的学习、生活有关的知识、常识以及中国社会和人文方面的简单介绍。教学方法是在细读上掌握短文大意正确理解文章中重点词语及句子的意思，逐步过渡到限时阅读。

大纲强调了对字、词、句等语言知识的学习，以及对中国生活、文化常识的积累。阅读的重点在理解，速度放在理解的基础之上。我们认为这样比较适合初级阶段学生的语言水平。

2. 初级阶段对外汉语阅读教学的目标

初级阅读的教学目标，可以设定为：通过对学生进行初步的阅读技能训练，培养学生的阅读理解能力，在理解的基础上提高阅读速度。(《教学大纲》)

阅读理解必须以一定的词汇量为基础。在汉语学习的初级阶段，由于受学生识字量的限制，字、词辨识仍然是学生的主要任务，目的是为了意义理解。这个时候，学生是通过学习，通过积累字、词而学习阅读，对速度的要求不需要太高。

3. 初级阶段对外汉语阅读教学的注意事项

(1)指导学生树立“阅读”意识

如果自己的学生是第一次面对阅读，教师第一步要做的就是要让学生明白阅读是新的课型，与其他课型有很大的不同。

阅读课的目的，一是学习阅读技能，二是理解文章意思，三是扩大词汇量。

就学习阅读技巧而言，不少学生对阅读技能训练既感到新鲜，又有些不理解。有的学生认为自己学汉语是为了能跟中国人交流，上阅读课是为了看懂汉语文章，为什么要分析词汇结构和句子成分。对于这些学生，最重要的是让他们了解技能训练的必要性。这种工作在第一节课就要开始进行。《初级汉语阅读教程》中的第一项技能是分词，开始上课时教师可以先让学生回忆自己学汉语的经历，问问他们是否因为汉语书写的特殊性而遇到过困难。学生大都表示遇到过这样的问题。然后再写出一个因为分词不同会造成歧义或错误理解的例子，如“这个人头两天还好好的……”让学生读出来。有的学生读“这个人”，有的学生读“这个人头”，读到这里他们自己就会发笑，也就很自然地明白了分词的重要性，从而理解技能训练的重要性。

就理解文章意思而言，读写课上的阅读课文是为了练习语法点、复现生词，而在阅读课上阅读文章是为了获取并理解文章中的信息。阅读的目的不同，方法就不同。因此，教师从一开始就要告诉学生，在阅读课上的重点不是语法，而是看完一篇文章后知道“这篇文章告诉了我什么？”“我可以知道些什么”。

就扩大词汇量而言，在阅读教学中词汇量的扩大主要是靠伴随性习得。教师可以试着让学生回忆一下：自己学会的母语词语是不是每一个都是教师讲过的，学生就会明白，扩大词汇量并不是靠教师一个词一个词地讲，而是在日常生活中慢慢累积的，可能是在看电视的时候，可能是在听音乐的时候，更多的是在看报纸、杂志的阅读中学会的。学习外语也可以用这样的方法来积累词汇，通过阅读来理解生词、记忆生词。教师应指导学生养成课后复习生词的习惯，通过复习可以巩固课堂上学习的生词。

(2)培养学生正确的阅读习惯

学生一开始对字典过分依赖，阅读过程中会纠缠于难点、生词。这样的阅读习惯打断了阅读文章的连贯性，降低了阅读的速度，也破坏了阅读的兴趣。这时教师应提醒学生在阅读课上丢掉字典，保持阅读的连贯，同时要鼓励学生大胆猜测，促使他们学习、运用猜词技能。

《初级汉语阅读教程》第一课的阅读就有这样一个句子：“世界上有三个朋友是最诚实可靠的——妻子、狗和现钱。”这个句子中，“可靠”是生词，也是练习的考查点。学生看到生词，第一反应是查字典，这时教师问学生：“不查辞典，你们能不能猜出‘可靠’这个词的意思？”学生这样才会去注意这个句子，才会尝试猜测词义。有的学生思考后会说“跟‘诚实’差不多”；有的会说“是‘最好的，最有用的’，因为后面说的是‘妻子、狗和现钱’”。这都说明学生注意到了生词出现的语境线索，应该先给予肯定。然后教师可以让学生注意“可”和“靠”字的意思，这样又引导学生进行了语素猜词的练习。得到了教师的肯定，学生才会对猜词产生信心，然后才能慢慢丢掉字典。当然，我们说的“丢掉词典”，是说在连续的阅读过程中。在进行猜词和连续的阅读之后，在做完相应的练习之后，如果有时间，如果还有一些关键词没有切实理解意思，应该利用词典或其他方式学习这些词语，验证前面的猜词是否准确，准确率有多高。

另外，还应该培养学生在做阅读练习时，养成先看题目的习惯。带着目的去读，比漫无目的没有重点的阅读，效果要好得多。

(3)消除学生阅读时的焦虑感

学生在面对陌生的课型和学习内容时,容易产生畏难情绪。在初级阶段的学生中,学生对阅读课普遍反应没有自信,对自己的阅读水平不满意,很多学生认为阅读课很难,甚至认为是所有课型中最难的。这样的情绪会影响学生在阅读课上的表现,也会影响学习效果。

在教学中教师应该时刻注意学生对不同教学内容的反应,合理安排教学内容,适时调整教学难度及进度。如日韩与欧美学生在阅读时都会产生焦虑感,但表现形式和程度有所不同。应该采用适当的方法降低学生的焦虑感,提高阅读教学效果(张莉,2002)。在具体的课堂教学中,如果学生比较熟悉课文内容,教师可以安排学生多回答问题;如果学生不熟悉课文内容且有较多难点,就需要多一些讲解,少一些提问。如《初级汉语阅读教程》第四课有两篇阅读文章。一篇介绍北京的胡同游,对于在南方学习的留学生来说,内容比较陌生,词汇也比较难。教师可以和学生一起读这篇文章,边读边扫清文字障碍。需要学生猜词时,也可以由教师先提示线索。而另一篇介绍旅游住宿的注意事项,不少学生有这方面的常识,阅读没有太大的困难,教师不宜多讲,可以让学生独立完成。此外,可以让程度高的学生多说说阅读和推测的思路,给其他学生树立榜样。

总之,对初级阶段的学生,教师要尽量多鼓励,帮助他们建立信心。只要学生积极主动地参与学习,就一定能够取得效果。

(二)中级阶段的对外汉语阅读教学实践

1. 中级阶段对外汉语阅读教学的内容

《教学大纲》对中级阅读材料的内容提出了要求:

教学内容主要是阅读各种体裁、题材、风格的文章,文章内容较为广泛,涉及政治、经济、历史、科技等诸多方面。

《教学大纲》对阅读方法和技巧也提出了要求:

教师应适当讲解各种阅读方法和阅读技巧。

就技能训练的具体内容,《课程规范》中进行了具体、详细的说明。下面我们简述《课程规范》对教学内容与教学重点的说明:

(1、2,略)

3. 克服诵读的毛病,养成默读的习惯。

4. 培养学生掌握生字、生词的能力。学生在阅读中遇到的第一个困难是生字、生词关，应通过辨认汉字技巧和汉字构词规律的教学，进而提高阅读速度。

5. 培养学生掌握阅读长句、难句的技能。如用缩略法理解长句、根据关联词语理解复句；根据句子的修辞特点、语义关系、语境理解难句。

6. 培养学生把握段落主旨、概括段落内容的能力。

7. 培养学生掌握理解文章主题思想的能力。通过分析文章标题的教学和寻找文章主题句、主题段的训练，使学生在阅读中能较快地把握文章的中心思想。

8. 介绍与作品有关的基本知识。如作者的生平思想、文章的写作背景。适当讲授一些相关的文体知识、写作技巧及文化知识。

可以看出，《课程规范》对教学内容的要求主要指阅读技能训练方面。结合《教学大纲》对阅读材料内容的要求，中级阅读课的教学内容就更完善了。

我们可以概括上述内容，将中级阅读教学的主要内容叙述为：

中级阅读的阅读材料要求内容与形式都要多样化，阅读技能训练需要从字词学习技能，到句子、段落、篇章以致多种文体的理解技能的训练。

2. 中级阶段对外汉语阅读教学的目标

中级阅读的教学目标是要通过阅读技能训练提高学生的阅读理解能力。《教学大纲》指出：

本课程的教学目的是通过训练学生的阅读技能和技巧，提高其阅读理解能力，能够基本读懂一定业务范围内的工作文件，包括信函、契约、合同等，能够阅读一般科普文章和新闻报道，并且有相当的跳跃一般性障碍、查询所需信息、了解内容梗概的能力。

《汉语水平等级标准与语法等级大纲》对中级阅读速度有具体要求：

阅读略加改动、无关键性生词和新语法点、内容及篇幅同课文类似的一般性文章，速度不低于150字/分，理解准确率为90%以上(即理解主要内容和基本细节)。阅读生词不超过3%、无关键性新语法点的一般性文章和较为复杂的应用文时，速度不低于120字/分，理解准确率为80%以上(即能够理解其主要内容)。能借助工具书阅读大学基础课教材。

中级阅读课为一年时间，而在此之前的初级阅读通常为一个学期。到了中级阶段，学生已经有一定的汉字、词语、句法基础及其相应的字词辨识能力。因此，再经过两个学期字词、句子、段落、篇章理解的技能训练以及不同方式的阅读训练与相应的速度训练,上述目标是不难实现的。

3. 中级阶段对外汉语阅读教学的注意事项

初级阅读教学需要注意的事项,大多在中级阶段也使用,如,进一步让学生了解阅读和精读的区别,阅读的特点、性质、作用等;进一步培养学习者良好的阅读习惯;进一步消除阅读中的焦虑感;等等。除此之外,我们还要强调:突出阅读篇章教学的重点;全面提高学生运用多种阅读技巧的能力和阅读速度;进行适当的文化指导。

(1)注意突出阅读篇章教学的重点

中高级阶段的阅读应该从表层的理解转移到深层的理解,在教学中应适当加大篇章训练的比重。突出篇章教学既要在技能训练中体现,也要在阅读训练中体现。

因此,在技能训练中,猜词、推论等都应该从句子扩大到篇章,同时,词汇讨论、长句理解等内容的题量可以适当地控制。学生要能够在理解文字意义的基础上,训练归纳、总结的能力,学会判断作者的语气、意图等,阅读理解要从对细节的把握转入对文章整体的理解。

阅读训练中的练习题目如果缺乏关于篇章的练习,教师就应通过提问来调节。在中高级阶段,教师可以多问问这样的问题:"作者为什么这么说""作者为什么把这几点进行比较""作者对这个问题是什么态度""从这句话我们可以推断出什么""这句话是为了支持什么观点""这句话是反对什么观点?"等,鼓励学生从整体上把握文章思想内容。

(2)注意全面提高学生运用多种阅读技巧的能力和阅读速度

中级阶段阅读教学主要任务是通过教学和训练,让学生全面掌握阅读技能,并能熟练地使用。阅读技能很多,为了让学生切实掌握,一般采用由简单到复杂的方式,单项学习,让学生一点一点掌握、积累。到了中级阶段后期,则要求学生能综合使用这些技能,不但能在上阅读课时熟练使用,而且能在课外阅读中熟练使用。

阅读水平是否真正提高了,阅读技能是否真正掌握了,一要看阅读率是否提高了,二要看阅读速度是否加快了。到了中级阶段,不少学生需要阅读更多的文本,或是为了学习或准备学习某个专业,或是为了从事或准备从事某个职业。而要阅读大量文本,没有阅读速度是不行的。此外,参加汉语水平考试并取得理想成绩,没有阅读速度也是不行的。中级阶段教阅读的教师必须想方设法,在提高学习者阅读理解率的同时,切实提高他们的阅读速度。

(3)注意进行适当的文化指导

阅读不但是语言学习的一种方式,还是学生了解目的语国家社会文化生活的一个窗口。随着学习的深入，在中高级阶段，文化背景知识的缺乏也成了阻碍学生语言进步的重要因素之一。因此，在中高级阅读课上进行适当的文化教学更有必要。

当然，在阅读中引入文化教学也要视文章的性质做具体的调整，不能一味地灌输。比如故事性、趣味性较强的文章，一般是以理解为主，对于其中包含的文化部分，教师只要做大致的介绍，作为理解的背景，不宜讲解得太深。比如《阶梯汉语中级阅读》中的《藏王的使者》一文，涉及松赞干布、文成公主、和亲等历史内容，但这些历史人物和历史问题对本文的阅读理解影响不是太大，教师的讲解就应该简单清晰，点到为止。而在阅读应用性的文章，特别是说明文、新闻时，由于是以抓细节为主，阅读中的文化内容往往被忽视。这样的文章往往比较枯燥，学生如果对介绍的内容不了解，就可能因为陌生感而觉得文章很难，提不起阅读兴趣。这时可以把文化内容的介绍作为调节课堂气氛的一个手段，比如在阅读《安溪"铁观音"》《普洱茶》等文章时，可以向学生介绍中国的名茶、"乌龙茶"的传说等内容；在阅读影评、书评、乐评时，向学生介绍中国的流行趋势等等。如果是专门介绍中国文化的文章，则可以以学生为主体，读和说结合，引导他们进行相关的讨论，比如《好民俗不能丢》讨论的是过年的习俗，除了教师的介绍，在阅读前后都可以进行集体讨论，让学生说说自己在中国过的年，感受到的习俗。有时还可以进行适当的扩展，比如《关于日月的神话》，教师除了介绍一些跟日月有关的神话，还可以问问学生对这些神话的看法、理解，或者说说他们自己感兴趣的神话。

需要注意的是，不论哪一类的文章，文化内容的学习都不是主体，同时要考虑学生的兴趣和接受度，教师也不能凭自己的好恶而忽视教学的要求。

（三）高级阶段的对外汉语阅读教学实践

1. 高级阶段对外汉语阅读教学存在的主要问题

在阅读教学实践中，对于母语为非汉语的学生来说，有许多道门槛。语音、汉字、语法、词汇，一般被认为是有形而可见的门槛；当学生学会了汉语拼音，认识了常用的汉字，明白了基本的语法规则，并且掌握了一定数量的词汇，基本就能跨过这些门槛，较为自由地运用汉语进行日常交流。

但是，当这些学生希望对汉语进入更高一层次的学习及运用时，比如在他们希望阅读思想、文化内涵较深的文章，希望阅读古代文学、哲学著作，希望用中文来表达他们内心的更复杂一些的感受时，往往会发现，自己遇到了新的障碍。具体来说，认识文章中大部分或者所有的汉字，基本没有语法问题，甚至没有太多的古汉语语法问题，几乎明确每一个词的基本词义，但就是弄不明白文章的意思，有的文段全然读不懂。这就是母语为非汉语的学生学汉语时遇到的另一道门槛，相对于先前所遇到的门槛，这一道是无形而难以捕捉的门槛。

事实上，这道门槛不仅存在于学生之中，对于教师也同样存在，而且难度不亚于学生。我们可以将其描述为汉语的跨文化诠释之难，即语言在不同文化、不同思维方式层面上的诠释之难。换言之，即母语为非汉语的学生在掌握汉语基本知识后进入汉语现象世界、精神世界之难。下面是文学作品阅读教学的过程中遇到诸如此类之难的几个例子：

(1)第二类书也跟我无缘：书上满是公式，没有一个“然而”和“所以”。据说，这类书里藏着打开宇宙秘密的小金钥匙。我倒一直想明白点真理，如“地球是圆的”之类。可是这种书别扭，它老瞪着我。书不老老实实地当本书，瞪人干吗呀？我不能受这个气！有一回，一位朋友给了我一本《相对论原理》。他说，明白了这个就什么都明白了。我下决心去念这本宝贝书。读了两页，遇到了一个公式。我跟它“相对”了两个钟头！往后边一看，公式还多了去啦！我知道和它们“相对”下去，它们也许不在乎，我还活不活呢？

(2)“道出言，淡无味。”“大方无隅，大器晚成，大音稀声，大象无形。”

(3)……山行六七里，渐闻水声潺潺而泻出于两峰之间者，酿泉也。峰回路转，有亭翼然临于泉上者，醉翁亭也。作亭者谁？山之僧智仙也。名之者谁，太守自谓也。太守与客来饮于此，饮少辄醉，而年又最高，故自号曰醉翁也。醉翁之意不在酒，在乎山水之间也。山水之乐，得之心寓之酒也。

上面的例子有现代汉语，也有古代文言，对于具有中高级程度汉语水平的学生来说，基本上都没有太多的难字生词。然而，学习者觉得理解起来并不容易，他们先后提出过如下问题：

为什么没有“然而”“所以”的书“跟我无缘”？“它老瞪着我”是什么意思？书为什么不老老实实地当书？什么是“翼然”？为什么“饮少辄醉”，还说“醉翁之意不在酒”？“山水之乐，得之心寓之酒也”是什么意思？为什么“道出言，淡无味”？等等。

从中我们能明显看到，提出问题者既没有弄明白其所问，也没有理解整个文段要表达的思想、情感，他们和文章的作者还没有达成基本的交流。在对外汉语高级阶段阅读教学中，这类问题时常遇到。

2. 高级阶段对外汉语阅读教学的方法

以上主要问题是对外汉语教学高级阶段遇到的无形门槛，它在文学作品、哲学、史学等多种语料的阅读中都会出现。此时，运用初中级阶段教学一般所用的词汇语义解释技术，在一定程度上恐怕只能解决皮毛部分，很难引导学生根本跨越这道门槛。因为帮助学生弄明白类似问题，涉及汉语语汇语篇理解的更深层形式，即语言理解的更深层形式：语言的思维及文化形式。

对于母语为非汉语的学生来说，这意味着要开始学习如何在陌生的汉语文化语境和精神世界中，以汉语思维来理解汉语语汇语篇中那些显现的、潜在的、字里行间的、意味深长的、欲言又止的信息，以及那些无以言传却又透过语篇表达了的意思。对于教师来说，这意味着要真正开始引导这些来自另一个语言世界的、完成初中级阶段学习的学生，去理解用他们才学习到的还不完全熟悉的汉语所撰写的陌生的现象、陌生的精神世界以及推测其深层的意义。引导他们通过汉语之桥，从自己母语的现象与精神世界中进入汉语的现象与精神世界中，从而真正自如地学习和运用汉语。在这一层面上看，对外汉语教师要想引导学生跨越这一门槛，可通过跨文化诠释的方式。

具体来说，汉语的跨文化诠释至少具有两个层面的含义。

首先，这是一个语言的诠释。借用伽达默尔说明诠释学理论的一句话，可以较贴切地描述为“宣告、口译、阐明和解释的技术”。即在语言教学过程中，对超出字形、语音、语法及基本词义学习之外的语汇语篇意义“阐明和解释的技术”。对于文学作品的阅读教学来说，是在导读的过程中，如何使学生理解语言所表达的表层及深层意义，与说者及作者形成精神交流的问题。

其次，这个“语言的诠释”是不同文化之间的语际诠释。诠释的最终目的是要让以汉语作为第二习得的汉语学习者理解汉文化的思维、思维的表述方式——汉语，以及二者之间的关系；要引导这些习惯于以母语思维的学生，学习用汉语思维来理解汉语，从它们的母语世界进入汉语世界，以求最终突破“语言囚笼”的束缚，自由地运用汉语。

在实际高级阶段的对外汉语阅读教学实践中，可采用以下三种手段。

(1)语码诠释。主要包括对语词的本义、在语篇中基本意义、引申义以及暗含意义的解读，因此已经不是原来意义上的词义解释，或可视为对语词不同层次的、变换角度的解读。对于不同的含义来说，一个语词是不同的语码，它传达出不同的信息，而不同信息共同作用，令读者感悟作者希望表达的感情、意义。例如：

可是这种书别扭，它老瞪着我。

“别扭”与“瞪”是关键词语。“别扭”的本义是令人不舒服，“瞪”的本义是眼睛(用力地)盯着看。在语篇中的基本意义:这种书老是令人不舒服地盯着我。书如何盯人?在阅读实践中,可对其引申义作出解读:这种书不是朋友,不讨我喜欢。为何不喜欢?于是,有暗含之义:这种书令人头疼,我读不懂。

对母语为非汉语的阅读者来说,这种诠释是有必要的。主要包括两个方面的意义,即一方面使阅读者意识到某个具体语词意义是多个层面的;另一方面使阅读者对把握语词的多重含义,理解作者的意思有了路径。这显现在语词之中及藏在字里行间的文意诠释上。具体来说,就是在对外汉语阅读教学实践中,详细诠释词语内涵,引导学生学会在并非母语的汉语世界里,透过书写形式的言辞文章,看见其中蕴涵的各种意义。或者说引导学生透过写作者用以表现自身的形式——语言来理解他们完整的内心世界。

(2)具体操作上有许多方式。通常用的是以自己的知识、理解、感受将作者的心境、情感、思路还原,向学生描述自己所“见到”的作者将意赋予词时的“原始统一”的精神状况,由此来启发学生与自己一道“兴于微言”,或者说由“微言见意”。以解读欧阳修的《醉翁亭记》为例详细说明。

教师从文章的语词解释入手,带学生进入欧阳修笔下那峻峭葱翠的大山,那蜿蜒曲折的山路。走近那清澈而叮咚作响的山泉,那坐落泉边形如凌空飞雁的山亭,走近山中的林木,鸟兽、行人。而后,进入欧阳修为山水所陶醉的心境:“醉翁之意不在酒,在乎山水之间也。”引导学生从具体个别的语词中发现与文章整体精神相连的脉络,最终发现文章的整体精神,又从整体精神中走出来领悟具体个别语词的意义。

(3)对作者思维演示诠释。一种语言作为“一种表达观念的符号系统”,它与另一种语言的最根本区别一定就在于“观念”上,确切地说在于如何形成“观念”上。对于把汉语作为第二语言的学习者来说,他们最后遇到的难题往往能在这里寻求到完全明了的答案。在对外汉语高级阶段的阅读教学实践中对作者思维的演示,可以帮助学生了解不同于他们母语的汉语所表达的观念,从而进一步认识汉语(整体的汉语)、他们所面对的汉语文本(具体的阅读材料)以及汉语的语句为什么是这样的,它们是如何形成的,从而慢慢进入汉语的思维,自由地运用汉语的词汇句子,理解汉语作者语言的形成、思想的来龙去脉。

在高级阶段的对外汉语阅读教学实践中进行思维的演示。至少应包括两个方面,仍以解读欧阳修的《醉翁亭记》为例说明。

其一,演示“醉翁之意不在酒”,在于山水的因由。

其二,说明在中国人的观念中,山水草木,大自然中的万物与人息息相关,人仅仅是自然中的一分子,在古代中国文人的观念中,山水之乐是最高的智慧。据笔者的体会，这样的演示，能引导学生较快地明了山水的韵味，明白作者的情感，理解作者的遣词用句。

通过分析，我们可以把以上三个手段分别视为语法的诠释、意义的诠释以及精神的诠释。在实际高级阶段对外汉语阅读教学实践中，可把三者相互结合使用。

二、报刊阅读教学实践

对外汉语中还有报刊阅读教学实践，它是一种比较特殊而又具有交际性的教学形式。具体来说，报刊作为现代社会迅速传播社会信息的媒体之一，是外国留学生们从整体上认识中国的窗口，也是沟通他们与中国社会联系的桥梁。高级报刊阅读是针对有一定汉语基础的留学生，为培养他们的阅读能力而开设的一门专项阅读技能训练课，其宗旨是“培养外国留学生阅读中文报刊的能力”，即能以接近母语的熟练程度解读原文报刊材料上所载的信息，准确理解文章的主旨，作者的意图，最终目的是培养其自如地使用中文报刊作为工具来认识中国社会、加深对中国社会的了解。报刊阅读课不仅能扩大学生视野，还能引导他们进入目的语社会文化环境，帮助与之交流融合，因而受到留学生的广泛欢迎。但目前教学中留学生普遍反映报刊阅读范文有较大难度，要读懂需花费比同等篇幅一般性阅读材料多两倍甚至三倍的时间。阅读速度慢势必挤占宝贵的课堂时间，影响教师的教学进度及教学效果。因此，在对外汉语报刊阅读教学实践中，可通过以下两种方式改善以上这些问题。

(一)建构报刊阅读的知识图式

我们把报刊阅读的知识图式分为以下四种：报刊文化背景图式；报刊语言图式；报刊篇章结构图式和报刊系统图式。

1. 建构报刊文化背景知识图式

报刊阅读教学实践中还应注意对报刊内容所涉及的文化背景知识的教学。报刊文章作者心目中的读者一般是本国人，未顾及到外国读者，行文时一些人文地理、风俗习惯、社会常识方面的信息往往被略去，并会出现很多民族文化色彩浓厚的报刊词汇，中国人习以为常的文化信息对非汉语学生而言往往是不知所云。而因此报刊文化背景知识教学应受到格外的关注，以帮助学生扫除阅读过程中的障碍，还可在学生的脑海中建立起一个“中国文化图式”，并渐渐养成他们用汉语思维方式来阅读的习惯。

我们认为，教师在进行报刊阅读教学之前应先站在学生的角度，弄清哪些文化知识点是他们的盲点。对于篇内的背景知识教师要解释清楚，可把文化色彩浓厚的关键词板书在黑板上，让学生根据已有的语言知识猜测词义，然后再讲解词语的文化内涵。篇外的背景知识只要不影响到学生理解课文就不必展开，因为汉语报刊文化背景知识过于广泛，如果教师面面俱到，就会上成"中国概况""中国经济""中国礼仪"等有一定研究性质的专题选修课。

2. 建构报刊语言图式

报刊语言主要指报刊常用词语、新词和固定句型等，它最大的特点是新词、术语、缩略语和固定结构使用较多。本书认为，在报刊阅读教学实践中要特别重视新生词汇的教学，与时俱进的报刊在捕捉社会新闻时，总是最先使用新生词语，这是学生阅读过程中最大的拦路虎。

新词既含新造词语，如"扫黄打非""非典"，也含词义中的引申现象，如"下课""泡沫"。对于前者要逐个讲解，让学生形成长期记忆，对于后者可指导学生结合语境进行词义推测。同时，新词是用汉语已有的构词材料按现成构词规则创造出来的，教师可适当进行语素和构词法的讲解，让学生掌握新词语的组合规律，掌握猜词悟意、举一反三的能力。

但报刊阅读课的具体任务还是使学生理解中文报刊的一般思想，学会用汉语思维习惯分析理解报刊新闻，因此新词的讲解比例要适当，要讲练有度。

3. 建构报刊篇章结构图式

汉语报刊在篇章结构上有着较鲜明的特点。在内部结构和写作方式上汉语报刊都与留学生母语报刊有一定差异，这种思维习惯的不同可能会使留学生在阅读中出现思维混乱，形成理解障碍，以致难以迅速查找信息，把握文章要旨。这就需要教师通过输入汉语报刊篇章结构知识来消除思维习惯差异带来的负向迁移，逐步培养他们的汉式图式结构。

在对外汉语阅读教学实践中，教师应从两个方面来帮助学生建构报刊篇章结构图式：一是报刊新闻标题，二是文章写法。具体来说，汉语报刊新闻有时会三标（主标、引标、副标）齐全。在消息中，主、副标主实，引标主虚。主标概括文章的主要事实，是全文内容的微缩；引标则交代文章发生的背景，为主标做铺垫；副标补充主标概括的事实并印证主标，使主标表义更加完整。在通讯中主标多主虚，重抽象概括，而副标主实，是具体内容所在。输入汉语报刊标题知识能使学生获取通过浏览标题快速把握新闻主旨的能力。

在文章写法上，中文报刊有时会采用和西方相似的信息递降的倒金字塔结构，但与西方从小处入手，穿插报道，追求语言具体，信息分散的写作方式不同。中文报刊文章更多是从大处着眼，集中报道，注重语言的概括性、段落的完整性、内容的连续性。学生具备了这方面的知识，就能从整体上把握文章脉络，加快阅读速度。

4. 建构报刊系统图式

报刊阅读教学实践中，教师还应有意识地加强报刊系统知识教学。中国报刊按范围总体层次上可分为全国性和地方性两大类；按性质可分为机关报、综合报、专业报。各类报纸之间也有分工，像日报一般具有内容的权威性，多属于政府机关报；青年报以青年读者为阅读对象；晚报的内容多贴近人们日常生活。

从版面组成上来看，一般头版是要闻版，接下来各版按在人们生活中的重要性依次排布。明确各版的分工和位置，便于他们快速迅捷地查找到相关文章。在具体层次上，每个版面都是由多篇文章组成的一个有机整体，版面信息的组合方式也是一种抽象的形而上的报刊语言，通过版面的编辑手段和技术处理方式，我们可以看到文章之外的思想倾向及价值判断。例如占据左上方位置的一般是本版中最重要的文章，标题字体的大小则代表着编辑对该文新闻等级的认定。诸如此类的报刊知识是学生使用报刊系统的前提和基础，是学生具备一拿报纸就会阅读的语感技能的必要条件。

一般来说，以上这些知识图式会呈静态有意识地储存在学生头脑中，但还不是语感图式知识。语感图式知识是无意识的观念、经验、体验，是一种处于直觉反应状态中的程序性知识，它呈动态井然有序地分布于大脑中，言语主体凭借它可随时对外界输入的信息作出预测和判断。由外在的陈述性知识转化为内在程序性知识，这中间的转化机制便是言语实践——阅读操练。只有经过反复的言语实践，主体才能将积淀的报刊阅读知识在内部结构化、程序化，并融会贯通形成语感。所以教师在课堂上介绍报刊文章的相关图式知识仅仅是语感教学的开始，而不应被传统地看作是教学任务的完成，教师还应组织学生走入报刊，将输入的图式知识学以致用，在阅读操练中完成知识的内化，使之真正建立起语感图式。相关内容我们将在下面进行详细阐述。

（二）开展交际性报刊阅读训练

在报刊阅读教学实践中，除了知识图式的建构外，还应开展交际性的报刊阅读训练。究其原因，在于《报刊阅读课课程规范》中规定，报刊阅读课的课程目的是培养学生“初步具备在未来的学习、生活或工作中能从中文报中获取所需要的各种信息的能力”，也即在真正意义上把报刊作为工具来使用，为自己与社会交际的需要服务。可见，教学应有针对性地在课堂上开展报刊的功能性阅读，引发学生的言语交际行为，才能实现这一目的。另外，报刊阅读与一般阅读不同之处在于，一般阅读是一种语言学习行为，包括对具体的句、段、篇的理解认知；而报刊阅读除了有一般阅读的这种特征外，还是一种使用行为，一种交际行为，学生只有亲历真实的言语环境并反复操练，才能具备这种行为。另外，报刊阅读课上有较好的交际条件，每期报刊在内容上都极为丰富，学生选择阅读的文章又各不相同，即使是同一篇文章，个人的观感也不尽相同，这本身就形成了一定的信息差，教师需要做的就是设置引导学生进行交际的言语环境。即使环境是虚拟的，但里面的角色都是真实的，因此同样能达到交际的效果。

综上所述，我们主张课堂教学不局限于使用经过精心编写的固定教材，借助于固定教材来告诉学生如何使用报刊，如同隔靴搔痒。教师应该在保持教学的系统性和完整性的前提下，有必要以具有直接性、时效性的最新报刊作为教材，向学生直观演示查找、阅览的过程，让学生亲身体验直接使用报刊与社会交际的乐趣。换句话说，就是开展报刊阅读的交际性教学。它是指报刊系统知识教学完成之后，学生经过一定的操练使语言规则吸收内化并形成一定阅读技能，这时再让学生接触报刊自然语言，采用一定形式使言语主体与言语对象之间或在言语主体之间产生互动的过程。使学习者进入交际的训练形式多种多样，这里简单介绍三种。

1. 协商讨论形式

这种形式要求教师选定几篇反映现实社会问题的报刊文章，如离婚子女归属问题；大城市交通拥挤问题；中小学生学习负担过重问题等，复印后发给学生课堂上阅读并组织大家一起思考，目的是探讨问题的最佳解决方案。

在报刊阅读教学实践中采用这种形式时，要求学生根据刚输入的信息并结合原有的图式结构迅速搜寻相关解决办法。在这一过程中学生要进行观点的判断推演，言语的整理编辑，使用的是完全中国式的报刊语言思维方式和表达方式，所处的是自然的交际场景，其报刊语感自然会得到进一步的锤炼。

2. 信息分享形式

信息分享形式要求学生课前都阅读一定数量的报刊文章做准备，内容可以是新闻热点、趣味文摘或解决实际问题的生活资讯等，然后到课堂上向大家进行介绍，其他学生可以就自己感兴趣的地方进行提问，引发学生之间的交际性会话。大家轮流上台并相互提问，说者输入的信息与听者主体意识水平之间存在的“信息差”使交际的主体具备现实性，交际效果具备事实性。

这种交际操练形式信息量大，也较容易把握。信息发布者在熟悉材料的过程中会形成对材料的熟络感，输入的材料经内化后再输出，也会给表达者一种阅读的成就感。

3. 展开辩论形式

在报刊阅读教学实践中进行辩论时，所选择的话题应是大家比较关心的，如男女应该区别对待还是应该一视同仁；逆境会减少人们成功的机会还是有助于人的成长等等，相关材料由教师和学生共同搜集。

这一训练形式要求双方要有充分的证据来说服对方，这对逻辑思辨能力和快速反应能力都有较高要求。学生面对话题只要准备充分就会有较强烈的表达欲望，报刊语言经言语主体反复输入输出，会极大地激荡原有语感图式结构，使之进一步扩张、巩固。论说过程中交际双方精力集中，情绪高涨，这正是运用汉语报刊语言进行思维表达的极佳机会，对他们的报刊阅读语感生成起到难得的刺激催化作用。

三、对外汉语阅读教学方法探索

（一）激活背景知识

背景知识是指读者已有的关于世界的知识，包括语言知识与非语言知识。背景知识在阅读理解中有重要作用，如果一篇文章是你熟悉的内容，尽管有不少生词，你也可以明白文章的主要意思；反之，如果文章介绍的是你完全不熟悉的东西，即使生词并不多，理解也会相对困难。

1. 激活背景知识的方法

针对在对外汉语阅读教学中出现的学生的背景知识能够影响其阅读技能的现象，教师可以适当地组织读前活动，激活学生相关的背景知识或图式，这些活动包括在课堂上激活学生已有知识的活动。具体而言，教师可通过以下几种方法来激活学生的背景知识。

首先，进行读前讨论。即在阅读之前安排读前讨论活动，讨论活动可以由教师提问来引导。通过讨论，使学生有机会了解自己和他人对某个问题的知识。有时学生认为自己对某个话题没有一点背景知识，通过讨论他们才认识到，他们虽然知道得不多，但也还知道一些。

比如，让学生阅读一篇文章，题目是："Does civilization own a debt to beer?"（文明该不该感谢啤酒？）教师可以先把题目写在黑板上，问学生题目是什么意思，学生可能说不知道。教师把学生分成小组讨论，得到许多看法：第一组说，这是个比喻，文明的发展和啤酒的酿造一样需要很长时间；第二组说，学校和教育是文明发展的前提，学校和教育又要税收，提高税收的唯一途径是提高啤酒的税收，因此，学校能够发展是因为喝啤酒的人多，政府获得的税收多；第三组从语言发展的角度来考虑，认为啤酒出现之后，人们更喜欢社交，所以语言得到发展。由此看来，学生从题目中就可以获得一些思想。讨论结束之后，让学生浏览文章，看一看哪个观点与文章最接近。实践证明，这种方法对学生很有帮助，学生反映说，根据题目和浏览提出问题之后，引起了寻找答案的动机，因此阅读的动机增强了。

这种利用题目激活已有知识的策略，不仅在课堂上使用，还应当鼓励学生在课外阅读中也使用。有的学生可能在课外阅读中不看题目，把文章拿过来就直接读正文，应当教学生一定要读题目。

其次，教师可利用语义地图帮助学生激活背景知识。这类似于大脑风暴法。给学生一个关键词或概念，要求他们说出有关的词和概念。教师将这些词画成语义地图，这个语义地图可以帮助学生把已有概念和新概念联系起来，在阅读之前建立背景知识。例如阅读关于艾滋病的文章，说出与艾滋病有关的词汇，把学生提供的词汇画成语义地图。

再次，教师可提出能够引起争论的问题（provocation statement）。这是激活已有知识的另一个方法。在阅读一篇关于只说英语的文章之前，教师可以问学生，如果只能选择一种语言，你认为我们应该选择哪一种？这是一个能够引起争论、促使学生思考的问题。如果只问学生，你对此怎么看？教师得到的反应就会非常少。

最后，教师可通过预测课文内容引导学生激活背景知识。例如，对于要阅读的课文，要求学生填写三栏内容：已经知道什么、预测会发生什么、最后发现什么。阅读之前，先让学生通过看题目、图表，讨论，写下"已经知道什么"，然后开始阅读第一段，读完第一段与同伴讨论，预测这篇文章会讲什么。最后读完全文，把所发现的信息填入第三栏。

除此之外，还有语言经验法（language experience approach，LEA），即让全班同学都一起经历某项活动。

总而言之，阅读教学好比种花。种花之前要准备肥料，阅读之前要为学生建立背景知识。为了使种子发芽，土壤必须肥沃，土壤越肥沃，花开得越好。阅读教学也如此。如果教师在阅读课上花时间激活学生的背景知识，那么学生的阅读就会获得很好的效果。常见的方法是，让学生在阅读之前进行讨论，根据题目对文章内容进行预测。

2. 激活背景知识的步骤

首先，引导学生理解文章标题。文章题目常常反映了文章的主要内容。比如《中国服装与世界先进水平的差距》《北京的饮食》等。关于服装问题，人人都不陌生。那么，中国服装有什么特点，世界先进水平有什么特点，中国服装与世界先进水平有什么差距，为什么？在讨论了这些问题之后，学生再去看文章就不难理解了。同样《北京的饮食》这个题目也很清楚地反映了文章要谈的相关内容。即使没有到过北京的同学也很想知道北京的饮食有什么特点，去北京应该吃什么，这都是学生容易产生联想的事物。

其次，通过提问激活读者的背景知识。有的阅读文章没有给出标题，或者标题不直接反映文章的内容。这时，教师可以通过提问的方式，激活读者的相关知识。如《阶梯汉语·中级阅读 2》第 9 课中的《诺贝尔盛宴》，教师可以先问学生对诺贝尔奖了解多少，再问学生“盛宴”是什么意思。学生明白了这两点，然后再来看课文就比较容易有成就感。值得注意的是，这种背景知识的激活一定要简单直接，能用一个词就不要用一个句子。

再次，提供一些简单的背景知识。如果学生缺乏相关的背景知识，教师就有义务想方设法简明地介绍文章涉及的背景知识，让学生产生一些相关的联想。比如，《阶梯汉语·中级阅读 2》第 6 课的四篇阅读分别为《太子丹和荆轲》《荆轲和樊於期》《荆轲见秦王》《荆轲刺秦王》，看这些题目时留学生很难推测课文的相关内容，因此，教师应对中国历史中的“荆轲刺秦王”有一个简单的介绍，让学生可以联想到故事中可能出现的情节，这样来看课文就容易理解了。

最后，培养学生主动联系已有知识的习惯。“教”的目的是为了“不教”。教师要时常提醒学生主动联系自己已有的知识，让他们养成自动联想、自动将已有知识和在读文章内容联系起来的习惯，以降低阅读内容的难度。

在激活背景知识时需要注意，阅读时作者的观点并不一定与我们个人已有的相关认识一致，因此，阅读除了预测，还要不断验证在读文章的观点是否与自己的预测一致，从而理解作者所表达的意义，万万不可以用自己的认识去代替作者的观点。

(二)提高阅读的流畅性

1. 提高阅读流畅性的方法

当我们翻开阅读课教材,想了解如何在课堂上培养学生的阅读速度时,我们感到非常失望。最常见的做法是“请尽可能快地阅读下列短文”。作为教师,仅从我们的学习经验和教学经验来看,我们就不能同意,这就是提高第二语言学习者阅读流畅性的方法。

选择提高阅读流畅性的方法,要考虑学生的水平。

对于初级和中级水平的学生来说,提高阅读速度的步骤要小一些,要从最初级的水平开始建立自动化。

(1)组块划分

当学生完成了阅读和寻找关键词的练习之后,我们用 100 字的短文进行组块练习,即在短文中给语言组块画线,寻找自然的语言组块。然后看一看学生在组块划分上的差异,和学生一起讨论,什么是自然的语言组块,阅读水平和语言流利性对组块划分有什么影响。

第二语言学习者常常一个词一个词地阅读,而流利的读者在阅读时进行自动组块。这些活动可以帮助学生练习组块过程,也为教师和学生提供了讨论的机会,可以讨论组块在阅读中的重要性,组块如何提高阅读速度和促进理解。

(2)快速识别法

最初可以采取快速识别法。以英语作为第二语言为例,可以采用快速字母识别法,具体做法是:

b ‖ p d b t o

学生的任务是在右栏中迅速找到左栏的字母,教师记录完成任务的时间。随着学生识别字母的自动化程度增加,完成任务的速度会加快。然后可以由字母识别变到字母组合识别、单词识别、短语识别。

同样,以汉语作为第二语言的教学,可以进行快速笔画部件识别、单字识别、词语识别等。例如:

礻	礻	犭	衤	忄	扌
千	干	王	千	壬	于
和	种	知	私	利	和

初级和中级学习者觉得这些活动很有趣,完成这种任务就像做游戏一样有意思。教师可以在开始上课时把这种活动作为热身活动,或者下课前作为快速复习。这些练习不超过 10 分钟。

快速短语识别练习可以是在一组短语中寻找目标短语。例如遇到短语 buy lunch 就圈出来：

buy lunch	take a lunch	make lunch	bring lunch
buy milk	buy lunch	buy lunches	bake lunch
bring lunch	take lunch	find lunch	buy lunch

教师计时。随着学生语言组块式阅读越来越成功、越来越熟练，他们识别短语的速度会越来越快。这是学生为了达到阅读理解、提高阅读速度，第一次实践组块式阅读。

(3)帮助学生摆脱手指或笔的引导依赖

提高阅读速度的另一项练习方法是帮助学生摆脱对手指、铅笔作为阅读指引的依赖。有的学生告诉教师，如果他们阅读时不用手指或笔来指引，他们会感到很失落。单词是海洋，他们的笔起到灯塔的作用。可以让学生练习将笔移到行尾，读完一行后把笔直接移到下一行行尾。学生练习一次阅读一行。下一步是练习将笔移到段落结束处。现在，在学生视线内的是一个段落，学生仍然会感到很舒服，在文字海洋中不会感到失落。当他们这样做感到比较自信时，他们的阅读速度就会增加。最后一步是将笔移到一页的最后一行。

(4)计时阅读

当学生练习了组块划分，懂得组块式阅读如何促进理解和流畅性之后，我们就可以给他们进行计时的快速阅读。有的研究者建议选择学生课程材料的内容作为快速阅读材料。教师要将固定速度和自由速度两种方法结合起来。

还可以采用重复阅读的方法。先让学生跳读，寻找段落的大意；然后让学生浏览，寻找 3～4 个细节；最后进行计时的快速阅读。让学生讨论一下，经过跳读和浏览之后阅读速度和理解是否有所提高。

2. 流畅阅读的最佳速度

1990 年，Grabe 提出了五种阅读加工的典型速度(表 6-1)，次年，他又提出流利阅读是快速的，读者需要保持一定的阅读速度以记忆信息流、建立联结、进行有助于理解的推论。关于最优阅读速度的研究结果不一致。有的作者(Higgins & Wallace，1989)认为每分钟 180 个词是熟练和不熟练阅读之间的一个阈限，低于这个速度的阅读不利于有效地理解和享受阅读的乐趣。Dubin & Bycina(1991)认为每分钟 200 个词是充分理解所需的最低阅读速度。Jensen(1986)提出，第二语言读者为了赶上同班同学，应当达到与母语者接近的阅读速度和理解率。她认为每分钟 300 个词是最优的速度。Nuttall 认为，一般教育水平和智力水平的英语母语者，阅读速度大约是每分钟 300 个词。第一语言读者的阅读速度差别很大，为每分钟 800～1 000 个词。

表 6-1　Carverr 提出的五种阅读加工的典型速度

阅读加工	加工成分	阅读速度(词/分钟)
浏览	词汇加工	600
跳读	语义编码	450
rauding	句子整合	300
学习	记忆思想	200
记忆	事实复述	138

Rauding 是生造的单词，指理解 75％的内容。这是自然的、正常的、典型的阅读。这表明每分钟 500 个词是有效阅读的速度。如果读得太快或者读得太慢，就不是在阅读，而可能是在浏览、跳读、学习或记忆材料。实际上，这表明根据阅读任务调整阅读速度是非常重要的。

Anderson(1999)根据文献对适当阅读速度的研究，提出课堂教学以每分钟 200 个词为目标比较好。这是一个合理的目标，学生不会感到太难。

3. 提高阅读流畅性的训练

(1)运用计算机软件进行阅读流畅性训练

进行阅读流畅性训练实质上就是进行阅读速度训练。阅读教师可以利用计算机软件来进行阅读速度训练。Hyperbole Software 制作的软件 NewReader，包括两部分速度练习：限时阅读和限速阅读。它的最大优点是，教师能够扫入自己的课文，让学生练习使用自己的课文材料。在限时阅读练习中，计算机可以检查读者的正常阅读速度。在限速阅读练习中，计算机可以以每分钟 100～500 个词的速度显示课文。教师的实际教学表明，让学生使用 NewReader 是一种成功的练习活动。学生喜欢有机会在计算机上逐渐提高阅读速度。

总之，在好的阅读技能的发展中，自动化起一个非常关键的作用。这个观点基于笔者个人的阅读经验和对学生阅读的观察。当阅读速度比较自动化时，读者才能运用他的认知技能理解阅读材料，才能花时间思考、分析、综合阅读材料，而不是一个词一个词地阅读。读者应该使用自动化技能完成任务，他不应该思考他正在做的每一步。好的读者完成阅读任务，就像在晴朗的天气下从学校开车回家那样。阅读的乐趣就在于拿起一本书，轻松地阅读理解。

(2)在课堂中进行阅读流畅性训练

在20世纪60年代和70年代,有四位重要的快速阅读教学方法的专家。Harris(1966)在英语作为第二语言学生的阅读提高练习中,提供了单词识别练习、词汇培养练习、限时阅读材料的选择、浏览练习、跳读练习,告诉学生尽可能快地阅读段落。Plaister(1968)提出利用节拍器提高阅读速度,目标是一行只有一个注视点。Seliger(1972)提出预览、扫描、有目标地阅读、利用手指作为测步器以减少回视。Riley(1975)提出了一个"分阶段阅读"的方法,这个方法类似Plaister的方法,提倡教学生通过单元阅读来扩大视距。要教学生注视中央的想象的垂直线,利用视距来阅读材料。她还提倡利用阅读机器来帮助读者确定速度。这些提高阅读速度的练习在她的班上很有效。

心理语言学研究表明,增加视距不是问题的关键,关键在于提高单词识别的效率。Grabe(1991)回顾了眼动研究,认为在阅读中80%的实词和40%的虚词得到直接注视。尽管这些活动有助于发展阅读技能,但是学生没有从这些方法中学会明显提高阅读速度。

下面几种方法可以在第二语言阅读课上用来提高学生的阅读速度。这些活动不需要教师准备特别的练习材料,也不需要特别的教具。阅读课上使用的课文就可以用来练习提高阅读速度,学生自己选择的阅读材料也可以带入课堂来练习提高速度。

①重复阅读

学生重复阅读一段短文,直到达到标准的阅读速度和理解率为止。例如,在两分钟内阅读100字的短文四次。不同课程的标准可以不同,但是合理的标准应该是每分钟200个词,理解率为70%。

实践表明,学生喜欢这种练习。把学生分成两个小组,一组在五分钟内只读一遍,另一组在五分钟内读三遍。结果读三遍的组理解分数高于读一遍的组。

②一分钟快速阅读

要求学生在一分钟内阅读尽可能多的材料。然后再给他们一分钟从头阅读,第二次比第一次读的材料就多一些。然后进行第三次、第四次阅读。目的是学习养成快速眼动的习惯,不但要快速移动眼睛,还要加工、理解材料。

③自定速度阅读

学生自己决定自己的阅读速度。学生确定自己的阅读速度应该达到每分钟读多少词。

其他活动包括阅读各种短文、回答问题。应当争取达到每分钟200个词的速度和70%的理解率。当然阅读速度与阅读加工有关。为了理解的阅读，速度是每分钟300个词。对于第二语言阅读，速度为每分钟200个词。

④固定文本的限时阅读

让学习者在一定的压力下阅读，要求学生在规定时间内完成阅读任务。课堂内具体时间的限定要以班上的中等水平为基准。学生阅读时教师要巡视，以了解学生的阅读状况，给出合适的时间，并根据实际情况进行调整。

⑤同伴合作阅读

同伴合作学习是课堂教学重要的组织形式之一。常用的课堂教学组织方式包括：全班集体活动、小组活动、同桌互动、个人活动等。通常，学生的学习是通过参与活动和完成任务来实现的，而不是靠单纯的听讲。

同伴合作阅读通常采用同桌合作的方式，让两个学生同时阅读相同的文章，然后合作回答文章后的问题。

在阅读课中，学生需要完成相当数量的阅读理解任务。如果总是采用个人独立阅读，学生很容易疲劳；同学之间的互动和互助也很难出现。而同伴阅读可以弥补上述不足。它一方面可以弥补个人知识的不足，达到相互学习的目的；另一方面还可以在交流中产生学习的乐趣，提高学生的阅读兴趣。

同伴阅读最好能让水平不同、但相差不远的学生配对。当然，在具体的教学活动中要注意不同阅读方式的穿插使用，保证既有独立的阅读活动，又有同伴间的互动。教师可以安排较难的阅读材料作为合作阅读材料，通过讨论可以降低阅读的难度。而较易的材料就限时独立阅读完成。

这些提高阅读速度的活动，是为了使读者的阅读到达自动化加工的水平。Murtag(1989)强调，好的第二语言阅读的特征是，快速的自动化的单词加工。Samuels(1979)认为重复阅读练习主要源于自动化信息加工理论在教学中的应用。根据自动化理论，流利的读者对课文的译码是自动化的，也就是说不需要注意，注意资源可以留给理解使用。重复阅读的重要作用在于它提供了自动化所需的练习。他还强调，译码需要的注意越少，用于理解的注意就越多。因此重读既有助于提高速度，也有助于促进理解。Segalowitz等(1991)提出，第二语言阅读速度低于第一语言阅读速度的双语者，应该提高单词识别加工的自动化程度。上述的快速阅读活动，能够提高第二语言阅读所需的自动化程度。

Anderson(1999)认为学生的阅读速度应该达到每分钟200个词。有的人会提出，随着阅读材料的难度水平和学生的兴趣水平不同，阅读速度应该有所不同。但是他认为，只有当学生的阅读速度到达某个阈限水平后，才能考虑这个问题，而这个阈限就是每分钟200个词。

在我们努力帮助学生提高阅读速度的时候，教师常常以牺牲速度为代价来强调准确程度。过分强调准确程度，速度就受到限制。教师必须在阅读速度和阅读理解之间找到平衡。在有的阅读速度练习中教师可能需要更加强调速度而不是理解。

(三)培养阅读理解能力

培养学生的阅读理解技能就像种花一样，一需要时间和耐心，不能拔苗助长，二需要给学生提供良好的环境。具体而言，教师可从以下几方面入手来培养学生的阅读理解能力。

首先，从教阅读理解和进行测查阅读理解入手，培养学生的阅读理解技能。

在阅读课上教师常常要求学生做多重选择题。但是教阅读理解不等于教如何做多重选择题。多重选择题只是用来测查学生阅读理解的。教师应当考虑怎样教阅读理解。

成功的阅读理解，需要激活背景知识和监控理解。读者的需要和目的、读者的背景知识决定了阅读理解。当读者阅读他们想读的材料时，阅读理解最可能出现(Eskey,1986)。

其次，从发展学生的元认知意识入手发展学生的阅读理解技能。第二语言学习者元认知技能的发展，与理解策略的教学密切相关。认知就是思考，元认知就是对思考的思考。为了达到理解，读者必须监控自己的理解过程，掌握理解的策略。第一和第二语言研究者都进行了策略训练实验，目的是探讨策略训练是否促进理解。教师要教学生学会监控阅读理解，对自己正在进行的阅读过程有一种意识。

总之，意义不是躺在课文里。意义的获得，需要读者将个人背景知识、阅读目的、阅读策略与课文相结合。教师要促进学生的阅读理解，就要教学生进行这种结合。

最后，从精读和泛读入手，培养学生的阅读理解能力。

与阅读理解技能的教学有关的另一个问题是，精读与泛读之间的关系。

精读是利用一篇课文来尽可能发展理解技能，所有活动都围绕着如何教读者掌握必须的理解技能，这些技能将来能够迁移到课外阅读中去。泛读要求阅读大量文本达到一般理解即可，通常结合其他活动进行，泛读只是学习目的的一部分。例如，读者阅读大量的材料后，或者要准备一篇论文，论文要比较关于某个问题的不同观点；或者要准备演讲，以说服别人同意他们的观点。所以有人认为，对于精读来说，课文本身就是目的，对于泛读来说，它是达到目的的一个手段。

1998年，Day & Bamford提出观点，认为成功的泛读课有以下10个特征。

第一，阅读本身就是一种奖赏。阅读之后没有或只有很少练习。

第二，学生选择自己想读的材料，如果他们不感兴趣，可以停止阅读。

第三，教师是学生阅读的榜样。他是课堂阅读活动的积极成员，向学生演示什么是读者、阅读的乐趣在哪儿。

第四，学生的阅读量尽可能大，包括课内阅读和课外阅读。

第五，教师引导学生达到课程的目标，解释阅读的方法，了解学生所阅读的材料。

第六，阅读是个人行为，是默读。学生有自己的阅读速度。

第七，阅读材料的词汇、语法在学生掌握的范围内。阅读时很少使用字典，因为停下来查字典会使流利阅读变得困难。

第八，阅读的目的可以是一般理解、获得信息或消遣，这是由材料的性质和学生的兴趣决定的。

第九，阅读容易理解的材料时速度比较快。

第十，阅读的题材、方法和原因多种多样。鼓励学生采用多种方法阅读，鼓励学生出于各种原因阅读。

有研究者提出，好的读者泛读做得比精读多。但是之所以成为好的读者，是因为他通过精读掌握了阅读技能和策略，并把它们迁移到泛读情境中去。作为阅读教师，我们要考虑学生从事的精读活动和泛读活动的比率，了解我们是否为这两种阅读提供了机会。

(四)激发阅读动机

人为什么阅读？这个问题对于编写阅读材料是非常重要的。总的来说，阅读的原因有两个方面：获得信息、娱乐消遣。前者是为了获得新的信息、增加知识，后者是为了放松、享受读书的乐趣。无论什么原因，读者都需要理解阅读的材料。如果材料能够满足他们的阅读需要，阅读动机就会比较强。

动机对阅读的影响是非常大的。如果一个人不想阅读，他就不会去阅读。教师首先应当了解学生的兴趣，选择学生感兴趣的材料。其次选择阅读材料要考虑学生的水平，不要太难也不要太容易。太难容易使学生受挫、放弃；太容易会使学生感到单调、没意思。材料一定要有挑战性。让学生记阅读日记，看到自己在阅读速度和理解上的进步，这本身就会激励学生去阅读。

教师可以通过以下几种方法来激发学生的阅读动机。

(1)适时表扬学生。对学生的进步要敏感,教师的表扬会给学生以极大的鼓励。

(2)让学生明确具体的阅读目的。这样学生才能清楚自己是否达到了目的,或达到什么程度。

(3)激活或提供背景知识。这也是降低阅读难度、提高阅读成功率的重要方法。

(4)使用理解成功率高的阅读材料。教师要灵活运用教材所提供的阅读材料,调节材料的难易度。课文中较难的材料可以舍弃,或者与较易的材料交换等。总之,要合理使用教材,不要被教材所束缚。

(5)把篇幅较长的阅读材料分段阅读。

(6)使用适合学生水平的测试题。

(7)要明确对外汉语阅读教学的目的,是让学生学到东西,取得进步,而不是显示教师的知识,或把学生难住。教师通过教学技巧适当降低语言材料的难度,可以大大调动学生的积极性。

(五)增大学生的词汇量

词是语言中能够独立运用的最小的音义结合体,是语言的建筑单位。书面语的理解必须建立在对词义的理解之上。词汇量在阅读理解中的重要作用,是众所周知的。有的时候,就是因为不认识几个关键词,阅读就无法顺利进行。因此,词汇积累一直是阅读学习的一个重要内容,阅读与词汇学习是相辅相成的:为了阅读顺利而学习词汇,通过阅读扩大词汇量。

词汇发展是第二语言阅读的关键部分之一。如果说阅读理解是火焰,那么词汇就是燃料。学生阅读故事性文章通常有两种情况:一是每个生词都查字典。这种学生占多数。经常使用字典的学生认为,不查字典就不懂得课文的全部意义,就不是学习。二是不查字典,急着通过图画、猜测来理解文本,目的是在课堂上完成作业,不留到课后。这类学生认为,每个生词都查字典太浪费时间,因为有的词不常见,可能再也不会遇到它,而且不需要认识该词也能猜出故事的意思。

本书认为,可以把这两类学生的观点结合起来,设计一些策略(方法),以便帮助过多使用词典的学生少一些使用词典,直觉猜测者多学一点准确的词汇知识和文本意义。教师应该告诉学生,不仅可以在阅读课上使用这些策略,还可以在自己的专业课上使用。在阅读课上,还可以选用学生所学专业方面的文章,例如历史、经贸等,使学生有更强的动机和目的去增加词汇。

具体而言，教师可采用以下两种方法来增大学生的词汇量。

1. 给学生布置一个丰富的阅读环境

例如，在教室的墙上贴上挂图，在教室里放很多书、杂志、报纸、菜谱、电话号码本等阅读材料，鼓励学生泛读。

学生常见的问题是："我认识的词很少，我做不了阅读。"所以，在一开始就应该告诉学生，获得大量词汇最成功的途径是泛读，既包括课堂上的阅读，也包括课外阅读，既包括完成作业所需的阅读，也包括没有作业的阅读，还有消遣性阅读和获得信息的阅读。为了促使学生泛读，教师可以要求学生记录两种词：与完成作业有关的词，与个人阅读有关的词。

2. 在课堂上运用多种方法增加学生的词汇量

(1)采用大脑风暴法，用语义地图来表示相关词汇。这既可以激活有关的背景知识，也可以使教师了解学生在某个领域的背景知识如何、是否熟悉阅读的话题、单词量是多少才合适。不仅故事阅读可以这样做，专业阅读也可以这样做。

(2)通过口头讨论增加学生的词汇量。口头讨论可以促进阅读理解，可以降低学生面对新材料时的焦虑水平，特别是阅读生物学等自然科学领域的材料时。在这个阶段教师是参与者，教师也给语义地图提供单词，补充课文的关键词。一开始学生可能不太清楚文章的主题，当教师要求学生解释单词之间的联系时，文章的主题就清楚了。

(3)让学生把关键词记录在个人词典中。每一课的关键词一般控制在10个之内，个人词典分为5栏(表6-2)。

表6-2　关键词记录本

单词	页码	课文的句子	自己的定义	自己的句子

关键词之外的词，即"扔掉的词"，记录在学生的"词汇表"中，可以在以后的阅读活动中应用。课外泛读的单词也可以加在这个词汇表中。这是学生自己的学习笔记，可以记录任何信息，例如解释、母语翻译、自己造的句子等。

(4)培养学生已知词汇再认的流利性。利用"扔掉的单词"的活动之一是单词识别练习。单词识别练习可以包括：关键词、扔掉的词和高频词。练习的形式如下：第一栏为关键词，后面的词为1个关键词和4个干扰词。

然后给学生40秒，让他们把干扰词中的关键词圈出来。这种练习方式可以促进单词再认和流利阅读。也可以用来练习同义词、反义词、前缀、后缀、词根等。

上述方法强调关键词的理解，不太强调次要词的理解。只要学生花时间去泛读，那么阅读量增加的结果就是词汇量增加。

第三节　对外汉语阅读教学的技能训练

一、针对教材的阅读训练

正式的阅读教材大都包括课文、生词表、语法注释、内容注释几部分。因此一般阅读课的教学程序分为以下几个阶段：进行阅读提示、处理语言难点、组织课堂阅读。下面分别说明。

（一）进行阅读提示

进行阅读提示，即简单介绍将要阅读课文的有关情况。

阅读提示通常包括介绍阅读材料的内容、文体、时代背景、文化背景、作者等等。阅读提示的目的是为学生提供阅读理解背景，激发学生的阅读兴趣。

在进行阅读提示的时候，应当鼓励学生参与，例如用提问的方式引导学生就自己了解的相关文章作者、时代、背景进行介绍。

（二）处理语言难点

语言难点处理包括介绍生词、简释语法难点，以及必要时针对语言点进行的练习。

在这里需要注意的是，在阅读课上，教师应当培养学生自己处理生词和语言难点的能力，比如查字典、词典、语文工具书等的能力，以培养学生良好的阅读习惯。

（三）组织课堂阅读

组织课堂阅读是阅读课的主要内容，也是学生在教师指导下培养阅读能力的重要方式。

所谓培养学生的阅读能力，是指通过阅读课堂教学，使学生养成良好的阅读习惯，能够逐步学会自己解决阅读中出现的问题，具备独立阅读理解的能力。在组织课堂阅读中，教师应当充分调动学生的积极性，尽量不要越俎代庖。为了能让大家更好地了解如何组织进行课堂阅读训练，我们下面将以《孔乙己》为例说明。

1. 先提出几个基本问题

基本问题是关于课文中的人物、主要事件、发生的时间、地点等可以直接从课文中找到的问题。例如在《孔乙己》一课中，可以先提出下面几个问题：

(1)故事发生在哪儿？
(2)故事里有几个主要人物？
(3)他们都是做什么的？
(4)孔乙己最后怎么样了？

2. 限时阅读

按照学生的水平，限定学生用最短的时间，快速阅读课文。对中级水平的学生，大概每页(600 字左右)两三分钟。

等学生读后，请其回答上面的问题。

3. 提出深层问题

在学生回答了上面的问题之后，再提出几个深层的问题，例如：

(1)孔乙己是什么人？
(2)人们对孔乙己的态度怎么样？
(3)孔乙己对孩子的态度怎么样？
(4)孔乙己是怎么死的？

4. 限时阅读

速度同上。

5. 学生读后，回答上面的问题

在这一步需要注意的内容如下所示。

(1)应逐段细读。
(2)以自然段或故事发展的阶段，让学生仔细阅读课文。
(3)这时学生可以提出理解中的词语、语法或其他问题。问题可以由教师回答，也可以采取全班讨论的方式解决。

6. 教师针对段落提问

在读完一段后，教师应提出一些需要真正理解才能回答的问题，可以是对内容理解的问题，也可以是语句的问题。例如：

(1)到酒店喝酒的人可以分成几类？
(2)“我”为什么改为“专管温酒的一种无聊的职务”了？
(3)“孔乙己是站着喝酒而穿长衫的唯一的人”说明什么？
(4)从“大约孔乙己的确已经死了”这句话里，你可以想到什么？

7. 教师做总结性提问或让学生进行查阅练习

在全文细读完后，教师再提出一些有关全文的问题。例如：

(1)孔乙己的一生是怎么度过的？
(2)孔乙己的品行怎么样？
(3)鲁迅为什么写这样一个人物？
(4)你从这篇小说中看到了什么？

最后，如果有时间，也可以做一些查阅练习，以训练学生查阅的能力。例如：

(1)找出描写酒店气氛的语句。
(2)找出能说明孔乙己心情的语句。
(3)找出能说明孔乙己经历的语句。

上面说明的这种阅读课教学程序可以同时训练学生的阅读速度和理解程度。当然，用这种方法，材料要当堂发给学生，或者不要学生预习，否则就没有意义了。为了培养学生快速阅读的能力，建议在逐段细读前先不处理生词，进入细读后，再行处理。

二、提高阅读理解能力的训练

阅读技巧受两个因素的影响：一是阅读理解；二是阅读速度。通常情况下，此二者应当并重。然而，从教学实践看，在阅读的初级阶段，应较多地重视阅读理解，随着学生阅读理解水平的提高应及时地加快阅读速度。培养阅读技能的最终目标是快速阅读。理解与速度是辩证的，处理好这一对矛盾将贯穿阅读的全过程。下面介绍一些提高学生阅读理解能力的训练方法。

(一)向学生提问

学生阅读后，回答教师事先或读后提出的问题。

这是阅读课中常用的练习方式，目的是检查学生的理解情况。针对教材的阅读训练中关于《孔乙己》的教学过程展示了这种方法。

(二)让学生选择答案

对于某个问题老师给三种或四种答案，其中有一个是正确的(也可以有两个是正确的)，要求学生在阅读后，根据自己对文章的理解，选择其中正确的答案。

这种练习还包括对难词和难句的理解，特别是难句中的有些词语，既有字面义，又有特定义(在特定语境中的语义)，把这个句子挑出来，设置三种解释，其中一个符合课文中的意思，要求学生根据课文内容进行选择。例如：

不管工厂也好，街道也好，有事找她准没错。

这句话的意思是：

(1)有事去工厂或街道一定能找到她。
(2)工厂和街道有事一定要找她。
(3)无论是工厂还是街道有事找她帮忙，她一定会高兴地答应。

以上三种理解，只有第三种是正确的。

(三)列举推断，让学生判断正误

给出若干与课文相关的推断，让学生判断是否正确。

具体步骤是，老师就文章的表层和深层的意思设计出若干句子(10～20个)，这些句子有的与阅读材料的内容相符，有的与阅读材料的内容近似但不符，有的与阅读材料的内容相悖谬，有的前半句与课文的某个情节相吻合但后半句又与阅读材料的情节相矛盾。总之，这些句子混在一起，扑朔迷离，让学生根据自己对课文阅读的理解来判断这些句子的正确和错误，以此来检查学生的理解程度。

例如，阅读课文《第二次考试》后边设计了这样几个判断题：

(1)苏林教授是一个有国际声誉的教授。
(2)第二次考试陈伊玲考得很不理想。

(3)苏林教授深深被陈伊玲的品质所感动，决定让她再考一次。

这三个句子与课文《第二次考试》的内容都不无关系。但是，第一个句子，课文说的是他教的学生中有不少是有国际声誉的，并没有说苏林教授本人是有国际声誉的教授，因此，第一句是不对的；第二个句子，课文用了很大篇幅描写陈伊玲考得不好，但又没有用“理想”这个词，这就要求在回答问题时继续自己的阅读理解，抓住“很不”来猜测“很不”后边的词，“理想”可能是个表示积极意义的词，从而判断第二个是对的；第三个句子的前半句与课文中描写完全吻合，当苏林教授知道陈伊玲没考好是因为参加了救灾，影响了嗓子后很感动，但不是决定让她重考一次，而是当场决定录取她，所以第三个句子也是不符合原文意思的。

这类的判断题，既是对学生理解的检查，也是学生阅读行为的继续，能激发学生的阅读兴趣。

(四)让学生选择词语填空

在一段课文中，抽出一些词语造成空白，然后每一个空白给出三四个可供选择的词语，让学生根据自己的理解，选择一个适当的词语填上。

例如：

早晨五点多钟，马路上来往的人还不多。一位五十多岁的老大娘正在扫地。忽然，一个留着长头发，穿得很________的小伙子，推着一辆自行车走了________。老大娘正低着头看着地上，不__________把土扬到小伙子的裤子上。她连忙________起头，对小伙子说：“对不起，________对不起！”

1. a漂亮 b美丽 c美好 d优美 (a)
2. a来 b过来 c过去 d起来 (b)
3. a看见 b知道 c小心 d细心 (c)
4. a抬 b举 c转 d提 (a)
5. a多么 b真正 c特别 d实在 (d)

(选自《汉语水平考试大纲》)

(五)让学生添加连接词

在一段课文中，去掉其中的一个或数个连接词，让学生根据自己对课文中语句的理解填上正确的连接词。

例如在下面这段课文中，留下若干空白处，让学生填上连接词。如果学生不能理解整个段落的意思，就不能填对：

在欧洲和美国，一般人骑自行车主要是体育运动，______是一种爱好。在中国，自行车是交通工具，______是运输工具。中国人骑车的主要目的虽然不在体育运动，______也达到了运动的效果。有不少人为了锻炼身体，______骑车而不坐公共汽车。

（选自《中国家常》第180页）

答案：只、也、但是、宁可

填连接词也可以以选词填空的方式（见前）进行，例略。

（六）让学生进行完形填空

完形填空也叫综合填空，是在一段课文中，按一定比例抽出一些词（例如按10%的比例，即每10个词中抽出一个词），让学生根据自己的理解填上适当的词。

例如：

我和小张是中学的同学，在______长的一段时间里，我们同吃同住同学习，______很深。有一天，我起______特别早，早晨又没吃早饭，上课时______很不舒服，小张马上叫了一辆出租汽车______我送回了家。

答案：很、感情、得、觉得、把

（选自《汉语水平考试大纲》）

综合填空和填连接词的不同在于，后者限于填连接词，前者则可以任意抽出任何词，甚至任何字，使学生在理解上下文的基础上，选择适当的词或字填入。所以综合填空的难度一般大于填连接词或其他填空练习。

（七）让学生根据材料标出路线

比如，让学生看中国地图，阅读下面的课文，然后在地图上按顺序指出两个人主张的不同的旅行路线：

布朗太太想先去上海、苏州、杭州，欣赏江南景色，然后坐飞机到南方最大的城市广州，最后游览一下桂林山水。布朗先生是研究中国古代文化的，他希望先去新疆看看，再到古城西安，然后从西安坐火车去成都、重庆，再坐船游览有名的长江三峡。

（选自《实用汉语课本》第三册）

（八）让学生总结阅读材料的中心思想

读了一段或一篇文章后，让学生用一两句话总结出所读材料的中心意思。一篇或一段文章的中心思想通常体现在一些中心语句中。为了提高学生的阅读理解能力，就要引导学生找出这种表达文章中心思想的语句。抓住了文章的中心思想，就便于调整学生理解文章时的思维方向。

比如这样一篇文章：

父母是孩子的第一任老师，家庭教育对孩子的成长有重要作用。我们只有一个孩子，从小时候起，我们就注意对他进行教育。我们平时很忙，但学习、工作、读书看报、体育锻炼安排得比较好。这对孩子影响很大，孩子上学后，也注意处理学习和玩的关系。

这段话的中心就是第一句话，其余部分都是为了说明第一句话的。指导学生抓住第一句话，这篇文章的中心也就抓住了。这样经过反复练习，学生的理解能力和阅读速度自然会逐步提高。

(九)让学生概述阅读材料

这是一种把读和说结合起来训练阅读能力的方法。在概述时，可以采用变换人称概述，如文章是作者的自述，可让学生用第三人称概述，如文章是作者讲的故事，可让学生用第一人称以故事中某一人物的身份来概述。

(十)让学生讨论材料中的某些问题

严格地说，讨论不是阅读课的课堂活动形式。但是，我们认为在某些时候也不妨采用讨论的方式来检查学生的理解程度，加深学生对课文的理解。有时，同一个问题不同的学生可能有不同的看法和意见。这样，老师可利用这一时机，让大家把自己的意见都谈出来，一方面可以加深对文章的理解，一方面可以提高课堂的趣味性。

三、提高阅读速度的训练

阅读速度，是阅读技能的一个构成要素。不讲速度的阅读训练是片面的，不可能训练出真正的阅读技能。阅读速度的训练是阅读能力培养的一个重要的、不可忽视的方面。下面主要介绍几种与提高阅读速度相关的训练方法。

(一)扩大阅读单位训练

在开始阅读一种外语的书面材料时，学习者大都习惯于一个词一个词(拼音文字)或一个字一个字(如汉字)地读。假如学习者总是采取这种方法阅读，就很难提高阅读速度。为了提高学习者的阅读速度，应该训练他们不断地扩大阅读时每一次的阅读单位，即变一目一字、一词的阅读单位为一目一组、一句的阅读单位。这正像数数一样。如果要数一百个苹果，一个一个地数，要数一百次，如果一五一十地数，只要二十次，可以大大地提高数数的速度。阅读文章也是这个道理，如果能一组词一组词地阅读，自然能提高阅读速度。下面列举几项可以促使学生扩大阅读单位的例子。

1. 叠宝塔

所谓的叠宝塔就是把文章印成宝塔形，逐行加宽，使学生读时一行一顿，不断扩大学生的阅读单位，逐步摆脱词停顿的习惯。如：

今年
春节那天
上海的三个最大的
图书馆里，每天都挤满了人
春节
是中国最重要的
传统节日。那几天，人们通常
都在家里休息。聊天、打扑克或者
走走亲戚
看看朋友，还要
大吃大喝一通，但是
这些年轻人却更渴望知识
他们多数是业余大学的大学生

2. 画线隔开意群

这种方式就是把句子按意群画上斜线或竖线，起到意群间隔的作用，使学生读时一眼读一格。

所谓的隔开意群就是把句子按意群分成若干组，每组之间留有较大的间隔，练习视读时，要求一眼读完一组词。

开始的时候，可以选一篇比较容易的课文。如：

我叫赵宏，　是北京经济学院的学生。十多年来　我的生活　是从家门到校门，　我的任务　好像就是　读书读书。　虽然在大学里　我接触了　周围的很多老师和学生，但是仍然是在学校里。　对于学校外的社会，我感到好奇，　感到陌生。　我不知道　我学的东西　将来走入社会是不是有用， 也不知道 能不能 适应将来的生活。我很想在学习期间就锻炼一下 自己的社会活动能力，因此， 去给一个孩子 当辅导老师。

当时我的心情很不平静， 因为 这是我第一次 走上社会 和别人打交道，第一次单独一个人 去做事。我很希望 能够成功。……

3.“开窗口”

所谓的“开窗口”就是用一张卡片，在上面挖一个长方形的孔，盖在一组词上，然后将卡片由上而下逐行迅速移动，阅读孔里显露出词组，读完一组词后，接着回答问题，检查阅读效果。如用10秒钟阅读下列词组：

在饭店
在友谊宾馆
在北京语言大学
在一个美丽的公园
在学校北边的大操场
在学校宿舍区的小卖部里

读完后，可以问学生这些词组表示的意思是什么，借此来检查学生的阅读效果。综合来看，上述词组表达的意思分别为：

a. 东西
b. 地点
c. 时间

再如，让学生阅读下列句子：

昨天是星期天。
我打网球了。
我去商店买了一些东西。
下午我睡觉了，睡了两个钟点。
晚上我跟朋友一起吃饭。
吃完晚饭我看录像。
十点钟洗完澡就睡觉了。

待学生阅读完后，可向学生提问文中的“我”昨天没做什么。

4. 隔开意群

这种方法跟隔开意群道理相同。由于现有的教材一般都不是这种排印法，因此，在训练这一技巧时，需要重印阅读材料，对我们现有的阅读材料做一点技术处理。如：

我辅导的/那个孩子/叫袁粒,/小学五年级学生。他的爸爸/是当时/中国国家女子排球队的/教练袁伟民。/当我以一个家庭教师的身份/来到他家的时候,/袁伟民带领的/中国女排/正忙于奥运会前的/准备工作,很少回家。/袁粒的妈妈/工作也很忙,/每天/早出晚归顾不上/家里的事。/让袁粒过好暑假,/同时在学习上/也有提高,/我想/这就是/我这个教师的任务吧。

训练扩大阅读单位时应注意的三点:一是选择适合学生水平的阅读材料,一般要偏易一些,且能引起学生的阅读兴趣。二是掌握好阅读速度,不可求之过急。要求速度太快,学生读不懂;速度太慢,也达不到训练目的。要在理解的基础上求快。三是要求学生精神集中,减少复视的次数。

经过经常的训练,就可以达到扩大阅读单位的目的。

(二)猜测词义

读一篇文章、一本书难免遇到不懂的字、词、成语等,这对说本族语的人也是如此。学习外语阅读的任何阶段都会面临这样的问题。但是如果遇到不懂的词就想查词典,那就永远也培养不出快速阅读的能力,而且产生对词典的依赖心理。其实有些文章,并不是非要字字句句弄懂不可。况且学习外语时,常常遇到生词很多、查不胜查的阅读材料。如果字字查,词词查,既影响速度,又影响理解(查了后面的忘了前面的)。因此应当培养让学生具备在一定条件下猜测词义、猜测句义的能力。具备了这种能力,在阅读时就可以充分调动自己已有的语法和词汇知识,提高阅读速度。一般情况下,可采用下列几种训练方法来猜测词义。

1. 根据上下文猜测词义

比如有一段描写一个老教授在生命的最后阶段,仍然坚持锻炼,坚持著述,坚持给学生上课的文章。文章在指出“先生病危”以后说:

先生是多么地不想走啊!是啊,我们对先生往日艰难的“散步”,才有了真正的认识,那不是散步,那是为从死神手里夺回一年两年一天两天的时间。先生走了,但先生那“散步”的身影,永远留在我心中。

文中“走”表示“死”的意思是学生没有学过的。这时可以引导学生注意文章的发展过程和文章的气氛,以及上文中的“病危”,下文中的“死神”“永远留在我心中”等词语,来推测出这里的“走了”就是“死了”的意思。

2. 利用学过的语言知识猜测词义

像"是"字句，表示判断，"有"字句表示领有和存在，"比"字句表示比较，"把"字句表示处置，"被"字句表示被动，以及像"动词＋不＋补语"结构表示"不能＋动＋补语"，都可以指导学生充分运用精读课上所学的语言知识，在遇到上述句式时，去从大的方面找寻思考理解的方向，猜测句子的大概意思。

3. 根据构词法猜测词义

比如汉语的有些构词成分如"子、儿、头、家、员、师、者、手、人"等可以看作是名词的标志，根据某些构词成分也可以推测是从事某种职业的人。如果组成新词的汉字都学过，可以根据构词法来猜测推想新词的词义。比如"证人"。"证"是"证明"的意思，由此可以推想"证人"大概是"作证明的人"。

4. 根据相邻的词猜测词义

比如下面这句话：

这时候，传来了一阵敲门声，我连忙站起来去开门。

句中的"敲"学生没学过。这时应当引导学生注意后面的"门声"和下边的"开门"，推测出"敲"的词义。

(三)其他训练方法

除了上面的两种训练以外，也可以采用下面两种训练方法来提高学生的阅读速度。

1. 抓关键词语

在阅读时，找到理解文章的关键词语，这也是培养学生快速阅读、提高理解水平的一个重要技巧。一个句子，一段话，甚至一篇文章，总有一些词是关键。这种关键词重复率高，表示文章的中心，要提醒学生注意在快速阅读时抓住关键词。

例如，在一篇题为"鸟儿到哪儿去了"的文章里，翻来覆去讲的是鸟，那么抓住了"鸟"这个词，就可以从文章中逐步推想，作者为什么提出这么一个问题，那么再看到"环境污染"，就联想到这一篇文章大概是谈生态平衡的。

2. 跳越障碍

在阅读中，越过一些无关紧要的陌生词语，以提高阅读速度。

在阅读课堂教学中，学生遇到难词或难句，常常想问老师或查词典。我们认为，应当严格限制他们查课后的生词翻译，读的时候也不要他们问老师。应计时快读，遇到一时不懂的词语要跳过去，一个词第一次见到不懂，第二次、第三次见到可能就懂了，到了最后，虽然有的词还是不懂，但是故事的大概意思和文章的主要观点懂了，就达到了通懂的目的。

比如下面这道试题：

天安门不仅是中华民族的象征，而且是世界闻名的古建筑。它的设计者是明代著名的建筑师蒯祥。蒯祥出生于江苏吴县的鱼帆村。1421 年，年仅 21 岁的蒯祥设计并建筑了一座木构牌楼，这就是最早的天安门，原名承天门。1457 年 7 月，明英宗命令白圭主持重建。白圭请蒯祥出谋划策，建成了现在的样子。明朝末年，承天门又被焚毁。1651 年，重新修建，并改名为天安门。

待学生阅读完后，教师可向学生提问，并制订一些备选项目，来检查学生的阅读效果。如：

(1)天安门重建了几次？

a. 一次　　b. 两次　　c. 三次　　d. 四次

(2)这段话介绍了哪方面的情况？

a. 天安门是哪个朝代修建的　b. 天安门为什么改名

c. 天安门的设计者是谁　　d. 天安门的地理位置

(3)这段话没有谈到什么？

a. 天安门被毁的原因　　b. 天安门的高度

c. 天安门是用什么材料修建的　　d. 天安门的原名

(选自《汉语水平考试大纲》)

毋庸置疑，这段文字里会有不少学生未学过的词语，如“木构、牌楼、出谋划策、焚毁”等。里面的“蒯”和“圭”两个姓，有些中国人也未必认识。但是从要求学生理解的问题来看，上面的生词并不影响学生对信息的需求，也就是说，在理解时可以跳过这些词语，找到答案，达到阅读的目的。

跳越障碍的习惯在外语学习中是非常重要的。阅读课堂教学不应忽视这方面的训练。只有在不认识的词语影响理解时，才查字典或询问。

此外，跳越障碍的练习应当和猜测词义结合起来练习。比如在上文中，如果通过上下文，猜测出“蒯祥”是一个人的名字(从“出生”可以看出)，“白圭”也是一个人的名字(从“请蒯祥……”可以看出)，“焚毁”是一件不如意的事情(从“被”字句可以看出)，那么，对理解整个段落的意思就有很大的帮助。

四、分技能阅读训练

从人们对阅读需要解决的问题来对阅读的方法分类，可以把阅读的技能分为细读、查阅、略读、通读等项。其中所谓“通读”（即读完整本的书、整篇的报）在课堂教学中使用不多，本章不做专门介绍。下面简单介绍细读、略读、查阅技能训练方法。

（一）细读

所谓的细读就是逐句读懂所要求阅读的材料。

这是课堂阅读时常常使用的方法，比如在本章第一节中就使用了这种方法。理解型阅读、记忆型阅读、评价型阅读和创造性阅读都可采用。在写作课上，也可以通过细读为学生的创作打下基础。一般来说，细读课的训练材料是经过严格挑选的，读后需要记忆、摘录、给予评价等。细读对时间和速度的要求相对松一些，但也应有一定的速度要求，不然达不到训练阅读的目的。

阅读课细读的要求与精读课的不同在于，精读课主要是为了学习语言点和全面训练学生的语言技能；阅读课中的细读则是为了培养学生的阅读理解能力，因此应当是学生自己的阅读行为，老师只给指导，不做示范朗读领读，不做词语练习等等。细读的主要阅读方式仍应以默读为主。下面主要介绍几种细读时常用的帮助学生理解文章的方法。

1. 做好批注

即边读边对阅读材料做好批注。

批注可以是课文段意的概括，也可以是阅读时的一点想法，以便读后综合自己读时的想法，发表较完整的看法，甚至写成文章。

2. 画好重点

即把认为重要的词或句子用笔画下来。

读时要求学生边读、边想、边画，以便读后做笔记、摘记。

3. 做好笔记

即把重要的和自己可能需要的内容摘录下来。

笔记包括写卡片、做摘记等。笔记的内容是文章的要点、中心思想、作者的观点、自己对文章的评价、读后感等。笔记的作用是培养学生用汉语思考的能力和用汉语写作的能力，使阅读技能的培养和提高与写作能力有机地联系起来，为训练写的技能打下基础。

为了不影响阅读速度，可要求学生在做笔记时用缩略的词组和短语。

(二)略读

所谓的略读就是跳过细节、跳过不重要的段落或自己认为不需要的部分进行快速阅读，以大略了解阅读材料的内容。

查阅的目的是为了了解材料的梗概，比如一篇文章的主要论点、论据，一篇小说的故事梗概等等。

略读与查阅存在较大的差异，查阅的目的性明确。要查地名就找地图，要购机票就查飞机航班时刻表，要找某个方面的资料就查找有关的文献和书籍。而略读是为发现而读，从读中获得自己需要的信息、知识。略读比查阅难，是培养学生快速阅读的重要方法。

培养略读的技能需要一个较长的实践过程，开始，由于学生词汇量不足，在规定的时间内可能一无所获，会产生急躁或畏难情绪。老师应加以引导，宁可加以指导后，令其再读一遍，也不要放慢阅读速度。训练几次以后，学生适应了略读的要求并确有收获，就会逐步提高略读的技能。略读培养的是学生快速阅读、快速综合和概括的能力，一开始就要克服学生按字按句的阅读习惯，让学生学会跳行、跳段地读。一般情况下，上述的抓重点词语、跳越障碍等方法都可以用于略读训练。如发给学生一本杂志：《中国青年》《中国妇女》《家庭》《读者文摘》等，然后指导学生进行略读。步骤是先看杂志封面，再看杂志的目录。看后回答下面的问题：

(1)这是一本关于哪方面的杂志？
(2)举例说明里面讨论了什么问题？
(3)你对哪篇文章感兴趣？

让学生看自己感兴趣的文章，先看作者是谁，再看文章的开头和结尾，再看每段的第一句话和最后一句话。

回答下面的问题：

(1)这篇文章的作者是谁？
(2)这篇文章讨论的是什么问题？
(3)作者有什么看法？

(三)查阅

所谓的查阅就是从阅读材料中找到自己所需要的信息。

学生来中国生活和学习，查阅也是他们日常生活经常遇到的阅读行为。由于对中国的文化、习俗和用汉字书写的各种文字材料不熟悉，生活上多有不便之处，因此阅读课之始，教学生查阅的方法，对学生无异于雪中送炭。

一般情况下适于训练查阅的材料包括以下内容。

(1)地图上的主要城市、地名。

(2)学校或一个单位周边的平面图。

(3)列车、飞机航班时刻表。

(4)主要饭店、宾馆、公园等的位置。

(5)饭店的菜单。

(6)公共电汽车的站牌。

(7)商品广告。

(8)广播、电视节目表。

(9)报纸上的天气预报。

(10)商品价目表。

(11)历史年表。

(12)招工广告。

(13)邀请信、请帖。

(14)各国面积、人口、首都一览表。

随着学生阅读水平的提高，可以逐步增加查阅材料的难度。

如查阅公共汽车站牌：

331 公交站牌
语言大学
香山 ¦ 颐和园北宫门 蓝旗营 清华园 五道口 语言大学 成府路东口 航空大学 北医三院 塔院 花园路 北太平庄 师范大学 小西天 豁口 新街口 平安里
平安里站发　首车 5∶20　末车 23∶00

教师提出查阅目的。比如，要求查后回答下列问题：

(1)这是哪一路公共汽车的站牌？

(2)这是什么站的站牌？

(3)经过这里的公共汽车是去哪儿的？

(4)每天这路车的第一辆车几点发车？最后一辆汽车几点发车？

宣布查阅时间。比如1分钟。

回答要查阅的问题。

再如，查阅电视节目。教师可向学生展示阅读材料，发给学生一张中国电视报，并提出查阅项目和要求学生回答的问题。如：

(1)北京可以收到几套电视节目？

(2)每套节目的频道是什么？

(3)中央台第一套节目每天播送多长时间？

(4)本星期六晚上有什么节目？

(5)如果你想看足球比赛，星期几、几点可以看？

宣布查阅时间。比如1分钟。

回答要查阅的问题。

需要注意的是，查阅是带着问题的阅读，一定要让学生有明确的阅读目的，不能让学生先看查阅材料，再去看应回答的问题。这不符合查阅的心理要求。结果势必造成复读，影响查阅速度。

第七章　对外汉语的口语教学

口语教学主要是加强培养及训练学生语言知识的转换能力，其主旨是要学生通过读和听获得知识、信息，经过思维，在原有知识和信息的基础上对所获得的内容和语言进行加工和重组，并赋予新的内容，然后输出，从而完成交际的全过程。近年来，语言表达的连贯性和得体性是口语教学训练的重点，已被人们认可。口语教学是对外汉语教学中的重要组成部分。对外汉语口语教学要反映口语的特点，要关注口语与书面语的差异，明确不同层次口语教学目标的不同，切实符合学习者的学习需要。

第一节　对外汉语口语教学理论

一、口语概述

口语是指用于口头交谈时的语言，口语中包含了思想、信息、感情的内容，是一种有意义的口头交流。

(一)口语的产生

口语的产生涉及了输出和输入的问题。语言的输入是输出话语的先决条件。先由外界的言语刺激信息通过视觉、听觉进行感觉登记，再由神经元传导给短时记忆，在这儿经过复现和再现，有关的语言信息和语言结构就落户到了长时记忆，永久贮存，这就是语言输入。当外界又有言语信息刺激感官时，被神经元传导到大脑言语中枢的长时记忆库，大脑机制就会寻找与外界刺激信息相似或相近的言语(词语和句子)模式，进行匹配，匹配不上的，就作为新知而输入；匹配上的，就将它们提取到类似于短时记忆(心理学家称为工作记忆)框中，根据接收者的经验和语感去切分音节和意群，领会话语的意义。如果要把内心的某个思想表达出来，就要根据头脑中的意图，从长时记忆中选择合适的词语(心理词汇)，提取到工作记忆，按照语法规则进行装配、组合，再转换成语音（或文字）串，形成话语（口语或书面语），这就是语言输出。

学者们从心理角度研究认为，口语表达是语言的外在表现，其内部机制是话语的产生。因此，口语表达实质上也是一种语言产生的心理过程，它必须经过三个阶段，即话语计划阶段、话语结构的建立阶段、言语计划的执行阶段。

1. 话语计划阶段

说话人根据自己的意图或者交际双方的需求计划自己说话的内容（思想）就是话语计划。例如，腹中的饥饿感觉传达到中枢神经，产生需要吃东西的欲望，由欲望萌生买或煮吃的东西的念头。这时候已经有第二信号系统——词语参与计划或思想了。于是就有了命题（即思想）——买吃的东西或煮吃的东西。起初，人们头脑里的某个思想只是某种意图，称为心理语码，它可能是些模糊的概念和朦胧的命题，是一种不太完整的表象或零星的、断续的、孤立的、带有一些情感的几个词，必须通过第二信号系统——词语的联想、串联、组合形成思想，才能加以明确。

总体来讲，在话语计划阶段进行以下几方面的工作。

首先，确定话语的类型，即是进行有他人参与的交流会话还是独白。前者会碰到与交谈的对方进行各种协调的问题。根据会话的自然进程，先要考虑如何开始会话，或招呼对方，或作出应答。

其次，在进行交谈的过程中根据话题的展开和变换作出各种反应。如提问—应答；提议—获得反应；赞扬—接受或拒绝；要求—同意或回绝等。复杂的话题还需插入叙述性话语和描写性话语。

最后，结束会话时，要有预示结束的建议，或提出新话题，插入新信息，以及相互道别。后者分为讲演性和叙述性两方面。讲演性的必须计划话语的观点、论证的材料以及结论等；叙述性的则必须计划事件内容、事件次序以及事件关系。

2. 话语结构的建立阶段

话语结构的建立阶段是口语表达的第二阶段。第一个阶段的话语计划，只确定了话语的思想和内容，确立了思想和内容后，必须要运用词语和句子将它们言语化，即建立话语结构，只有这样，表达才有可能。从思想到话语，首先要从长时记忆库的心理词汇中选择合适的词语，并把它们提取到工作记忆（相当于短时记忆），在那里作句子计划和成分计划，即按照语法规则将选出的词语加以排列，成为有意义的句子形式或词组形式。句子计划包括命题内容、言外内容和主题结构三个方面。

(1)命题内容

命题内容是句子计划的基础,不同命题固然需要选择不同的句式,即使同一命题也可选择多种句式表达,例如"床板,蛀蚀"这个命题,就可以用"蛀虫蛀蚀了床板""床板被蛀虫蛀蚀了""蛀虫把床板蛀蚀了""床板的蛀蚀是因为有蛀虫"等。各种命题又可以归为以下两种不同的类型。

第一,以一系列命题为基础的经验组块,即以描写的内容、次序、关系等构成命题,命题经常在头脑中出现和运用,并结合为经验组块,由它们转换成话语就比较自然、流畅。例如多次的走路实践,在头脑里就会存有一系列的经验性命题:"先乘……车""走高架道路""……换乘地铁""到……下车""一直向前走""到……左拐""在……对面""在……隔壁"等。

第二,把客体和事件按自然次序编码为命题,由于话语留存在工作记忆的时间极短,因而确立命题一般均以简易准则为指导。这些简易准则一般是垂直排列、先后排列、比较排列、正面排列。

垂直排列:垂直排列是指由上而下,而不是由下而上地编码命题。其实还可以说这是由大到小的排列。例如一般只从"房间里有桌子,桌子上有花瓶,花瓶里插着花"的次序编码命题,绝不会倒过来编排。

先后排列:先后排列是指从最先到最后,而不是从后到先地编码命题。例如一般只从"查电话号码,拨打电话,接通电话"的次序编码命题,绝不会倒过来编排。

比较排列:比较排列是指从肯定方面向下,而不是从否定方面向上地编码命题。例如一般多从"优良的占 60%,中等的占 25%,不好的占 10%,最差的占 5%"的次序编码命题,很少倒过来编排。

正面排列:正面排列是指尽可能从肯定角度,而不是从否定角度来编码命题。例如一般总从"秋季晴天日子多""冬天下雨天气多"这种肯定角度编码命题,很少从"秋季不下雨的日子多""冬天不晴朗的天气多"这种否定角度来编码。

(2)言外内容

构建句子计划还必须考虑言外内容,即施为性言语行为,如表述性行为的断言、结论等,承诺性行为的允诺、保证等,指令性行为的命令、请求等,表情性行为的道歉、致谢等,宣告性行为的解雇、命名等。例如上面说的命题,加上施为性言语就可成为"床板已被蛀蚀了"(断言),"保管好床板,不要被蛀蚀了"(命令),"这种床板是不会蛀蚀的"(保证),"对不起,床板给蛀蚀了"(道歉)等。

(3)主题结构

命题内容和言外内容构成句子计划的意念和功能,句子计划的形式构件则依赖于主题结构,这就是主语和谓语、框架(句子轮廓)和插入物(框架中的内容),以及与之有关的已知信息和新信息。例如上面的命题,不同的主题结构(框架),就会有不同的述语(嵌入),"床板——被蛀蚀了""蛀虫——蛀蚀了床板""床板的蛀蚀——是因为有蛀虫"等。如果说句子计划构成了思想表达的主干,那么主干中的枝叶则有待于成分计划中词(名词、动词、副词等)和词组来充实。例如"蛀虫蛀蚀了床板",这个主干句子,就可以通过成分计划来充实,"讨厌的蛀虫慢慢地蛀蚀了这件名贵的床板"。我们通常说的话语结构就是这样一步步地建立起来的。

3. 言语计划的执行阶段

在执行阶段,需要把语言信息的高度抽象的心理表征变为不断变化的肌肉活动形式,并调动发音器官,产生表达该信息的声音。由于话语结构的建立阶段是一个过渡阶段,在这个阶段建立的是一个句子的产生式系统。所以通过语音形式将句子表述出来就必须由语言产生的第三阶段——执行阶段来完成。因此,言语计划执行阶段要编制一个发音程序,这个程序需要包括意义选择、句子轮廓选择、实词选择、虚词系联、语音切分以及超语音成分(停顿、语气、语调等)的处理等等,同时要指令发音器官包括呼吸机制(提供言语产生的气流)、喉部机制(将气流转化为声音)和发音机制(口腔、鼻腔塑造和形成声音)的肌肉运动。在这些因素的协同作用下,使思想得以转化为语音形式而表达出来。

需要注意的是,以上这三个阶段是从严格的理论意义上所做的区分,在实践中并不会截然隔开。

(二)口语与书面语的异同

1. 口语与书面语的共同点

语言学家索绪尔把言语活动分为语言和言语两部分,人们都接受对语言这个概念,而对言语的理解曾有过激烈的争论。索绪尔认为,"言语"首先"是个人行为",其次"是所说的话的总和",并进而提出"语言的语言学"和"言语的语言学"两个领域。于是我国有学者进一步阐释了索氏的观点,认为:"言语是说(写)和所说(所写),语言是人们用以说(写)和存在于所说(所写)中的音义结合的词汇系统和语法系统。"对外汉语教学界也有人提出:"口语和书面语是一种语体概念,口头语言和书面语言是一种语用概念。"并认为这种区分不但反映了语体应用的变换情况，也是为了更加科学地处理语言教学中的各种关系，主张“把口头语言教学与口语教学区别开来，把书面语言教学与书面语教学区别开来”。根据这种语言角度考察理论上的认识与实践上的思考，我们可以认为“口语”和“书面语”都属于语言范畴，都是客观存在。

2. 口语与书面语的不同点

(1)从言语行为上讲，口语是输出，书面语是输入，而只有输出才是表达。汉语口语作为语言范畴，无论是从语音、词汇、语法及语用等组成要素诸方面，都应有科学的规定性，都是可以描写的，都是有规可循的，而且不是任意的。口语和书面语在语音、词汇、语法及语用方面均存在着一定程度的差别，它们的内涵并不相同。应该特别强调的是，并非凡写出来的必定是标准的汉语书面语，写出来固然是准备给人看的，但那仅仅是个人的书面表达，而真正标准的汉语书面语，应该是普通话定义中所规定的合乎语法规范的“典范的现代白话文著作”。

(2)口语为主，书面语为从。口语是有声音的语言，而就目前世界上存在的语言来看，无一不是声音代表意义。因此，说的语言即口语是一种符号；如果这种口语还有文字，那么文字又代表声音，于是这个文字也是一种符号。口语是直接的达意工具，文字记录的有声语言是间接的达意工具。有声语言是一种符号，无声语言——文字又是符号的符号。有声语言是主，无声语言——文字是从。

口语与书面语既然有相当的差异，那么，即使把说的话写出来，也并非书面语——严格意义上的文字表达，甚至也不是原来“口语”。因为，写出来的话并不能和口中说的话完全符合。例如，语调就是语言中极重要的成分，可是文字里是表示不出来的。像停顿、轻重、强调、语气等在书面语、文字中是无从表现的，因为它是声音的，只有口语中才能表现出来。例如“谁说的”这句话，一是表示疑问“是谁说的”，二是表示否定“你说的不对”。实际上，“要是丢开语调不说，也只有现代的一部分剧本和一部分小说里的对白可以算是一致，大多数的文字是和实际语言有出入的”。在对外汉语口语教材中，写成文字的部分，有的和口语大体相符合，有的和口语距离较近，大多与口语相去甚远。从某种意义上说，是书面语、文字表达而不是日常用的口语。很显然，没有把口语和书面语的主从关系厘清。

在上述分析的基础上，口语与书面语之间的异同关系如图 7-1 所示。

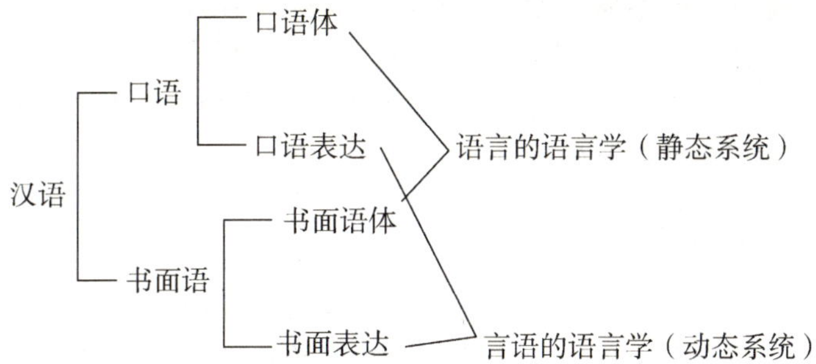

图 7-1

二、对外汉语口语教学的内容

(一)语音

语音是学习语言的基础,只有学好语音,才能谈得上掌握其他各种语言技能。学汉语首先要学好普通话的标准发音,包括 21 个声母,39 个韵母和四个基本声调,以及除声、韵、调以外的语音规则,如轻声、儿化、变调等。在对外汉语教学中,应该让学生在开始阶段一定要学好汉语拼音,不断纠正自己的错误发音,培养学生正确发音的习惯。

(二)词语

在对外汉语口语教学中,也讲究词语的词汇量,在扩充的同时,应以教授常用口语词和那些口语化的惯用表达方式为主,包括有实在意义的,也包括只起强调语气作用的惯用语。这些内容的教学应从语用规则入手,切忌概念化地讲解生词或孤立地拿出一个词让学生造句,最好设计情景,让学生在话语中理解、掌握词义。

(三)语句

对外汉语口语教学中的语句教学内容,重点是让学生掌握那些功能意义相同的各种表达方式,比如表示感谢的说法有“谢谢”“多谢”“太感谢了”等。

口语是靠声音来传达信息的,人们说话总是因人、因事、因环境而发。所以口语最大的特点是表达时有特定的语言环境和具体的听话对象。以往的对外汉语口语教学,凭借书本练习会话,无场景、无语境,教者就写于书本上的语言传情达意,学习者就书本上的语言练习口头表达。其结果,往往是学习者出了课堂就听不懂社会上人们之间的口头对话，自己也无从用口头语言表达自己的意思，语言交际难以达成。口头交际得体、有效的关键所在就是要讲清楚在什么样的人物关系中、什么场合下才能运用，可以从聚合角度将这些联系起来教给学生。

(四)语言的组织方面

对外汉语口语教学还讲究语言的组织方面，这不是把以一定的结构形式连接起一个个单句而进行的成段表达作为教学重点，而是要求学生能在一定的情境下就某项功能进行基本会话。通过口语表达技能的训练，可以训练学生快速语言表达的能力，恰当地选词造句的能力。此部分的教学内容多设计一些规定了情境的会话练习，让学生在情境中举一反三，熟练掌握，而必须跳出分角色背诵课文或单纯地重复课文提供的现成会话的怪圈。

三、对外汉语口语教学的原则

(一)要明确初、中、高级内容的重点

口语教学也讲究因材施教，教学内容也要根据不同阶段水平的学生而有所区分。初级口语教学重在常用语句的记忆、模仿和运用。不仅要抓单一命题的不同功能表达，而且要让学生根据对话的需要熟练地配搭和组合相邻对子。不仅要学会在相同的场合下使用某种语句(水平迁移)，同时要学会同一语句在不同情境下的应用(纵向迁移)。中高级口语教学重在口语的计划、建构和执行。教师课堂上给内容、给情景，例如运用图画、录像、听故事等方式，让学生根据复杂命题来计划句子和句子成分，选择词语、句式来思维和表达，在此基础上进行对话训练；并随说话双方话题的转移而产生和插入叙述性话语。在话语执行过程中，尽量减少停顿、重复和失误，逐步达到流利的程度。

(二)要注重合作

口语教学中常常会遇到这样的情况，教师想组织学生就某一话题进行讨论，但就是开展不起来，其中隐含着这样几种原因：或是学生的汉语水平有限、语言能力不够；或是文化背景有差异；即便学生具备了前面几个基本条件，但对讨论这个话题毫无兴趣；或是学生对这方面的内容根本不了解(如京剧、中国电影等)等。这些原因都妨碍着会话的合作原则的实现和贯彻，从而导致讨论或会话的失败。这是口语会话教学所必须重视或引以为戒的。口语教学要考虑对方的知识水平、接受信息的能力和所处的社会语境，这就是合作原则。如果是个人独白，自然只要事先计划好话语的内容和语句的先后次序即可；如果是会话，得顾全双方的合作和协调。谈话内容超越对方的知识范围，就难以交流；单位时间传递的信息过多，接收就容易打折扣；涉及的话语不符合对方的社会语境，也难互相沟通。这里说的协调是要呼应对方的话头和话题。回话要顺应和切合对方的话头，或认可，或表态，或承诺，或道歉等；交谈必须随着对方话题的变化而展开、而深化、而转移。

（三）要注重两种言语的转换

在对外汉语口语教学中，应该要注意口语的产生和目的语①口语的培养之间的差异。在一个比较长的学习期内，目的语口语的产生需要两次转换：第一次，说话者的说话意图（即心理语码）→选择母语词语和句式来思维和表达；第二次，母语语句→选择与母语语句相对应的目的语词语和句式来表达。因此，口语课的任务是加速两种语言的转换过程。从运用母语思维表达逐步过渡到母语和目的语合用，而后基本用目的语来思维和表达。要实现两种言语的转换，口语教学首先必须重视训练的内容。口语教材的内容或选题除了考虑到实用性、交际性以外，还必须要重视内容本身对两种语言转换的影响。例如在口语教学的初级阶段，"购物"是最常见的话题。因为在日常生活中购物是最必需的，安排这一话题符合实用性原则。当然也符合交际性原则，因为到商店购物必定要与对方交谈。购物的时候，用的话语一般不外乎两类：一类是互相提问，"哪一种好？""你要什么？""多少钱？""能便宜点吗？""哪种颜色更好？"等；另一类是关于数字和钱币加减的说法。初级口语教学阶段控制在这两类表达方式之内是符合学生的两种语言的转换水平和能力的。中级口语教学阶段就涉及到了介绍商品或询问商品的质量、使用等话语。由此可见，口语课内容或话题的安排要以学生的语言转换能力为前提。当然这个原则主要是针对初、中级阶段水平，高级阶段通常就不存在这样的问题了。

（四）要注重语句的重现和复现

多听多说是提高口语的必由之路。虽然在阅读、听力中已经含有很多

---

① 目的语（target language）指学习者正在学习的语言。它的涵盖性强，可以包括第一语言、第二语言、母语、外语、本族语、非本族语、标准语、方言等。不管是什么语言，只要是一个人正在学习并希望最终掌握的语言，都可以称为目的语。

能理解的词语、句子，但是口语中不一定能运用、说出。也就是说，在视听过程中吸收的词语、句子，已存于长时记忆，但是它们在脑库的语言结构中不一定很完善(形、音、义的结合可能有缺陷)，妨碍和影响了说话时对它们的匹配和提取。所以需要学生大胆地说出口才有进步。这里有一个问题值得注意，现有的某些会话课本，其中的对话内容对学生来说至少有一半是属于听的。譬如名胜古迹、风土人情等文化内容的介绍和述说等，基本都属于学生用不到或者很少需要说的内容。虽然口语和听力是密不可分、相辅相成的，但从训练口语的角度来考虑，必须加强常用口语的重现和复现，不要花费时间和精力在这类属于听的话语上。

(五)要留有足够的训练时间

口语训练通常讲究即兴，很大一部分话语要靠临时思索和组织，即边说边想。思索的时候需要有个推敲、斟酌词句的过程，难免会有停顿、重复、改正、插入等现象。这个程序决定了口语教学必须让学习者熟练掌握这些环节的进程和转换，而没有一定训练时间的保证，是达不到这个程度的。因此口语的课堂教学，教师的讲解代替不了学习者的练习，必须留出足够的时间进行操练。毕竟用目的语说话中间还有个对应转译的环节，停顿、断续、重复、插入的情况就更为严重。再说口语从心理词汇和句子模式中匹配、提取，比阅读、听力理解的匹配、提取困难得多。阅读、听力理解有形可鉴，有音可辨，激活贮存于长时记忆的语言模式相对来说容易一些，扩散到其他相关的语言模式也比较顺畅。而口语的形成，首先是一种意图，没有外界词语的形、音可依傍，纯由表示某种意图的心理语码去激发相关的、近似的词语模式(匹配)，并从中选择恰当的词语(提取)，按照句子模式和功能模式组成句子或语篇(组合)，再由中枢神经发出指令给有关肌体(口腔肌肉、手指肌肉)，手写或口说。从头脑中的意念到口语，特别是目的语的表达，要经过这样一个多环节的程序。所以口语教学中的训练时间一定要充分。

四、对外汉语口语教学的特点

(一)具有互动性

使用口语的人都有具体的交际对象，没有了交互对象便没有了口语的使用场合。因此，口语教学也是教师与学生之间、学生与学生之间的一个互动过程。没有互动，就不能称之为口语教学。

口头交流，不仅要追求语言形式的正确和语言运用的得体，作为互动的结果，更重要的是说话双方要能互相领悟交际的内容和意义，最终达到交际的目的。从这个意义上说，会话是"语言意义的谈判"，口语教学则是"意义谈判的互动"。口语教学过程重视的也是语言意义（交际内容）的互相交流（这并不意味着放弃形式）。

（二）重视学生跨文化意识的培养

第一语言的交际能力对第二语言的交际能力必然是有影响的。由于人类的交际手段是在全人类共同发展的基础上形成的，具有相对的一致性，这就使得人们在学习第二语言时，交际能力的正迁移得以发生。虽然不同民族的人用语言进行交际有许多共通的东西，但语言毕竟是文化的载体，文化是多样性的，文化的不同不仅给语言的不同打上了"烙印"，也给操不同语言的人们之间的交际造成了差异。认识不到或不了解这种差异，即使学生学习了汉语，用汉语跟中国人交际也会出现问题，甚至影响交际双方的交流与沟通。例如，中国人称赞外国留学生穿的衣服漂亮，人长得好看等，许多留学生会本能的用汉语说"谢谢"，尽管他们可能已经学过"哪里，哪里"等"自谦"的表达方式。这都是由于文化不同，交际模式不同而产生的负迁移，并不仅是语言本身的问题。如果学生将母语的交际模式错误地套用在相应的汉语交际场合，这就会违反汉语的交际惯例；如果学生不了解或不理解中国文化与他们的文化之间的差异，就很可能对中国人的交际方式和语言行为进行误判。所以，培养学生的第二语言交际能力也包括培养他们的跨文化交际意识。因此，对外汉语教学就具有重视学生跨文化意识培养的特点。

（三）强调准确性和流利程度的结合

口头交际的成功，取决于口语的质量，而口语的质量主要是通过口语的准确性体现出来的。口语的准确性既是指语言内容的准确性（会话的"合作原则"可以帮助我们理解这一点），也是指语言知识运用的准确性。关于口语的流利程度，不能仅仅理解为语速的快慢，尽管语速是衡量流利程度的一个指标。鉴别口语的流利程度主要应遵循以下标准。

第一，谈话有连贯性、逻辑性，掌握表达语言意义的能力。

第二，连续谈话能力，就是在一段时间内的谈话应该没有显著的停顿。

第三，谈话内容富有创造性和想象力。

第四，具备在各种不同场合说话时的应变能力。

实际中，操第一语言的人在说话时也是有停顿的，但他们的停顿主要是出于对意义内容和说话方式的考虑，但说第二语言的人，他们的停顿则更多的是出于对语言形式的考虑，所以是没有规律的，非正常的。操第一语言的人在用内化了的语言知识和规则把要表达的思想转换成言语信息时，这个过程是自动化的；而学习第二语言的人却不行，“思想”和“形式”的“割裂”就会对表达的流利程度产生很大的影响。我们进行对外汉语口语教学就是要加速完成“自动化”的过程。对外汉语口语教学的过程始终是围绕着准确性和流利度这两个目标在运作，但我们应该清楚地认识到，准确性在口语教学中是第一位的，它是流利程度的基础。许多教师对那些学“马路语言”出身的学生感到头疼的原因就在于他们的汉语听“似”流利，可一说就错，无准确性可言。对于准确性和流利度，不同的课堂练习是可以有所侧重的。而且，在对外汉语教学的不同阶段，面对不同水平的学生，训练策略也应相应地进行调整。初级阶段，准确性的提高是重点。随着学生语言能力的不断提高，流利程度与准确性就成为均衡发展的技能目标。需要注意的是：如果在任何学习阶段都只强调准确性，则会影响学生表达的流利程度的发展。所以，教师要让每项口头训练各有侧重点，要从整体上平衡协调这对矛盾。

（四）既重视交际功能和语境，又重视语言结构

1. 重视交际功能

说话是一种言语行为，是为了做事，是为了通过传递一定的信息进而达到交际的目的或意图，这就是所谓言语行为的“功能”。功能—意念大纲的出现使得口语教学在培养学习者交际能力方面发生了根本性的变化，也使它成为第二语言教学具有全球影响的口语教学纲要。尽管对外汉语教学的功能—意念大纲还处在进一步开发、研制阶段，但我们在对外汉语的口语教学中，要特别注意交际功能及汉语表达功能、意念的语言形式（各种格式），这一点是确定无疑的。

2. 重视语境

由于口头交际具有“即兴”的、临时（当场）的、多变的特点，大量的口语是无计划、无准备的，因为口头交际对特定语境的依赖性很强。在汉语口语教学中，学习者对词汇、语用规则的理解一般都要结合语境来进行，并且他们也是在语境中尝试运用他们的语言知识和加强记忆的。有的应用语言学家认为，所谓交际能力，实际上就是掌握了一大批部分装配好的结构（半成品）、公式性套语和一套规则，并能够根据不同语境进行必要的调整的能力。语境对言语的理解和产生具有制约性，例如，“我这人，嘴上没把门的”这句话，如果语境不足，就会给理解带来不确定性：这是一句表示歉意的话（“我这个人常常胡说八道，你不要在意”），还是一句带有威胁的话（“你可小心点

儿，我可保不住会把你的秘密说出来”）。因此，语境的设置在口语教学中有较为特殊的地位。

3. 重视语言结构

在口头交际中，语言知识，尤其是语法知识仍有着举足轻重的地位，我们不要忘记社会语言学家海姆斯提出的关于交际能力的四个参数，其中之一就是合乎语法的：某种说法是否（以及在什么程度上）在形式上是可能的。应用语言学家威多森指出，语言交际中最重要的是词汇与语境直接结合产生意义。如果语境不足，词汇意义不能自现，这就需要语法规则来对词汇进行调节。所以，对外汉语口语教学不能偏废语言结构。而且，口语的语言结构还有着许多自身的特殊性，例如句子较短、少用关联词语、并列从句多、问答很多、感叹词语多；因为经常有打断、重复、停顿、增补、更正等现象出现，使得语句可能产生不连贯；省略、简化、代称等表达较为便利的语言形式使用频繁；许多口语中使用的惯用语和俗语、俚语带上了深深的汉文化烙印；不同社会背景和人文背景的人在口头表达上也具有特质性。这一切都告诉我们，在对外汉语口语教学中，不能偏废语言结构知识的教学。

五、对外汉语口语教学的方式

对外汉语口语教学的方式主要包括以下几种。

（一）直观描述法

在对外汉语口语教学中，教师可以通过图片、照片、实物、影像资料等，让学生来练习口头表达。学生说的话，可以是对一张照片的静态描述，也可以是对几幅情节关联的图片的过程描述，还可以是对单幅或多幅图片进行想象的拓展性表达。由于影像资料和多媒体技术的日臻完备，这种教学方式具有极大的拓展空间。

（二）情景对话法

在对外汉语教学中，教师可以通过情景对话法来进行教学。教师可以告知某一具体情景或某一具体任务，让学生根据情景或任务去进行交际，完成任务。例如，交际双方，甲帮助了乙（情景），乙上句说“谢谢你”，甲下句接“不用谢”或“不客气”就是最典型的简单的情景对话。在很多汉语教师的口语考试中，常让两个学生一组根据所给情景和任务准备以后完成对话，也是情景对话的模式。

(三)互动问答法

互动问答强调的是师生之间、学生之间的双向互动作用。问题可以由教师问学生,学生问学生,也可以由学生问教师。在这个教学过程中,教师与每一位作为个体的学生都处在平等的地位。学生为了获取信息和操练语言结构必须充分发挥主动性积极地问,教师则起示范与导向、帮助与协调的作用,他可以平等参与,但不是操纵一切的主宰。在学生较多的课堂里,师生之间的互动是多点的。问答的设计可以以语言结构为纲,也可以以话题为纲。例如:“麦迪是哪国人?”“姚明是哪国人?”这是一组以结构为指向的问题;“你家在哪里?”“爸爸做什么工作?”“你有没有哥哥?”这一组则是以话题为指向的。

学生之间的问答可以是交叉式的,也可以是循环式的,即甲问乙,乙问丙,丙问丁,乙问甲;可以问相同的句型,也可以根据生词提不同的问题。后者如,为掌握一组生词“印象、条件、原来、能力”等,学生甲可造一个疑问句问乙:“你对我的第一印象是什么?”乙回答后,用“条件”造一个疑问句“男人和女人的爱是不是都有条件?”问丙,丙再用“原来”造一个疑问句问丁。

(四)演讲报告法

在中高级阶段的口语教学中可以采用演讲报告法。口头演讲和报告可以由教师根据教学计划和教学内容的安排定题,也可以由学生根据兴趣自选题目。这种方法对学生提高用汉语自由表达思想的能力大有裨益。因为成人学生对各种现象和事理都有独到见解,不同文化背景又造就了学生不同的价值伦理观念。尝试用汉语表达这种见解和观念有助于学生真正建立起用汉语思维的习惯,早日实现从母语思维向目的语——汉语思维的跨越。

(五)组群活动法

组群活动法是让一定数量的学生组合在一起,在组群内互相合作配合做一件事或完成一项具体的任务,“做事”的过程也是口头交流的过程。“以言行事”是组群活动法的特点。

组群可以任意划分,也可根据不同的年龄、不同的家庭或职业背景、不同的兴趣,甚至不同的国籍或民族来划分。由于口语在本质上是由社会驱动的,因此合作作为一种社会行为应该也是口语课堂教学所需要的一种形式。教师在这种活动中,通常是掌控节奏、规范任务、组织协调和语言提示。在每个组群中,由学生担任主持(召集人)或记录者。对活动结果一定要有交流(口头的报告、比较、评估等)。

(六)复述与讲述法

复述与讲述法可以和听力理解训练结合起来，听后复述；也可以是学生根据读到的事件自己把它讲出来。这种方式的训练优势是培养学生对语言材料的组织能力和连贯表达的能力。它的训练指向主要是表达的流利性。由于复述是一个对材料重新编码的表达过程，所以不必追求表达过程中内容细节的完整和“原样”，而应该侧重于整体的叙述逻辑和语句连接技巧。学生能用自己的话流畅地复述，比死记硬背“原版”复述，难度要大得多。

(七)模拟法

在交际法教学流派中，模拟法是采用较多的方法。它主要是让学生在模拟的现实社会场景中扮演(模拟)不同类型的社会角色进行口头交际活动。在模拟活动中，学生通过扮演不同的社会角色，去揣摩和体会不同角色的社会意义，以及他们使用语言的特点。一般在模拟之前，教师先要作些组织准备工作：说明模拟的场景，介绍模拟的对象(扮演的角色)，提出任务要求，并提供相关的语言结构和功能，以及词语的支持，有所准备。模拟是要将课堂与社会联系起来，而现实生活中的模拟活动是比比皆是的，例如，消防演习、彩排、教学实习等。

需要注意的是，不同的教学流派对口语教学都有一套自己的方式，每位有经验的第二语言教师在实践中也都会整合出属于自己的方法。这里只是概要性地介绍一些常用的方式。而这些方式在实际教学过程中常常是交叉使用或组合使用的。

六、对外汉语口语教学的任务

对外汉语口语教学的不同阶段有着不同的任务，现具体分述如下。

(一)初级阶段口语教学的任务

初级阶段口语教学的任务主要是语感能力的培养，可以从以下几个方面入手。

1. 在语流中教授音与义的联系，促进语音链和意义链的内化

由于民族语言的差异，民族思维被语言化后形成思维模式的不同。语言中的语音、语词和它们的结构规律也即语法导致思维的语言化与模式化，而它们所共同指向的意义却是每个民族所共有的。由于不同语言表征意义

的语音、语词及其结构规律的不同，在习得和学习过程中导致不同的思维模式，“学习外国语就是养成一套特别的习惯”。学习汉语口语的习惯是在自觉学习后养成的，最后达到事物意义内化以及思维语言化，语感能力也就是在这个过程中形成的。正是基于这种语感是意义及其形式内化的理论，在教学方法上应该力求使学生由视觉记忆回溯到听觉记忆，并通过对词句的视、听、说和写在语言区联系的习惯化，使意义逐步形成以语音为形式的语言模块和结构，并且这种语言结构一旦在语言区里建立，就会抛弃其所依附的语音和语义，而以思维的纯意向性结构存在。这种结构以多样性和自由组合性对所有的词语开放，越来越多的语音携带着意义镶嵌在语言模块和结构中。在对外汉语口语教学中，这种词语意义的内化和模块结构的建立发展对语感的培养起着关键性的作用。

(1)教授词语及其意义

除了纯粹的教授发音方法、对比矫音以及发音规则以外，一般都要将词形、词音与词义结合起来，使学生在心理的记忆域中建立形、音、义的直接联系。在记忆域上，这是从母语理解词义到汉语词语再到汉语词语及其词义链接的内化过程。在生理上，这是由视觉意义到“视听义音链”再到“听说义音链”的建立过程。我们可以采取以下由形象到抽象的方法以促进意义及其形式的内化，由视图画(或实物)到视词形听词音，再到视词形听词音说词音，去掉图画和词形后只听词音说词音，最后学生说词音写词形。比如：一，拿出一个荔枝实物或图画(看)；二，写出汉字“荔枝”及其词音“lìzhī”，教师示范，让学生听清词音(看、听)；三，让学生一边视字形，一边听教师的领读音，并叫学生把听到的声音读出来，教师帮助学生矫音(看、听、说)；四，熟练词音以后，擦掉拼音，记忆汉字，熟练字形以后，再擦掉汉字，教师领读以强化词音和词义的联系(听、说)。

(2)教授词语链(包含词音链)及其意义链

要坚持词语与词语链接规则和词义与词义的链接功能同时进行的原则，还是举上述“荔枝” 的例子。

首先，学生在记住了“荔枝”的字形和意义以后，在形式上，可以写下几个运用“荔枝”一词的句子，如“他买荔枝”“我吃荔枝”等，通过对这些句子的读(音)、写(字形)、用(音与义)，既可以在纵向上推动“荔枝”义音的内化深度，又可以在横向上使“荔枝”的义音固定在词语链的结构中。与此同时，汉语主—谓—宾的语序通过陈述句和疑问句的练习与学生母语的语序区别开来，这对讲解语法理论是很有利的。

其次，在意义链与相应语音链的建立上，使学生加强“荔枝”与有关的常用动词的联系，如“吃、买、拿、卖、拎、扔”等，以便学生在日常生活中能更广泛地实际使用“荔枝”一词，“实际使用”是词语活化并促使意义链和语音链模式化、固定化的根本动力。

再次，注意让学生从词扩展到词组甚至句子。这样既有利于使学生在较大的语段中建立词组的意义链与语音链的联系或者再联系，又有利于将词语固定在已掌握的句式结构中，使学生在提取词语的同时，提取相关的句式。例如，从“荔枝”到“好荔枝、坏荔枝，一斤荔枝、两梳荔枝、三筐荔枝”，再到“今天他吃了好几个荔枝”“冰箱里放了几斤荔枝”的扩展。

(3)学生在心理上有一个由“实词链”到“实虚词链”的过渡

实际上，单纯的虚词链是不存在的，虚词的习得要依靠其在实词链中的运用。例如，学生已经习惯了“你去上海，我去上海”的实词链以后，将虚词“也”加入句式中，组成“你去上海，我也去上海”的句式，使实词与虚词既在句音上组合起来，又在句义上扩大了意义链，虚词的意义得以领会。同时句义与句音的链接、内化要经过从视读听说、听说、纯说到模拟交际和实用交际中的提问、回答的整合转化过程。随着学生词汇量的扩大和实际使用的语词意义链在记忆域的内化、习惯化，口语就有可能有机会印在脑子里，并且当一个个的单个词语在句子中顺嘴、顺耳、顺用以后，又加入语言区，巩固在语言结构里，有创造性地加强运用汉语的能力。

一个人所掌握的词语越多，使用的句式越灵活多样，其汉语口语交际能力才能越高，而且伴随着学生的思维被口语结构化、模式化程度的提高，母语对汉语的影响会逐渐减少，才有可能在听说读写中把汉语口语的语感能力表现出来。

2. 依据语言可以使思维模式化的理论，坚持在语法结构和习用句式的教学中促进汉语思维模式形成

人类思维认识事物的过程具有双向性。首先，思维接纳代表事物名称和意义的词语并链接成词语链，表现了人类思维的能动性。其次，词语及其链接组合的方式也会将思维及其意向性固定化、模式化、钝化，这就是思维的语言化即思维模式化。思维的语言化有一个深层结构，语音及其组合的先后顺序是思维语言化的第一要素，记录语音及其排列顺序的语词是思维语言化的第二要素，而语音和语词所指向的意义则是内化在思维中的，离开意义的思维和离开思维的意义都是不可想象的。从逻辑的角度说，思维和意义是一个事物的两面，它们是先于语言而存在的。从语言的形成来讲，语音和语义是先于思维的，然后在习得和学习过程中将思维语言化并将其所负载的意义内化在思维中。第二语言语感的培养就是以语言对思维的这种能动性为理论依据的。汉语的语法和句式有自己的特点，在对外汉语教学

中应注意突出汉语思维模式的特点，以便于帮助学生建立汉语思维模式。

(1)在对外汉语语言教学中，学生在心理上总是倾向于接受自己所熟知的词组或句子而排斥生疏的词组或句子，所以在了解了学生已经知道的句式的前提下，教师是可以预知学生在学习新的句式时会出现哪些遗漏的。有些学生一旦将汉语的基本句式主—谓—宾掌握并转化为一种汉语交际的思维模式后，对宾语提前的句子往往会把主语丢掉，而这种宾语提前的句子在汉语口语中是相当普遍的。例如某学生对“他买了一辆车子”这一主谓宾结构比较熟悉，当听到“车子他买了吗?”并重复自己所听到的句子时，常常说“车子买了吗”，这是已经内化了的主—谓—宾句式思维的模式化的结果。

(2)汉语词组本身的独特性。比如，从“妈妈”“裙子”到“妈妈的裙子”，对母语中有这种结构的学生来说，这种名词作定语的偏正词组是比较容易接受的，但是当留学生听到“妈妈买的裙子”这句话并重复时，却经常出错，常常念为“妈妈的买裙子”。这种主谓结构作定语的词组，在词序和结构上与许多语言不同。在对外汉语教学时，教师可以以这种结构的聚合来培养学生的语感理解和表达能力。可采用从“买的裙子”“我买的裙子”到“我昨天在商场买的裙子”的梯式演化教学，最后把这种词组放在交际性句子结构中进行练习，如“这是我昨天买的裙子”。

(3)句式结构可以把一种句型的已知定指信息和未知焦点信息表现出来，而人们在汉语口语里往往以宾语提前的句式、被动句式和“把”字句来先陈述已知定指信息然后再突出未知无定的焦点信息。这是汉语口语常用的定指词先行而无定词后置的思维意向。教师在教学中要注意培养学生习惯运用体现汉语特点的句式，使他们在学习训练中将这些句式模式化，达到不自觉地运用这些句式的程度。比如“那本书我拿走了”“这张椅子我搬走了”“我的衣服被风刮跑了”“那个包你买了吗”等具称定指句式。还有泛称定指句式，如“哪儿你都不认识”“每一个人都喜欢赞美自己”“一分钱也没有”等。当然还有的甚至无法改变语序，像“他收藏的唱碟我都听完了”“什么活他都喜欢干”。

(4)较强的前呼后应的框架结构是汉语思维模式所特有，这种特点既能体现句子和语段的紧密性和完整性，使意义聚集在一起，又能突出强调点。例如，“妈妈是坐公交车去的”“是同学的孩子打破了那个杯子”“连三岁小孩儿都知道不能撒谎，你已经十八了”“爸爸一句汉语也不会说”等，教师可以通过句式变换、综合填空、设计会话和句式领读等方式引导学生养成使用这些句式的习惯。另外，教学生注意语篇中连贯词语的照应，如“既然……那么……”“与其……不如……”“不但……而且……”“虽然……但是……”“要么……要么……”“首先……其次……”等。

(5)学生常常丢掉构成复句本该含有的副词。例如，在进行“虽然……但是……”复句形式的听力训练时，学生在重复听到的内容时常常丢掉“但是”字，把“虽然这件衣服很破烂，但是我很喜欢”读成“虽然这件衣服很破烂，我很喜欢”。一方面，这跟心理学上说人类感受的“两头清晰、中间模糊”的特点有一定的关系。另一方面，跟“我很喜欢”这个已经思维模式化了的陈述句式也有关系，一旦将这一熟知的陈述句式纳入到复句思维的新模式中时，新的知识在已有的知识结构中就受到排斥，人的思维意向总是易于接受已被理解的熟悉的信息，对于新的尚未理解的信息则表现较为漠视。

3. 在语用规则中教学文化传统

语言所负载的文化传统是以观念的形式固定在使用该语言的民族心理中的，并最终以言语的形式表现出来。对同样的问题，不同的民族有不同的回答方式。文化矛盾的碰撞在语言的学习中是最为激烈的，所以在对外汉语教学中要特别注意把握好这方面的问题，可以从以下几方面来入手。

(1)最为深层的文化差异表现在哲学层面，文化哲学以思维模式的形式稳固地潜藏在言语行为的背后，不易觉察，却支配着人们在一定的场合的用语方式。通常，在表达情感感受的场合中国人的思维方式是迂回式的。当别人说“你的这个包很好看”时，包的拥有者往往会想：“是不是她喜欢这个包?”所以汉语表达有着很深的“言外之意”，无论是言者还是听者都以委婉曲折的方式追寻语句的底蕴。培养语感应该以此为最高的指向。而在正式场合中国人一般不说“你真性感!”“我爱你!”这样的英语常用语。如果这样说，中国人会认为你不道德、不礼貌。之所以出现这种文化差异是与中国人的价值观、道德观、审美观以及哲学观等密切相关的，特别是体现哲学观的思维模式，它支配着说话时的基本立足点和方式。

(2)汉语的文化特点在对话中的正反词和正反话也得到一定程度的体现。语言学家吕叔湘在《现代汉语八百词》中列出了这么几个例子。当一个人问“你怎么才回来”时，对方说：“找了半天，好不容易(好容易)才找到了他”，当一个人问“你为什么生气”时，对方可能会说：“我好容易买的书，被他弄丢了”。这里“好不容易”和“好容易”都是表示“非常不容易”的意思，这是汉语以肯定词来表达反义，这种词很少，最多的是以“好＋不＋部分双音节形容词”的否定形式来表现肯定的意思，像“好不热闹、好不伤心”等。再如，当一个人夸奖别人时说：“那个人说汉语说得真好。”另一个人表示赞同时常常说：“可不是。”这是以否定的形式来肯定对方的观点，起强调作用。这种正反词和正反语的运用还属于语言学层面上的语义学范围，与母语的冲突并不十分强烈，在教学和生活中把它们转化成一种语感能力并不是很难。

(3)汉民族特有的交际文化观念能在回答问题时的用语中表现出来。例如,当一个人表示感谢时说:“我在你家住了这么长时间,给你添了不少麻烦,真过意不去。”而中国人会说:“哪儿的话!你在我这住我很高兴。”否定的回答既可以使对方释去心理负担,又可以表现双方关系的密切。这种交际文化观念一般都比较容易理解和接受,属于文化心理层面,通过模拟情景和实际对话的训练较易掌握,但需要一定的时间才能转化为一种语言能力。

(二)中级阶段口语教学的任务

中级阶段口语教学的任务应着重于语音、词语、语言的组织几个方面。

1. 语音方面

在进行语音方面的教学时,应从初级阶段的音素音值、声调等音系知识的训练转入以语气、语调为主的超音位语音训练。在现实的口头交际中,句调的构成形式的改变往往可以改变句子的理性或情感意义。我们比较熟悉的是重音的位置不同句子所表示的意思也往往不同,这是句调的一个组成部分,还有另一方面即句子各部分音高的对比和变化也可以显示不同的意义。比如“好啊”这么个形式,如果把“啊”的音调提高,意思是表示“可以”;而如果加重“好”的语气并降低“啊”的音调,就往往表示批评或谴责的口气。所以,在对外汉语口语教学中应通过示范和操练让学生掌握表示某种意义的正确的语调。

2. 词语方面

在进行词语方面的教学时,应以教授那些口语化的惯用表达式和词汇为主,包括有实在意义的也包括只起连接作用的惯用语。比如语体的风格、上下文的呼应限制、感情色彩以及适用的情境等,避免单纯的解释或内部结构分析。

3. 语言的组织方面

在进行语言的组织方面的教学时,要跳出句法结构和孤立的单句的范畴,因为这也是语言能力的一个基础,掌握得越多,表达的能力也就越强。对此,应该着重解决以下两个问题。

(1)训练将一个个单句连接起来组成相对完整的表达单位的技能,比如掌握按时间的顺序、按空间顺序、按逻辑关系或顺序组合等方式,以及掌握各种连接方式所用的连接成分。目的是要让学生掌握使言语活动有条理的技能。

(2)要从聚合的角度让学生学到那些理性意义相同的各种言语表达形式，比如表示同意或肯定的说法有“可不是嘛”“那还用说”等，可以将这些联系起来交代给学生。

(三)高级阶段口语教学的任务

和其他课程相比，高级阶段对外汉语口语教学的历史相对比较短，而且语言学界对汉语口语教学的研究比较薄弱。中高级口语教学，特别是高级口语教学的盲目性和随意性状态更为突出。因此，要明确高级口语课教学任务，应该从教学目标入手。

高级的口语教学着重语义交际技能的训练。吕必松《华语教学讲习》认为：“所谓掌握语言交际技能，就是在什么场合对什么人用什么方式说什么话，能够应付自如。”1995 年，修订完成的《汉语水平等级标准与语法等级大纲》，科学地划分了教学等级和每一等级应该达到的教学标准、水平。其中对高级阶段(即三、四年级)的学生的言语能力所应达到的水平作了规定。这是对高级阶段教学目标、教学要求的定性描写。

把高级口语阶段的教学目标，与初中级口语阶段的教学目标相比，不能说哪个更重要，但却可以肯定地说，高级口语的教学更接近口语能力培养的完成，与言语的交际有着更为直接的关系。在高级口语教学阶段，成段表达能力的训练应该成为教学的主要目标和内容，也就是通过言语技能与言语交际技能的结合训练，培养学生把句子组织成语段，把语段组织成篇章的能力。这种能力超出了语言结构本身，还包括交际能力和逻辑思维能力诸方面。因此，这是一种综合教学。

七、对外汉语口语教学中存在的问题及解决对策

(一)存在的问题

目前，对外汉语口语教学已经成为一种独立的教学形式，它是第二语言教学法历史发展的必然趋势，是由第二语言教学的特殊性所决定的。19 世纪下半叶，资本主义的发展，使西方各国的关系在激烈的竞争中变得更为密切，语言成为交际的首要工具，而在各种言语交际形式中，口头交际是最常用、最直接，也是发展资本最需要的形式。社会的需求直接影响到语言教学方法的变革，早些年的人们就已经认识到口语既是教学的一项重要目的，同时又应是教学的一项重要手段。对外汉语教学几十年，口语始终被作为语

言教学的一个重要部分。各对外汉语教学单位普遍地把口语课与阅读课、听力课一起定为主干课程进行教学；历年来论述口语教学的论文及专门论及口语教学法的著作相继发表；各种水平的口语教材陆续出版；从事对外汉语教学工作的教师对口语教学的目的、任务、基本原则都有一定的认识。但是就目前的教学实情来看，认识和实践之间还存在着相当的距离。特别是在教学内容的确定和设置、实现教学目标的方式和手段、教学原则的落实和具体化，以及是否具有可操作性等方面，还有许多值得探讨和改进的地方。对外汉语口语课中的学生也存在一些问题，例如，一些学生习惯于死记硬背，不善于发挥，所以他们的机械复述能力强，能动复述能力差。还有些学生参与课堂语言实践性不高，不太热心于课堂上的语言交流。也有些学生过分依赖文字，喜欢看文字回答问题，而不愿意张口说话交流。

(二)解决对策

针对对外汉语教学中存在的问题，教师应该采取以下措施进行应对。

(1)要善于调动学生的积极性。要向学生提供它们熟悉的背景知识，引导他们“说”的积极性和兴趣，学生的积极性调动起来了，学生由过去的被动接受变为主动表达。

(2)从“鼓励”学生说到“逼”学生说。任何一种语言都不是“教”出来的，而是“练”出来的，所以要不断鼓励学生多实践，多说汉语。很多学生不主动表达自已的看法，课堂上就可能出现冷场现象，教师要善于处理这种情况，这时要设置学生熟悉的话题，鼓励学生说，还有不说的学生，就要点名直接“逼”他说。心理学的实验证明，点名可以让个体自己给自己压力，也有周围人给的责任压力，然后变被动为主动。

(3)通过各种活动让每个学生开口。比如课前小演讲，即兴语言训练，信息发布会等。

课前小演讲：学生轮流每日“演讲”，每次课题上拿出几分钟安排一名学生演讲。内容、体裁不限，其他学生听后可以向这位同学提问，由他一一回答。这样就形成练习循环，既训练了学生的表达能力，又侧面促进了同学之间的交流。

即兴语言训练：教师根据本班学生的情况设计符合学生水平的训练内容，把班级分成几个小组，让每个同学扮演不同的角色，设法让每个同学都要开口说汉语口语。

信息发布会：让学生把周末或者其他假期听到的、看到的内容，编成消息，在周一上课时说出来。而且在搜集信息的过程中，增加了学生与说汉语的人交流的机会，这样锻炼了他们的交际能力。

在学生表达过程中，教师纠正使用不准确的句子，学生在会话过程中，要善于选择最能表达自己意图的句子表现最佳的交际效果。

八、对外汉语口语教学的注意事项

（一）对外汉语口语教学是有指导的教学

对外汉语口语教学是有指导的教学，会话是有指导的会话，这句话说起来很容易，但真正实践起来却不容易做到。在对外汉语口语教学的课堂上，经常会出现以下几种情况。

第一种情况：教师可能觉得给留学生上汉语口语课是件非常容易的事，课前没什么计划，到了教室门口，甚至讲台上才突发奇想找到一个题目，然后满怀希望地请学生就这个题目发言。结果课堂上鸦雀无声，学生毫无反应。于是教师自己开始滔滔不绝地介绍，或谈起了对这个题目的看法。教师“一言堂”，“独白”了一节课，学生则上了一堂“听力课”。

第二种情况：教师出了题目，有几个勇敢或积极的学生开始努力用“自己的”汉语发言，场面似乎不错，但自始至终就是那么几个人在说，由他们垄断了课堂。

第三种情况：教师出了一个全班同学都非常感兴趣的题目，一时间教室里热闹非凡，学生们三五成组地讨论，教师被“晾”在了一边，下课铃响了，大家似乎仍然意犹未尽。实际上学生主要是在用自己的母语（夹杂着几句汉语）讨论，教师控制不住课堂，只好放任自流。

如果在对外汉语口语教学的课堂中出现了以上三种情况，那么就说明其教学是没有组织的，没有指导的。所以在对外汉语口语教学中，教师一定要有指导性地进行教学，要充分考虑到选题、学生的汉语水平、要达到的教学目的和要求，以及如何组织引导学生开口说话等问题，只有这样，才能取得良好的教学效果。

（二）不要把对外汉语口语课上成了阅读课

在进行对外汉语口语教学时，有的教学单位用教材，有的则不用，由教师自己选择材料（想想教我们外语的有些所谓的“外教”也许体会会更深一些）。因为有了课本，有了书面的“范文”，没有经验的教师很容易把注意力放在生词的解释，语法点的介绍上，采用与阅读课相同的教学方法，而忘记了口语课的根本任务——练习说话。这是口语课之大忌。

(三)要有选择性地改错纠偏

如何对待学生说话中出现的错误(偏误)? 要不要见错就改,有错必纠? 这历来就有争论。第二语言习得研究中的中介语与偏误分析的理论告诉我们,犯错误或出现偏误是第二语言学习过程中不可避免的,改错纠偏是每个教师都要面对的。对学生在口语中出现的问题,应该有选择性地改,改重要的,视不同情况改。学生在学习汉语过程中出现的错误或偏误有不同的来源和类型,学生个人的语言能力有差异,学习有阶段性,这就要求教师要根据不同的情况,因人而异地采取不同标准和不同方式改错纠偏。例如,对汉语的初学者来说,对语言的准确性应该要求高一些,不然会导致学生养成不良的语言习惯;对中高级阶段的学习者,对语言的流利度强调得多一点,一味纠错则容易使他们怕这怕那,影响了思想的表达。又如,在训练语音(包括语流)时,纠错的重点在发音,在语音语调,别的是次要的;而在对口语的表达形式进行训练时,语法纠错则是相对重要的。在学生成段表达或对话交际中,可能会出现许多错误或偏误,我们不能总是打断学生,把错误一个个地纠正过来,那样会使学生完全丧失信心,而应选择那些涉及句子总体组织结构的、影响理解的错误记下来,等到学生说完之后再加以纠正。要允许学生犯错误,也要有条件地容忍错误。

(四)输入要大于输出

我们这里所说的输入主要指的是听(也包括阅读)。不少教口语的教师,尤其是上初级口语课的教师,总希望学生学一句就要会说一句,输入十句就要求学生输出十句,这种输入等于输出的公式不符合语言习得的规律。学过外语的人都有体会,听懂十句,变成自己的,能说出三四句,就算是不错的了。接受的能力(听、读)通常好于产出的能力(说、写)。只有通过大量的输入才能保证有效的,也是有限的输出,因此输入应该大于输出。在对外汉语口语教学中要注意输入大于输出的意思,除了告诫教师对发展学生的口头表达能力不能操之过急以外,还要提醒教师应重视输入,要在听的基础上发展和培养说的能力。大量的听可以为说打下扎实的基础,有助于学生从所接触的语言材料中逐步内化规则,扩大词汇量,从而提高口头表达能力。在具体某个语言项目的教学过程中,也可以从听入手,先听后说。

第二节　对外汉语口语教学实践

一、不同形式的口语教学实践

（一）提问式口语教学

对外汉语口语教学的主要任务是培养学生的言语交际能力，即通过激发学生的表达欲望，引导学生运用所学的语言知识和言语材料，进行真实的言语交际。而言语交际的形式主要是问与答。“问”是主动发出信息，“答”是被动的反馈。为了让学生主动地学，而且在将来的言语交际中处于主动地位，在对外汉语口语教学中，应该强化学生的问。

1. 激发学生问的欲望

通常，来中国学习汉语的外国留学生都具有强烈的问的欲望。他们学习汉语，对中国悠久的历史文化也怀有强烈的求知欲，无论是中国人的语言还是中国的社会、文化、风俗、习惯、历史，乃至心理状态，他们都具有很强的好奇感，有感必然要发，必然要问。激发他们问的欲望，关键在教师。师与生，是矛盾的两个方面，而矛盾的主要方面在教师。只要教师能敞开自己的心扉，学生就敢于发问。如果教师能根据教学内容改变自己的身份，宣布自己扮演什么角色，从而给学生创造新的语境，则更便于学生发问了。学生在问的过程中得到满意的回答，获得恰当的鼓励，问的欲望就会更强烈，积极性就会更高，所以，教师教学时一定要注意激发学生问的欲望。

2. 教会学生问的方法

问是口语教学的一个重要内容，同时又是口语训练的重要手段，所以在对外汉语口语教学中一定要重视问。通常情况下，要使学生先学会以下四种问法，并要求他们每天练习这四种问法。

（1）选择问。

（2）是非问，包含有四类：一是在陈述句的末尾加“吗”；二是在陈述句后，另外加上“好吗？”或“行吗？”“对吗？”“可以吗？”等；三是用疑问语气表示疑问，其书面形式，只是在陈述句后改用问号即可；四是用“吧”的疑问句。当提问的人对某事有了某种估计，又不能完全肯定时，在陈述句尾加上

“吧?”就可以了。

(3)正反问,其中含一般正反问和用“是不是”的正反问。

(4)特指问,包括一般特指问(即用疑问代词的问法)和用“呢”的特指问。

3. 实现学生问的训练

无论是哪一种语言技能的掌握都离不开大量的实践,通常,实现学生问的训练主要包括“一句多问,多句一问”和“见面两句,每词必问”两个方面。

(1)一句多问,多句一问

训练学生说的技巧主要靠模仿,同样,训练问的能力也要靠模仿,这种模仿是搞“一句多问”的模仿。这是每课的重头戏,主要在课文与句型的教学中进行。例如“妈妈昨天买了一条鱼”这个句子的教学可以分三步进行。

第一步:教师用正常语速说出此句后,马上让学生说出全句的中心词——“妈妈买鱼”。随即明确:这是句子的“主、谓、宾”。然后用标准的语音、语调练熟此句及针对其“主、谓、宾”的各种问题。

第二步:用填充扩展法逐一加上此句的补语“住”、状语“昨天”和定语“一只”。学生逐项填充扩展,逐步模仿教师完全正常的语速和自然的语调。

第三步:要求学生逐一对此句的不同句子成分提出不同问题。共提出以下九个词题。

①妈妈昨天买了什么?(特指问,问宾语。)

②妈妈昨天买了几条鱼?(特指问,问定语。)

③妈妈昨天买没买鱼?(正反问,问补语。)

④妈妈什么时候买了一条鱼?(特指问,问状语。)

⑤谁昨天买了一条鱼?(特指问,问主语。)

⑥妈妈昨天买了一条鱼吗?(是非问,问全句。)

⑦妈妈昨天买了一条鱼没有?(正反问,问补语。)

⑧妈妈昨天还是今天买了一条鱼?(选择问,问状语。)

⑨妈妈昨天买了一条鱼?(是非问,问全句。)

能够辨认句子成分,才能对同一句子针对不同命题进行多角度、不同方式的提问,而这些提问与作答必然使人们语言心理机制方面高频率地产生转换与倒转换的过程。也就是每一次提问,都是由深层结构到表层结构的转换;每一次被问都有由表层结构到深层结构的倒转换。这个过程完成得越快,越自如,人的言语能力越强。“多句一问”是在课文的教学中进行的。即要学生从一个句子走到句群中去,在一段以至通篇之中进行概括性、抽象性的发问。从问小问题到问大问题,可使学生的言语能力在宏观和微观的变化之中得到一定的升华。要达到这种升华，就可以在进行了"一句多问，多句一问"的训练基础上，引导并安排学生进行有交际动机的、富有交际价值和创造性的提问训练。

(2)见面两句，每词必问

每次上课伊始，要求每个学生都要用学过的词语，有准备地就以前所学过的汉语知识范围向教师问两个问题，就是所谓的"见面两问"。而且事先规定好，如果问句无语病，而且是真实的问题，教师就必须回答。这里需要突出强调的是：问要问真实的问题。有毛病的问句，教师纠正错误而不回答。如果仅仅是重复书上的现成句型，教师也不回答。这样进行教学，既达到了复习已学过的语言知识的目的，又迫使学生实践由语言向言语的转化，同时更激发并鼓励了学生用汉语发问的欲望。此外，每课的生词，也要做到每词必问。学生负责在课前将生词抄在黑板上，逐个轮流，每人一天。这是学习汉字的过程，也是对学习的促进。更重要的是，学生在抄写的过程中会发现很多要问的问题。生词的发音和组句，需要教师首先进行示范，并输入正确的语音信息，先入为主，从而给学生以正确的语感。然后让学生针对教师的句子提问。每词必问，每问都让全班同学重复并回答。其问要进行声、韵、调的训练，更要进行重音与停顿的训练。要让学生掌握句中的音强、音长及音高，以至句子的节奏，在语调的训练上下大工夫。在这里，一个学生用一个生词组成的一个问句，全班同学都在重复，都在回答，他就会在小有成功的兴奋中轻轻松松地掌握住了这个词。同时全班同学也都提高了这个词的使用频率，加强了学生大脑词库对这一生词的熟悉度。这样便可以大大提高言语交际中对这个词的检索水平。

这里需要指出的是，由于词与词存在着一定的差异，所以，在进行"每词必问"的训练时，方法与力度也因词而异，而且这一教学活动要与句型、课文教学融为一体。教师的指挥与控制是在组句的过程中实现的。组句是由词到词组，由词组到短语或短句，再到长句。逐步发问，逐步加长。句，要组成本课的句型和课文以及替换练习中的句子。重点词语和能组成代表本课语法点的句子的词语还要多组一二句。

4. 对学生的问进行考核

考核是实现教学目的的手段，具有督促与引导的作用。要培养学生问的能力，就要重视考核办法的变革。通常，传统口试的方式是教师问学生答，这里我们不妨以学生问教师答的形式，分五组考题供学生抽签。每组包含以下四类题目。

(1)就一专题，学生向教师发问，进行五分钟会话。例如有一次考试出了如下五个专题：告别、去医院看病人、祝贺生日、找旅馆和托运行李。

(2)一句多问，对考签上的句子至少要问五个问题。

(3)多句一问，对某一段话概括性地问一个问题。

(4)就考场环境，临场任意向教师问两个问题。

这种考核方式从第一单元测验就得开始。学生逐渐适应后，兴趣浓厚，对教学有明显的促进作用。考核中，有以下四条问的准则来判断与衡量学生问的水平。

(1)量的准则——每问只能有一个质疑点。

(2)质的准则——质疑点要明确。

(3)关系准则——内容要符合语境要求，尽量做到得体。

(4)方式准则——问的语音、语调准确。

让学生问，从被动地答到自发地问；从问书上的内容到问自己心中的内容；从问一句到连续问几句；从问分散的具体的小问题到问概括性的大问题；从模仿着问到创造性地问……这实际上就是从"语言"向"言语"的转化。

人类的言语行为是通过刺激—反应链来实现的。人们注重刺激与反应的连接，尤其注重刺激，并依靠刺激来控制反应。口语会话过程，不只是被动地接收对方的声音信号作出反应的过程，而且是双方的一个主动的心理过程。会话能得以进行，必然有赖于双方交替地发出刺激与作出反应。会话的发展情况是依靠刺激来控制的，而刺激的言语形式则主要是问。因此，教师要教会学生口语，要提高他们的言语交际能力，要帮助学生更快、更好地实现作为"语言的汉语"转化为"言语的汉语"，而这些都需要注重问和搞好问的教学。

(二)语段、语篇口语教学

语段、语篇教学是许多对外汉语教学工作者一直在探讨、研究的课题。众所周知，语言教学要想取得成效并有所突破，离不开语言研究的理论指导。虽然现在对汉语篇章的研究还不够详尽，但我们不能一味消极地等待，应该将一些具有指导意义、操作性较强的理论知识用于教学实践，让它在实践中得以检验和发展，反过来促进对汉语篇章的研究，增强其针对性与实用性，使理论研究与语言教学实践能更好地结合。

在对外汉语教学中，学习者会经历一个由词到词组、单句、复句、语段乃至语篇的渐进程序，从实际的教学及其结果来看，我们在词、词组、单句到复句这一程序的教学中有较多的语言研究及教学理论的指导，积累了一定的教学经验，教学效果也较明显。而语段、语篇这一过程由于缺乏相关理论指导，没能形成具体的、行之有效的、规范化的教学方法和训练手段，其教学一直处于摸索的状态，难以突破，成为对外汉语教学中的一大"瓶颈"，阻碍了学习者的汉语表达水平向高层次推进。为了更好地解决这一问题，我们将运用篇章语言学的相关理论对对外汉语语段、语篇教学的现状以及教学的难点和重点进行分析和归纳，并结合学生的认识特点，提出建议，以促进语段、语篇的教学。

1. 语段、语篇教学的现状

(1)相关研究与教材的总体框架

1994年，吴晓露在其《论语段表达的系统训练》一文中提出了语段构思框架化的教材编写思路，1996年，付瑶又在其《谈高级阶段的口语表达训练》一文中更进一步提出了"限定话题，提供语段表达框架，同时提供相应的关联词语及句际组合、篇章衔接方式，让学生在半限制半自由、半主动半被动状态下进行语段练习"的训练方法。这种思路及方法力图通过框架的形式反映出汉民族思维的特点及汉语语段、语篇的表达常式，把学生的思维纳入一个有限的、形式化的范围，使他们的思维及表达模式符合汉语表达的习惯。可以说，这种思路与方法的提出使语段、语篇教学向前迈进了一大步，但同时我们也应看到，还有许多问题值得探讨。

"语段表达框架"的种类纷繁复杂，我们只能选择典型的、常见的框架教给学生。但至今我们还没有对框架作出一定的总结与分类，在教材中选用的框架还不能充分体现整个汉语语段、语篇表达的总体特点。

语段表达框架为学习者勾勒了粗略的线条和大致的轮廓，并提供相应的关联词语等句际组合和篇章衔接方式，供学生选择使用。但对这些衔接方式在语段、语篇表达时该如何使用以及怎么训练不可能具体涉及，因此，我们想通过对现行教材中的练习形式的分析来考察语段、语篇表达训练的具体方法。

人类的思维内容和方式有相同的地方，这是人类之所以能沟通和理解的基础，也是学习者比较容易把握的部分，所以我们的重点应该选择与别的语言思维差异较大的汉语语段表达框架，并且通过对比让学习者认识到这一不同，使他们在表达时有意识地排除母语思维及母语篇章表达模式的干扰，选择汉语篇章表达模式。这点在我们的教材中不够突出。

(2)练习与语段、语篇表达训练的方法

根据有无提示词、句式、语段表达框架等可以将练习题型分为以下两大类。

①提示表达

提示表达可以分为有关关联词语的练习、有关句子连接的练习以及有关语段、语篇表达的练习。

A. 有关关联词语的练习

第一,语段填空,根据实际情况完成一段话。

第二,选择合适的词语填空,然后模仿表达一段话。

第三,用指定的词语连接语段。

第四,分析语段中的连接词。

B. 有关句子连接的练习

第一,将相关的甲乙句连接起来组成一段话。

第二,重新排列句序。

第三,补出省略的部分。

第四,为句子补出合适的上下文。

第五,将短语按序排列成一段话,并加上标点符号。

第六,将一个个完全单句用一个共同的词合并成一个复句。

第七,将句子改写成一句话。

C. 有关语段、语篇表达的练习

第一,转述或复述;复述课文的某一段会话;限定人称转述课文的内容;用给定的叙述方式复述一段会话;听述;完成对话,然后改成短文。

第二,根据课文内容用指定词语回答问题。

第三,提示话题,提供参考句式、词语或开头的句子进行成段表达。

第四,续说故事。

第五,完成语段。

第六,提供语段表达框架、词语及句际组合方式进行成段表达。

语段、语篇表达的练习是综合练习,涉及词(关联词语)、单句、复句等诸多语言要素,在训练的过程中各要素的练习不可能分离地进行,而要在整个语篇或语段的层面上统一操作,才能取得良好的效果。因此,我们对练习类型不可能作截然的划分——某一练习只练词或只练句子,而是相对侧重于某一方面。

②无提示表达

第一,回答问题。

第二,说说……(评介某个人或某一现象)。

第三,确定题目,组织学生发言。

第四,口头报告。

第五,讨论题(话题讨论)。

第六,先写出演讲提纲,作演讲。

第七,组织辩论。

通过以上对练习类型的归纳和分析，我们可以看到，语段、语篇表达训练的练习涉及词、句子、语段与语篇等几个层次，通过多层次、多形式的练习对学生进行语段、语篇表达训练，能够提高他们的语段、语篇表达水平。但其中还存在下面一些问题。

首先，关联词语的练习是长期以来比较重视的一个部分，但大部分的练习形式是根据现成的语段判断句子之间的关系，再选择合适的关联词语填空，完成语段。那么，在选择填空完成以后，教师对其他衔接方式是否作进一步的讲解？对关联词语前后的句子是否还作分析呢？我们不得而知。而在实际的教学中我们常常发现，很多学生在成段表达时对表示句子之间关系的关联词语的选择正确，但关联词语前后的句子却不能互相照应，或与整个语段、语篇不协调，如主述位推进错误，句子语体不一致等。

其次，有关句子连接的练习其实已经涉及到了省略、照应、替代等篇章衔接手段，但在教材中没有系统、详细的讲解，在此类练习中只能通过任课教师自己的认识零散地教给学生，学生很难对汉语篇章的衔接手段有一个全面的了解，再加上这类练习所占的比例不大，就很难对学生进行充分的训练。

再次，有提示的成段表达对学生作出了限制，也提供了帮助，但有些帮助不够具体，如将对话体转述为叙述体时需要注意些什么等。在学生对此没有清晰认识的情况下，我们经常听到这样的转述："他说……他说……他又说……另一个人说……"。而另一些提示有时还会产生一些副作用，如过多地提供句式、限制词语的成段表达可能使学生忙于凑够使用的词语数，或牵强地使用某一句式而忽略了对整个语段、语篇的综合考虑。

总的来说，从教材的编写思路及训练方法来看，目前，学者们在语段、语篇教学中做了也正在做着各种尝试，希望寻找到更好的教学方法，提高学生的语段、语篇表达能力。但由于缺乏对汉语篇章知识全面、系统的讲解及大量的配套练习，导致学习者不能形成对汉语篇章表达模式和衔接手段的整体的、清晰的认识，在进行语段、语篇表达时常处于"无意识"或"半意识"的状态，无法有效地控制自己的思维模式及语言要素的选择，出现大量的语段、语篇偏误，语段、语篇表达能力的提高缓慢，不显著，因此，运用相关的篇章语言学理论，结合学习者的认知特点，从教学实际出发，构建科学系统的语段、语篇教学模式，在当前具有非常重要的意义。

2. 语段、语篇教学的难点及重点

(1)主述位结构方面

学生在进行语段、语篇表达时常出现主述位推进脱节的现象。句子单看都是正确的，但组合在一起，下句与上句的主述位无法衔接，句子的叙述角度不一致，使得整个语段、语篇的语义信息发生偏移，无法连贯。

(2)连贯方面

连贯没有明显的形式标记，需要通过逻辑推理来达到语义连接，学生较难把握。学习者常犯形式连贯而语义不连贯的“假连贯”错误。这是因为在对外汉语教学中，我们更注意学生在表达时单个句子的语法是否准确，而常常忽略前后句语义的连贯。

(3)衔接方面

篇章的衔接主要通过语法手段（替代、省略、对偶等句式）和词汇手段（同现、复现、逻辑联系语）来实现，有形式标记，体现了篇章连贯的表层轨迹，因而在教学当中可操作性较强，可作为语段、语篇教学起始阶段的切入点。

①语法手段

替代：较多的学习者不善于使用替代，结果造成句义重复。原因在于学习者不知道替代衔接手段或知道但没有掌握适当的表达方法（词、短语、句子等）。

省略：主要表现为不该省略的省略了，而该省略的没省略。前一种情况造成表义不清，后一种情况使得学习者的语段、语篇表达显得较为重复，而且不符合汉语的篇章连贯方式。后一种情况更为多见。这主要是因为，省略是汉语篇章连贯的重要手段之一，出现频率远远高于西方语言，如在西方语言中一般不允许的跨句省略主语的情况在汉语中就很常见。学习者对此缺乏了解，他们的表达仍受到母语篇章连贯手段的影响，所以常出现不会省略的情况。

对偶句式：对偶句式在词汇和语法上体现了相邻句子在结构和形式上的相关或一致性，在篇章中使用可以起到连句成篇的作用，同样，诗歌等文体中采用的押韵、节奏等整齐、有规律的语音形式也增加了篇章的黏连性。但在教学中，我们对对偶等句式及押韵、节奏等语音形式的修辞色彩讲述较多，对其在篇章中所起的衔接作用强调不够，而且，这一类语言形式的运用需要有相当程度的语言水平与文学修养，对一般的学习者而言，读懂这些都不容易，能欣赏已是不错，运用就更谈不上了。

②词汇手段

A. 词汇衔接

同现关系：词汇的同现关系包括互补关系、反义关系、序列关系等。一些词在篇章中围绕一定的话题往往会同时出现，形成一个词汇链，这些词属于同一个词汇套。人们往往遇到或想到其中的一个（些）词语，就会联想到该词汇套中的另一些词。而在学习者的大脑语言库中词汇的储存是散乱无章的，没有放入一个一个的词汇套，在表达时无法整体提取，形成词汇链，只能临时拼凑，这样就会出现词汇贫乏、错用以及词汇简单化的倾向。

复现关系：学习者在这方面的偏误主要是不会通过词的复现来达到语义连贯，该重复的词不重复。虽然学生掌握了一定的同义词、近义词，在实际中却不会运用，对上下义词、概括词的概念更缺乏认识。

B. 逻辑联系语

逻辑联系语可以由词、短语和分句充当，学习者在这方面的偏误有以下五种情况。

第一，混用连接成分，有将序列连接成分、时间连接成分相混和混用附加连接成分等情况。

第二，误用连接成分，如该用“可是”的用“其实”，该用“其实”的用“可是”。

第三，连接词贫乏，频繁使用一个或几个较简单的连接词，如“可是”“所以”。

第四，不用连接成分，很少使用表示“总结”“推论”“让步”“对立”“对比”“题外”“阐明”的连接成分，原因是学习者不了解或没有掌握表达这些语义关系的连接方式，干脆不用或回避使用。

第五，滥用连接成分，如在一个语段中多次重复使用“因为……所以……”，使整个语段啰唆、别扭。

(4)篇章总结构方面的偏误

具有不同语言文化背景的人习惯采用不同的思维模式，在篇章中表现为不同语义结构和组织方式。英语篇章的组织和发展呈直线型，篇章通常以一个主题句开头，点明这一段的中心思想，然后在各句中发展这一中心思想，而且段落中的每一句从前一句中产生，这与西方民族偏重抽象思维的特点有关。而东方语言的篇章发展则呈螺旋型，如汉语，篇章的主题往往不是以直截了当的方式，而是采用反复迂回发展的方式来阐述，或通过各种比喻的方式加以重复和展开，这与汉民族偏重具象思维的特点相符。东西方的篇章模式存在着较大的差异，因此即使学习者的词汇、句法结构没有问题，但如不习惯汉语的螺旋型模式，仍难组织出符合汉语篇章模式的、得体而又地道的语段与语篇。

3. 语段、语篇口语教学模式科学系统的构建

要想运用篇章语言学的相关理论来指导语段、语篇口语教学，构建科学系统的语段、语篇口语教学模式，必须要首先解决以下几方面的问题。

(1)加强汉外对比,使学生了解并掌握典型的汉语篇章表达模式

在对外汉语口语教学中,要想使学生的语段、语篇表达自然、地道,则其表达模式首先要符合汉语的习惯。为此,我们必须提供与别的语言的篇章表达模式有显著差别的、典型的汉语篇章表达模式,只有这样,才能使学生对汉语篇章表达模式有清晰准确的认识,在表达时自觉排除母语篇章表达模式及衔接手段的干扰,选择汉语的表达模式及衔接手段。这需要进行大量的汉外篇章的对比,从中发现并归纳出典型的汉语篇章表达模式。

(2)注重在语段、语篇层面上的相关语言要素的教学

在语段、语篇中存在大量语义不自足、句法成分不完备的句子,这与在初级阶段学习者所掌握的句法成分完备的单复句有很大不同,也就是说,语段、语篇不是单个的单复句的简单相加,而是经过必要整合的。对此,很多学习者缺乏足够的认识。而且很多学习者的词汇在大脑的语言库中没有按不同的标准和目的分门别类地归档、储存,所以在提取词语时找不到可供查寻的线索或线索不清,不能整体提取,进入语段、语篇,或筛选不当,出现不精确或歪曲使用词语的现象。因此,有必要加强学习者在语段、语篇的层面上对一般词语、关联词语、句子等语言要素的认识和学习,其中包括词汇的搭配关系,句子之间的主述位推进,照应、省略、替代等衔接手段的运用,连贯的句子的逻辑推理等。

(3)引入篇章语言学中相关理论,建立与基础语法的接口

基础语法向学习者介绍了主语、谓语、宾语等一系列句法层面的语法概念及理论,但仅依靠这些语法概念和理论是无法清楚地解释语段、语篇的衔接与连贯的方式的,所以造成很多学习者在语段、语篇中所作的语法分析只能停留在一个个的句子上。应运用相关的篇章语言学的理论来介绍、分析语段、语篇,首先引入主位、述位、替代、省略、复现、同现等概念,在此基础上介绍主述位的推进与替代、省略、复现、同现的运用等衔接手段。我们认为,篇章语言学的相关理论的引入和运用与基础语法在教学程序上是相互衔接的,基础语法主要解决了词—词组—单句—复句这一过程的教学,而复句—语段—语篇这一过程的教学必须由上面所提及的篇章语言学的相关理论来承担。

(4)设计大量配套的练习

运用篇章语言学的相关理论对语段、语篇表达模式及衔接手段进行分析、讲解只是帮助学生建立对此的基本认识,要想在学生大脑中构建起汉语语段、语篇表达的图式,让他们熟练掌握汉语语段、语篇的衔接手段,必须通过一定的训练才能实现。这就需要大量配套的练习,所以,我们应该在原有的语段、语篇练习的基础上发展、创新,使练习形式更丰富,内容更科学,更

有针对性，从而能真正达到有效地提高学生语段、语篇表达水平的目的。

（三）基于交际任务的口语教学

1. 基于交际任务的教学法的概念

基于交际任务的教学法概括起来就是：通过让学习者用目的语去完成一系列的交际任务，在运用语言的过程中学习语言的运用，从而实现发展学习者的言语交际能力这一最终目的。

2. 基于交际任务的教学法的原则

Peter Skehan 提出了交际任务教学法的原则。

（1）确定所要教学的语言结构。

（2）根据实用性原则选择交际任务。

（3）安排交际任务的教学顺序，以达到教学目标的平衡发展。

（4）最大程度地引导学生有意识地注意语言形式方面。

（5）循环深化。

Peter Skehan 把基于交际任务的教学分为任务前、任务中、任务后三个阶段。

（1）任务前

任务前：准备阶段。让学生明确交际任务：语境、内容、目的。激活学习者的知识储存，并导入供学生参考的、有助于完成该交际任务的新语言要素：词汇、结构等。帮助学习者准备，引导、鼓励学习者使用新的更复杂的表达形式。

（2）任务中

任务中：学习者在虚拟的交际情境中完成交际任务。教师对整个过程进行录音。

（3）任务后

任务后：教师让学习者听他们自己的录音，进行讲评。

3. 基于交际任务的口语教学法的优缺点

（1）优点

交际任务教学法的最大特点和优点在于交际性和真实性。由于模拟真实交际活动，有明确的交际目的，有特定的语境条件，能大大提高培养语言交际能力的效率。如果交际任务选择恰当，反映学生的实际生活，与学生的预期交际活动相一致，学生的学习积极性就必然比较高，课堂教学的可操作性也比较强。

(2)缺点

交际任务教学法的弱点在于:语言形式较难控制,语言结构的系统性较弱。为了完成一定的交际任务,往往需要运用多种语言结构形式,从而可能打破长期以来形成的语法教学顺序。

交际任务教学法由于把注意力更多地放在内容上,对于形式上的循序渐进必然要做出妥协,难免在一定程度上违背“语言结构习得顺序具有普遍性和语言教学应该遵循语言结构习得顺序”的观点。另外,这一教学法把注意力放在输出上,主张让学生在运用中学习运用,似乎跟“输入大于输出”的观点也不相一致。值得我们深入研究。

4. 基于交际任务的口语教学法的启示

基于交际任务的口语教学法启发我们在口语教学中应采用一种新的思路。

(1)选择学生感兴趣的、有价值的交际任务。完成这些交际任务所需要的语言难度是与学生的语言水平相适应的。

(2)指导学生认真准备。首先,让学生回忆学过的有关词语、结构,用于完成该交际任务。提供补充的新的语言材料(词语、格式等)。其次,让学生把要说的话写下来(可以用拼音)。再次,教师对于学生的准备材料加以修正,特别是对语篇连贯等方面进行指导。

(3)让学生分组表演。表演时不得看书面材料。表演时进行录音。录音可以形成一种比较正式的气氛,从而使学生比较重视输出的质量,也为下一步的讲评提供基础。

(4)教师讲评。这样一种教学法要求教师熟悉学生母语,具有非常全面的知识修养和应变能力。能够随时为学生想要表达的内容提供语言上的帮助,对各种各样可能出现的偏误进行纠正和说明。这样,真正体现了交际性原则和以学生为中心的教学原则。

二、不同水平的口语教学实践

(一)初级口语教学中的听读训练

在初级阶段,学生因受到语言能力的限制,相对于中高级阶段来说,参与社会语言实践活动并不是获得语言能力的主要渠道,而更多地依赖于课堂教学。口语课堂教学内容一般是由词语、课文、重要功能句子练习、语言点讲练以及模仿交际活动等组成的。其中课文是学生进行语言交际活动的基础和摹本。

1. 从学习理论方面来了解听读训练

汉字作为视觉形象比较强的表意文字。在看读时，母语为拼音文字的学生认读汉字比较困难，他们的注意力多集中在每个汉字的读音上，这样就使看读往往就变成了认字过程；对于外国学生来说，汉字形体的表意功能又成为他们的障碍，他们往往看得懂，听不懂。与看读相比，听读可以免去汉字在这两方面的影响，直接在听和说之间架起一座桥梁，在学生的记忆中建立语言的声音形象。

语言学习是一个由短时记忆到长时记忆再付诸实践的过程。而记忆是语言学习不可或缺的重要环节。看读时有静态的文字依据，因而更多的只是“读”，记忆是学生主动的、潜在的、不可控制的；而听读时缺少文字的依据，学生必须认真地听懂教师说的每一个词，以短时记忆的形式马上贮存起来，才能够把重复记忆的内容进行再输出，因而听读对学生的记忆带有强制性，准确地说是一个记诵的过程。“听读”和“背诵”两者存在着诸多区别。背诵是语言学习的一个传统而有效的方法，它是一个记忆、输出的过程，但是，背诵的方法在实际的课堂教学中实行起来却存在很多问题。对于来自不同的社会文化背景以及不同性格的留学生来说，背诵不免失之于死板，还可能会引起一些学生的反感。同时背诵是一种个体行为，在课堂上进行容易加重学生的心理负担，不利于活跃课堂气氛。加之，初级口语课文大多是以对话的形式出现的，并不适合背诵。所以，相对而言，听读可以避免上述的这些消极因素，它是介于“读”和“背”之间的语言活动。教师通过集体听读、个别听读以及反复听读重点句子等方法可以在课堂单位时间里更充分地调动学生对课文的注意力。研究发现，如果把阅读过程层次化，即分为字母、音节、词、短语等层次，那么阅读的过程并不一定依照语言单位的层次顺序来进行。当一个较高的阅读层次被接收之后，阅读者就无须回到更低的层次上去完成阅读过程。这样不完整的阅读并不会影响理解。换句话说，就是静态的阅读是可以跳跃的，是以块状的形式被接收的；听觉输入的形式却只能是线状的语音流，听者不能选择，不能预知。因此，学生在听读时关注、理解和记忆的不只是哪一个重点的词或结构，而是一个线性的语音流，他必须记忆这个完整的语流结构的排列和组合，从中得出一个准确、完整的意义，然后再进行重建。应用心理语言学曾通过实验证明，句法对理解外语输入十分重要。不熟悉句法规则等于是去理解一些随机安排的单词。因此，在对外汉语口语教学实践中，我们不仅仅要强调学生听懂句子的意思，而且也要训练学生听懂语言结构，使他们学会利用句法来帮助识别词与词之间的联系，使句子在短时记忆里保持较长的时间，这样对提高口语输出的正确率极为有利。听读可以较好地把学生引导到对句法结构的注意和理解上来，而不只满足于理解课文大意。

2. 学生在听读训练中出现的主要错误

(1)语序方面

①我要买一张去杭州的火车票。

我要订一张火车票去杭州。

②他对这个项目也挺感兴趣。

他也对这个项目挺感兴趣。

③挺好的，就是咸了一点儿。

挺好的，就是味道有一点儿咸。

由于听读的句子一般不太长，而且听了以后马上重复，所以在较大句法层次上出现的语序问题并不多，仍然多是词法和语言点的问题。比如句②中的“也”的位置，句③中的“一点儿”的用法。这三个例句中的语序问题也说明学生在听读的过程中并不是单纯的重复，而是表现为下面这样的过程：

听[接收]→{[语义上组建命题] / [句法上分解结构]+[中介语规则]}→记忆→重建句子

在这个过程中，由于听读的都是课文中的句子，所以语义基本上是已知的，从而使问题集中在了句法上，学生的注意力也主要集中在句法上。这对于课文语言结构的学习有一定的作用。

(2)停顿和语调方面

①好的，我们/明天上午去/吧。

②最近我心跳/得很厉害。

③抽烟多了/容易/得/肺癌。

④袖子也长/一点儿。

⑤寄平信会不会丢了/呀？

在②③④句中的一个完整的语法结构的中间出现了停顿，原因在于学生对一些句法(如补语)和一些难度较大的词(如“肺癌”)掌握得还不是很清楚，因此，在听读时，需要努力回忆句子中的这些部分，说的时候也没有自信，出现了停顿。在句①和⑤中，句末语气词“吧”“呀”的使用在学生的中介语中还没有形成习惯，不能与句子的语调协调使用。所以在听读时，有的学生会忘记说，有时是在听到别的学生说了之后或者在教师的提醒下再加上的，因而出现了停顿。

除以上两个在听读训练中比较容易出现的错误外，虚词常常被遗漏或被替换为别的词也是较容易出现的错误，学生在听读时需要注意，这里不再详细介绍。

需要注意的是，以上在听读方面容易出现的问题往往纠缠在一起，不能截然分开。

3. 听读的应用对学习初级口语的意义

(1)可以强化学生对课文的理解和记忆

听读可以用在课文学习之前，给学生以整体的声音形象，了解哪些内容没有得到重现，应作为学习的重点；也可以用在课文学习的过程中和学习之后，教师可以控制听读的速度以及重复听读的内容，必要时教师可以在领读之后再和学生一起读，以强化对课文的记忆。掌握了课文这样一个交际的范本，在一定的程度上就可以保证在实际交际中口语输出的速度和正确性。

(2)有助于了解句子在从接受到重建的过程中所损失的信息以及出现的偏误，进而认识中介语的某些规律

中介语规则和句子的结构进行对照和强化是听读过程中最重要的部分，听读前和听读后在多大程度上改进了中介语，是帮助我们了解语言学习规律的一个途径。另外，母语不同的学生在听读时发生的问题不尽相同，也反映出听读并不仅仅是记忆的过程。

(3)有助于检查学生对句法、词汇的掌握程度及偏误情况，及时了解教学中的重点和难点

初级学生往往认为句子比较简单，求知心切，还有一些非零起点的学生，教师也不太了解他的中介语中的问题。学生常常对课文中的句子一知半解。在进行听读训练时，教师可以对句子中的语言点进行有重点的注意，可以随时停下来观察学生可能出现的问题，发现问题之后马上再强调，必要时还可以单独请一两位同学或分组进行听读，努力吸引学生对每个句子的注意力。使得听读练习既紧张又活泼，以发现问题、纠正错误，达到流利诵读为目的。

(4)听读可作为口语测试的方法，以观察学生在听说中的反应能力、对句子的理解程度以及表达水平

通常，测试可以分为成绩测试和水平测试两种。成绩测试是为了考查学生对某一阶段学习内容的掌握程度。在测试中增加对已学习内容的听读，可以观察学生对重点句子的熟练程度；水平测试是为了考查学生语言表达的总体水平，外语学习者虽然可能识别每个单词，但不一定能把听到的句子保持在记忆中较长时间以供释义，这要看他对句子结构的掌握程度。考

查学生记忆广度的大小以及对不同速度的语流的理解、处理能力，可以测出学生听说能力的整体水平。作为测试评判标准的可以有句子的长度、句子中语言点的难度、语言点的数量、词汇的难度以及句子中各个成分的语法关系、语义关系的复杂程度等。听读的句子的长度应考虑到学生可能的语言水平和记忆力的限制。一般认为短时记忆的长度大概为七个有意义的单位，但是，记忆的单位是一个变量，短时记忆的容量还会受到长时记忆中的知识等因素的影响。在听读时句子的最大长度应该是普通操母语者所能接受和记忆的长度。另外，同样长的句子，语法和语义关系复杂的在听读时就比较困难。比如"这是王教授托我带给你的书"和"我也要穿颜色鲜艳的衣服了"这两句话长度相同，但前一句比后一句听读困难。所以，在听读时，可以先从以上的几个因素考虑给要听读的句子划分出难度等级，再结合学生听读后对句子的重现率来给出成绩。

(二)中级阶段学生口语输出能力的培养

中级阶段的口语教学应由朗读入手，从朗读材料的选择、朗读的注意事项以及朗读的作用等几方面进行探讨。

1. 朗读材料的选择

对中级水平的学生进行口语教学时，应首先选择一些常用词语(包括俗语、谚语、歇后语、成语等)、各种语气相对集中、表达相对复杂的语段或篇章，并补充急用、常用的书面词汇及语体，以便在表达自己的思想、观点或阐明立场、进行评论时，尽量减少因组织语料而占用时间和精力，使学生在表达时可以直接套用朗读材料中出现的类似表达法，实现口语自动化；中级水平的留学生还应选择一些包含名句名篇的古诗词，以增加学生的文学修养和汉文化底蕴，以尽量减少学生因文化因素的差异或冲突而造成交际中断或交际失败。朗读材料的选择要有一定的稳定性。所谓稳定性，是指可以长期使用而不受时间、地域的限制，特别是一些音像材料更是如此。若经不起时间的考验，那将会大大影响授课效果，也浪费了人力、时间。总体来说，朗读材料应该选择以下内容。

(1)改写过的寓言、神话小故事

这样的短文除了可以给学生一定的语言知识、一定的语气训练外，还可以增加学生的历史文化知识及文学修养。因为学好一门语言，语言知识和历史文化知识同样重要。

(2)朗朗上口的儿歌、绕口令等

通过这一形式，一方面可以丰富学生的学习内容、活跃学生的课堂气氛;另一方面因为这种形式大部分是一字一拍,发音清晰,所以可以帮助学生继续强化学生声韵母发音的清晰度,训练学生口舌的灵活能力。

(3)包含名句的古诗词

崔颢的《黄鹤楼》、苏轼的《水调歌头》(人有悲欢离合)、李煜的《虞美人》(问君能有几多愁)等都是不错的选择。通过朗读类似的古诗词,可以让学生感知其中的韵味,同时提高学生的文学修养,在与中国人打交道时,不至于在此方面一片空白。

(4)难易程度适中的VCD

阿拉伯故事片《阿拉丁》、迪士尼经典动画片《小美人鱼》等(适合中级上学期后半期学生水平);日本卡通片《蜡笔小新》《樱桃小丸子》(适合中级上学期前半期学生水平);国产连续剧《让爱做主》《还珠格格》等(适合中级下学期以上学生水平)。这一形式,可以视、听、说同时进行,精彩的部分,或者看字幕跟读,或者挡住字幕看图配音;还可以让学生只看前半部分,从自己的思维角度续出后半部分。在七嘴八舌的课堂气氛中,学生有了明显的共同安全感,能获取相对多的知识。而且VCD中的语言是动态的,有的甚至是很时髦的,这会增强学生的自信心,因为学生在交际时,对方尤其是中国人一脸惊讶的表情,有的甚至还加上一句"你怎么知道这么说?"会给学生以积极的心理暗示,使之兴奋资源和注意资源更为持久、更为集中并且得到更为有效的运用。从而会缩短学生对汉语的心理距离,激发学生学习汉语的兴趣,使学生在学汉语时形成良性循环。

2. 朗读的注意事项

朗读要注意以下两大方面的问题。

(1)教师自身在朗读时的注意事项

①处理好课堂时间的安排

虽然朗读很重要,但这并不代表其他方面是次要的。所以,教师在课堂上一般要拿出十分钟以内的时间来领读、跟读、齐读、自由读(时间可以是分割的)比较合理,而大量的朗读练习则要在课后由学生自觉地进行。课堂上的朗读只是起到引领作用,教师帮学生发准音、把握好语调、语气、语感,停顿位置准确、抑扬顿挫得体,以便学生课后朗读时字正腔圆。

②明确口语能力的提高和读的过程的关系

这要求教师一步一步来,从慢到快,语料从简单到复杂。中级阶段,在初级的基础上,教师可以利用对话或叙述性短文形式的练习,强化虚词、代词及关联词语等的用法,使学生成句、成段表达思想时熟练运用叙述、评价、感慨、质问等语体并能自如地运用相应正确的语气。纠正学生过分关注单个句子结构的习惯，避免偏误固化。

③选择朗读材料时要遵循“可懂输入”的原则

“可懂输入”是由美国心理语言学家斯蒂芬·克拉申(Stephen Krashen)首先提出的。其模式为i+1，i是学习者现有的水平，i+1是在学习者现有水平上提高一步的输入，而这种i+1输入是有条件的，即必须能被学习者听懂和理解。这就给教师选择语言材料提供了依据：在选择语料时，不必严格局限在学过的单词范围内，而是可以出现部分的超词(要有一定的度)。而且教师还可以选择地道的适合学生的汉语材料，而不是篇篇要再加工成规范的但有些失真的课堂语言。

④处理好朗读与口语输出的关系

口语是一种产生性技能，没有足够的语言信息资料的输入和储备，没有大量的输出的练习过程，语言是很难产生的。输入指学习者通过视、听、读等手段吸收语言知识、储备语言材料的过程，这一过程是为语言的理解、记忆和表达输出作铺垫的，在口语教学中占据重要地位；从输入到语言的输出并不是一个简单的刺激反应的过程，而是一个技能形成的过程，也是语言信息加工的过程，必须通过无数次重复，在包含模仿、记忆、巩固、活用等一系列言语技能输入和输出活动中才能形成习得口语的能力。而朗读只是其中的一个环节。朗读可以提高学生的口语表达水平，让学生在理解、学会运用词汇、语法的基础上，给出拟真实的语料让学生通过反复朗读来记忆、巩固学过的内容，以便降低交际中产生的失误。另外，教师还可以采用输入与输出相间进行的方法，如学生在反复朗读了语料的基础上，教师可以根据语料提出问题，让学生用语料中的语段回答问题；学生之间针对语料互问互答，教师监控；学生根据语料进行复述、转述等。这种输入与输出的交叉进行，可以调节单调的学习形式，刺激学生思考、记忆朗读过的内容，从而提高决定学生口语技能高低的重要因素——学生的开口率。

(2)教师对学生在朗读时的注意事项

①帮助学生克服焦躁、急功近利的心理

教师应该帮助学生克服焦躁、急功近利的心理，脚踏实地，一步一个脚印地练习。汉语学习是一个日积月累、循序渐进的漫长过程，要想提高汉语水平，绝无捷径可走。坚持不懈地朗读、模仿是提高听、说能力和质量的金钥匙。若能再辅之以强化记忆和运用，形成语言输入与输出的良性循环，才能真正达到用汉语交流思想、交流信息的目的。

②帮助学生克服胆怯、害羞或害怕因读不好而丢面子的心理

教师应该帮助学生克服胆怯、害羞或害怕因读不好而丢面子的心理，使学生进一步认识朗读对提高汉语听说能力和水平的重要性，勇于在公共场

合朗读。

③建立和谐、友好、积极、放松的课堂氛围

教师在教学中应该努力建立和谐、友好、积极、放松的课堂氛围，使学生从紧张、防卫状态中脱离出来，把注意力集中到要学习的内容上，并运用多种办法调动学生朗读的积极性、热情和兴趣，发挥学习主体的作用，指导学生结合自身的实际情况，利用教师所给的各种材料（包括录音磁带），多听、多模仿、多朗读，并用心安排各种方式让学生及时觉察到自己的进步，进一步推动学生朗读的热情，形成良性循环。

另外，对中级阶段的留学生而言，教师还应在继续强调学生注意标准发音和语调练习及句与句、段与段的时间间隔的基础上，注意引导学生有激情地朗读，避免出现从头到尾用一个语调的"冷静"的朗读方法；注意朗读时根据材料的不同而选择相应的朗读节奏，如舒缓型、紧张型、低沉型、高亢型、凝重型、轻快型。

3. 朗读的作用

(1)有利于培养学生的语感

培养语感，朗读是一个很好的途径。因为朗读材料本身是一种地道的汉语，留学生在朗读汉语材料时，视觉、听觉并用，反复刺激语言中枢，使所读内容在大脑中得以强化。以后遇到相似的语言情景时，会不自觉地再现以前接触过的语言材料，并以此为标准来判断自己生成的语句的正误。特别是到了中高级阶段，口头表达的词汇不再仅限于日常生活范围，而是更丰富、更向书面语靠近、语法格式更复杂多样、语用更严格。学生在初级阶段已经掌握了一套简单的表达方法，如果使之固化，不能以新代旧，学生就会在"语言的高原期"停步不前。因此，让学生大量朗读更高层次的语料，可以使学生把词的音形义统一起来，掌握新词、掌握新的表达方法，从而培养学生的语感，这样学生就能在更高层次上提高汉语水平。

(2)可以帮助学生正音、正调

朗读可以算是"准口语"，是从书本内容到实际表达之间不可缺少的一个环节。朗读时如果教师能反复强调轻重音、儿化、连读、变调等技巧的练习并能持之以恒，就能为学生说出地道、纯正的汉语打下坚实的基础。学术界目前对正调的问题有所争议，有的学者主张从单字调入手，有的则主张从语流层面入手，我们认为中级阶段的留学生应双管齐下。如学生学了"并"这个副词，教师在强调了它的单字音后，就可以把它放进几个日常生活中常用的句子里，如"我并不喜欢吃早饭""别看他一副傻乎乎的样子，其实并不傻"。要地道地说出这几句话，就要注意"并"的重读、"欢""乎乎"的轻声读法及整体的陈述语调几方面的问题。值得注意的是，在语流层面中，轻声的问题较复杂，不同的声调后存在着音高形式不同的轻声，这里所谓的音高就是相对音高，即在同一声调音域范围内的对比中产生的。

(3)可以使学生更早接触语法、单词及语篇衔接手段

朗读可以让学生早于教材接触某些常用语法、单词及语篇衔接手段，从开始就给学生一种规范的汉语表达形式，并使这种规范形式通过朗读而固化，从而降低口语输出时错误、失误的发生率。话语的产生一般要经过话语计划、话语建构和话语执行三个阶段，而话语的建构又最为重要，它需要学习者把陈述性知识转化为程序性知识，也就是说，要依据陈述性知识的提示，将其化为一系列的产生句子的程序，认知心理学叫作产生式，学习者凭此生成有关的句子。如果课堂上教师设计多种情景并给出适当的表达方法，让学生反复朗读，并在朗读中注意所涉及的发音技巧，那么这些语言材料会从定义或概念自动地化为程序性的系列产生式，学习者便可以在此基础上生出无数同类型的句子。这样，学生头脑中的每一种句式、每一种表达模式里都包含了多个例句而且通过朗读学生都已相当熟悉，句子模式和类似的多个例句就紧密相连，融为一体了。一旦学生有表达的需要，就会激活某个模式，同时也就激活了这些相关的句子，它们会跃然而出。学生只要稍加改造就能说出符合当时语境的句子。

(4)可以帮助学生体味汉语语句的含义

语句义包括词语的隐含意义、成语惯用语的意义、用意、暗含等。通过朗读，帮助学生掌握词语所传达的褒贬意义；某些文化词语如松、竹、梅、猫头鹰、喜鹊、龟等隐含的文化意义；对成语、惯用语、俗语、谚语的补充信息或阐发信息予以理解；帮助学生理解说话人的真实用意、婉言用意。留学生要体会出母语以外的语言所内涵的因素，除了熟练掌握这门语言以外，没有其他的捷径。而要熟练地掌握汉语，朗读不失为一种明智的选择。

(5)可以培养学生形成段落分明、首尾呼应的习惯

汉语篇章之法历来讲究“虎头豹尾”，即开头要有气势，结尾要有力，或总结全文、升华主题，或戛然而止、余味深长。当学生到了中级阶段，掌握了一定的词汇量后，就为成段表达打下了基础。如果在此阶段注意选择适合学生的材料并加以体会、模仿，长此以往，学生在表达时会不自觉地注意篇章结构的模式。

(三)高级口语教学中辩论的应用

高级阶段的口语教学更侧重于学习者成段表达的技巧以及用汉语进行思维的训练，辩论是进行这种训练行之有效的方式，它可以为学习者提供一

个自由的习得汉语的环境，在发挥其主观能动性上具有明显的效果。

1. 辩论对主客体的要求

(1)辩论对主体的要求

辩论的主体即学习者应具有一定的汉语水平，相当于《汉语水平等级标准与语法等级大纲》中规定的中等水平或中等水平以上，具体地说，他们应该具有一般性的听、说、读、写、译能力，具备在中国高等院校入系学习的基本语言能力。这既是对辩论主体的要求，又是在教学活动中使用“辩论”形式的前提。

(2)辩论对客体的要求

辩论对客体的要求也就是如何选择辩论的主题。通常，辩论的主题应联系实际的教学内容，要针对所学的内容确定辩论题目。选择辩论的题目要紧紧围绕教学内容，这样既可以巩固所学内容，又可以顺利地完成用汉语沟通和交流的任务，可谓一举两得。

2. 辩论的意义

(1)激发灵感，挖掘潜力

第二语言的学习不是对语言知识的简单、机械的重复，而是一个具有创造性的过程。第二语言学习的主体已经具备了第一语言的语言知识、文化知识和科学的思维能力。这为学习的创造性提供了保障。而辩论过程的自由性为学习主体发挥其创造性提供了一个广阔的空间。在辩论过程中，学生们时时有一些精彩的语句，而这些精彩的辩词常常是他们“急中生智”的成果。所以说，辩论具有激发灵感、挖掘潜力的重要意义。

(2)提高应变能力

对处于高级阶段的学习者而言，凭借自己已掌握的语言能力，在基本的日常生活交流中，面对固定的谈话对象、相对固定的谈话内容，交际过程中一般不会遇到障碍。而依据第二语言学习者的学习动机来说，无论是职业的需要，还是交际的需要，他们在日后的工作和生活中，都将面对更多不同的场合、不同的谈话对象，交际的背景和交际目的也各不相同，交际内容的复杂性和不可预测性决定了交际者在具备一定的语言知识、文化知识和交际策略的基础上，还要具备一定的应变能力，针对不同情况做出相应的反应，只有这样，交际才能成功。而辩论为学生提供锻炼应变能力的机会是不言而喻的：在辩论过程，辩论双方都无法预测对方提出的论据材料，而要使辩论顺利进行，不仅要有准确、丰富的材料作为根据，更需要对意想不到的提问、陈述等做出适当的回应，这在无形中提高了学生的应变能力。

(3)培养并加强学习者用汉语思维的习惯

在对外汉语口语学习的最初阶段,学习主体很难将思维直接与目的语联系起来,在理解和表达上往往需要一个由母语翻译为目的语的中介过程。当学习主体达到一定的水平后,已经积累了一定的词汇量和语言规则,适当的交际环境可以为他们提供用外语进行思维的契机。在紧张、激烈的辩论中,辩论主体要尽快理解对方的意图和言语内容,对对方的问题及时做出反应,必须尝试将思维和汉语联系起来,辩论起到了一定的督促作用。

(4)为学生创造自由的交流环境

成人学习第二语言的途径不仅是通过学习,也可以通过习得的方式获得,换句话说,语言知识的学习和语言技能的训练相结合,是最好的途径。留学生在目的语国家学习,为习得提供了可能。在高级阶段的教学活动中,学生在课堂活动中的主体性更加显著了。这就要求我们尽可能地为学生提供一个自由的交流环境,以发挥他们的积极性。辩论的气氛虽然是紧张的,但这种紧张的气氛也会让学生产生自由、主动的情绪,会让学生敢于表达自己的观点,为了小组的荣誉,积极反击对方。大家的自信心和听说能力在不知不觉中提高了。此时,学生克服了害羞的心理,专注于本方和对方辩友的表达内容。他们不单单拘泥于已准备好的材料的复述上,还能急中生智,临场发挥。这种自由的、无拘束的交流无疑提高了他们的语言交际能力。

第三节　对外汉语口语教学的技能训练

一、教材处理

(一)生词处理

一般口语课在进入课文之前,都要先处理本课的生词,扫清课文和本课练习的障碍。在口语课处理生词时,应当注重通过对话使学生掌握词语的用法,并由处理生词逐渐进入到课文的处理。

(二)注释处理

一般口语课教材的注释,是介绍课文中的新语法点、新词语,有时也包括一些文化背景的介绍。需要注意的是,这种介绍应当突出口语课的特点,不要把这个环节搞成词汇教学或语法教学,冲击了口语课的主要任务。

(三)课文的引入

口语课的课文,一般是口语课的核心。处理好课文,是口语课的关键之一。一般来说,有两种引入课文的方法,可以根据所学内容和学生的实际情况选用。

(四)先处理课文

让学生先熟悉课文,在此基础上,进行记忆、操练、扩展和发挥,最后达到掌握当堂学习的技能的目的。

这种方法的具体做法如下。

(1)教师口述对话或课文二至三遍(如果课文较长,可以分段口述),同时把课文中的关键词语写在黑板上,以帮助学生熟悉和记忆。

(2)教师跟学生就课文内容对话,使学生熟悉课文,记忆课文。

(3)学生进行成对口语练习,教师可以借此机会巡视指导,解决个别困难学生存在的问题。

(4)学生练习熟练后,再请每对学生在全班同学面前进行对话练习。

(5)教师纠正学生普遍存在的问题。包括语音、语调、语气和影响理解的语法方面的错误。

(6)待课文处理完后,再进行扩展和情景口语练习。

这种处理课文方法的好处是,练习目标集中,课堂好组织。如果学生预习较好,可以使课堂教学环节紧凑,有较多的时间进行运用练习。

(五)由与课文相关的对话开始

这种方法是先不直接进入课文,而是围绕本课要学生掌握的功能、情景点或词语,先组织小的练习,然后再进入课文的练习。通过这种方法,练习了本课所要掌握的语言点之后,再练习一两遍课文。有些对话引入之前,为了对口语进行限制,教师可以先画一个示意图或给出重要的词语,这种方法的好处是能够突出本课的语言点,对它进行比较充分的练习,容易和实践结合起来;缺点是引进对话要花费一些时间,有时候有些语言点不太容易引进。

这种方法的步骤是教师跟学生对话,引进一个话题或情景。教师要用自己设计好的对话,并对学生的回答进行纠正。比如教师要引进下面这段“问路”的对话:

A:请问,去友谊商店怎么坐车?

B:在校门口坐375到西直门,然后换地铁。

A:在哪儿下车?

B:到建国门站下车。

A:麻烦您了。

B:不客气。

实际引进过程可能是:

师:请问,去友谊商店怎么坐车?

生1:老师,我还没去过友谊商店呢。

师:(对学生2)请问,去友谊商店怎么坐车?

生2:坐375到西直门,再换地铁。

师:在哪儿开始坐车?

生2:在校门口儿坐车。

师:很好。请你再说一遍。

生2:在校门口儿坐375到西直门,再换地铁。

师:好。在校门口儿坐375到西直门,然后换地铁。在哪儿下车?

生2:在建国门站下车。

师:麻烦您了。

生2:不客气!

师:(对学生1)请问,去友谊商店怎么坐车?

生1:在校门口儿坐375到西直门,然后换地铁。

(六)针对教材的练习

在对教材进行处理之后,一般要进行一些与教材内容相关的练习。这主要包括分角色复述、人物替换练习和情景替换练习。

1. 分角色复述

在学生初步掌握了课文内容后,由学生按课文中出现的人物,分角色复述课文内容。比如,让不同的学生轮流扮演上面"问路"中的角色。

2. 人物替换练习

在学生基本掌握了课文或教师设计的基本对话后,由教师设计出应用所学语言点的新人物进行练习。比如将上述口语中的人物换为一个年轻人向老年人问路,或向一个小朋友问路。

3. 情景替换练习

由教师设计出应用所学语言点的新情景,组织学生进行课堂操练。比如上面的对话练习完成后，就可以用别的目的地，如友谊宾馆、颐和园等做替换练习，或由学生根据自己生活中交际需要自愿发问。这是教材处理的最后一步。

二、语音教学训练

(一)关注各国学生学习汉语语音的特点和难点

语音教学或学习在对外汉语口语教学的各种等级或层次中，都是一个首要的和基本的内容，这是由言语交际的功能和目的所决定的。语音学习的成果在很大程度上与学习者的年龄、对语音的听觉敏感程度和模仿能力、学习者母语字母的发音习惯和特征、语音练习的数量以及学习者专注和参与的程度等诸多主观因素紧密相关。这些因素显然都是“行为者”(学生一端)充满了特殊性的、个体的、经验式的、历时性变化的因素，也是在教学活动中教师很难控制的因素。

在初级的语音教学中，教师应给予学习者这些发音特点更多的关注和指导。如果教师能够主动关注来自不同国家、区域或地区的学生，在汉语语音学习上的不同特点和难点，那么还是可以给予学习者一定的帮助和指导的。根据我们的经验，许多日本学生发汉语单韵母 e、u 和复韵母 ou、iu 有一定困难，他们常把声母中舌根擦音 h、唇齿音 f 发成双唇擦音。而韩国学生则把唇齿音 f 误发成双唇音 p、b。日本、韩国学生都发不准舌尖音前音 z、c、s 舌尖后音 zh、ch、sh 和舌面音 j、q、x。欧美和澳大利亚籍的学生在发 ren 这类字词的声音时，往往都会带有一些区域性的特征，读作 ruen。这种特征也表现在汉语的词语连读声调上。韩国学生在词语连读中对于第二声的音高往往低于中国人；而来自越南、马来西亚、菲律宾等国的学生则容易把第四声读作一个降低了音高的第一声。

邻近语音之间的细致比较，总是语音教学中有效的且有意识使用的方法之一，教师以此示范字词发音的细致区别，而学习者则通过听觉直观地了解、学习和模仿。

(二)变换形式反复刺激

语音训练的结果与机械重复的多寡，以及这种机械重复刺激的深浅有十分紧密的关系。也就是说，发音总是与说话者使用这个语音的多少、受到的语音刺激以及逐渐形成的发音习惯有关。因此，我们不能设想一劳永逸地解决发音的问题。即使如此，在口语教学中，我们仍然可以通过相对集中地巧妙设计和变化语音重复的形式，来反复刺激学习者，在有限的时间内和一定程度上强化他们对于汉语语音和声调变化的记忆。

口语中不仅有单个字词的发音，还有多个字词连接在一起时声调的关系及变化，因而，词语连读总是留学生汉语语音学习中的难点之一。如把“大马”读若“大麻”，“青菜蘑菇”读若“芹菜蘑菇”，以至于导致日常交际中的误解和笑话，这都应该属于汉语口语词语连读教学所关注的范畴。在这个方面，传统汉语口语教学中对于汉语拼音的强调、对于汉语的四声在连读时的基本变化分门别类的集中讲解，都是必要的。但其作用也是有限的，因为一个“行为者”(此指学习使用汉语的外国人)总是会根据他自己长期的发音习惯和记忆，对我们的教学做出反应或改变。因此，词语连读教学就需要更加强调和突出连续性和重复性的特点，即教师在整个一个学期的口语教学中，始终都要注意并反复地提示更正学生在词语连读中所出现的问题，并且要为这些连读的词语设计其上下文或具体语境，这也是在课堂教学中利用重复加强学生记忆的形式之一。

三、句型教学训练

如果说词是语言中最小的能独立运用的语言单位，那么句子就是言语交际行为中传情达意的最基本的单位。句型教学与语音教学既有联系又有区别。句型教学也需要有意识地运用重复手段以加强或刺激学习者的记忆，但是其重复的性质却应该隐含在各种不同的句型的语境之中。

(一)适当增加每堂课主要句型的变异形式

我们对句型教学的探索和认识，是以对口语行为的语境关系的理解为基础的。即使是最隐微、最短暂的口语行为，其交际功能的实现也必须依赖于特定的语境。语境是口语主体间的社会契约，它保证了言语符号被适当地理解，排除不适当的“误解”。换言之，从来就不存在没有具体语境的言语，尤其对于口语来说更是如此。那些看上去似乎脱离了具体语境的字典或教科书，也不过是把人们最常碰到、因而视为自然的特殊语境预设为一般的不证自明的语境而已。因此，任何一种口语教材，都会人为地预设某种特殊的语境。情景口语中的“问候”“找人”“问路”“购物”“买汽油”“取钱”“看病”“餐馆埋单”等内容的分类，实际就是给口语所预设的虚拟语境。至于口语教学的各种形式，如课堂上老师与学生或学生之间的口语练习、角色扮演练习、课堂讨论与辩论等，也都有意无意地构成了一种仿真性的汉语口语语境。

但是在真实的社会言语交际活动中，每一种句型都会在不同的具体语境下对其基本形态产生某种形式的变异或偏离，这便会导致口语教学与实际言语交际行为之间出现某种程度的脱离或不协调。因此，句型教学中才总是需要而且应该设计或模拟出生活中某种具体言语环境，特别是那种环境的本质特征——随机演化的性质。这就需要根据每堂课所教授的主要句型，设计一些在不同特殊语境下这些句型的变异形式。以“早上问候”这一常见的情景口语教学内容为例，我们的基本句型可能是“早上好”“你好”或“您好”等。但是在实际生活中，条件或语境改变了，其对问候所做的回应也有所不同。因此，我们就不能只满足于在课堂上一般地讲解“早上好”这句问候语，而是要在讲解了其基本意思以后，还应该具体说明和讲解一些特殊具体的语境下的变异形式，譬如熟人之间的问候及其简单问候之后的延伸交谈、问候者匆匆上班或闲散地逛街时碰到熟人的不同问候形式、汉语中礼貌得体地点点头的问候方式以及根据中国的习惯，外国人应否或能否主动问候对方的问题等。

(二)在模拟的语境中进行句型教学

口语教学并非只是一味被动地模仿具体的言语环境，无论虚拟的语境模仿得多么逼真，都是一种虚拟的空间。甚至包括我们带领学生进行语言社会实践的具体语境，由于被我们像科学家做实验一样的挑选出来，因而也成了某种客观语境的海市蜃楼。正是从这个意义上讲，我们才主张口语教学既不可能，也没有必要一味单纯逼真地模仿出社会生活细节或场景，以便让学生在这种虚拟语境中练习某种句型；而是应充分发挥“行为者”的能动性质，设置一个大致的情景及其在这种情景中合乎交际逻辑或习惯的主要句式、词汇、短语等，然后让学生在此情境中即兴生发，自主地参与创造出一些情景的延伸或扩展。这种虚拟的语境具有某种现实社会语境的本质特征，即它的不可预见、不可模仿和即兴演化的性质。这种设计绝不仅仅是在调动或刺激口语者的兴趣和创造精神，而是试图模拟社会言语交际所置身的语境的本质特征。在这种虚拟语境的设置中，教学大纲，教师水平，教学习惯、特点和观念，以及学生接受教育的习惯模式总是在深层发挥着作用。而且虚拟语境的高度仿真，一点也不意味着教学重点的无中心、无计划和随意性，相反，它将自己的能动性体现在了课堂口语尚未开始之前。

四、话题的选择

(一)话题的选择及讨论的设计

除了涉及国家主权、政治制度、基本国策、国家机密以及民族尊严等重大问题以外，对外汉语教学应包容多元化的文化及价值倾向。因此，传统教材中那种只宣传本国文化单一的话题，往往无力组织一堂成功的讨论或辩论课。我们认为，讨论或辩论课应该精心选择或设计那些具有内在矛盾、易于引起来自不同文化背景的人们不同反应的话题。而讨论步骤的设计，则应该从鼓励和调动学生参与说话和表达的兴趣出发，设计出比较多样化的说话形式；至于话题的延伸部分，主要应该由教师来引导，它需要与主话题有一定的连续性，便于学生通过类比和联想掌握与记忆。最后，一堂讨论或辩论课上，教师所设计或所总结的新词汇及句型都不宜太多，应该重在给学生留下较深的印象，并通过课堂练习熟悉和记住。

(二)话题深化的探索

学生高级汉语口语课程的教学目的不是要统一是非、统一观点和统一标准，也不是单纯地介绍或分析中国历史或当代的情况，而是试图激发不同文化背景所造成的文化冲突，使学生在思考、表达和解决这些冲突矛盾的过程中学习和提高汉语表达的能力。因此，教师有意识地在话题中发掘或制造某种适度的对立和矛盾，使讨论更加深入，就成为引导技巧的核心之一。

五、基础对话训练

基础对话训练，主要是为了针对学生最亟需的方面，进行一些比较实用的练习。在学生水平比较低时，也可以进行一些纠正发音和语法、词汇方面的训练。下面介绍的技巧和练习方式，可以围绕课文的内容进行，也可以脱离开课文进行。

(一)提问练习

提问能力，是交际最基本的能力之一。但是汉语的提问方式，特别是特指问句中的疑问代词比较复杂，不像英语、日语等语言中的问句那么规律，所以有的学习者学了一段时间的汉语，提问能力还是不强。因此，口语课文应当加强对提问能力的训练。

训练提问能力，最常见的有两种方式：一种是定向提问，另一种是自由提问。

1. 定向提问

教师提出要提问的项目，让学生对这些项目进行提问。比如初级阶段可训练学生问：姓名、年龄、职业、家庭成员、住址、电话号码、国籍、专业、价格、数量、时间等。中高级阶段可训练学生问:兴趣爱好、个人感受、择友标准、某国某地的风土人情、对某人某事的看法等。例如,情景和要求:初次见面,练习问姓名、国籍、住址。先示范,由教师问一个学生;然后组织学生问答,A 问 B,B 问 C,C 问 D,或分 A、B 组互相问答。

2. 自由提问

学生就所关心的问题进行提问。这种练习初级阶段可以使用,但更多用于中级阶段或更高的阶段。这种练习可以在口语课主要内容结束后利用短时间进行,也可以在学生学习到一定阶段后集中一两节课进行。做后者的理由是,学生往往有许多个别的问题需要问老师,而这些问题又与课上学的内容无关,苦于无机会与老师交流。因此,口语课上应当给学生一定的时间,允许学生自由发问。当然,自由提问可以是学生问老师,也可以是学生问学生。这一练习的优点是,学生问的多是自己感兴趣或不解的问题。老师回答后得到了满足,因而课堂气氛轻松融洽;缺点是,老师回答要占去较多的时间。当然也练习了学生的听说能力。这一练习有两个步骤,一是老师利用讲课前或快下课时的 10～20 分钟时间,向学生发出指令,每人可向老师提 1～2 个问题;二是老师对同学们的问题作简短答复。

(二)师生问答

师生问答就是教师和学生之间的问答练习。

问与答是人类最基本的交际方式,也是口语课最基本的训练方式。问答练习要求老师了解教学对象的性格、爱好、所学专业和日常生活情况,问的问题应真实、亲切、自然、学生感兴趣。例如,对关心和研究国际关系的学生,老师可以问他最近他们国家有什么重要新闻以及与其他国家之间关系方面的问题;对要去旅行的同学可以和他们谈购买机票、车票及旅行计划等。注意不要问学生的隐私和比较难答的问题。要让学生知道老师是在与他练口语,因而乐于回答问题。成功的问答练习可以增进师生之间、学生与学生之间的语言交流、思想交流和感情交流。

(三)情景练习

情景练习即教师给出情景,由学生说出在此情景中应当说的话或根据情景用所要求的语言项目对话。情景练习在口语课中常用来训练学生运用所学功能项目或常用的语言项目的能力。一定的交际项目都是在一定的情境中产生的。特别是初级阶段,由于学生掌握的语料有限,如不设置情境,学生只会问一些简单的话，到了饭店、理发店、车站仍适应不了交际需要，因此，要注重练习一定语用环境所必须的语言项目。如学生宿舍的灯坏了、暖器漏水、厕所不通怎么叫人来修理；学生去自由市场购物除了会问价外，还应教给他们如何讨价还价等。训练他们在一定情境下，完成必需和实用的交际项目，达到正确的交际目的。如：

师：你买了一双鞋，但是穿着不合适，或者有毛病，你想把它退给商店，怎么说？

生：对不起，这双鞋我穿着有点儿小，我想退了，可以吗？

（四）卡片提示

利用卡片作为提示，给学生设置情景，让学生根据卡片的提示进行问答练习。

卡片上写明 A 和 B 要问或要答的语言项目，比如下面两张卡片，设置了一个打电话的情景，供学生进行问答练习：

A
给B打电话约他看电影
电影名字：《红楼梦》
地点：五道口电影院
时间：7：00
集合地点：语言大学塔楼门口

B
接A的电话
要问：什么事？
什么电影？
几点开演？
几点去？
在哪集合？

学生根据卡片，进行口语。练习熟练后，可以进行替换话题的练习。比如约同学朋友参加自己的生日晚会等。

（五）情境问答练习

情境问答练习是教师设置情境，让学生在情境中充当不同的角色，进行问答练习。

一般做法是老师说一个情境，学生根据情境进行简单的对话。比如教师给出下面的情境让两个学生对话：

情境：在自由市场，乙是卖衣服的，甲看见一件非常漂亮的衣服，很想买，但又觉得太贵。经过讲价钱后，甲买了衣服。教师预期类似下面的对话：

甲：劳驾，这件衣服多少钱？

乙：一百五十元。

甲：太贵了，能不能便宜一点儿？

乙：你给多少钱？

甲：要是一百三十元的话，我就买。

乙：这太少了，一百四十块，你买不买？

甲：好吧，我买了。

(六)表演

口语课上的表演以训练口语能力为目的，不要太高的表演技巧，因此人人都可以做。表演与问答的不同是，表演是说话和动作(手势、姿态、面部表情等)的结合。它便于加深学生对词语和句式的记忆，把学到的语言项目用于交际中去，也便于他们学着用汉语来思考，是训练学生自动地处理语料的一个生动活泼的方式。

表演有三个步骤。一是准备。如分角色练习、准备道具、设计动作等。二是进行。请学生按角色到讲台上进行表演，如有的同学因为紧张把台词忘了，老师可以从旁提示一下。一组表演完了，轮换下一组。三是总结。老师仅就主要语言项目给以重复和强调，对同学们的表演进行鼓励，对影响交际的错误给以纠正。如：

小话剧：你哪儿受伤了

练习目的：一，练习道歉；二，活用学过的语言项目："走不了""背不动""来不及"等。

教师先介绍情景、分配角色。让学生A扮演骑自行车的小伙子，学生B扮演行路人(学生B可以是个胖一点儿的学生)，学生A骑车把B撞倒，B倒地，被撞得很厉害。

A：实在对不起，你怎么样了？

B：哎呀，我的腿大概被你撞坏了，疼得很厉害，哎呀！

A：怎么办呢？我送你去医院吧？

B：我动不了，也起不来。

A：我把你扶起来，背你上医院吧。

B：好吧。

A：哎呀，你太重了，我背不动呀！

B：那怎么办呢？哎呀，快疼死了。你快叫一辆出租汽车吧，要不，我就要疼死了。

A：好，我去叫。出租车——出租车！

到了中级阶段，可以组织学生自编自演小话剧，这种表演可以训练学生用汉语来思考和活用汉语的能力。

六、基础独白训练

(一)看图说话

利用各种图片练习说话(对白或独白),是口语课堂形象、直观、生动的练习方法。图画可以是平面图、城市交通图、地图、人物照片等。例如:

(1)利用交通图练习问路,问某处有何物,某物在何处。

(2)利用世界地图介绍自己国家的地理位置、气候物产、自然风光、名胜古迹、工农业生产、商业外贸、节日风俗。

(3)利用家乡的地图介绍自己的家乡。

(4)利用家庭成员的照片介绍自己的家庭。

(5)利用照片介绍自己的中学或大学时代,介绍自己的同学、老师、朋友。

看图说话在初级阶段可结合课文进行。操练时要注意突出所要操练的语言项目,比如方位词的用法、存现句等。例如利用图片介绍自己的家乡,最好布置学生事先做好准备,每人限时 2～3 分钟。学生介绍时,老师可把一些专有名词写在黑板上。一个学生介绍完以后,可让别人就没听懂或不明白的地方向讲述人提问,但每人也要限定问的次数,比如不超过 3 次,为的是让每个人都有机会介绍和提问。

(二)口头描述

口头描述即让学生描述一个事物或叙述一个过程。

描述的对象可以是人的外貌、穿着,自己的宿舍、校园,也可以是一个活动、一场比赛、一次旅游等。描述时,少则可让每人说一句话,多则每人可说十句八句,要让每个人都开口说话。例如描述饺子的制作过程,目的是训练用“把”字句进行口头描述。老师可边在课堂上做动作,边让学生按老师的动作来描述。学生可能说出下列句子:

先把白菜洗一洗/洗干净。

把猪肉放进绞肉机里,绞成肉末。

把酱油、料酒放到肉末里,搅拌一下。

把白菜绞成白菜馅。把水挤出去。

把全部作料放在肉末里,搅拌一下。

把面粉加上水和好。

把面搓成小圆条。

用刀把它切成一节一节的。

把每一段都擀成小圆片。

用筷子把馅放在小圆片上。

用手把馅包起来。

把水倒进锅里烧开。

把包好的饺子放到锅里。

煮十分钟后把饺子捞出来。

最后让学生完整地把饺子的制作过程说一遍，练习成段表达。注意，这项练习一定是在大多数学生已经吃过水饺并看过水饺的制作过程之后才做。做这一练习时，可与表演结合，如以讲桌或课桌当案板，小刀当菜刀，碎纸屑当馅，纸片当饺子皮，铅笔当筷子等，帮助学生进行口头描述。

（三）复述

这是训练运用汉语语言项目的一项机械性练习，可以是听后复述（听后说）或读后复述（读后说）。复述的目的是培养听读之后，记忆语言材料的能力和接受信息并把它转化为自己的话表达出来的技能，同时也有丰富和规范学生口语的作用。

复述训练的步骤一般是先让学生听或看要求复述的材料1～3遍，教师应把学生复述时必须用上的词语和句式写在黑板上，加以提示，然后让学生复述。听或读的内容应是生词较少、口语化、有故事情节、人物关系简单、适合复述的文章。为了练习的普遍性，篇幅可以根据学生水平逐步增加。内容的深浅难易可视学生的水平而定。

（四）概述

概述就是学生在看过文字或声像材料后，口头说出所看内容的梗概。这是成段表达的训练，它要求学生有综合能力和概括能力，把自己的所见所闻组织成连贯的语段，口头表述出来。

概述的内容可以是看过的一篇小说、一部电影、一个故事或一段亲身经历等。精读课上也能用概述来训练学生的口头表达能力，但精读课概述的内容多以课文为蓝本，而口语课的概述则注意从学生自己的所见所闻所思所想出发，更实际更生动也更真实。它需要学生自己用汉语去思维，用汉语去组织，用汉语去表达，因此，与精读课的概述有明显的不同。

七、中高级口语训练

(一)讨论

讨论是在教师的指导下,学生围绕一个中心议题发表自己的看法。

课堂讨论是训练外国学生用汉语思维和自由表达自己思想观点的好形式。讨论的题目应该是大多数学生关心的或共同感兴趣的,因为只有关心、感兴趣才能激发口头表达的欲望。讨论的目的是为了练习口语,因此,老师不应也不必对讨论做什么结论,总结只针对学生的语法错误。

讨论适合于中高级阶段,其步骤如下。

(1)准备,征求全班同学的意见,看大家对什么问题感兴趣,以便确定讨论题目。然后公布讨论题,确定讨论时间,学生准备发言提纲或发言稿。

教师应当给学生讲授发言时常用的句式或词语结构。诸如:“我认为”“我对这个问题的看法是……”“我觉得……”“我同意/不同意这种看法/观点”以及“因为……所以……”“虽然……但是……”“无论……都……”“即使……也……”等等。

(2)讨论,老师尽量让每个人都有发言的机会,对发言过多的学生要适当控制,对怯于开口的学生要给以鼓励。发言者可以以手势、板书、图画等辅助手段来帮助发言,不会写的字词老师可以板书说明。

(3)总结,纠正共同的语音、语调、语法错误,重复一些关键句式。

(二)调查与报告

教师提出一个或数个调查题目,让学生广泛接触中国社会,与中国人交谈、询问。然后向全班报告调查结果。

调查,是按老师的规定,去向中国人做调查(不包括老师);报告,是调查之后,把调查的结果在口语课上向大家口头报告出来。这是一种课内外结合的口语训练方式,适合于中高级阶段。

调查的题目可根据学生口语水平,由易到难,逐步增加难度。关于中国政治、经济、文化等各方面的学生感兴趣的问题,都可以作为调查与报告的题目。

调查与报告的步骤如下。

(1)老师向学生布置调查的作业,公布若干个题目,由学生自选。

(2)向学生介绍调查方法,调查时用的称呼和礼貌用语,如:“向您打听一下”“对不起,可以向你问个问题吗?”“向您请教一个问题可以吗?”“打扰您了。”“谢谢您的帮助。”“给您添麻烦了。”“实在太感谢了。”

(3)要求学生事先列出调查纲目或调查表，以便调查时方便填写(用录音机当然更好)。

(4)举行调查报告会，请每个学生向大家报告调查结果，也可以报告调查经过。

(5)听不懂的地方，可让别人提问，像开记者招待会那样。

(6)教师总结大家的报告，纠正错误。

(三)“记者招待会”

让学生扮演“新闻发言人”的角色，回答其他学生提出的问题。

举行记者招待会(或叫新闻发布会)是口语课训练成段表达和提问的好方式，由于学生们说话的机会多，涉及的问题广泛、有趣，因而深受外国学生的欢迎。

实际上，这种练习各阶段都可以使用。比如初级阶段可与看图说话结合起来，由“新闻发言人”介绍自己的家乡、公司、母校、家庭等，然后回答“记者”们的提问；中级阶段可以介绍一次愉快的晚会、一次旅行见闻等。高级阶段可介绍国际国内重大事件，介绍一个新闻人物等。

(四)讲演

讲演就是学生就某一论题向全班进行演讲。讲演的内容应选取学生最关心、最感兴趣、最熟悉的问题。大到国际形势、国际关系，小到个人生活、家庭、爱情等都可以作为讲演的论题。

口头作文一般为叙事体，有一定的人物、故事情节和环境。讲演则为论说体，要求有论点、论据和思维的逻辑性。这是训练学生用汉语思维，即用汉语进行判断、推理、综合、归纳的能力。

(五)辩论

口语课上的辩论是组织学生就某个容易产生分歧意见的问题或热门话题展开辩论，从而训练他们的口语表达能力、听力理解能力、抓住别人说话要点的能力和快速反应能力的课堂练习活动。

辩论是一种较高级的口语练习活动，适合于中、高级水平的学生。辩论应当有明确的要求，如要求各组每个人都有不少于一次说话的机会，必须使用某些语句和表达方法。辩论时间以两节课(100 分钟)为宜。要求学生分组准备，提出支持自己所持论点的理由(包括有关材料、图片、照片、剪报等)和反驳对方可能提出的论点、论据，可有简要的书面文字材料。发言进行时，教师应采取适当方式使不发言的人也积极投入辩论，比如请他们归纳当前说话人的观点、论据，或对自己一方的发言补充一条或两条理由，或对他方发言提出一点或两点异议。老师也可提出一些问题以引导辩论深化，启发他们思考和回答，等等。辩论结束时，老师对辩论双方的论点、论据给以归纳，归纳时应重复强调所用语言点，老师也可提出自己的看法，但要尽量公允，避免支持一方反对另一方之嫌。辩论的气氛应是坦诚、友好、轻松、愉快的，要表扬和鼓励勇于发言的同学。

组织学生进行辩论练习应当注意以下几个问题。

首先，每次组织辩论要有一个明确的语言学习目的，比如突出某些语言项目——语法、词汇、表达技能（像怎么提出己方的理由，如何进行论证与说明，如何反驳别人等）。目的应在学生准备辩论以前就明确地提出。切不可只定题目，不规定语言项目，这样容易使学生只说简单的话语，回避使用较难而能表达复杂思想的句式，辩论后语言表达能力并没有多大提高。

其次，辩论题目一般应选那些容易引起争论的、学生正在关注或容易引起他们关注的题目。

再次，精心安排辩论的组织与步骤，题目一般应在辩论前一两个星期确定。告诉学生，并根据自愿原则把班上的学生分为正、反两方，正方准备肯定的论点、论据，反方准备否定的论点与论据。

（六）口头作文

口头作文是学生按教师规定或自定的题目，写作文或发言提纲，然后在班上口述。它训练学生的成段表达能力，也训练学生的逻辑思维，联句成段、成篇的能力。口语教学的情景要求真实，但是，即使教材设计的情景完全是真实的，也不可能包括外国学生全部的生活和学习实际。为了弥补教材的不足，使学生学会说自己想说而教材上没有的话，可以采取口头作文的方式，使学生活用学到的语言项目，主动地运用汉语来表达思想感情。口头作文时是一个人说，大家听。为了调节课堂气氛，一人讲完后，可让其他学生就其作文的内容进行提问，让主讲人与听众有一定的交流。

口头作文的步骤是：先由教师根据学生的口语水平和实际学习、生活情况出题或由学生自由选题。如由老师命题，老师可指导学生列出口头作文的纲目，为学生提供需要的词语。学生经过准备后，在课堂上口述（应明确规定不许念稿子）。

口头作文的缺点是，课堂上交际太少，有的学生很可能是把事先准备的文字材料背诵下来，到课上讲一遍。这样做虽然对学生不无好处，但是往往出现语调不自然、表情呆板的毛病。好的口头作文应当是语调自然，言语与手势、表情统一和谐，听者和说者之间有一定的交流。

八、口语训练应注意的问题

学习汉语者在个性、文化等方面的差异和特点，在我们的对外汉语口语教学结构图中分别处于第二、三项的位置，正是它们导致第一项可见的教学实践和效果发生某种程度的偏移或变异。这就意味着不再像传统观念那样，把尊重学习汉语者个性、文化等方面的差异只看作是个人的品德和素质，而是在整个教学系统中给予其结构的地位和意义。换言之，学习者在文化、个性等方面的差异，是一个不以人的主观意识为转移，并对整个教学活动和效果发生作用的客观现象。因此，口语训练应是建立在尊重学习者文化、个性等差异基础之上的教学活动。

(一)教师应倾听和理解学生的谈话

鼓励几乎对于一切学习者都具有积极的心理作用，这也是传统教学所强调的方法之一，然而我们在这里特别关注的是那些鼓励的亚形式。教师专注、仔细地倾听学生的每一句话，根据其用汉语表意的习惯来理解其主要的意思、态度和情感，就是一种鼓励的亚形式。学生往往通过教师的反应(也可称之为口语效果)来确定他自己口语的水平和能力，因此，专注、仔细地倾听他的口语练习，特别是真正抓住和理解学生讲话的要点，并作出相应的口语反应，这种反应本身所传达的信息，能够鼓励留学生讲汉语或用汉语表达的自信与兴趣。

(二)对于不同水平学生的引导侧重点和方法应不同

虽然我们提倡教学中应以学生为主体，但教师的引导作用仍不可忽视。对于不同汉语水平的学生，教师引导的侧重点和方法应不同。一般说来，初级班的口语训练，在关注学生语音、语法问题的同时，应引导学生运用基本句型来说话。中级班的口语训练中，教师仍然需要不断给予学生鼓励，使他们保持说汉语的自信和兴趣。在学生练习表达的基础上，通过引申的问题，引导学生逐步完整、丰富或深化其想法和意见。中级班的口语教学中，教师应力图保持学生在说话时某种流畅的节奏和比较自由的状态，而不是强调用词的准确和丰富，也不特别关注学生个别词汇或短语的发音错误，除非是严重影响意义表达或理解的错误。因此，在整个教学过程中，教师都需要认真、仔细地倾听，避免过细地纠正其语句的错误。而且在其说话的过程中，不打断、不插话，用心辨析并记住学生说话时的一两处典型或普遍的错误，进行讲解或练习。而高级班的口语课则有所不同,教师对发音的关注会进一步减弱,应加强用词的准确性和使用多种表达形式的教学内容。譬如增加一些词义的辨析,以及在不同场合使用不同词汇和短语的内容。更重要的是,教师应开掘并强调出话题内所可能蕴涵的对立或矛盾的因素,使学生自己思考并设法表达意见。在此过程中,发现他所需要的词汇以及他需要改善的表达,集中指出,进行练习。

(三)应根据学生不同的教育背景和学习习惯调整教学方法

在课堂教学或练习中,应根据学生不同的教育背景和学习习惯调整教学方法。总体来说,东方的教育体系、教育观念、教育方法以及学生接受教育的习惯,都与西方的存在较大的区别。因此,在汉语口语教学中,我们就不能简单地评价“满堂灌”和“启发式”教学方法的优劣。多年前,一位日本文化人类教育学者在与我们进行交流时说,由于大部分日本人从中学以后就逐渐习惯了教师“满堂灌”“一言堂”的教授模式,不习惯在众人面前直接表达自己的意见,那样会感到有心理压力,因此往往难于适应欧美“启发式”的教学形式。他建议我们,对于日本学生不妨采用日本的教学方式,即教师将问题交代清楚后,提前指定或组织回答问题的同学,以及回答的顺序。根据我们的经验,这种方法也适用于韩国学生。当然,这样做并不妨碍对欧美学生使用“启发式”的教学方法。

(四)适时地增加学习难度

一位艺术家朋友曾告诉我们说,艺术创作是在适度的不舒服的状态中产生的,每当你使用一种方法,感觉得心应手、十分舒服的时候,你就要小心或警惕了,因为这将意味着你开始故步自封起来。这个纯属个人的经验中所隐含着的启迪意味是,适度的压力对于人们认识活动起促进作用。这一点同样适用于教学活动。教学中仔细观察学生的接受情况,在他们已经比较适应和熟悉了你的声音和方法的时候,适当增加一点难度,不露痕迹地给他们一点压力和刺激,以期开掘其成年人潜在的认识、联想等思维能力,并通过这些已经具备的认知能力来学习和提高汉语口头表达的能力。

(五)不要面面俱到地纠正学生的错误

指导学生口头表达时,对于他们所存在的问题,要区别主次和轻重缓急,只着重强调和修改个别主要问题或关键词语,尽量少改动整个句子的结构,不面面俱到,也不试图一次性解决所有问题。父母鼓励和扶持孩子学步,只是在他将倒未倒之际从旁扶一把,却不能代替他走路。

口语课中，教师与学生的关系与之相似。当学生在表达过程中短暂停顿时，教师要耐心地等待，等待他自己找到所需要的词汇和语句。除非学生的确需要指导，才应提供适宜的帮助。这种方法在初、中、高级各层次的口语教学中，都具有一种心理暗示的作用。它无异于在说："你说得很好，主要意思我全明白了。如果有问题，那也只是很小的问题。你看，我们只需要修改一点点，你的表达就很好了。"

九、纠正错误的技巧

纠正错误是保证口语教学质量的重要环节。纠正口语错误要讲究艺术，既要保证口语水平的提高，不使学生将错就错，也要保护学生的积极性。要善于鼓励学生说话，不要对学生的水平进行比较。纠正学生的口语错误可以从以下几方面入手。

（一）再问一遍和再说一遍

一般来说学生犯错误是不能熟记语言材料或粗心的结果，及至老师稍加提醒他们便会很容易地自己改正，再问一遍是提醒并鼓励学生自己改正的纠错技巧。

学生说错后，老师应立即请他再说一遍刚才说的话，学生自然明白刚才是说错了，再说一遍就会说对。

（二）由老师领着大家说一遍

有时，学生不一定能知道自己错在什么地方，尽管他看老师的表情后已知道自己可能说错了。为了不耽误时间，可领全班同学把正确的句子说一遍。跟说是全班的集体活动，自然不会使个别学生感到紧张。

（三）把正确的句套子给学生

学过的语法学生常常因不注意而说错。例如，趋向补语与处所宾语的位置，是学生很容易说错的。学生说错后，用正确的句套子引导一下，便可纠正。

（四）板书

在归纳总结阶段，板书是比较好的纠错方式。在学生操练时板书，容易转移他们的注意力，打断他们的思路。在最后阶段，用板书纠错较为适宜，纠错的内容应是全班较普遍的错误。运用板书纠错不要只针对个别学生的错误。例如：

我兴趣打乒乓球。×

我对打乒乓球感兴趣。√

我对打乒乓球有兴趣。√

(五)用动作提醒

用动作提醒学生,老师少说话,可以把时间让给学生,从而保证学生有充分的时间练习。例如用点头微笑表示“你说对了”;用摇头微笑表示“不对”;用手势来表示“再说一遍”。比如当学生说错后,你看着他微笑摇头,然后用右手,手心向上,摆动四指和手掌让他再说一遍。如四声出现错误,也可用手势打拍子的方法纠正。

(六)送给他一张正误卡片

对个别虚荣心比较强的学生,当他说错后把他说的错句写在一张卡片上,然后再写上正确的句子,悄悄地塞给他,这样做会更适合他的心理。估计他不懂的词,要加拼音,甚至给以翻译。对个别学生的个别错误,为不影响大家,也可用这个方法。

第八章　对外汉语的写作教学

在对外汉语“听”“说”“读”“写”四项技能中，“写”的难度最大，而“写”的交际功能似乎没有前三项那么紧迫。实际上，这里的“写”跟一般的“听说读写”中的“写”不完全一样。本章的写作要训练的是已经有了一定汉语基础的外国人按照汉语的思维逻辑，写出汉字规范、合乎语法、合乎汉语表达方式、合乎汉语文体的篇章。本章在阐述对外汉语写作教学理论及实践的基础上，也较为详细地阐述了对外汉语写作教学的技能训练。

第一节　对外汉语写作教学理论

一、对外汉语写作教学的理论依据

(一)写作的认知模型

写作是将信息以书面形式输出，是一个复杂的认知系统的编码和转换的过程，是一个复杂的思维过程。语言学家和心理学家都提出过许多关于写作的认知模式，弗劳尔和海斯(1986)提出的一个关于写作的认知模型颇具代表性。他们认为：写作是一个问题解决的过程。在认知心理学中，“问题解决”过程的涵义是：由一定情境引起，按照一定的目标，应用一定认知操作或技能活动，使问题得以解决的过程。按照这个想法，他们将写作的过程分为任务环境、作者的工作记忆以及作者的长时记忆三个主要成分。

1. 任务环境

由一定的情境引起的作者的写作任务(包括写作的主题、读者是谁、写作的动机)，以及外部支持，或称外部贮存(包括作者已写出的内容和作者可以参考和使用的外部资源)就是所谓的任务环境。事实上，很多作者的目的和意图在开始写作之后常常会为他们自己已写出的内容所左右。他们常常要复读自己已写的内容，从中得到继续下去的提示，并保持前后逻辑的一致性。另外，他们可以查找到的可供参考和使用的其他信息资源，也将给作者各种提示，并帮助作者完成任务。这些都是作者所处的任务环境。

2. 作者的工作记忆

作者的工作记忆可以认为是心理加工的场所。对写作来说，作者的工作记忆会发生三个过程：计划、述写和复查。

(1)计划

“计划”是作者写作的准备。它包括以下几方面。

①作者对自己的写作设定要求和建立目标。

②在头脑中形成写作时将要使用的观念和内容。

③通过构思语句、语段之间的连接，对文章进行组织布局。

这几方面不断地相互作用，相互影响，贯穿写作的全过程。

(2)述写

“述写”就是将个人的观念、思想转化为一篇文章。从长时记忆中找出表达观念的词汇，用内化了的各种规则组成语句，以正确的书写形式，如汉字和标点符号写出来。

(3)复查

“复查”是重审写作内容，跟目标进行对比，并根据自己的评估对内容实施修正或重构。计划、述写、复查这三个过程在写作中是交互作用的，是一次性完成的。

3. 作者的长时记忆

信息在作者大脑中保持一分钟以上直至终生的知识贮存我们将其称为作者的长时记忆。弗劳尔和海斯认为，在作者的长时记忆中有三类知识跟写作有关：与写作主题相关的知识、与修辞相关的知识、与读者相关的知识。这些贮存在长时记忆中的陈述性知识的缺乏会影响作者文章的质量。

(二)第二语言写作的特点

1. 第二语言写作与第一语言写作的共同点

第一，写作(这里包括写字和写文章)不能通过自然的方式来习得，必须经过自觉地学习和较长时间的实践才能掌握。文盲不识字，不会写字，是由于没有经过学习造成的。即使在识文断字的人中，也有很多人对写东西束手无策，因为构成写作障碍的不仅是字词，缺乏相应的陈述性知识和程序性知识都会对写作能力构成障碍。第二语言写作者由于对第二语言本身把握的问题，需要更多的、更长时间的学习和实践。

第二，写作由于没有"现时"的交际环境和交际对象，书面语言的使用要求更加清晰、准确、严谨、规范，逻辑性更强。说话时，说话者为了让对方明白自己的意思，可以采用反复、停顿、重音等手段，甚至根据对方的反馈及时调整说话的内容与词语的选择，而写作不同，作者要花较多的时间思考文章的内容和结构，对字、词、句的筛选和语法的考虑更费周章。无论是第一语言还是第二语言都会面临这样的问题。

第三，一个作者拥有的关于写作主题和写作过程的知识越丰富，往往就越具有创造性。所以，不论是第一语言的作者还是第二语言的作者都应具有相应的思维能力、表达能力和语言运用能力。

2. 第二语言写作与第一语言写作的不同点

(1)文化的差异

第一语言的文化背景(社会习俗、文化模式、思维方式等)会直接影响作者使用第二语言写作。由于作者对目的语的文化背景、思维习惯、表达方式等还不是很熟悉，他们的认知结构和文化的负迁移发生概率就比较高。书面表达中由于文化差异所发生错误的情况、表达不得体的情况就会比较常见。

(2)学习过程的差异

在第一语言的习得过程中，读和写比听和说来得慢，这是不争的事实；而第二语言学习则不同，听说读写在正常情况下"几乎"是同步开始的，另外，成熟的思维也使得学习者迫切想用第二语言的书面语系统表达自己的思想和情感。从第二语言教学的角度讲，教师要想办法尽快解决这两者之间的不协调问题；从第二语言学习者的角度看，学习者想尽量缩小思维能力与第二语言表达能力之间的不匹配。困难在于第二语言写作教学所面对的是要"同时"解决口头表达能力与书面表达能力(写作)同思维能力不协调的问题，而第一语言写作教学则主要面对的是后者。从心理的角度看，第二语言教学的速成特征使学生必须尽快地解决观念性知识与编码技能的协调问题。因而教学重点已不是观念性知识和思维能力的培养，而着重在如何改善作者的工作记忆上。

(3)“迁移”的产生

成年的第二语言学习者已经具备了用第一语言进行思维和表达的能力,这种成熟的思维能力与其熟练的第一语言能力是相匹配的、共生的;但这种成熟的思维能力与其第二语言能力是不相匹配的,后者是不熟练的、滞后的。其结果会带来第一语言及其思维方式向第二语言的正、负“迁移”。这种情况不会产生在第一语言写作时。

(4)语言能力的差异

完备的第一语言能力(口语能力)使其作者在写作时可以更多地注意文章要表达的内容和结构布局。尽管书面语言的运用能力有高低之分,但熟练的口语表达能力已经为其奠定了坚实的基础。第二语言常常是其作者在学习过程中尚未熟练掌握的语言。作者在用第二语言写作时,其在标点、书写、语法以及词语选用方面的技能常常不能达到自动化加工的水平。因此作者工作记忆的负担较第一语言要繁重得多。述写中的困难也影响着作者的计划、复查等活动,使写作过程有更多的牵累。尽管很多作者对将要使用的观念和内容有十分成熟的看法,但语言表达能力常常与之不相称,因而会有“力不从心”之感。过多地考虑语言形式,会对文章内容的表达和布局产生一点影响。

二、对外汉语写作教学课程规划的原则

(一)语段表达为起点,语篇表达为目标

有的教师把汉字书写、词汇运用、造句等层次的训练作为写作教学的起点。但一般认为虽然这些基础训练都是写作学习的必要基础,仍然应作为写作教学的基本要素;但写作这门课程的定位是语段、语篇层次的表达。进行课程规划,就应以语段为写作教学的起点形式,而把提高语篇表达能力作为教学的目标。在教学中,汉字书写、词语、基本句型等方面的教学内容都要涉及,但都是作为实现这个目标的基础和要素。在写作教学中,这些语言基本形式的训练,与在其他课型的单项训练不同,应置于语段、语篇表达的框架中。具体地说,语法教学中以词汇、语法点为中心,主要通过句子层次的分析讲解,引导学生理解运用;写作教学要根据学生词汇、语法等综合语言能力,提供适合的语篇材料作为参考,安排语篇表达训练项目,如某个专题、某种题材或体裁的写作。让学生在语篇表达中注重语言形式的训练,更正语法、词语运用的偏误,拓展自己的语言运用能力,进而完善自己的语篇表达能力。

在写作教学中，要超越句子层次的训练内容和方式，将这些项目循序渐进地安排在语篇层次。如具体教学项目中，可以以语篇写作任务为中心设置一个小循环，在一两次课的过程中，导入一些词语选择，语法运用，连接成分的运用等训练，并将这些训练内容放在语段层次，以逐步向语篇写作任务引导，最终，在一个单元的计划中总体要求是完成成篇的文章。

这种小循环的模式也可以运用到教学的整体规划中。在写作教学内容的总体设计上，注重训练重点从某个语言项目的运用转化为语篇表达能力。初级阶段，教学总体上的安排以语段、篇的表达为基础，在内容上以语言项目的训练强化为侧重点，如对汉语句子结构、语序的了解巩固，语法难点的掌握运用，各种句型的运用等，在语段、语篇层次设置这些训练项目的练习。在这个过程中，学生基本是做语篇表达的准备工作，通过一些具体的语言运用练习对目的语的特点形成更加明确的认识，为语篇表达训练打基础。到中级阶段，设计教学内容时应逐步把侧重点转向语篇训练，如各种语篇形式的写作，语篇中的衔接等。在这个阶段，设置训练项目更多地考虑语篇形式的全面系统，各种文体都应循序渐进地体现在教学安排之中，语言形式的训练始终围绕语篇表达的训练项目和总体目标。到高级阶段，语言运用和语篇形式等方面的训练应融合在一起，训练重点往往体现在一些结合文体的内容、形式特点的表达项目。如论文写作的引文方式，论文提要的语言形式，附注的表示方式，或一些高层次应用文的格式和行文特点等。

（二）单项练习和综合表达相结合

学生开始学习写作时，对一些基础语言知识还没有掌握得很牢固，有的只是在理解的层次上掌握，并不能准确、得体地运用。所以在教学过程中，应该指导学生逐步获得写作应具备的各种知识和能力。这种循序渐进的阶梯往往体现在各个单元的一些单项训练中。单元教学内容的安排往往是一两个语言形式，或表达项目的训练，可以是句型，也可以是某个关联词语，或语篇连接成分，或某种书面表达形式。但教学计划中，设置单项训练的同时，还应把各个单项训练项目和总体的教学目标联系起来，最终为语篇表达服务。单项训练可以确定当前要解决的主要问题，应关注的焦点；但实际写作训练中，各个项目之间，或单项与总体目标之间是互相联系的，不能像语法教学中那样相对独立。所以制订教学计划，要时刻关注到写作中综合表达的状态。例如，按时间顺序记叙是写作教学中的一个基本的训练项目，在进行这一项目的训练时，时间词语的运用，包括汉语时段、时点的表达是重点，同时，还要注意句子之间的连接手段，汉语中与时间有关系的一些助词的运用等，并且最终要通过一个完整、自然的语篇表达来体现，如安排按照时间顺序记事的记叙文的写作。教学中既要突出重点，同时要考虑一些密切相关的因素；在教学的全过程，从课堂讲解、练习，到课后作文的批改、讲评等，都应在重点项目关注的同时，对综合表达中的语言运用、表达形式等项目随时给予提示，这样才能避免因单项训练的切分而忽略课程的总体目标。到水平较高的阶段，这种分解的训练形式向综合表达靠拢。语言项目结合运用得越多、越自如，语篇表达能力就越趋于成熟，以下就举两个例子进行说明。

1. 指导学生写小调查报告

这是一个综合运用各种语言形式进行语篇表达的训练项目。在整体写作之前，可以训练学生运用表达数据的词语、句型，表示列举、因果等关系的连接成分等。另外，也可以适当进行一些问卷或提问设计的指导。总之，通过一系列的单项训练作为铺垫，为综合语篇表达奠定较为扎实的基础，一旦进行语篇项目的训练时，不仅语言运用的偏误可以减少，而且形成了表达的良性循环：即单项练习使得学生对语篇表达有知识和能力的积累，也有了了解、兴趣和信心，能够比较自如地进行语篇表达。在整个训练过程，各个单项的语言运用项目和综合表达的目标始终是结合在一起的。

2. 指导写书评

这个综合表达项目同样也可以从单项练习入手。让学生描述书中的故事梗概，摘录一些自己喜欢的书中的语句，或介绍自己喜欢的作者，谈自己喜爱哪个类别的书籍。也可以提出阅读过程中思考的问题，进行语言运用或者表达内容方面的评价等。如果话题是学生母语的书籍，还可以做一些翻译练习。这样分解式的练习，由易到难，逐步完善学生的表达能力。最终安排课后进行比较规范的书评写作，学生通过一系列的单项练习已经具备了比较充分的基础，在综合表达中就能很好地运用自己的语言运用和表达方面的“储备”。

总之，有了单项练习的基础，又在综合表达中注意培养系统完整的语篇表达能力，就能循序渐进地达到写作训练的目标。这种单项训练和综合表达协调的设计不仅体现在一个单元、一篇课文的安排上，写作教学的总体设计也是如此。

(三)阶段重点与总体目标相结合

写作教学涉及的内容不是单纯的阶梯式的、线性的，是平行的或交叉的。写作训练的起点形式上是语段、语篇表达；词汇、语法是作为一个基本的训练内容，写作教学的总体设计始终应以篇章层次为教学训练的核心。各种文体及表达功能项目是教学的一个基本单位。对不同语言水平的教学对象，选择文体以及表达的功能项目应有不同的侧重点，因为一般地说，这些训练项目有不同的难度等级。如初中级阶段，以记叙文、说明文，以及简单的应用文为主。这些语篇类型在语言运用和表达上的难度相对要低一些；到高级阶段，则更加侧重议论文以及较为复杂的应用文的写作。教师和教材编者在设定训练项目时，往往以文体以及一些功能项目作为主线，根据这些表达功能项目的需要再设计一些语言运用项目的训练。这种阶段训练项目的划分基本上符合学生实际语言水平。但是，进行写作教学的总体设计时，也不应把阶段重点和总体目标割裂开来。不管处于哪个阶段，教学安排既要注重主要的文体写作训练，同时也要考虑到纵向的总体教学进程。实际的书面表达中，各种文体、表达功能项目往往是交融的。议论为主的文章也会结合记叙、描述语篇形式；记叙为主的文章，也会融进作者的思考和议论。所以，在初中级阶段的教学内容的设置中，同样指导学生写表达态度和观点的评论文字。这样不仅使得写作更加自然地表达作者的思想、情绪，而且这种结合的训练方式可以为高级阶段训练重点的变化打下基础。到高级阶段，要求学生能比较自如地表达思想，就必须有驾驭各种语篇类型的写作的能力。不仅是议论文，比较复杂的记叙文字，如描述社会见闻等，也应该列入训练项目中。

三、对外汉语写作教学的主要阶段及训练项目

（一）主要阶段

1. 第一阶段

这是专门的写作训练的初级阶段，但对于学生的目的语学习来说，并不是起点。学生汉语水平应处于初级到中级过渡的阶段。HSK 三级为起点，这种水平适合开设单独的写作课程。对这个水平的语言技能课程设计，写作就不再是附着于基础汉语或精读这样的主干课上的书面表达的部分，而是专门开设写作课，进行语篇表达能力的培养。

在这个阶段的初期，学生对汉语基础语法的轮廓有所了解，但语言表达上还缺乏实践运用的基础。这个阶段教学的基本目标是帮助学生把学到的语法词汇等方面的汉语知识导入书面表达中，引导他们应用目的语表达思

维。教学内容的安排上往往以语言结构的训练为侧重点，在形式上则主要是从句子层次的表达过渡到语段、语篇表达。训练重点是把汉语中特点鲜明的语言形式在训练中加以强化。以语言结构形式的运用为主线，但也注重将各类文体协调安排。具体地说，这个阶段训练形式以单项练习为主：组句成段、连接成分填空、对某一语言形式的训练，如有语境的量词练习等。基本以语段表达为主要的训练形式，到这个阶段的后期则要求写比较完整的语篇。文体主要控制在简单记叙文、小应用文的范围内。

2. 第二阶段

此阶段的学生汉语水平为 HSK 中级。在第一阶段已经完成了基础训练任务，完成了造句到语段、语篇表达的过渡，也已经有一定的文体写作基础。这个阶段要丰富学生的各种语篇类型写作的经验，所以除了语言运用的一些结构问题，第二语言写作其他形式方面的问题——如对文体和语言风格的把握——也比较突出。在这一阶段，写作教学的任务是多重的，要注重文体与语言形式综合训练。教学安排的主线应该是各种语篇表达形式，如记叙、描写、议论、说明等文体，以及一些基本的功能项目，如比较事物、进行对照、表达过程、作出结论等。设置教学内容应以文体作为主要训练框架，以便在这一阶段较为完整地覆盖写作的语篇类型，为自如地运用目的语的书面形式进行交际打基础。在训练内容的安排上，也应更加注意写作任务的交际价值。

这个阶段与第一阶段的语言运用为侧重点的安排有所不同：脱离了一般的，如基本语序，基本句子成分在语篇中的表达训练，较多地关注一些特殊句型在语篇表达中的选择运用，以及一些汉语的连接成分的掌握运用，语段、语篇的结构形式等。教学安排的视角转为以各种语篇类型的文章写作来安排训练框架。训练项目基本覆盖一般的各种文体，记叙、说明、议论以及常用的应用文等。

3. 第三阶段

此阶段向专业、学术等高级写作过渡。这时主要解决的是怎样用得体的方式来进行比较高层次的表达：论文以及较为专业的应用文体，如广告、合同文本、个人入学申请以及专业学习方面的陈述等。这一阶段主要解决语言表达从内容到书面形式的协调与得体的问题。训练内容涉及专业文章的写法，教学中要注重传授写作相关知识和文化背景知识，这是高级写作的必要条件。如商务信函、合同、社会调查、专题论文、学术论文等文体的语言、结构特点。在这一阶段，教学内容开始接近第一语言写作教学的内容。教学目标也有较多的相似点。所不同的是学生在语言运用上尚难达到第一语言应用水平，从教学角度看，仍应该关注书面表达的内容和形式的完善；特别要注意对文化背景的熟悉、了解，这是高级阶段影响文章准确得体性的关键因素。要指导学生丰富目的文化知识并体现在书面表达中。

参照国家对外汉语教学领导小组办公室制订的汉语水平等级标准(《汉语水平等级标准与语法等级大纲》)，表 8-1 列举了写作能力阶段标准。

表 8-1　写作能力阶段标准

汉语水平		写作能力
第一阶段	初—中级等级标准 1～2 级	两学时内完成字数 600 字以上的记叙文。语句基本通顺，表达基本清楚 能写简单应用文，如便条、请假条、启事、通知、普通书信等
第二阶段	中—高级等级标准 3～4 级	两学时内完成 800 字以上的命题作文 能够撰写一般性文章(说明文、读后感、小论文) 普通应用文，如申请、简历、实习报告 表达意思明确，语言运用基本得体
第三阶段	高级等级标准 4～5 级	两学时内能完成 800 字以上命题作文，语句通顺，词语运用准确丰富，句式有变化 能撰写一般性文章(记叙文、议论文、说明文、课堂笔记等)语句通顺、说理清楚、说明描述准确 能写各种带有专业性质的文件(公文、信函、合同等)。格式正确，语言表达得体 能撰写 3 000～5 000 字论文(学年论文、毕业论文)。能充分表达自己的思想观点。做到论点明确，论证有逻辑性，语言表达得体

(二)各阶段的训练项目

针对各个层次的教学内容，这里列举一些可以在课堂上或课后使用的练习类型即训练项目(表 8-2)。把握的原则是，虽然有不同单项的侧重点，但以语篇表达为目标，在语篇层次设置训练项目。各种类型训练项目之间没有严格的等级次序，实际教学中，同一类型的练习可以为不同的等级水平设置成不同的难度，有的项目适用于各种不同层次，要具体根据教师的要求，以及学生的语言能力而定。

表 8-2　各阶段写作训练项目

<table>
<tr><th>写作训练形式及适用等级</th><th>题目、题材范围</th><th>语言运用提示</th></tr>
<tr><td>初级：
听后写</td><td>寓言，成语故事</td><td rowspan="5">汉语句子结构：主要成分语序等。
句子之间的连接：按时间顺序连接，事情发展顺序衔接等，例如：以前，不久前，接下来，原先，过了不久，毕业以后等。</td></tr>
<tr><td>初级：
看系列画写故事</td><td>幽默故事</td></tr>
<tr><td>初级：
组句成段</td><td>小故事、小笑话</td></tr>
<tr><td>初级：
组段成篇</td><td>结构比较完整的短文</td></tr>
<tr><td>初级：
语段
短文</td><td>梦，小故事，自己的生活片段：起床、讨价还价、找借口、等电话、寄信</td></tr>
<tr><td rowspan="5">初级：
简单应用文</td><td>请假条</td><td rowspan="5">了解应用文的格式和语言特点。量词的运用。</td></tr>
<tr><td>便条</td></tr>
<tr><td>填表(申请表，包裹单等)</td></tr>
<tr><td>各类启事</td></tr>
<tr><td>海报</td></tr>
<tr><td rowspan="4">初级—中级：
记叙文：
口头作文
书面表达</td><td>我和读书/写作/网球(等个人爱好)</td><td rowspan="4">句子之间的衔接，按时间顺序叙事，表示时间以及时间转换词语的运用。
如含时量补语的句型。</td></tr>
<tr><td>难忘的一件事/后悔的事</td></tr>
<tr><td>到校第一天/生日</td></tr>
<tr><td>愉快的旅行</td></tr>
<tr><td rowspan="4">初级—中级：
说明文：
环境处所的描述等简单的说明</td><td>我的宿舍/我的校园/家乡的四季</td><td rowspan="4">学习运用一些存现句等描写环境的句型。
学习一些空间转换变化的语句。如从东边进门，可以看见……绕过花园，就到了……</td></tr>
<tr><td>熟悉的一条街/一家商店</td></tr>
<tr><td>喜欢的一座博物馆/一个公园</td></tr>
<tr><td>家乡导游/北京一日游</td></tr>
</table>

续表

写作训练形式及适用等级	题目、题材范围	语言运用提示
中级—高级： 说明与描述： 对过程的说明	介绍一种本国风俗/本国传统节日	清楚地交代某个过程。 使用一些表示列举和次第的连接成分：如首先，然后，……以后，……就……第一，最后等连接词语。 运用一些特殊句型，如“把”字句。
	一种菜的做法/便捷的购物方式	
	如何申请签证/租房	
	某种运动或游戏的规则（太极拳、相扑、网球、跆拳道、橄榄球等）	
	本国的入学/办理签证/订阅报刊/办理银行账号等的过程	
中级—高级： 说明文	介绍一本书	被动句 指代、省略等语篇连接方式的训练。
	介绍一首歌	
	介绍一篇好文章	
	介绍喜欢的课程	
中级—高级： 记叙文： 写人	我的朋友/亲人/教师（自己周围现实生活中的人）	描写人物外貌、性格的词语，如浓眉大眼、温柔、开朗等。 用存现句描写人物神态、衣着、举止，如“上身穿着”“脸上带着微笑”等。 表示职业生平的词语：长期从事……毕生为……尽力等。 描述人物动作的句型，连动句。
	我喜欢的公众人物（歌星、影星、运动员、作家、历史人物……）	
	我最佩服的一个人	
	某个名人的生平简介	
中级： 一般书信： 描写 叙事 抒情	给亲人、朋友的信，介绍自己的学习生活、旅游见闻； 写信安慰遇到困难和烦恼的人； 写信问候生病的亲友； 写信祝贺学习、事业取得成功	书信格式。 常用书信语言（问候、祝愿等）。

续表

写作训练形式及适用等级	题目、题材范围	语言运用提示
中级—高级： 记叙文： 记叙、抒情、议论结合	难忘的学习经历	表达内心感受的词语。 各种补语。 复杂句式，如带程度补语、情态补语的句型。 表达真相的连接成分：其实，实际上，说句心里话，不瞒你说等。 与母语对照比较明显的句型，如被动句，趋向补语，介词结构，“把”字句等。
	打工记	
	旅途经历	
	生活经历与感悟	
	文学作品（诗歌、歌词、散文、小说等）	
中级—高级： 翻译介绍	报刊文章（社会新闻、广告等）	
中级—高级： 摘要、概述、评论等	小说内容简介	以“是……的”强调时间、地点、方式等的句型。 常用的表示追述过去事情的语句，如事情发生在……本世纪初。直接引语和间接引语的表示，如拿……的话说，正如……所指的……，……曾经说过……
	电影故事/戏剧故事	
	读后感、观后感	
	书评	
	报刊要闻	
	历史或现实事件	
中级—高级： 议论文： 根据提供的材料或事实发表看法	看书报还是看电视	表示比较的各类句型：A 比 B……/A 没有 B 那么……/A 比 B 更（还）…… 表示强调的句型：“是……的” 表示对比的连接成分：相比之下，与此相比，与此相反，反之等。
	家庭代沟问题	
	择偶观或求职观	
	对东西方文化的认识	
	谈互联网	

续表

<table>
<tr><th>写作训练形式及适用等级</th><th>题目、题材范围</th><th>语言运用提示</th></tr>
<tr><td rowspan="3">中级—高级：
说明文：
陈述事实、状况和发表议论结合</td><td>中国的交通/环境
我国的教育体制</td><td rowspan="3">数据的表达，如表示概数、百分比、递增、递减等的用语。
被动句(不指出施事的)。</td></tr>
<tr><td>我国的医疗体制</td></tr>
<tr><td>我国的新闻媒体</td></tr>
<tr><td rowspan="6">高级：
小型社会调查报告</td><td>中国成人教育的调查</td><td rowspan="6">设计问卷调查表。
调查统计结果的表达：
据统计……数据表明……
调查对象包括……
因果复句、假设复句。
表示原因、结果的连接成分：终于，果然，因而，结果，所以等。</td></tr>
<tr><td>北京农贸市场管理调查</td></tr>
<tr><td>留学生学习汉语目的调查</td></tr>
<tr><td>我国的/中国的残疾人生活</td></tr>
<tr><td>就业状况/社会治安状况</td></tr>
<tr><td>大学生使用互联网的调查</td></tr>
<tr><td rowspan="6">高级：
议论文：
对社会问题、大学生活的议论、评价</td><td>中国的未来</td><td rowspan="6">反问、设问等修辞手法的运用。
常用论证方法的语言表达(如引用、驳斥、列举事实)。
表示推论、归纳的连接成分：由此可见，毫无疑问，这说明，这意味着，综上所述等。</td></tr>
<tr><td>世界范围的就业问题</td></tr>
<tr><td>毒品的危害</td></tr>
<tr><td>网络时代的人际交流</td></tr>
<tr><td>经济发展与社会文明</td></tr>
<tr><td>当代大学生职业选择趋势</td></tr>
<tr><td>高级：
说明文</td><td>介绍一种人类活动或文化传统的发展过程：
烟草、茶叶、戏剧表演</td><td>被动句。
省略、指代的运用。
表示举例、补充、推论的连接成分：以……为例，顺便提一下，另外，显然，不用说，可以肯定。</td></tr>
</table>

续表

<table>
<tr><th>写作训练形式及适用等级</th><th>题目、题材范围</th><th>语言运用提示</th></tr>
<tr><td rowspan="3">高级：
应用文</td><td>广告</td><td rowspan="3">常用的广告语言。
公文的基本格式。
合同常用词语句式：甲方、乙方，贵公司，责任人等。
以及表示列举的词语。</td></tr>
<tr><td>合同</td></tr>
<tr><td>事务信函</td></tr>
<tr><td rowspan="6">高级：
论文：
毕业论文，学年论文</td><td>英语和汉语的被动句</td><td rowspan="6">论文格式（提要与正文，参考文献的列举）。
举例、对比、推论、总结等语义关系的连接成分：例如、比如说、同样、对比而言、相形之下、相反等。</td></tr>
<tr><td>汉语和韩语的同形词语的比较</td></tr>
<tr><td>汉语和日语四字格的比较</td></tr>
<tr><td>留学生汉语学习目的分析</td></tr>
<tr><td>加入 WTO 对中国教育的影响</td></tr>
<tr><td>中国的外企对国企的影响</td></tr>
</table>

第二节　对外汉语写作教学实践

一、对外汉语写作篇章的教学实践

据有关调研资料显示，对于大多数留学生来说，“听、说、读、写、译”五项言语技能中，最困难的、掌握最差的是“写”。事实上也是如此，这也是很多留学生说汉语难，汉语写作更难的现实情况。即使是一些汉语听说能力不错的留学生在写作时也常常出错，其中有用词错误，也有语用错误。此外，还有一种普遍存在的超越句子的失误，就是说，就每个句子本身来看没问题或没什么大问题，但将这些句子排列组合成语段之后，就让人看着不顺，读起来也显得别扭。例如：

(1)北京有很多名胜古迹，长城是世界著名的。我觉得长城很好。然后，我到哈尔滨去了。天气太冷！几乎每天是零下！我在哈尔滨逗留了三天。最后一天我去看了哈尔滨的冰灯。

(2)我在火车上偶然遇到一个日本女人。她说已经去过很多国家,年龄是二十岁。她的名字是伯原。她的年龄不如我的年龄大。她最喜欢的国家是亚洲。她经常去亚洲。我的周围没有这样的人。

以上两例从单句看还可以,但从整个篇章(text)的角度看就有很多问题:句子排列不符合逻辑,句与句之间衔接生硬、松散,语义也不贯通。按照韩礼德(Harriday)和哈桑(Hsan)关于篇章的观点来说,即篇章不是形式单位而是意义单位,那么,上述两个例句中的几个句子没有构成表达一定中心意义的语言整体,不具备或缺乏篇章特征,这就是本文所要谈的篇章失误。

在汉语写作中,留学生出现这类失误的情况很多,我们有必要对其加以分析和研究。本文通过运用篇章语言学的一些基本理论与方法对留学生汉语写作中的篇章失误进行以下分析(举例所用语料均取自留学生180多篇作文,未进行修改),并从其中概括出一些关于写作教学篇章的思考和认识。

(一)写作篇章的失误

篇章分析主要是分析超越句子平面的语言现象,比如句子的排列、句子间的语句衔接和语义连贯,篇章的结构、指向性、信息度等问题。这里就语句衔接与语义连贯两方面进行讨论。

1. 衔接问题

语句衔接是篇章的重要特征之一。它主要体现在篇章的表层结构上,一般通过使用照应、省略、替代等语法手段和关联词语、词的同现或复现关系等词汇手段来实现。在汉语篇章中,省略的运用率比较高,照应和替代所涉及的问题比较复杂,在留学生的作文中,省略、关联词和句式这三个方面的问题比较突出。

(1)省略不当

省略不当自然会造成语句松散或衔接生硬等问题。它主要包括该省略的地方没有省略、不该省略的地方却省了这样两种情况。如下面两例:

A. 我去年11月刚来苏州的时候,[我]只知道"你好""再见""谢谢"这三个词。我觉得[我]在中国生活,如果[我]不会说汉语的话,[我]会遇到很多困难,于是,我开始学汉语。

B. 我离开日本的时候,在新东京国际机场,看见了一个很有名的人,她是奥运会上获得花样滑冰铜牌的陈露小姐呀!她身材苗条,比赛的时候盘起来(的)长头发,此时放(下来)了,很漂亮,(我)激动极了。我很想跟她握手,但是我担心打搅(她),所以(就没去跟她握手,)我远(远地)看(着她也)

就满足了。

例A从单句的层面上看，可以说无可挑剔，但从篇章层面看，则不难发现人称代词“我”用得太多了，该省略的(用[ ]表示，下同)没有省略，破坏了构成话题链的小句间的自然衔接。例B中( )内的成分(有主语、补语、状语、宾语等)不能省掉，省掉了就会影响语句的衔接与语义的连贯，而作者却都省略了。

(2)关联词语不当

作为连接成分，关联词语常常在篇章的衔接中发挥着重要作用。如使用不当必然会影响语句衔接以及语义的贯通。留学生在运用关联词上的失误主要表现在关联词的贫乏、滥用与错用。如下面两例：

A. 达尼尔，[因为]上个月我们有春假，[所以]我去北京旅行了。在北京的几天中[因为]一直下雨，[所以]我一直在饭店里睡觉，只去了故宫一个地方，所以，这次旅行不愉快。现在[因为]我刚从旅行回来，[所以]情绪不稳定，因此不能专心地读书。

B. 我回到日本就找打工的地方，但是很长时间我没找到。后来，一个面包店的老板雇用我。但是我第一次去的时候就发生了不高兴的事，我没记住面包的价值，搞错了。#在那里我认识的人一个也没有，工作的内容也不熟悉，但是，从很久以前工作的人还常常欺负我，我问了不明白的事情，[但是]她们没回答。我明白了世界上不是只有温柔的人。

例A一下子用了三组“因为……所以”，分开来看，用得并非毫无道理，但是这三组句子组成篇章就显得啰唆、别扭了，把[ ]中的“因为”“所以”去掉，会使语句间的距离缩短，衔接更紧密。例B毛病比较多，在用词(斜体、划线)、句式(有#号小句)表达等方面都有毛病，仅从关联词上看，短短一段文字用了四个“但是”。如果用“可是”“然而”替换第二、第三个“但是”，并把第四个“但是”去掉，把“没回答”改为“从不回答”，这样看起来就会显得不那么生硬。

上面两例所用关联词语从句子层面看还有一定的合理性，语义上也有一定逻辑性，主要是关联词语贫乏所致。下面几例中的关联词则纯属错用、乱用、不合逻辑：

A. 日本人关于这段战争的历史避而不谈，不管我们这些“不知战争时代的孩子”愿意学习这段历史，( )“经验过战争的大人”都拒绝教给我们这段历史。我想自己去了解这段历史，( )[我]存着不安的心情去南京了。

B. 最后，我还想对那位警察说一句话：“为了您的帮助，我们( )平安地回到苏州，非常感谢！祝您工作顺利！”

例A中混淆了“不管”与“尽管”，应用“尽管……但是”，第二个括号中填入“于是”，下划线的词分别改为“经历”“怀着”。例B错将因果关系用作目的关系，应改“为了”为“由于”，在括号中写上“才”。

(3)句式不一致

句式一致也是篇章衔接自然的一个方面。在汉语句式中，有主动句、被动句、兼语句、“是……的”句等，也有简单小句和带多种句法成分的复杂句。有些不同的句式可以表示基本相同的意思(语言学上的句式变体)，因此运用汉语写作的过程从一定意义上讲就是选择句式的过程。句式的选择在篇章中不可能像单句中那样自由、随意，必然要受到篇章因素的制约，掌握起来难度较大，留学生在这方面的失误也就比较多。如下例：

他是名牌大学的毕业生，他知识渊博，我能通过跟他谈话对中国有了更多的了解，也使我增长了不少见识。

很明显，开头划线的两小句之间是并列关系，句式上应该保持一致，这里却一个用主动句式，一个用被动句式，影响了语句衔接和语义的连贯。如果把“使我”去掉，或者把“我能”去掉，再在“谈话”之后加上“使我”，这样读起来就顺畅多了。

另外，“把”字句和“被”字句是汉语中常用的两种有密切联系的句式，也是留学生汉语学习中的一个重点和难点，很多留学生单用这两个句式时都常出错。如下例：

我很喜欢苏州的小巷。有一天，我又去小巷逛。……他热情地把我请进去。他家的房子很小，但很多书被放在房子里。看起来他很用功。他说：“我要好好学习，以后考大学。”我的学习环境比他的学习环境好，但是我不用功，所以我觉得不好意思。我一直把这件事记住，现在，这件事被我写出来，告诉大家。

这一段里用了两个“把”字句和两个“被”字句，用得都不太好。根据上下文，第一个“把”字句可用兼语句式，即“他热情地请我进去”；第二个“把”字句改为“我一直记着这件事”或“这件事我一直记着”比较好，因为副词“一直”常常与“动词＋着”搭配使用，表示某种动作持续不断或状态持续不变，如“我一直想着这件事”和“他一直看着我”等等。再看“被”字句。此例中的第一个“被”字句用得也不好，可改用存现句“但里边有很多书”，也可改为“但书却不少”；第二个“被”字句更不好了，与下文的“告诉大家”主语不一致、句式不协调，应改用“我把这件事写出来，告诉大家”。

2. 语义连贯问题

如果说语句衔接是篇章的有形网络，那么语义连贯则是篇章的无形网络，二者关系密切。衔接生硬的篇章，必然会影响语义的连贯，如上文谈及的省略不当、关联词错用等都会使篇章在语义上不够贯通。除了衔接关系外，篇章的连贯还必须考虑句与句之间意义上的联系。汉语作为一种分析型语言，词语的排列顺序(即语序)不同，往往表达的句意也不同；在篇章中，句子的排列顺序(句序)也会影响篇章的语义连贯，篇章不是句子杂乱无章的堆砌，而是围绕一定中心、遵循一定的规律组成的。留学生在汉语写作时多在用词和语法方面下工夫，对篇章句序却很少注意或无力顾及，于是就会写出这样的语段：从单句看几乎没有错误，从篇章看极为别扭。这主要是因为句子排列凌乱，不符合逻辑发展顺序造成的。如下例：

a. 我逛了逛八角街。b. 八角街卖的东西[的]大部分是有关佛教的。c. 比如说，经典、念珠、法衣什么的。d. 八角街是藏族传统的市场。e. 它的中心的地方有一个非常有名的寺庙，叫大昭寺。f. 在它的前面有的人五体投地，有的人讨饭。

这一段存在两个问题：一个是指同关系混乱，即 e 小句与 f 小句中的"它"不是指同一物，而是分别指"八角街""大昭寺"，这样显然容易使读者理解时产生偏差；另一个问题就是句子排列违反了一般人叙述的先后顺序，如果把 d 小句放到 b 小句之前(按 adbcef 排列)，再将 b 小句中的"八角街"用"那里"指代，去掉"的"，并将 e 小句中的"它"改用名词"八角街"，这段的语义就会连贯多了。

有时，留学生在篇章表达时还会出现语义上前后不一致的情况，如下例：

原来我们打算作一次贫穷的旅行，尽量不多花钱过奢侈的生活。然而，由于认识了这位热情、好客的新疆朋友，我们的旅行不但没花很多钱，而且非常舒适、非常愉快。

这段话乍一看用词、句法上都不错，可再看一遍就会发现其语义上前后不相一致。如果保留前半部分，那么，"然而"之后表达的意思应是"这次旅行花了不少钱，过得较奢侈，不是一次艰苦的旅行"，而实际并非如此。这位学生想表达的应该是："本来我们没带很多钱，我们想这次旅行一定会很艰苦，但是，由于认识了这位热情、好客的新疆朋友，我们的旅行不但不艰苦，而且非常舒适。"

(二)写作篇章的教学思考

1. 重视语段的写作训练

汉语写作课一般是对已学完汉语的基本语法、有了一定汉语基础的留学生开设的。但从留学生汉语写作的实际情况看，直接进入整篇写作对他们来说似嫌操之过急，因此从语段开始训练比较合适。比如听一段话、看一幅图之后写出一段话或用汉语翻译一个语段等。在此期间，要特别注意围绕一个中心进行汉语书面表达。在以后的写作训练中，也都要强调这一点，每一段都要有一个中心。

2. 重视衔接与连贯的写作训练

留学生在写作中往往把注意力集中在遣词造句上，而对语句之间的衔接与语义的连贯不够重视或顾及不到，因而出现很多属于篇章方面的错误。这就要求教师将此作为写作教学的一个重要内容，从连接成分(特别是关联词语)在语段篇章中的正确并熟练的运用、承前蒙后的省略、句际之间语义上的贯通等方面，进行分步骤、有针对性的训练。训练的方法可以是用指定的连接词语写一段话或改写一段话(或熟悉的课文)，也可以打乱一段话的句子顺序，让学生重新排列等等。在语段的训练之后，还可以进一步安排组段成篇的训练。在评改作文时，教师也要有意识地加强衔接与连贯方面的内容，而不是把重点放在用词、句法上。

3. 强调读写结合，以读促写

读是写的基础。这里的"读"除了一般意义上的文章阅读以外，主要指写作课上在教师指导下的、有针对性的范文阅读。选择优秀的范文，指导学生从写的角度去阅读，即看范文如何安排句序、连句成段、组段成篇，如何表达中心思想等，通过阅读和分析范文来训练留学生的汉语思维及汉语书面表达方式，学习、掌握汉语写作的方法，这样做一方面避免了纯粹写作理论指导的抽象与枯燥，另一方面也比较符合留学生汉语技能的习得心理。

二、对外汉语写作偏误的统计分析

"写"是留学生汉语学习四个环节中的一个输出性环节，是语言学习到语言运用的过程，是在新的语境中对已经学过的语法、词语重新组合、选用的过程，是对已学过的语言知识的全面检查。

留学生汉语作文给人的总体印象是意思明白但感觉很别扭，可以说是一种高级的“洋腔洋调”。近年来，很多教师和研究者从不同侧面和不同角度对这一问题进行过研究。吴平从学习策略的角度谈过写作课教学问题，张宝林对汉语语段的组合方式做过考查，何立荣从篇章语言学的角度分析了汉语写作中的篇章失误，刘月华对叙述体的连接问题做了非常深入系统的研究。这些研究成果都为我们的对外汉语写作课教学提供了理论上的指导，有利于对外汉语写作课进行科学的教学实践。

对留学生来说，在用汉语写作文中，既存在着构思、布局谋篇的问题，更包括词汇、语法知识的运用问题。本处通过对留学生的 11 篇汉语作文中出现的偏误进行统计分析，考察留学生汉语作文中普遍存在的偏误类型及出现的比例，并对这些偏误进行分析，以期对我们的写作课教学的定位提供一些量化的参考依据，从而为留学生的写作课提出一些思考。

(一)偏误分类及统计结果

1. 写作偏误分类

从形式上看，一篇完整的作文其中的偏误应包括文章整体结构、段落与段落的连接、段落内的偏误等，其中前两项与思维逻辑及母语的文化关系较为密切，而且“文无定法”，所以这里主要探讨段落内的偏误。段落、语篇、语段是从不同角度命名的概念，三者的基本内涵都是指有完整意义，形式上不小于句子的单位。三个概念的所指各有侧重，在这里不作区分。这里主要统计语段内的偏误。

在调查的 11 篇作文中出现的偏误有 100 多个，大致可归为下列三类。

(1)单纯语法、词语错误，即在任何语境中

这类句子本身在词语或结构方面都是错的，比如“比较句”的结构错误、“把”字句错误、动词补语的错误等。如果说语段是由句子构成的，句子是语段的基本单位，那么，这类错误就是语段的基础错误，即基础材料本身是有问题的。

(2)语言—语用失误

又称语用失误(pragmatic failure)而不称错误(errors)，因为这种偏误不是来自句子的语法结构和词语错误等，而是在特定的语境条件下，所确定的语义和所选择的表达方式不相符合，没有准确地表达说话者的意图，也被称为没有达到完满的交际效果。表现形式可能是选用词语、句式不当，不符合汉语的表达习惯，把母语的表达习惯套入到汉语中来等。

(3)衔接和连贯上的错误

语篇无论以何种形式出现都必须合乎语法，并且语义连贯，这是语篇的主要特征。它既包括这一语段与其他语段在语义和语用上的连贯，也包括语篇内部在语言上的连贯。这里所统计的语篇衔接和连贯上的失误包括语义衔接上的失误和关联词语运用上的失误。

统计的偏误虽然大致可以分为三类，但有的偏误仍无法明确归入以上三类，如语体杂糅(书面语和口语混杂等)、语义不清等。另外没有统计错别字错误。

2. 统计结果

调查人数 11 人，作文 11 篇，学生的水平为高级。文章体裁为议论文或论说文，主要部分为议论文体。文章《怎样才能提高学习效率》6 篇，《友情与个性》5 篇，其出现的错误类别、数量及比例如表 8-3 所示。

表 8-3　偏误统计结果

错误类别	数量(个)	占全部偏误的百分比(%)
第一类语法、词汇	72	58.5
第二类语言—语用	27	21.9
第三类连贯、衔接	18	14.6
无法分类	6	4.8
偏误总数	123	100.0

(二)偏误统计的结果分析

1. 语法、词语错误

从感性上、直观上看，留学生汉语作文中的语言错误很多，但是统计结果中语法和词语错误占 58.5%，有代表性的错误有以下几类。

(1)能愿动词的误用，其中错误较多的是“能”和“会”两个词。第一，出现偏误最多的是“会”，特别是表示根据推理、猜想，按照道理有可能的义项，如下例：

如果错过这个机会，到怪圈的距离(　)远一点。

有时在一个句子中有的用有的不用，如下例：

这样的事积累的话，他们会继续交朋友吗？可能两个人都(　)找一找知心朋友。

这表明学生正处于对目标语的掌握过程中。

第二，不能区别“能”和“会”，如下例：

考试结果出来以后，他们两三天还是不会睡觉，因为他们没有考上大学。

如果一生有一位好朋友，就会算成功人生的一半。

虽然我学习汉语的时间比英语少，但是我会表达自己的思想。

第三，还有一种能愿动词的失误是不会用“能”，如下例：

他一听就(　)记住同学的电话号码。

如果人有集中力，学习效率(　)提高很多。

别的同学花很长时间学习的东西，他不用长时间就(　)学好。

通过这些例句，可以看到即使在高级水平的学生中，能愿动词“能”和“会”仍然是学习中的难点，应该继续作为教学重点，特别是在有上下文语境的情况下。

(2)复杂的比较句也是错误集中的地方，如下例：

没有比系统重要的可以影响学习的因素。

没有比一般人早点儿起床再学习。

比以前的短期留学时，学习效率特别低。

复杂的比较句的偏误有两种，其一是汉语的比较方式没有完全掌握，句子结构出现错误，如以上例句；其二是在上下文环境中选择了不当的比较方式，属于语用偏误。

(3)词语搭配问题，如下例：

我建议他抱有热情的学习动机和自己的学习目标。

别的同学花很长时间学习的范围，他不用长时间就能学好。

愿意地忍下来苦日子。

他们得到的成绩很小。

这些偏误数量较多，但比较零散，很难找到规律性。

动词补语问题也在语法偏误中占一定的比例，如下例：

从小到大我跟她吵架好几次，不过我跟她没说话了两年。

另外在比较复杂的句子中“没”和“不”的区别还有问题。

留学生在写作过程中，应该不断地在进行语言知识的试验，把已知的语言知识重新组合，在新的语境中，选择适当的语法、词语。经过若干次试验，经过教师的校正，才能掌握一个语法项目的使用范围及一个生词的语义和语用规则。

2. 语用失误

指语言—语用失误，大致可以分为以下两类。

(1)作者意图与表达方式不相符合，有下列两种表现形式。

第一，一些句型、句式表面看来语义差别不大，其实语义中心不同。在不同的语境中，作者根据意图应选用合适的句式，对这一类句子的区别选择，是失误重点。如以下各例(括号内的句子是改造后合适的句式、句型)：

A. 我对中国不太了解，我不知道中国什么时候成立了。(我不知道中国是什么时候成立的。)

B. 妈妈生病住院了，集中精力起来真不容易。(把精力集中起来真不容易。)

C. 他的性格跟别的同学不一样，于是很多同学对他的关心特别多。可是一个同学也不愿意和他交朋友。(可是谁也不愿意和他交朋友。)

D. 从这两个方面看，我觉得集中精力和选择学习方法是很重要，它们和学习效率有很大的关系。(我觉得集中精力和选择学习方法是很重要的。)

以上四组句子的语义中心是不同的，所强调的重点是有区别的。这些偏误只有在有上下文的情况下才能出现，这应该是写作课重点解决的问题。在教学中应该注重指出这些句式所表达的语义中心是有差别的，是适用于不同语境条件的。

第二，汉语中有一些特殊结构只用于一些特定的表达意图，如“太＋形容词”和“真＋形容词”等。这一点，学生并不是很清楚，常导致语用上的失误。

(2)表达方式不符合汉语的表达习惯，受母语的影响比较大，包括借用母语的表达方式、思维方式或借用母语中的词汇(主要指口语)。这与学生的写作方式有关，在对20名高级写作班的学生进行的一次调查中，有这样一个问题：

用汉语写作时，你主要：A. 用汉语直接思考。B. 用母语思考然后翻译成汉语。

调查结果是，回答用母语思考然后翻译成汉语的有13个人，占65%。这也说明留学生作文还存在母语到汉语的翻译过程，其中的语用偏误带有中介语的特点。总的来说，这类偏误虽然不少，但大都比较零散，受学生个体情况的影响比较大，需要有针对性地解决。

3. 衔接、连贯上的偏误

衔接和连贯是语篇的重要特征。一个语篇应有一个论题结构或逻辑结构，句子之间应有一定的逻辑联系。语篇中的话段或句子都是在这一结构基础上组合起来的。这种联系是通过有明显标志的衔接或语义上的关联来实现的。一般认为衔接是通过语法手段和词汇手段实现的，也被称为“形合”；连贯是语篇中语义的连接，是通过逻辑推理来达到语义连接的，也称为“意合”。这方面的偏误表现在以下几方面。

(1)关联词语的误用

第一，表示转折关系，但缺少关联词语，如下例(括号表示此处该用关联词语而没用)：

A. 成为朋友有几个要素，性格想法一样也是一种要素。还有一个是能不能尊重他，他有自己没有，(　)很羡慕的东西。

B. 对我来说，我的那个朋友具有积极性格，这是我没有的，(　)需要的东西。

有研究者指出，表示转折关系时，常使用关联词语，缺少形式标志会造成语义模糊，这是汉语篇章组合手段的特点之一，因此表示转折的关联词语的使用频率比其他关联词语高。

在统计中发现，学生使用比较多的是表示转折、因果、假设关系的关联词语，其中表示转折的最多。但在多重复句中，这类关联词语也会出现混乱，如：

如果你妈妈得病住院，你一定会坐立不安。虽然你白天黑夜地学习，但是你的精力的大部分<u>就会</u>在妈妈身边。集中精力起来，真不容易。在这种情况下，学习的时间不少但效率比较低。

多重复句在其他语言课上很少涉及，写作课教学中应该引起重视。

第二，除以上常用的关联词语以外，对表示并列、递进、让步等关系的关联词语掌握得不好，或用其他关联词语代替或干脆不用。如下例：

A. 那一年大约 150 多万学生参加这个考试，所以谁得第一名谁就是那一年的人才，而他的学校也感到光荣。

B. 在日本我有个好朋友，他是个性格不积极的人，(　)有点被动，……

(2)其他连接成分的偏误

汉语中除了关联词语以外，还有一些具有连接作用的词语，如“再说，对我来说，无论怎样，无论如何”等，文体不同，使用的连接性词语也有差别。这些词语除具有连接功能外，也有自身的语义和语用要求，这方面的偏误主要出现在对这些词语本身的语用条件及语义把握不够上。如具有普遍性的“再说”一词的使用：

我认识一个东京大学的学生，他每天睡四五个小时，不过他考上了东京大学，他的学习效率应该高；再说，有个大公司的老板，每天睡得很少，可是他很能干，学习效率也应该高。

不同文体的连接性词语有一定的差别，特别是议论文体和叙述文体差别比较明显，如“那时候”多用于叙述文体，与时间关系密切，学生在这一点上还缺乏清楚的认识，存在一些偏误。

(3)省略和替代

省略是汉语语篇常用的连接方式，但这方面失误的存在，大多表现在不敢省略上。如：

所以我的英语太差，(我学英语)学了七年，但不会说(英语)。(括号内部分可省)

用指示代词替代的一些要求或规律还不清楚，替代有时过多。

(4)语义不连贯

汉语语篇的组合方式意合多于形合。依据逻辑推理来实现语义连贯，要求语篇在语义上具有一定的逻辑结构，事理上要有条件—结果，在认知结构上要有旧信息到新信息的过渡等。本文统计的这方面的失误主要表现在语义跨度大，语义松散，甚至没有联系，这主要受思维逻辑能力的影响，语言的影响不是主要因素。

在高级写作课上有人做过一个调查，参加调查的学生20人。调查中的一个题目是：

你觉得写文章最难的地方是什么？

A. 不知道写什么内容

B. 不知道合适的词语、语法

C. 不知道文章的写法

选A的10人，选B的8人，选C项的2人。A项是所有写作的人(包括用母语写作的人)都面临的共同问题，对写作课教学有实际意义的是B和C两项。认为写作时，词汇、语法比文章的写法更难把握。这一调查结果和上述偏误分类特点具有共同性，写作课是一门语言课，但是又有别于一般的语言课。

写作课的教学与其他课型相比，教学进程与学生反馈的信息（如学生课后作文的语言水平及语言问题等）联系更加紧密（罗青松《汉语写作教程》），也可以说写作课中教与学的互动非常明显。写作课具有其他语言课不具备的优势，是语言能力形成的高级试验领地。

第三节 对外汉语写作教学的技能训练

对外汉语写作教学的技能训练可分为基本训练、简单应用文训练、段落训练、限制内容的写作训练。当然，这些训练不是截然分开的。前两个训练可以为基础阶段的学生使用，水平高的学生也可以越过前面的训练。但是对于没有学过汉语写作的人来说，最好不要越过第三个训练。

一、基本训练

基本训练通过复习、巩固基础知识，引导学生做组织汉语书面语言的尝试，为今后的写作练习做好准备。基本训练也可以分散到其他训练中使用。比如，每次写作课上用十几分钟时间做与当天写作练习相关的基础知识练习。基本训练一般包括听写、听后写、看图写话、翻译等。

（一）听写

听写即学生写下教师口授的内容。

精读课上听写的一般是词语和句子，这里的听写主要是小的段落，目的是使学生增加对汉语书面语的感受，了解汉语书面语的特点。因此在听写过程中，教师要注重对汉语书面语的表达方式、连贯方法、标点符号用法等的介绍，如提醒学生什么地方应当空格、空几格，什么地方换行，停顿中应使用什么标点符号和其他写作中应当注意的问题。

听写的内容可以由教师精心编写，也可以找一些文字上适合学生的段落。

（二）听后写

听后写即学生听一个故事或一段故事、一篇文章，然后在理解的基础上自己整理出类似的一篇文章来。

听后写的一般步骤是：先根据情况给学生听一至三遍录音，或由教师朗读，要求学生边听边简要记录。每听一遍，教师都提出具体要求，比如，在听一个故事时，第一遍听懂文章的主要人物、情节和故事梗概；第二遍弄清文章的时间顺序、层次；第三遍加深理解，并记下原文的精彩词语。在听前或听的过程中，为帮助学生更好地理解故事内容和记忆内容，教师可将涉及理解的关键词语板书出来，然后学生可以对不理解的地方提问，最后进入写作阶段。

听后写可以广泛取材。小故事、小记叙文、小评论、一封信、一则寓言都可以。材料要短（以免演变成记忆训练），要符合汉语思维方式，思路清晰，文字适合学生水平。对学生的基本要求是尽量与原文保持一致。

听后写的批改要求叙述顺序清晰，词语搭配得当，连接词使用准确。

（三）看图写话

看图写话即学生根据看到的图片（如地图、明信片、简笔画、符号等），写出成段的篇章。

在开始阶段，这种练习一般是由教师引导学生写出几个相互关联的句子，即一个段落，最好包括图上的内容和自己的想法。这种练习是让学生学习简单的描写、说明技巧，训练学生用正确的语法和汉语逻辑思维方式来组织简单的言语片段。教师在批改时，也要把注意力放在这一点。

每次练习都要有明确的目的，教师要明确想让学生写什么，可以用问题或词语提示来引导；同时也要注意发挥学生的想象力、创造力，以达到使学生通过自己的写作实践提高汉语写作能力的目的。例如看图 8-1、图 8-2、图 8-3、图 8-4 写一段话。

图 8-1

图 8-2

图 8-3

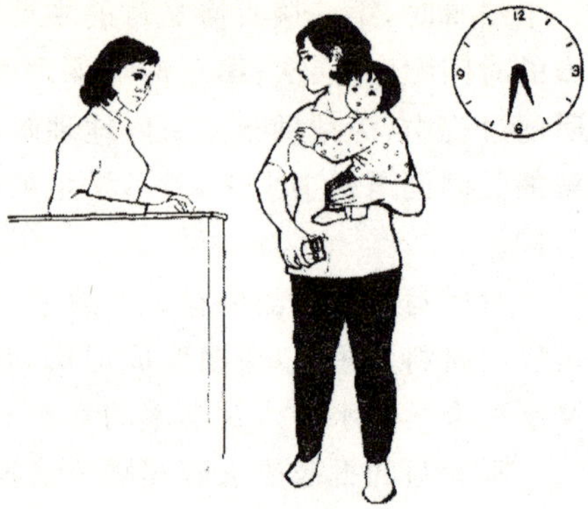

图 8-4

将图片出示后，教师可以提出一些问题，启发学生。问题可以写在黑板上，也可以口头提问，然后启发学生讨论一下，再写成一段话。比如教师可以指着图问下面的问题，让学生回答和讨论：

(1)她为什么锻炼身体？

(2)她抱着孩子站在什么地方？

(3)她抱着孩子去哪儿？

(4)她的衣袋里装着什么？

在学生回答和讨论的过程中，教师还可把应该提示学生使用的词语(如“职业妇女、抱孩子、站得稳、月票、衣袋”等)写在黑板上，供学生选用。

在学生掌握了正确的回答(包括答案的词语和语法正确)之后，再让学生动笔。

连环画也是很好的练习写作的材料，因为它展示的情节简单，学生容易理解。但开始阶段学生可能写不清楚情节，教师可以给出需要的生词和连接词，并适当做一些问答练习，使学生明确该写什么后再进行写作。

(四)翻译

把用学生母语写成的篇章翻译成汉语。

这种方法可以使学生了解其母语和汉语在书面表达上的不同，加深对汉语书面语写作规律的认识，并可通过实践掌握汉语的表达方法。这种训练在写作的各个阶段都可以使用。

二、简单应用文训练

简单应用文指留学生在中国学习、生活常常需要的短小应用文。包括各类表格、书信、实用短文等。

(一)教学步骤

简单应用文的课堂教学步骤一般包括以下几点。

第一，展示范文。

第二，跟学生一起分析范文(包括结构、格式、特定用语等)。

第三，在学生有了一个正确的印象以后，教师再给出不同的情景、条件，以至词语，让学生自己练习写作。

第四，修改、讲评，可以拿学生写的应用文让全班同学分析，加深印象。

(二)应用文常见形式

处在初级阶段的学生可以学习下面几种常见应用文。

1. 填表

包括银行票据、学生登记表、邮寄包裹、国际长途电话收费单、出入境卡等，让学生了解汉语表格常见的结构、项目内容及填写注意事项。

2. 写信和信封

让学生注意区分东西方写信的不同，特别是信封的不同写法。

3. 写便条

包括请假条、留言条、借条和收条、介绍信、便条、委托事条、推荐信等，让学生注意范文中的特定用语，并要求会用。

4. 应用信件

包括祝贺信、致谢信、意见信、慰问信、邀请信、申请信、履历表等，要提醒学生注意，不同种类的社交信，由于内容不同，收信人的身份不同，因而所用的词语、语气以及格式都有所不同。如果学生不能注意这一点就有可能影响社交结果。

(三)写作简单应用文实例

1. 信封写法

中国信封的写法跟西方很不一样。如果不注意，可能会影响信息的传递。

(1)图 8-5 是一个来自美国的信封,看后请做后面的练习。

① John Shuster ② 847 Willams Hall ③ Philadelphia, PA ④ 19104	
	⑤ Mr. Xiaoping Wang ⑥ The 3rd Department, BLCU ⑦ Beijing, China ⑧ 100083

图 8-5

请给上面的各项一个名称:

①(寄信人姓名) ②(寄信人住址)

③(寄信人城市、州) ④(寄信人邮政编码)

⑤(收信人姓名) ⑥(收信人地址)

⑦(收信人城市、国家) ⑧(收信人邮政编码)

(2)图 8-6 是一个中国信封,看后请做后面的练习。

① 100083
② 北京海淀区北京语言大学
③ 王 小 平 先生收
④ 上海市南京路123号 周大山
⑤ 200023

图 8-6

请给上面的各项一个名称:

①(收信人邮政编码) ②(收信人住址,包括国家、城市)

③(收信人姓名) ④(寄信人住址、姓名)

⑤(寄信人邮政编码)

(这两个练习都由教师和学生一起做,所以答案用括号括起)

(3)做下面的填空练习。

中国的信封________不同。

中国人把________和________写在信封的上部,而把________写在信封的中间。美国人则把________、________和________写在信封的中间。

中国人把________、________和________写在信封的底部,美国人把它们写在________。

更有意思的是，中国和美国信封各项内容的书写顺序也不同。中国人写收信人的信息是先写________，再写________，再写________，再写________，是从大写到小；而美国人的书写顺序是先写________，再写________，再写________，再写________，从小写到大。

根据上面介绍的中国信封的写法，给你在中国的朋友或同学写两个中国信封。

2. 申请信写法

当你要求到某校学习或要求到某单位工作，你要写一封信，向你要去的单位说明你的情况、要求，并请他们答复。这种信就是申请信。

(1)展示和分析范文。

阅读下面范文：

①北京外语学院招聘办公室负责同志：

②我从报上得知，贵院急需一名西班牙语外籍教师，我认为我可以胜任这个工作。

③我是西班牙人，1978 年毕业于马德里大学西班牙语言文学系。毕业后在一所中学从事西班牙语文教学工作。我从 1988 年起在北京语言学院学习汉语，已经两年了。我已具备了用汉语进行辅助教学和应付自己在北京生活的能力。

④本人身体健康，喜欢语言教学，易于跟学生交往，自信能成为一名合格的外语教师。

⑤按贵院要求，寄上我的履历表一份。

⑥此致

敬礼！

⑦辛西亚·费尔南德斯

⑧1992 年 6 月 15 日

请给上面的申请信各部分一个名字：

①____________②____________

③____________④____________

⑤____________⑥____________

⑦____________⑧____________

(2)下面的申请信顺序不对，请按正确顺序和格式将它重写一遍。

浙江美术学院教务处负责人先生：

我是中墨两国政府的交换生，在贵院的学习费用由中国政府提供

我是墨西哥留学生

我想从 1993 年 9 月起，进入贵院学习两年中国画

希望得到贵院的招生简章和有关情况介绍

1984 年毕业于墨西哥大学现代艺术系，1988 年 9 月开始在北京语言学院学习了两年汉语

随信附上我的履历表

弗朗西斯科

1990 年 4 月 8 日

敬请早日回复

(3)按照范文的格式，根据下面的情况写一封申请信。

你打算从 1994 年 9 月起到北京大学经济系学习。你对中国经济很感兴趣，打算将来跟中国做生意。请给北京大学招生办公室写一封信。

三、段落训练

段落训练目的是了解和掌握汉语的段落类型、各种段落类型的基本结构方式、各种结构类型的常用结构词语、连贯方式和一些简单的修辞手段。

(一)整理段落

整理段落就是把一个段落里的句子顺序打乱，让学生重新组织，目的是训练学生用汉语思维方式组织段落和文章的能力。

学生可以按序号编排，也可以重抄，一般用前者。例如：

(1)在长达 70 年的文学生涯中，她创作和翻译了一大批诗歌、小说、散文和儿童文学作品，为中国现代文学的发展作出了不可磨灭的贡献。

(2)上个月，在北京举办了“冰心文学创作生涯七十年展览”。

(3)如今，作为中国文坛“老寿星”，她已发表了 100 余篇小说、散文和评论文章。

(4)冰心，是我国著名作家，也是五四新文化运动的元老之一。

答案：(4)(1)(3)(2)

(二)划分段落

划分段落即给学生一篇没分段的文章，让学生按逻辑和内容要求，把文章分成几个自然段落。

在给一篇文章分段前，教师先大致讲解一下这类文章段落排列的顺序，

每一段落的功能。议论文与各种记叙文分段的依据有所不同，要分别进行各种文体的分段练习，并应当注意把每一种文体中段落划分的典型文章交给学生，应当选择结构清楚的文章进行这种训练。

（三）写主题句

写主题句即给学生一个段落，在写段落主题句的地方留空白，让学生根据所给段落的内容写出主题句。

一般的议论文的段落都有一个主题句，主题句一般居于句首。段落的主题句是用来阐述文章主题的重要的句子。段落主题句以外的句子是用来阐述说明段落主题的。

例如给下面的段落加上主题句：

____________。打网球，我不会；踢足球、打排球，我也不成。既跑不快，又跳不远，跳不高。这些运动，我都学过。可是不成。因此，我对于运动，有狐狸对于葡萄同样的感想。当然，在小时候，“游泳”是我连做梦也不敢想的事。

教师可以通过提问的方式启发学生确定主题句，如下列对话：

教师：这一段文字都跟什么有关系呢？
学生：运动。
教师：这段文字说的是“我”什么时候的事情？
学生：是“我”小时候的事情。
教师：那时“我”会不会运动呢？
学生：不会。
教师：有没有一种运动是我会的呢？
学生：没有。
教师：那么，这一段主要说的是什么呢？
学生：我小时候，什么运动也不会。

（四）根据主题句分述

根据主题句分述即教师给学生一个主题句，由学生用几个句子分别阐述主题，发展成一个段落。

由于分述主题的方法不同，因而形成不同的段落类型。段落的发展一般运用以下方法：列举、举例、对比、对照、定义、分类、时间和空间、描写、过程、因果、概括等，可以根据学生的实际水平和需要选择练习。下面举两种方法。

1. 用列举的方法分述主题

通过列举一系列事例，来说明主题句的命题。下列为具体做法。

（1）教师先给出一个作为示范的段落，和学生一起分析。

（2）给出一个主题句。

例如：

教师：我们要写的段落的主题句是："英国人和美国人不但说同一种语言，而且社会习俗也大体相同。"大家举一些例子。

（3）让学生举几个事例，并进行讨论。

例如：

学生：美国人和英国人第一次见面时都要互相握手。

学生：大多数英国男人都要给女人开门，给女人让座。

学生：遵守时间在英国和美国都重要。比如，请客人吃饭在七点，客人应该在七点五分到。

学生：他们都尊敬女人，比如女客人离开时，男主人帮助她们穿外衣。

学生：客人要是不能按时到就要事先打电话说明理由。

学生：第一次见面要说"How do you do"，第一次见面分别时要说"Nice to meet you"一类的话。

（4）让学生根据讨论的结果，写成一个段落。

在有了足够的例子后，教师应当跟学生一起，把例子进行归类，比如上面的例子可以归成初次见面、尊重妇女、遵守时间三类。在学生理清了段落的脉络之后，让学生根据讨论的结果写作。

对上面的例子，教师期待的段落如下：

英国人和美国人不但说同一种语言，而且社会习俗也大体相同。比如他们初次见面的礼节相同：第一次见面时都要互相握手，说"How do you do"，分别时说"Nice to meet you"一类的话。他们都尊重妇女，比如大多数英国男人都要给女人开门，给女人让座；在做客时，女客人离开时，男主人帮助她们穿外衣。遵守时间在英国和美国都很重要。比如，请客人吃饭在七点，客人应该准时到达，要是不能按时到就要事先打电话说明理由。

2. 用对照的方法分述主题

用对照的方法分述主题主要是比较两个事物以后，强调它们的不同点。

练习时，可以由教师提供段落主题和对照的一方，由学生写出自己熟悉的一方。举例如下。

(1)教师给出段落的主题句:中国人和________的生活习惯有很多不同的地方。

(2)教师或学生在黑板上列表(表8-4),表中列出对照的一方,空着另一方。

表8-4　用对照方法分述主题练习表

中国人的习惯	美国人的习惯
问候:常说"吃了吗?""上哪儿去了?"老朋友常常拍拍肩膀表示亲热	
吃饭:用方桌或圆桌一家人围坐在一起,用筷子,吃几盘菜,饭后喝汤或喝茶,不吃甜食	
交通:上、下班用自行车的最多,最方便,其次是乘公共汽车。乘公共汽车便宜,但是很挤	

(3)学生讨论不同的地方。

(4)学生根据讨论结果写作,可以先写一个事物,再写一个事物,最后总结,也可以在各个方面分别比较,最后得出结论。

四、限制内容的写作训练

限制内容的写作训练主要是教师给学生一定的情景、条件、内容,然后让学生组织一篇文章。具体的限制方式如下列的根据问题写文章、扩写、缩写、改写、续写、写特定内容、规定情景、列提纲及描述图片、连环画、电影、幻灯片等形象性教材各个方面。

(一)根据问题写文章

根据问题写文章即教师根据希望学生写出的文章和学生的情况提出一些问题,让学生根据这些问题的答案写出文章。

做法是,教师根据写作题目提出一些问题,问题要具体、直观、详细一些。然后让学生根据这些问题,自己组织成一篇文章。例略。

这种限制内容的写作训练方法的作用在于,让学生有明确的写作内容,学生面对问题,跟面对一张白纸时的感觉是不一样的,即使是写作能力差的学生也不会无话可说。

(二)扩写

这里的写作扩写训练是指把一篇短文章扩展成一篇长篇文章,增加一些内容,原文主题和体裁不能改变。

写作扩写训练可以锻炼学生的想象力和逻辑思维能力,实际上也是段落训练中分述主题句方法的发展。

(三)缩写

这里的写作缩写训练就是把长文章按规定的字数压缩成短文。

在缩写出的文章中要保持原文的主题、结构和基本内容。缩写时要尽量用原文的句子。动笔前,要先读懂原文。记叙文要找出基本情节,议论文要找出各段落的主题句。写作缩写训练可以锻炼学生的理解能力和概括能力。

(四)改写

这里的写作改写训练是指学生在读了一篇文章之后,根据教师的要求,用自己的语言重新写出文章。

改写可以改变人称、观点,也可以改变故事发展的结果等,锻炼学生的想象能力和逻辑能力。

(五)续写

续写即所给的文章已经开了头儿,或已经发展了两三个段落了,要求学生接着写完。

续写也要求保持原文的主题、内容、写法,要求学生运用自己的想象力,按逻辑进行推理,写成一篇完整的文章。

(六)写特定内容

写特定的内容是指学生根据教师限定的内容写作,可谓典型的限制内容写作训练。

这种写作接近于命题作文,即教师给出题目或写作内容。比如师生组织了一次集体活动,或经历了一次事件后,描写过程;读了一本书或看了一个电影后,写观后感或读后感;根据校园、公园某一个特定的活动场所写一篇写景类文章。

值得注意的是,应当选择学生熟悉、感兴趣的内容;在动笔之前,教师还是要引导学生分析要写的内容,使用的方法,甚至段落的结构,必要时可以给出范文。当然可以分析出两三种写法，供学生选用。

游记、经历、故乡、第一个教师、最熟悉的人、最难忘的一件事等都可以作为写特定内容的写作训练的内容。

(七)规定情景

规定情景写作训练是指学生根据教师提供的情景写文章。

这一训练方式在整个写作教学中是广泛应用的。规定情景，使学生有话可写，有想象的基础。比如，在教写私人书信的教学中，教师可以设计几个情景，让学生选择其中的一个去写。

下面是一个教师给出的情景：

想给在你们国内的中文教师或中国朋友写一封信。他教过你汉语。这是你来中国以后第一次给他写信。你现在刚旅行回来，你想告诉他你旅行中的情况。请你主要写出你印象最深的一件事、一种情况或一个人。

(八)列提纲

列提纲实际上是下列两种练习。

(1)看了范文后，教师带着学生分析这篇文章，找出每个段落的主题句以及它们之间的关系，列出提纲。

(2)在学生开始写作前，教师带着学生分析要写的内容，列出要写的文章的提纲，供写作时组织文章结构。

这两种提纲的练习对学生的写作能力训练都是必要的，在进行各种训练时都应该重视它的运用。

(九)描述图片、连环画、电影、幻灯等形象性教材

描述图片、连环画、电影、幻灯等形象性教材比较适用于记叙文教学，给学生丰富想象的余地，选材适当的话，可以激发学生的写作兴趣。这种写作训练方式类似于前面提到的看图写话。

如看电影《骆驼祥子》以后写一篇作文，可以采取下面的步骤。

(1)看电影(应当选择情节清楚、背景容易理解，或学生熟悉的内容的电影)。

(2)进行写作提示，例如教师可以这样提示：我们看了电影《骆驼祥子》，那里面有不少人物。我们主要写祥子这个人。下面我提几个问题，写作文时要注意下面几个问题。

①祥子大约多大年纪？身体什么样？他生活的时代和地方是什么？他

是干什么的？

②“骆驼”这个外号是怎么来的？是什么意思？

③简单讲讲他跟虎妞的结婚经过。虎妞是干什么的？她对祥子怎么样？祥子喜欢她吗？虎妞的父亲刘四爷同意他们的婚事吗？他们结婚后住在哪儿？幸福吗？结婚用了谁的钱？

④祥子第二次买车和卖车的经过。虎妞是怎么死的？祥子的身体怎么样？情绪怎么样？

⑤你觉得祥子的命运怎么样？你喜欢他吗？为什么？

(3)问题提出后，可以组织学生讨论一下没有理解的问题或没有看懂的地方，也可以让大家谈谈感想和看法。

(4)在搞清了上面的问题后，让学生自己写作。

第九章　对外汉语的文化教学

要真正掌握一门第二语言，单学语言本身是不够的，还必须同时学习该语言所代表的文化。因此，文化的教学对对外汉语教学具有十分重要的意义。同时，从跨文化交流的角度看，对外汉语要培养的交际能力实际上是跨文化的交际能力，需要以跨文化交际学的理论指导语言教学。本章就从对外汉语文化教学理论、对外汉语文化教学实践以及对外汉语教学中的跨文化交际理论三个方面对对外汉语的文化教学进行阐述。

第一节　对外汉语文化教学理论

一、对外汉语文化教学的文化学基础

要对对外汉语文化教学进行研究，首先要了解文化的定义和特性，清楚文化与语言的关系以及梳理文化学与对外汉语文化教学的发展，建立起初步的对外汉语文化教学的文化学基础。

(一)文化的定义和特性

1. 文化的定义

关于文化的定义，至今尚无确切的定论。以各国大百科全书或大百科辞典为例，就足以看到在“文化”定义方面所存在的差异。比如德国《大百科辞典》认为“文化是指人类较大集团典型生活方式的总和，包括对这些生活方式的精神表述，尤其是价值标准。从广义来说，文化同自然有区别，它是人通过对自然的加工而创作的世界之总和”。西班牙《世界大百科全书》认为：“文化就是在同一社会里，人们共有的由后天获得的各种观念、价值的有机的整体，也就是非先天遗传的人类精神财富的总和。”法国《法国大百科全书》认为：“文化是一个社会群体所特有的文明现象的总和。”一般情况下，最

常用的说法是，文化在广义上指人类在社会实践过程中所获得的物质、精神的生产能力和创造的物质、精神财富的总和。狭义指精神生产能力和精神产品，包括一切社会意识形式：自然科学、技术科学、社会意识形态。有时又专指教育、教学、文学、艺术、卫生、体育等方面的知识与设施。作为一种历史现象，文化的发展有历史的继承性；在阶级社会中，又具有阶级性，同时也具有民族性、地域性。不同民族、不同地域的文化又形成了人类文化的多样性。作为社会意识形态的文化，是一定社会的政治和经济的反映，同时又给予一定社会的政治和经济以巨大的影响。

文化的概念不仅在现在存在着分歧和争议，在历史上也有一个不断发展演变的过程。从西方的思想哲学史上看，“文化”一词源于拉丁语，其原意是指人在改造外部自然界使之适应于满足食住等需要的过程中，对土壤、土地的耕耘、加工和改良。后来，这一词语的含义发生了变化，罗马著名的演说家西赛罗把这种变化精确地概括为“智慧文化即哲学”，其内容变为指改造、完善人的内在世界，使人具有理想公民素质的过程。17 世纪中叶，德国法学家 S. 普芬多夫将文化的概念从神学中解放出来。他认为“文化是社会人的活动所创造的东西和有赖于人和社会生活而存在的东西的总和”。到了 18 世纪，启蒙时代的理论家们如伏尔泰、孔多塞等，则把文化视为不断向前发展的、使人得到完善的、社会生活的物质要素和精神要素的统一。而康德则在《判断力的批判》中，给“文化”下了这样的定义：“有理性的实体为了一定的目的而进行的能力之创造。”他认为，文化是一种过程或者是一种作为过程结果的状态；文化在公民社会形成过程中产生并形成，它标志着人类从自然状态向社会状态的转变。诞生于 19 世纪的人类学和社会学更加关注文化问题，其中英国学者泰勒在他的《原始文化》一书中给文化下的定义是：“所谓文化或文明乃是包括知识、信仰、艺术、道德、法律、习俗以及包括作为社会成员的个人而获得的其他任何能力、习惯在内的一种综合体。”这一定义影响深远，此后人们从不同的领域，以不同的方法，不同的角度对文化这一综合体进行研究并产生了许多派别。20 世纪 50 年代，美国学者 A. L. 克罗伯在他的名著《文化：概念和定义的批判性回顾》中指出，现代意义的文化概念，应该包括五种含义：文化包括行为的模式和指导行为的模式；模式不论外现还是内含，皆由后天学习而得，学习的方式是通过人工构造的“符号”系统；行为模式和指导行为的模式，物化体现于人工制品中，因而这些制品也属于文化；历史上形成的价值观念是文化的核心，不同质的文化，可依据价值观念的不同进行区别；文化系统既是限制人类活动方式的原因，又是人类活动的产物和结果。由于克罗伯这一观点的引领，学术界有关文化概念的重点，聚焦到由人们所信奉的价值观念而产生的规范上。在此后的时间里，关于文化的定义一直众说纷纭，也没有形成共识。但纷争的成果之一，是在给文化下定义方面提出了一些原则，比如，要考虑文化的来源与功能、文化的能动性、文化的创造者以及文化不能局限于精神领域等。

在中国，古代思想史上的“文化”一词，出现得也比较早，但通常是作为王朝所实施的文治和教化的总称而使用的。近代以来，随着西方人文社会科学的传入，关于什么是文化，学者们也给出了各种各样的定义。比如，“文化者，人类心能所开释出来之有价值的共业也”“文化是生活的样法”；“文化，就是吾人生活所依靠的一切”等等。20 世纪 80 年代出现了文化热之后，有关文化的研究也活跃起来，特别对中国传统文化的认识与评价、传统文化与现代化的关系等，讨论得比较热烈，而在文化学理论方面作系统研究的尚不多见，每每涉及文化定义或文化概念，依然是众说纷纭，大体没有超出各持己说的局面。

2. 文化的特性

具体来说，文化的特性有以下几点。

(1)发展性

文化是一种历史现象，在社会历史发展的长河中由历史的积淀形成一定的文化传统。文化传统中的优秀部分，将会一代一代传承下去。文化又是发展变化的。随着社会的发展，不断扬弃和更新原有的文化，借鉴别的民族的文化并创造新的文化。这种发展变化不仅表现在科学技术和物质文明方面，也表现在价值观念、典章制度、风俗习惯、社会心理等文化的各个方面。其中，物质文化变化最快，制度文化次之，习俗文化较为稳定，而观念文化变化最慢。

(2)社会性

文化为一定的社会群体共同创造、共同遵守并共同享有，体现该社会群体的共性。个体的行为或心理如没有为社会所理解和接受，我们认为不能称为该群体的文化。因此，文化的社会性意味着文化为该社会成员所共享的同时，在社会中也发挥着一定的规范和准则的作用。

(3)实践性

文化是人类在进化过程和社会发展过程中，通过实践创造出来的。对每个具体的人来说，有关文化的知识和能力则是后天在一定的社会环境下通过学习获得的。人们在享受文化的同时，也参与文化的创造。

(4)系统性

文化是一个由上述物质文化、行为文化、制度文化和观念文化从表层到深层组成的复杂的体系。文化系统各组成部分互相联系、互相依存、互相影响，当人们接触到某一层次具体的文化现象时，往往可以体现出这一文化系统的特征。

(5)民族性

文化具有民族性，是以民族的形式体现的。同一民族总的说来有共同的文化；而不同民族的文化之间虽然也有共同之处，但由于各民族历史发展的过程、生活环境和生活方式的不同，更多地表现出不同的文化特色，形成了民族间的文化差异。各民族文化的共同之处，有利于各国人民相互理解；各民族间的文化差异固然会造成跨文化交际的障碍，但我们的世界是多元文化的世界，各民族发展自己有特色的民族文化。并互相影响、互相渗透就能为丰富我们的多元文化世界、为发展人类的文化作出贡献。

(6)符号性

文化是建立在一定的符号系统之上的。文化必须通过一定的符号系统的记录，才能得以表达、保存和传递。语言是记录文化最重要的符号系统。此外还有非语言的符号系统，如体态语、各种信号和标记以及音乐、绘画、舞蹈等艺术形式。日常使用得最多、最基本的表述文化的符号还是语言。

(二)文化与语言的关系

语言与文化有着十分密切的关系，主要表现在以下三方面。

首先，语言是文化的重要组成部分，语言与文化是部分与整体的关系，二者不可分割。语言和文化都是在社会发展过程中形成的，都是人们出生以后在一定的社会环境中获得的。文化所具有的民族性、社会性、系统性以及不断发展的特点，语言也同样具备。一种文化不可能没有与之相应的语言；抽去文化内容，语言也不能独立存在。

其次，语言反映文化。语言是一种符号，通过记录、表达人们的认识、思维、交际，参与文化的形成。因此，语言还可以反映文化，这主要表现在四点。其一，语言反映生存环境。文化的形成脱离不了自然地理环境的影响，特定的地理环境造就了特定文化。比如，英语习语和谚语中有大量有关海洋的表达，体现了英国海洋文明的生存环境和生活方式。其二，语言反映风俗习惯。风俗习惯是一种社会文化现象，是社会群体经过长期的共同生活而共同创造、共同遵守的生活习惯和行为习惯。民间的风俗和习俗包括社会礼仪、习惯、生活方式、婚姻传统、信仰、迷信等。比如，汉语中“礼尚往来”“先来后到”“人敬我一尺，我敬人一丈”等表现出中国人的处事态度和行为习惯。其三，语言反映宗教文化。宗教是文化价值体系的内核，不同语言能够表现所在文化的宗教观念。比如，佛教对中国文化影响很大，汉语中也有很多与佛相关的表达，如立地成佛、借花献佛、佛口蛇心等。其四，语言反映民族心理。语言是民族文化的载体，体现民族心理，如伦理道德观念、价值观念等。中国文化基于农业文明，封建主义结构重视亲属关系，亲属的称谓细致严格。汉语中“嫂子”译成英文是“sister-in-law”，但是这两个词的词义不完全对等。“嫂子”指哥哥的妻子，“sister-in-law”表示兄或弟的妻子。从形态特征来看，“嫂”的字源为“叟”，意思是长者，《仪礼·丧服》中释义为：“嫂者，尊严之称。嫂犹叟也。叟老人称也。”可见“嫂”字体现了中国人家庭伦理观中严格区分长幼尊卑，君君臣臣，父父子子，长兄为父，长嫂为母的等级制度。英语中的“sister-in-law”意思是“从法律角度来讲是姐妹”，体现了英语文化从法律角度看待婚姻亲属关系的民族心理。

再次，语言和文化相互依附、促进和制约。文化由于有了语言而得以表达、保持和发展、传播，语言的丰富多彩由文化内容的丰富多彩所决定。文化的发展必然带动语言的发展，如新词语的产生就是很好的说明；语言的发展也促进了文化的交流与发展。另一方面，文化与语言也在互相制约，如汉语把颜色分为七色，有的语言则只有五色、三色甚至两色，显然这类语言对颜色文化的认识就不如前者丰富。而要发展其对颜色的认识就必须增加有关颜色的词语。不能很好地掌握一种语言，就无法理解、体会该语言所表达的文化；各民族不同的文化特点又形成了语言结构、语言运用规律的差异，从而制约了跨文化交际中语言的理解和表达。

语言与文化的关系给我们的启示是：语言与文化相互依存、密不可分，是一个整体。要真正理解或研究一种文化，必须掌握作为该文化符号的语言；而要习得和运用一种目的语，必须同时学习该语言所负载的文化。对目的语的文化了解越多，越有利于语言交际能力的提高。

(三)文化学与对外汉语文化教学

文化学与对外汉语文化教学有着不可分割的关系。文化学作为一门独立的学科，其研究的对象主要是探讨各种文化现象的起源、演变、传播、结构、功能、本质、文化的个性与共性、特殊规律与一般规律等。文化学最初诞生于德国。19 世纪中叶，德国学者列维·皮革亨于 1838 年首次提出“文化科学”一词，主张进行文化研究，建立一门专门的学科。此后，德国另一位学者 C. E. 克莱姆在其《普通文化史》和《普通文化学》中，首先使用了“文化学”一词。但是，在 20 世纪中叶以前，文化学与形成于 19 世纪下半叶的文化人类学被混合为一，最重要的原因之一是文化人类学从一开始就把文化作为自己研究的对象，承担了文化学理论研究与方法建设的任务。直到 20 世纪 50 年代，美国学者 A. 克罗伯开始从事文化学理论体系方面的研究，提出文化具有清晰的内在结构或层面，有自身的规律；这种规律不同于人类在生物学上、心理学上、社会学上的其他规律系统。主张有必要建立一门独立的学科——文化学。作为与意识形态密切相关的学科，文化学的发展明显地受社会思潮的影响。比如在苏联，大概 20 世纪 70 年代前后开始关注文化问题，80 年代"文化学"作为一门独立的学科在苏联学术界得到公认，并出现了一批具有国际影响的文化学家。作为以人类创造世界、改造世界、适应自然为研究对象的学科，文化学的发展，既受到相邻学科发展的影响，也影响着相邻学科。比如文化人类学、文化心理学、文化社会学、文化语言学、第二语言文化教学等。

在中国，无论过去还是现在，文化学似乎都没有成为一门独立的学科。不过还是有很多有关文化学方面的著作问世。比如梁漱溟的《东西方文化及其哲学》《中国文化要义》，林惠祥的《文化人类学》，蒋梦麟的《文化的交流与思想的演进》，钱穆《文化学大义》等。

20 世纪 80 年代，受苏联及西方文化学热的影响，中国学术界也开始重视文化问题，经过 20 余年的耕耘，中国语言学界在语言与文化的研究方面取得了不俗的成果，有人说："文化语言学"是在中国诞生的。

在第二语言教学中自觉地涉及文化教学，是从 20 世纪六七十年代开始的，而对外汉语教学自觉地融入文化教学，则是从 20 世纪 80 年代末才开始的，可见，对外汉语的文化教学起步时间并不长。因而，在理论和实践方面，对外汉语文化教学并不很深入、系统。表面上看，这种状况与对外汉语教学学科年轻，学科内部发展不平衡相关，但更深层的原因却是在相当长的一段时期内，作为对外汉语教学学科理论基础之一的文化学并没有被纳入视野，没有受到足够的重视，直到 2000 年刘珣先生的《对外汉语教育学引论》面世，文化学才被列为对外汉语教学学科的理论基础之一。从现在看来，对外汉语文化教学任重而道远，需要我们进一步研究和规范。

二、对外汉语文化教学的地位和内容

(一)对外汉语文化教学的地位

对外汉语教学本质上说，既是一种第二语言教学，也是外语教学。而第二语言教学和外语教学都属于跨文化教学，主要体现为教学内容——目的语本身以及与语言交际相关的文化，对于学习者来说都属于另类文化；学习者学习目的语的过程实质上是跨越自己的母文化学习另类文化的过程；教师教授目的语的过程也是教授给学习者另类文化的过程。因此，对外汉语教学是一种跨文化的教学,学习者无论是当前还是未来,只要是以目的语为工具进行交际,就是一种跨文化的交际活动。了解和掌握目的语所赖以生存的文化,进而形成文化适应能力是目的语交际能力的重要组成部分及其体现。从这方面来说,在对外汉语教学中,文化教学是必不可少的,只有语言的教学是不完整的,不能很好地实现跨文化交流。但是,如果从对外汉语文化教学本身来看,主要还是研究语言教学中的文化问题,因而,文化教学又是依附于语言教学的。

在如何对待第二语言教学与文化的关系问题上,国内外都出现过只重视语言结构而忽视有关的文化教学的现象;另一方面也出现过用文化教学取代语言教学或者语言、文化教学并重的观点。这两种做法都不能有效地学习第二语言,这是因为一方面语言教学离不开文化教学。从语言教学的第一课开始,所教的语言本身就包含着文化的因素,文化就成为语言教学内容不可分割的一部分。随着学习者对目的语文化知识掌握得越多,越有利于他们语言交际能力的发展。文化一直在直接、间接地影响着语言的学习。另一方面,对外汉语教学作为语言教育学科的性质,决定了它必须以语言教学为主,而不能以文化为主或语言与文化并重。文化教学部分不能无限制地膨胀,冲击语言教学。因而,从根本上来说,对外汉语中的文化教学是第二位的,是为语言教学服务的。

(二)对外汉语文化教学的内容

从以往的研究和经验来看,对外汉语的文化教学内容应是与语言的学习和使用紧密相关且体现汉语文化特点的、为培养跨文化语言交际能力所必需的、针对外国学习者实际需要的那部分文化。具体来说,包括语言文化因素、文化背景知识、专门性文化知识等几个方面,其中最重要的是语言文化因素。

1. 语言文化因素

语言的文化因素是语言教学中的文化教学首先接触的,也是最重要的部分,主要指语言系统各层次的文化内涵和语言使用的社会规约。语言文化因素主要隐含在词汇系统、语法系统和语用系统之中,在跨文化交际中制约着语言的理解和使用,甚至可能造成一定的交际误解和障碍。缺少语言文化因素的教学就不能达到语言教学的目的,因此就像语音、词汇、语法和汉字等因素一样,文化因素也是语言中不可或缺的组成部分,应作为语言系统内部与语音、词汇、语法、汉字等分支系统具有同等地位的又一分支的知识系统而存在。陈光磊把这种文化因素分为语构文化、语义文化和语用文化。①

语构文化指词、词组、句子和话语篇章的构造所体现的文化特点，反映了民族的心理模式和思维方式。一方面，汉语结构最大的特点是重意合而不重形式，即不是用严格的形态变化来体现语法关系和语义信息，而是除了遵照一定的结构规则外，只要在上下文中语义搭配合乎事理，就可以合在一起组成句子、语段。很多学者认为这与中国人善于概括、综合，从整体上把握事物而疏于对局部的客观分析和逻辑推理的传统思维方式有关。这种思维方式来源于作为中国文化一部分的传统哲学思想。中国传统哲学思想的主要特点之一是“天人合一”的主客体统一观。强调人与自然客体的和谐、融合，注重对客观世界通过直觉体验领悟和把握；而不是把自然和客观世界看作是要与之争斗的对立面，从事物的内里进行冷静的客观剖析。这种文化心理反映到汉语的词、词组、句子和篇章结构上，就形成了不注重形式标志、强调语言结构内部意义关系“意合”的特点。另一方面，汉语句式结构还体现叙事一般按时间或事理顺序排列，说明事物常由大到小、从一般到特殊、从整体到部分、先原因后结果、由已知信息到未知信息等反映中国人注重直觉体验、善于整体把握的思维方式特点。汉语中独特的词语排列整齐、语义对称、节奏和谐的对偶句，体现了中国人喜欢对称、成双的心理。从以上可以看出，与汉语结构科学性同时存在的还有其深厚的人文性的一面，对汉语结构的研究与教学，要充分考虑到中国人文传统的影响，找出真正能揭示汉语特点和规律的语言理论和方法。在对外汉语教学中，语构文化的教学内容一般可以紧密结合语法教学进行。

语义文化指语言的语义系统、主要是词汇中所包含的社会文化涵义，它反映了民族的心理模式和思维方式。这是语言中的文化因素最基本、最大量的表现形式，也是语言教学中文化因素教学的重点之一。语义文化常常和词汇教学结合在一起。对外汉语教学中语义文化教学主要有两个方面。首先是一个中国文化中特有的事物和概念体现在词汇中，而在别的语言中没有对应词语，如不加解释，汉语的学习者就难以理解。其次是某一事物或概念虽在不同的语言中有对应词语，但词义却存在很大差别，因而在语言交际中最容易造成误解和障碍。具体分为：词的内涵意义有差别，如“农民”一词在不同制度的国家所指不同，“胖”的含义在不同文化中也不相同；词义不等值，如汉语中的“知识分子”“叔叔”与英语中的对应词义范围不同；词的褒贬义不同，如东西方文化中的“狗”“龙”“宣传”等词带有不同的褒贬义；词的

① 陈光磊：《关于对外汉语课中文化教学问题》，语言文字应用，1997 年第 1 期。

引申义和比喻义不同，如松竹梅在汉语中象征人的品德高洁，而在英语中无此意义。

语用文化指语言用于交际中的语用规则和文化规约，是由不同民族的文化、特别是习俗文化所决定的。语用文化是培养语言交际能力的主要内容，是对外汉语教学中文化因素教学的重点之一。可以和功能意念的教学和语用规则的教学结合在一起。对外汉语教学中常用的基本的语用文化有称呼、问候和道别、道歉和道谢、敬语和谦辞、宴请和送礼、褒奖和辞让、隐私与禁忌等。比如，在称呼中，中国人讲究长幼、尊卑、亲疏的人际关系，对长辈、对上级不能直呼其名。中国人敬老，在称呼中加上"老"字如"老大爷""老大娘""老先生"甚至"某(姓)老"都表示尊敬的意思。对别人表示尊重，对自己则尽量谦逊，这是中国文化最基本的交际规约。对长辈、对不太熟悉的同辈甚至晚辈，一般都要用敬语，如称对方为"您"，用"贵"以及"请教""高见""光临""拜托""大作"等，对自己则常用谦辞"敝"以及"浅见""拙作""寒舍"等。

2. 文化背景知识

文化背景知识是指有关中国的基本社会历史知识。虽然与语言结构没有直接的关系，也不一定造成交际中的误解，但却是外国学习者掌握汉语和运用汉语进行交际所必需的，是对外汉语教学的一个组成部分。比如说，运用汉语进行交际的外国学习者不应该不知道有关中国的一些基本情况。如中国的首都，中国的长城、黄河、长江，中国的人口和民族，政治经济、社会制度、历史演变、文学艺术等最必需的文化知识。这也是外国学习者感兴趣、希望了解的情况。文化背景知识可以看作是从文化本位出发提炼出的最基本的"知识文化"，它可以弥补上述语言文化因素比较零散、不够系统的缺点，也可为文化知识系统学习打下初步基础。在教学中安排在初级阶段后期和中级阶段语言综合课的课文或副课文以及听力、阅读、报刊、口语、写作等课程的课文所选用的语言材料中，体现"文以载道"的精神，也可以用中国概况课的形式加以补充。

3. 专门性文化知识

专门性文化知识是在掌握最基本的文化背景知识基础上，进一步掌握比较系统的专门性文化知识。在教学中主要体现在为高年级开设的文化课中。如中国文化史、中国文学史、中国历史、中国经济等等。这类课程的性质已不是语言教学，所以不属于对外汉语学科的范畴，但却是培养外国学习者的汉语言或中国语言文化专业人才的知识结构所需要的，也为培养高一层次的汉语交际能力提供一定深度的文化底蕴,是与语言教学平行而又相关的文化课。比起文化背景知识的教学来,这类课程在介绍文化方面有一定的专门性、系统性、完整性,但作为第二语言学习者开设的课程,这类文化课与为本国学生开设的一般文化知识课又有很大的不同。它强调"对外"的特点,要考虑外国学生的需要,要适当照顾到学生的目的语水平,甚至要有一定的语言要求。在课程内容方面,它强调文化知识的基础性和常识性,它所考虑的主要不是如何达到该专业的目标,而是如何为实现本专业的培养目标服务。随着学习者汉语水平的提高,今后专门性文化知识课程应逐步加强学术性,突出文化价值观念系统及其体现——文学艺术、哲学思想等专业知识的内容,以保证汉语言或中国语言文化专业的学生在掌握好汉语的同时受到足够的人文科学教育。

三、对外汉语文化教学的原则和方式

(一)对外汉语文化教学的原则

在对外汉语文化教学中,需要注意以下几项原则。

(1)对外汉语文化教学要为语言教学服务,与语言教学的阶段相适应。文化教学必须为语言教学服务,为培养语言交际能力的教学目标服务,这是本学科、本专业的性质所决定的。脱离语言教学的文化教学,不是本学科、本专业所需要的文化教学,也远远超出了本学科、本专业所承担的任务。"以文化教学为中心""语言教学与文化教学并重",与排斥文化教学的观点一样,都是语言教学的误区。文化教学为语言教学服务就必须与语言教学的阶段相适应,与学生的语言水平和交际需要相适应。比如,从初级阶段的语言文化因素教学开始,中级阶段结合课文逐步增加国情文化知识的内容,高级阶段则开设一定的专门性文化知识课程。正如不宜脱离教学阶段去选择语言项目一样,文化项目的选择也不能脱离语言教学阶段。要体现由浅入深、由近及远、由简到繁、循序渐进的原则;而且要"适度",不能借题发挥、喧宾夺主,把语言课上成文化知识课。这就要求文化因素的教学和文化三层次的教学有一个体现量化和序化的文化等级标准和等级大纲以及文化教学大纲。

(2)对外汉语文化教学要有代表性。中国幅员辽阔,人口多、民族多。文化也呈现多元化的倾向,南北之间、城乡之间、各民族之间存在着文化的差别。文化教学中所介绍的中国文化,应该是主流文化、国家文化或者说是中国人共通的文化,而不是地域文化或部分人群的亚文化。正如我们对外汉语教学所教的汉语是普通话而不是方言一样。文化教学中所介绍的文化首先应该是当代的活生生的文化，这对培养外国学习者跨文化交际能力有直接帮助。而不要总是津津乐道过去时代的文化——一提到婚俗就是坐花轿、拜天地，一提到春节就是叩头祭祖。需要改变一些外国人至今仍认为中国人是拖着长辫子、裹小脚的误解。任何一个社会都存在陋习和阴暗面。目前中国社会上还能看到一些不文明的举止，但不应该像某些国外的猎奇者或怀有偏见的人那样，把这些缺乏教养的、随着精神文明建设正在逐渐消失的社会陋习说成是中国文化的特点。总之，所谓有代表性的文化，就是指中国人的主流文化、当代的活的文化和有一定的文化教养的中国人身上反映的文化。

(3)从跨文化交际的角度看，对外汉语文化教学中教师还要注意引导学习者增强对文化差异的敏感性和宽容性，前者要求学习者不要以为自己的文化规范是他人都接受得了的；后者要求学习者不要用自己的文化规范去评判其他文化的“是非优劣”。事实上，教师自己也要增强对学习者的本族文化与目的语文化差异之处的敏感性和宽容性，即教师不要以为目的语文化都是学习者知道和接受得了的文化，同样也不要用目的语的文化规范去衡量学习者所持文化的“对错好坏”。跨文化教学要求师生双方既应注意文化的差异，又要注意对文化差异的相互尊重、相互理解、相互包容和相互适应。否则，教师教不好语言，学习者也学不好语言。

(4)对外汉语文化教学要有针对性，即针对外国学习者在跨文化交际中出现的障碍和困难，确定应教的项目并做出解释和说明。对中国文化的感受，美国学生和日本学生就很不相同，这就需要进行文化对比。正和语言对比一样，可以是一对一的对比，即中国文化与学习者的母语文化相对比，从而形成分国别专用教材。也可以是从分析中国文化出发，实际上是跟许多不同的文化相比较，找出中国文化的特点编写教材。为了加强针对性，与外国学者合作研究是非常必要的。外国学者对中国文化的特点比我们敏感。

(5)对外汉语教学要有发展变化的观点。随着社会的发展和改革的深入，由于与不同文化的接触而受到的影响，特别在年轻人身上所反映的习俗文化已经有很大的变化。比如，随着社会竞争压力的增强，贬低自己抬高别人的文化习惯，在很多年轻人身上已为推销自己所取代。随着与国外学术交流的增多，作报告时开场白和结束语的谦虚客套也越来越淡化。随着社会经济生活的变化，人们的隐私领域开始扩大，像工资一类的问题也成为禁忌。过去拜访无须事先约定，现在至少也得先打个电话。很多家庭也不习惯在卧室招待客人。处于社会变革期的中国，实际上是传统的文化习俗与新的文化习惯并存。因此在对外国学习者介绍中国文化、特别是习俗文化时，不能绝对化，要适当说明这一变化趋势。

(二)对外汉语文化教学的方式

对外汉语文化教学在不同的阶段有不同的内容，每一阶段的汉语文化教学都要有与内容相适应的方式或手段。由于语言教学是有分工的，每一类型的课所包含的文化内容不同，教学方式各异。下面就以初级阶段、中级阶段和高级阶段的对外汉语教学为例介绍对外汉语文化教学的方式。

初级阶段的汉语课以传授知识语言、知识文化为主。对于留学生来说，了解和掌握汉语的音、字、词、语法的规律更重要。所以此段教学，语言以外的文化内容少一些为好。即便遇到具有国俗语义的词语，也不宜采取介绍和说明的方式，而应采取简单注解的方式，尽可能不分散学生对语言规律的注意力。

中级阶段的口语课和汉语课的文化内容都有增加，但教学方式不同。口语可以继续采用介绍、说明、示范乃至带到社会上去实践的方式，而汉语课则要多采取注释、归纳、提供使用范例等方式，加深学生的理解。所以，中级阶段汉语课的文化内容，对教材提出了更高要求，即中级汉语教材，除了考虑字、词、语法等方面与初级及高级教材接轨外，还要照顾到文化内容的系统性，把系统的语言知识和系统的文化内容有机地结合起来，使二者互为表里，同步上升。

高级阶段的汉语文化教学内容在整个预科教学过程中，所占比例是最高的。不仅文化内容逐渐增加，而且出现了文化教学分流，开设各类可供选择的专题文化课或综合文化课。这一阶段汉语文化课的教学方式是最丰富多彩的。因为语言交流的障碍逐渐减少，文化交流的因素日益增多，介绍、讨论、对比分析乃至深入到中国社会生活的各个领域，各种方式均可采用。但这一阶段，要避免填鸭式的输入，教师要给学生更多的参与机会，引导他们从对比分析中理解中国的深层文化。

此外，从整个对外汉语文化教学的过程中看，教学手段的现代化十分重要，特别是初、中级阶段，由于语言交流的障碍很大，形象直观的文化教学可以取得事半功倍的效果。

四、对外汉语文化教学的定性、定位和定量

(一)对外汉语文化教学的定性

对外汉语教学中的文化教学有其特殊的性质。一方面，对外汉语中的

文化教学要与文化专业的文化教学和汉语言专业的文化教学区分开来。文化专业的文化教学跟汉语教学是完全不同的两回事，前者的深度和内涵都要广阔得多，因此不是对外汉语教学要讨论的问题。汉语言专业中的文化课的教学在教学目的、教学内容、教学原则、教学方法等方面跟汉语课的教学也有根本的区别，但是在设计汉语言专业的课程时，不能不考虑文化课的设置和对文化课教学的要求。对外汉语教学不能不研究汉语言专业的课程设计，从课程设计的角度说，也仅仅是在课程设计这一点上，汉语言专业中的文化课教学也是对外汉语教学研究的对象。这并不能影响对外汉语教学的学科性质和内涵。另一方面，为了加强对外汉语文化教学的重要性，突出文化教学的重点，其内部要有所分工。一般来说，进行文化教学要有三条途径。

第一，语言课中的文化教学。语言是文化信息的一种载体，任何一种语言都包含着使用这种语言的民族的文化特征。因此，语言教学不可脱离文化因素的教学，语言课的层次越高，涉及的文化因素越多。

第二，汉语言专业中的文化课教学。这里所说的汉语言专业是广义的，既包括已有的本科，也包括本科以下的各种教学类型。在汉语言专业的不同阶段开设不同的文化课是完全必要的，因为汉语人才不但要懂汉语，而且要了解中国，具备比较完整的知识结构和能力结构。开设文化课就是为了使学生形成比较完整的知识结构。当然，文化课也可以帮助学生更好地理解汉语，提高他们的听力和阅读能力。

第三，汉语言专业以外的其他专业的教学，尤其是人文学科各专业的教学。比如，我国许多大学的许多专业都招收了外国留学生，其中人文学科各专业所开设的课程，基本上都属于中国文化方面的，或者是跟中国文化有关的。

(二)对外汉语文化教学的定位

正确认识文化在对外汉语教学中的位置和作用，已经逐渐成为对外汉语学科建设的关键点。同时，从不同的角度看，对外汉语文化教学的定位也是不同的。

从时间发展上看，随着外国留学生人数的增多和生源结构的调整，文化在对外汉语教学中的作用在不断提高，认识上经历了四个阶段。

第一个阶段是20世纪50年代至60年代前半叶，即对外汉语教学的初创时期，人们主要是从扩大政治影响进行思想教育的角度来对待语言教学中的文化问题的，但也初步认识到对留学生进行目的语文化教学对于学好语言、了解目的语国国情的重要性。当时的课文中已着重介绍了不少中国历史、地理、民俗知识，以及各地名胜古迹，当代建设成就，还有一些作家作品介绍。

第二个阶段是20世纪60年代后半叶到70年代后半叶，北京语言学院建立了我国对外汉语教学的第一个本科专业——来华留学生二系现代汉语专业，培养中高级汉语人才。该系从二年级起开设了中国旅游地理、中国文化史、中国古代史、中国近现代史、中国古代文学史、中国现代文学史、中国哲学史、中国经济等文化类课程，以及文化性很强兼有培养语言技能的某些课程。文化教学以独立、完整、系统的形态，构成对外汉语教学体系中的一部分，对完善学生整体知识结构具有重要作用。

第三个阶段是20世纪80年代，对外汉语教学工作者的文化视野进一步开阔，对文化的热情大为高涨。比如，加强了对文化与语言，与语言教学关系的理论研究；文化性内容在语言教材中除作为注释、题解外，还以短文形式作为附录或阅读教材出现等。

第四个阶段开始于20世纪90年代初期，主要内容是探讨要不要扩大学科和专业范围。比如，对外汉语本科教学要不要在高级阶段即三、四年级拓宽专业倾向；要不要拓宽学科范围，改变学科名称；对外汉语教学的内涵主要是语言还是文化等等。这些探讨促进人们对对外汉语教学的文化定位有了更深层次的思考。

从对外汉语教学的阶段来看，文化在每个教学阶段的地位和作用也是不同的。在初级阶段，除用母语或媒介语为学生介绍一些目的语文化外，文化经功能和语言形式的切割基本上只是作为一些零星的“因素”存在于语言材料之中。这些或体现时代背景、社会特色，或表现民俗风情、民族心理的“文化因素”，成为学生正确理解、掌握、运用字、词、句、语的重要内容之一。这些“因素”如果解决不好，就会产生交际障碍。所以在初级阶段，文化定位基本上表现为“文化因素”或“文化背景知识”。但是目的语学习越往中高层次，其所接触的文化就越不限于“因素”的成分。由于教材基本上都是原文，而不是以某一个、几个功能和某几个语言形式单元为中心，这些体现真实的语言环境的原文几乎都表现为某一类文化，因而越来越多地呈现出综合、模糊、独立、完整、系统的形态，和语言学习的关系既是比较直接的，更多的则是间接的。它不再像初级阶段那样解决了这个文化障碍，便立即能理解这一语言材料的内容。而往往是作为一种文化储备，能加深理解已经学到的语言内容，也为今后掌握更高层次的语言能力充实了文化方面的基础。从这里可以看出，越是到了对外汉语学习的高级阶段，文化的地位和作用也越来越重要。

从人才需求的角度看，外国学生对中华文化的需要是多方面的，大致有五类:交际需要,兴趣需要,专门需要,入门需要,知识结构需要。交际需要是基本需要,在基础阶段尤其如此。但如果汉语教学中的文化教学部分仅以"交际文化"为主,强调从初级阶段到中高级阶段自始至终均应将它置于中心的位置,显然违背了语言学习的规律,也不符合留学生对文化的多元化需求。因此,对外汉语教学"宜建立一种比较宽泛的文化观念,以适应对文化的多方面需求,而不宜将它搞得太窄,太死。这种比较宽泛的文化观念的基本原则是:从不同学习阶段、不同语言水平和不同文化需求的学生实际出发,确定语言教学中不断变化着的文化坐标。这种文化观念的宽泛性表现为:(1)它从学生实际需要出发而不限于某些内容,因而范围广泛。(2)……不限于语言文化。……与前述内容的广泛性、形态的多样性相关的。(3)文化在语言教学不同的阶段,以及对于不同学习背景与职业、兴趣走向的学生,具有不同的功能重点,即功能的多元性①"。

(三)对外汉语文化教学的定量

在对外汉语教学中,语言与文化教学是两个主要的教学内容。一方面,语言不能代替文化教学,另一方面,语言与文化教学又不能完全分隔。此外,在不同的教学阶段,语言与文化的教学比重也不同。因此,确定一个对外汉语文化教学的合理的"量",成为对外汉语文化教学的一项重要问题。

语言是交际工具,目的语学习者要实现交际,语言学习就是第一位的。由于每个民族的语言都融入了该民族独特的历史和文化,形成相当数量反映该民族社会生活、价值观念、道德传统、宗教信仰、思维方式的文化语言,如果不能准确地掌握此类语言的国俗语义,交际就会遇到障碍。因此,对于目的语学习者来说,交际能力是同掌握目的语中文化语言的程度成正比的。交际面越宽,交流层次越高,文化语言在交际交流中所占的比重就越大。与此相适应,随着对外汉语教学阶段的上升,汉语文化教学的比重也就逐渐增加。根据这一规律,对外汉语文化教学的比重在整个预科教育阶段是个"变量",它的规律是:由少到多,逐步增加。

文化包括人类物质生活和精神生活两个层面,范围很广,而文化语言所能反映的范围既有限,也比较零碎。当语言中所隐含的文化信息已不能满足学习者深入了解目的语国家的历史和文化的愿望时,开设以文化教学为主,以语言教学为辅的课程就势在必行。具体来说,语言教学与文化教学的比重,在初级约为 5∶1,中级阶段约为 4∶1,高级阶段则要上升到 3∶1。

如前所述,语言不能离开文化而存在,同样,非物化的文化失去语言作

① 周思源:《论对外汉语教学的文化观念》,语言教学与研究,1992 年第 3 期。

为载体也无以传达信息。语言与文化的天然联系，决定了在对外教学中，语言教学与文化教学不是互相分割、互相排斥的，而是互相依存、互相促进、相辅相成的。

第二节　对外汉语文化教学实践

一、对外汉语文化教学的形式

在对外汉语教学实践中，有着多种多样的教学形式，比如专题讲座、文化欣赏、参观游览等，下面介绍几种常见的教学形式。

(一)开设专题讲座

为了使学生对某一部分的中国文化有一个较为系统完整的认识，常使用的一种方式是开设专题讲座。教师通过明晰的叙述，借助解释、分析、对比等各种手法向学生传授汉文化知识。比如，为配合汉字教学，对零起点的学生组织一个介绍汉字历史和现状的讲座作为汉字学习入门的指导；对中高年级的学生则以“汉字与文化”为专题，介绍汉字包含和体现的汉语文化知识。对于短期汉语教学和进修班来说，可以根据课时情况穿插多次短小精悍的文化讲座，对长期的汉语专业学习则安排贯穿于一个学期或一整学年中的系列讲座，有系统、有目标地从一个专题转移到另一个专题。限于学生的汉语水平，对低年级学生用母语讲解，中高年级则可用较为浅显的汉语来解说。

(二)实地参观

走出课堂进行实地参观也是进行文化知识传授的一种方式。观摩的范围很广，可以是名胜古迹、城市景观，或展览会、博物馆，也可以进行实地的访问或调查。文化参观具有一般课堂不具备的娱乐性和趣味性，但学生不能因此忘记了参观中负载的学习任务。教师需作统筹安排，根据预先参观的经验确定学生需准备的知识，布置参观同时思考的问题，并以观后报告等形式检查和测定学生参观的成果。

(三)组织讨论

对于讲座、参观、欣赏以后的心得体会，可以开展课堂讨论来进行学生之间或师生之间的互动交流，这一方式有利于学生将学到的知识融会贯通，巩固加强。比如，组织学生外出进行一次中式聚餐，回来后可以进行一场“中华食文化”的讨论，从中餐上菜的程序到中餐的口味、做法再到中国人的餐饮礼仪，最后到中餐中反映出来的民族特性等展开一系列的讨论，借此加深学生对中国食文化的了解和认识。

（四）课堂模拟表演

对外汉语文化教学的一个常用形式是课堂模拟表演，即由学生扮演不同的角色，分组表演汉文化环境下某一场景中的交际过程。可以依照课本上现成的对话作模拟训练，对于高年级学生，也可让他们根据教师提供的假设交际背景即兴发挥或根据一个命题自编自演。比如，表演“医院求医”“商店购物”“车站送行”“旅行问路”等等。这种文化表演的方式训练了学生使用体态语言伴随口头交际的技巧，并使语言和文化学习水乳交融，兼具挑战性和趣味性，受到外国学生的普遍欢迎。

（五）真实场景演练

在对外汉语文化教学中，教师可以根据学生的水平，将文化学习任务大胆放入社会交际的真实场景中去。这一任务需要多人分工合作，并通过不同场合听、说、读、写诸方面的交际来完成。举例来说，教师可以组织一次文艺晚会，整个筹备过程由学生自主完成，教师从旁给予必要的指导。学生首先需要将这一任务分解成若干个小任务，如“联系场地”“租用设备”“购买食品、道具”“设计宣传海报”等，然后明确各人的分工。在实际执行过程中，学生将课堂所学语言知识运用到实际交际中去，又从实际交际中学到新的语言和文化知识，同时保持交际，互换信息，最后汇总信息，完成总任务。与前两种对话和表演形式相比，这一形式使学生与社会真实场景发生接触，对于语言学习者来说更具挑战性和冲击力，交际能力也能得到较为充分的检验和提高。

二、对外汉语文化类课程的设置和特点

一般来说，对外汉语文化的教学有两种方式，一是在语言教学中导入文化因素，文化教学是语言教学的一部分，融文化教学于语言教学中；二是开设专门的文化类课程。下面我们就对专门的文化类课程的设置和特点进行介绍。

(一)对外汉语文化类课程的设置

随着对外汉语教学这一学科的发展和完善,科学地设置中国文化类课程问题提到议事日程上来了。这里所提的文化课是指用汉语授课的文化课,其含义是大范畴的文化内容,它至少包括中国地理、历史、经济、法律、哲学思想、文学艺术等人文学科的知识。这些文化课的设置是对外汉语教学课程体系中的一个重要组成部分,也是对外汉语教学课程研究的重要课题之一。对文化课的内容、进程及顺序安排是否科学,也就是说文化课的性质、地位和教学量度问题的处理正确与否,直接影响到对外汉语教学质量高低的问题,同时也影响到对外汉语这一学科的确立问题。

设置文化课,首先是外汉教学的需要。现在来中国的留学生,大部分学汉语的目的并非是为了研究汉语,而是为了掌握汉语这个工具,了解中国文化去从事与中国有关的经济、法律、旅游等其他专业的工作。因此他们要求学习中国文化;其次,设置文化课"是为了从更深层次上加强语言教学,并提高语言教学的效率和成功率"。随着对外汉语教学层次的提高和深入,"文化在中高级汉语中越来越大的作用又要求在课程设置中得到相应的体现",因此要掌握和使用与文化因素紧密糅合在一起的更高层的汉语,必须学习中国文化;再次,文化课课程是留学生汉语言专业中,不能缺少的主干课程之一,不能不设。

课程设置是在教育目的和具体教学目的的指导下,从学习者的特点和需要出发,根据专业对知识结构和能力结构的要求,最优化地选择教学内容、组织教学进程,形成合理的、相互配合的课程体系。由此可见,研究对外汉语文化类课程设置的前提是明确我们的教育目的和培养目标。国家汉办制订的《高等学校外国留学生汉语言专业教学大纲》,将外国留学生汉语言专业教育的培养目标规定为:"具备扎实的汉语言能力与言语交际能力;掌握系统的汉语基础理论与基本知识;掌握基本的中国人文知识,熟悉中国国情和社会文化。"合理的课程设置要处理好语言知识课与言语技能课的关系,处理好语言课与文化课的关系,尤其是不同阶段各类课程的比重问题。

对外汉语教学的模式从时间长短上来分,大约可以分为短期汉语培训教学;长期汉语进修教学;汉语言专业本科教学;汉语言专业硕士、博士学位教学。不同模式有着不同的文化课程设置方式。

在短期汉语培训教学中,文化课是以文化讲座的形式出现的。文化课的设置以了解和欣赏为目的。以一周 24 小时计,文化课一般安排 4 至 6 小时,占总学时的六分之一到四分之一。短期班中的文化课常常是讲座性质的。

在长期汉语进修教学中，中国文化课的开设是进修生的需要。其教学形式一般有两种：一种是讲座，一种是内容相对完整，较系统的文化选修课。例如中国古代史、中国近代史、中国古代文学史、中国现代文学史、中国哲学、中国宗教、中国文化概论、中国绘画、中国建筑艺术等课程。这些课对中国文化大多是作基本知识、基本情况的介绍，在长期进修班中一般都作为选修课。与短期班的文化课相比，进修生对文化课的选修是主动的、积极的。有些文化课是留学生主动提出开设的。

汉语言本科专业一般都要求学生能掌握汉语基本的知识和技能，对中国国情和文化背景有一定的了解，能够多方面地从事与中国有关的实际工作并具有一定的研究水平。这些要求都使得学生必须要掌握一定的文化知识，因而，文化课的开设已经是汉语言专业教学中不可或缺的主干课。

在现有的留学生汉语言专业硕士、博士学位的教学中，文化课程的设置尚不突出。

通过以上的分析，可以得出：文化课是长期汉语进修生不可缺少的选修课，更是汉语言专业必须设置的专业主干课。而这两种模式的对外汉语教学活动，是当今参与人数最多、教学时间最长的教学活动。至此，文化课的设置应得到必要的认识和重视。

(二)对外汉语文化类课程的特点

对外汉语文化类课程的特点主要有以下几个方面。

首先，文化类课程有着与语言类课程不同的任务。文化课的主要任务是系统地讲授文化知识，而不是交际能力的培养。外国学生在中国学习，除中国概况有的学校用学生的母语或媒介语讲授外，一般的文化课都用汉语讲授，这就自然而然地使学生得到听力和阅读能力的训练。文化课有语言技能训练的作用，但不是该课程的主要任务。此外，文化课的任务是传授文化知识，所以要注意各类文化知识的系统性，要根据知识传授的规律来组织教学内容。当然，也要注意照顾学生的汉语水平。

其次，对外汉语教学中的文化课是全方位的、基础型的文化知识教学。但是对文化类学科的范围要求比较全面，对单一的一类文化课知识，又要求有系统的了解。根据学习目的动机的调查，当前来中国学习汉语的留学生，大部分有自己的专业倾向，学习汉语多半是为了应用。而在他们将来从事的商贸、旅游、法律等工作中，又必须了解中国的文化在这些专业中的作用和影响，因此留学生要求选修中国文化课。由于留学生本身专业的多样化，他们对中国文化的知识也要求多样化，所以，在对外汉语教学中的文化课类型是全方位的。和中国学生的中文专业相比，中国学生的中文专业是汉语和中国文学，而且以文学为主。留学生的中文专业是汉语言及中国文化，而且以语言技能为主，对中国文化课的要求则更加突出其基本知识、基本思想的基础性。

再次，文化课程有着了解文化知识的历史沉淀与现代实用意识相结合的教学要求。留学生学习中国古代文化主要是为现在或将来，他们与中国人、中国事发生关系时所用。除了专门攻读文学、考古专业以外，他们选修的文化课都是具有现代实用价值意义的文化课。例如“中国哲学”，这门文化课总是很受欢迎。因为留学生要了解当代人的思维特点，与几千年流传下来的传统的思维特点有什么联系；当代人待人处事的方式方法与古代人的待人处事方式方法有什么异同等。在教学中，既要介绍古代的哲学思想起源、发展，又要讲述这些哲学观点对现代人的影响。中国古代艺术和当代的实际欣赏联系更是紧密。总之，中国文化课的教学不是单纯的为讲授而讲授，一定要与现在的实际意义相结合，才能达到学生需要的教学效果。

最后，文化课程具有契入语言教学的特色。文化课在学科属性上毫无疑问属于各自的学科。但在对外汉语教学范畴中，它的任务主要是围绕汉语教学这个中心，使语言技能通过文化课学习，得到实践、巩固、扩大和提高，起着扩大学生知识面、丰富知识结构和增强学生运用汉语能力的作用。另一方面，留学生的汉语水平也决定了在文化课教学中，不能脱离，也脱离不了语言教学。不管是进修生还是本科生，一般都要在掌握了 2 000～2 500 汉语词汇量、基本掌握现代汉语语法以后，才能进入中国文化课的学习。而文化课的生词多是专业词汇，大多属于 HSK 词汇大纲中的丙级和丁级词汇。所以，即使文化课的教学和中级汉语教学同步，文化课中还是有比较多的生词，还是有一个首先要解决语言的问题。因此，在文化课中，语言教学的内容和时间仍然占了不少的比重。这一点也是汉语言专业文化课教学的特色。

三、对外汉语教学中的文化导入方法

如上文所述，对外汉语可以在语言教学中导入文化因素，使学生在学习语言的同时，也熟悉和了解了文化，可以说是一种文化教学的方式。下面介绍对外汉语教学中文化导入的方法。

（一）归纳法

归纳法是指将有联系的文化内容系统整理统一教授的方法。比如，中国人重视宗族，由于古代人们要在艰苦恶劣的自然环境中生存下去，单靠个人的力量是难以维持的，于是以血缘关系为纽带连接起来的群体便是力量的凝聚，这个群体就是家族。家族在中国历史上的地位是举足轻重的。汉语中的大量称谓语体现了中国人关于家族的观念，这些称谓分散在不同的课文中，在学习过程中要逐步进行归纳，待学完全书时，再将整个系统归纳出来，这样将有助于学习、记忆和辨别。

（二）比较法

比较法的运用很广泛，具体来说，可以分为中外比较、今昔比较等。中外比较可用于在讲解中国的一些风俗习惯时，与别的国家和民族相比较。以“打招呼”为例，英语国家人们打招呼常用“你好”“早上好”“晚上好”等直接表示问候的语句，汉语里则常说“吃了吗?”“你去哪儿?”这样的寒暄用语。这样的不同习惯最容易引起欧美学生的误解，以为中国人有打听别人隐私的习惯。这时，我们发现了一直忽略的一个问题，那就是习惯背后总是反映着一个民族的生存状态及其深刻的社会文化背景。中国人见面问“吃了吗”等，并不是要介入别人的生活。实际上，在“问候”的背后，它记录并保留了一个民族在历史上人们交往的共同话题——“衣食住行”。它之所以能成为人们的共同话题，说明这正是人们生活中共同关心的重要内容。今昔比较主要用于介绍现实生活中变化了的情况。留学生学习汉语的一个重要目的是为了更好地了解中国。学习汉语，自然离不开中国社会，总是要和现实中的人和现象发生这样或那样的关系。因此，眼前的生活，现实的中国，特别是近年来取得的举世瞩目的成就，都是留学生迫切需要了解的，而满足学生所需正是我们教学的出发点。然而，教材内容总是落后于现实，也给我们的教学带来一定的困难，这个矛盾主要靠教师解决。关键是“怎么用”的问题。教师是教材的使用者，教材提出的问题涉及的内容正是发挥的重点，教师正好通过现在与过去的对比，修正教材中过时的说法，介绍现实中出现的新事物。

（三）序列展示法

有序，是中国人思维的显著特点，序列展示法正是展示有序观念的好方法。利用板书，把关键词依照其内在规律排列起来，引导学生发现这一规律。学生在加快记忆的同时，又了解了中国人的思维特点。我们看下面两组称呼：

（1）父子　母女　兄弟　兄妹　姐妹　姐弟
　　娘儿俩　爷儿俩　姐儿俩　哥儿俩

（2）男女　夫妻　父母

第(1)组中,对人的称呼遵循长者优先的原则;第(2)组中,虽无长幼之分,但依男女之序排列,男性置于女性之前,这些都是中国古代社会男尊女卑状况在语言中的映现。了解这个特点,学生在说汉语时,就不会再有“妻夫”“女男”这样的错误出现了。

(四)因材施教法

现在对外汉语教学使用的课本多是通用教材,适应面较宽,因此也就不能有很强的针对性,往往给教师留有自由发挥的余地。教师应该而且完全可以针对本班学生的思想情趣、希望要求及可接受程度,对教材作适当变通,或详或略,或增或减,扬长补短,画龙点睛,以取得最佳教学效果。

四、对外汉语文化教学的策略

要使对外汉语文化教学实践更加有效,就要使用一些策略,具体如下。

(1)制订一个由浅入深的文化等级大纲,是对外汉语文化教学的重要策略,也是其进一步发展的内在要求。从广泛意义上说,文化教学大纲应明确以下两个问题:其一,针对语言课中的文化教学,应明确在语言教学的初级阶段、中级阶段和高级阶段,应该、必须和可以解决哪些文化问题,词语、课文中可以渗透哪些文化因素、如何安排顺序,这将关系到课堂教学的方法和教材编写等问题;其二,针对开设专门的文化类课程,要明确在第二语言学习的不同阶段适合开设多少、开设哪些文化类课程,针对不同的专业方向可以增设多少、增设哪些相应的文化类课程等等。当然,文化等级大纲的制订需要汉语教学界的专家学者及教学工作者共同付出艰苦的努力。

(2)多以讨论、演讲的方式进行教学。在语言教学中随时会遇到一些文化因素的障碍,这时教师可以它为题目,让学生稍作准备进行讨论或演讲,这样一方面可以调动学生的积极性,另一方面也可以借此提高学生的言语表达能力。当然,很多时候学生的言语表达能力还达不到应用自如的程度,此时可以鼓励学生使用母语或媒介语,这样教师和学生一会儿用英语,一会儿用汉语,可以畅所欲言,讨论得比较深入;虽然最后并不一定得出一致性的意见或看法,但通过讨论或演讲,会使学生注意到这一文化因素的含义,理解自己母语文化与目的语文化的差异所在。

(3)积极使用现代化教育技术,发挥各类电教媒体的优势,实现最佳课堂教学效果。随着科技的发展,将多媒体技术引进课堂教学已是一个必然趋势。电化教学声画合一的特点为语言教学提供了更为有利的条件。为此,我们应尝试将现代电化技术引进对外汉语文化教学,加大力度开发以对外汉语文化教学为目的的专门电化教学教材，以满足现代化教学的需要。

(4)多组织有益于汉语和汉文化学习的参观、访问和旅游等活动。这些活动过去被认为仅仅是语言实践活动，其实这也是接受中华文化熏陶的大好机会。因为像博物馆、纪念馆等常是中国历史的浓缩，而访问和旅游则是中国现代文化的聚焦，可以说那是一个让学生实地体验中华文化含义的最佳语境，可以让他们现场体验中国悠久的灿烂文明以及现代飞速发展的文化魅力。

(5)充分利用目的语文化环境，为外国留学生增加社会实践的机会，将课堂教学与学生的社会实践活动结合起来，实行一种寓教于乐的开放式文化教学。比如，对外汉语教师在充分认识到文化教学重要性的基础上，在日常生活中、在与学生打交道过程中要为学生提供更多的接触中国传统文化的环境。

(6)为学生提供多种多样的生动的有关中国文化的活动课。一味地进行第二语言的学习，很容易使学生感到疲劳，这就需要给学生放松的机会，为他们准备一些活动或者课程，如武术、书法、绘画、烹调等，就是较为有效的办法。实际上，凡开设有对外汉语教学的学校，都或多或少地开设了这类课程，并且取得了非常好的效果。

五、对外汉语教材中的文化取向和文化类教材的编写

有关对外汉语文化教学的教材是对外汉语文化教学实践的重要方面。下面就从对外汉语教材中的文化取向和对外汉语文化教材的编写两个方面进行说明。

(一)对外汉语教材中的文化取向

从文化的特点来看，文化取向是个内化的过程，它不是“学”来的，更多地是潜移默化地“习得”的。我们可以轻易学习一门语言，却不那么容易接受一种文化。因此，在对外汉语教材中如何渗透文化，如何进行文化取向成为一个重要问题，具体来说，正确把握对外汉语教材中的文化取向应该注意以下几点。

(1)不同文化之间共同的成分是大量的，不同之处只是少量的，语言教材中的文化取向应先认同，后找差异。今天，东西方的人们，不同母语、不同文化背景的学生能坐在同一间教室里，共同学习汉语，这本身就说明文化的共同属性在起作用。至于文化上的差异，乃至可能引发的文化冲突，仅仅是形式上的，差异可以通过互相理解而淡化。但是，如果一味强调差异，势必

走向极端,也许最终导致文化冲突。

有的教材刻意导入、注入自己文化的特异处,并以此为特点。有的教材在介绍其特色时说:“内容上都是汉民族不同于西方民族的文化习俗、文化心理及其有关的价值观念、是非标准等。它教授的都是属于汉民族文化个性的那部分知识。”这在取向上势必重视差别,忽视相同之处。有的教材在介绍中国人的交际文化时说:“个人和家庭的某些情况在你们(西方学生)看来是隐私,但中国人却常作为话题,为的是能够相互了解,因为中国人的交际文化是一种映照性文化。”又说:“中国的交际文化是一种双方互相映照的文化。说自己弱就好像在表示别人强;而夸自己强似乎是在说别人不行。所以,为了对别人表示礼貌和尊重,中国人认为应该淡化个人的作用,不要突出自己。”这种强调文化差异的介绍,外国人不易接受,也容易引起文化误解,甚至反感。

(2)教学中应取双向文化的态度,介绍自己,亦应旁及他人。凡涉及异文化应准确无误,更不宜褒贬。在对外汉语教材中,凡介绍中国多有“文明古国”“历史悠久”“文化古老”“礼仪之邦”“人民勤劳勇敢”等带倾向性词语,这种单向褒扬本土文化的倾向,会使异文化学习者感到不平衡,应该谨慎使用。拉多曾经指出:“学习外语的人有这样一种倾向,即容易把自己的母语和本民族文化形式、意义及分布转移到外语及外族文化中去。”此外,我们不会回避别人的文化,但涉及他人文化要准确,要尽量贴近其文化核心与文化精髓。切忌模棱两可,大而化之。否则就极易引起误会和学生的反感。总之,学生学习的目的只是要了解,而不是要理解,也就是只要求他们认知,而根本不要求他们认同。这应该是我们编写教材和进行教学的前提。

(3)教材的言语内容应尊重各民族的文化信仰,要切合外国人、成年人的根本特点。文化内容切忌幼稚,力避说教,勿需宣传,更不应居高临下,强施于人。每个民族、国家都十分看重自身的文化,一般的情况是:人们倾向于认为自己的群体比其他的群体(或文化)更优越,自己的价值观念是判断事物的唯一准则。于是很容易形成一种“本土文化中心主义”,这种观点对跨文化交流的双方均会产生影响。因此,在语言教材中,要彻底地尊重每种文化,不可些许流露出轻侮的意向,稍有不屑某种文化中哪怕一个很小的方面,都可能在心理上造成损伤。我们应该充分理解并允许学习者按照自己的文化观念选择处事行为。同时,因学习者大都是成年人,所以他们都具有自己的判断力。他们有着自己文化观念所决定的行为规则,而且也有时会打破这种规则,这也应允许。同时,语言教材在传播本土文化的同时,要倡导对不同文化的宽容,勿强施于人。比如有的课文过分宣扬中国人的“同一观念”,就引起外国人的疑问。因为西方人是提倡多样化的,为人处事喜欢选择自己喜爱的方式，这种理念易使外国人产生怀疑，怀疑我们容不得不同的文化等。

(4)在文化的选择取向上，不要迎合某些外国人好古猎奇的心理，应以介绍今天为主，以树立当今国人形象及行为准则为务，力戒渲染消极文化，对传统文化的简单肯定或否定都会使自己陷入尴尬的境地。20世纪以来，西方文化借助经济上的优势，传播极快，席卷全球，这是因为西方掌握着文化传媒和现代化知识大生产的绝对优势。这种不平等的文化交流，很容易带来不平衡的文化心态，崇洋心理和排外心理正是不平衡心态的两个极端，对东方传统文化价值持怀疑态度者也并非不存在。这种心理极易产生一些不良的思想倾向，导致文化缺乏自主性。因此，在教材的编写上，我们应该向世人客观、正确地介绍自己，介绍中国的文化。

(二)对外汉语文化类教材的编写

在对外汉语教学这门年轻的学科中，和比较成熟的某些语言类教材相比，文化类教材由于开设时间晚，门类多，专业性强，使用量少，多数教材目前都不太理想，不大适合留学生使用。主要缺点有一些教材具有比较明显的中国学生使用教材缩编本痕迹，内容多、杂、深、政治性过强；有的介绍中国文化的教材内容零散，缺乏史的体系感；缺乏介绍观念文化和制度文化的内容；从课程设置到本课程内容的编排，普遍偏重于古代部分，现当代严重缺乏。有些教材历史沿革介绍及引用古文过多。缺乏介绍当代中国国情的课程与内容；语言普遍过深，专业词汇过多等。总之，这些教材不能很好地体现对外汉语文化教学的特点。针对以上缺点，我们认为，对外汉语教材的编写应该注意以下几点。

(1)对外汉语文化教材的编写应该有通用性。中国大学文科专业的专业课程，主要是为了适应培养学生成为本学科专门人才的需要。和这种单一的专门需要不同，对外汉语教学学科中的文化类课程则应考虑到留学生的不同需要，而且同一个学生往往同时存在两种以上需要，并会发生变化。同时，影响文化类教材针对性的还有留学生人数与分布的因素。和中国学生相比，外国留学生具有既少又高度分散的特点，决定了绝大多数院校都难以开设多个专业；也难以为了同一课程编写适应多种需要的多种教材，而是只能一种课程编写一种能适应多种需要的通用性教材。它应当既能适应中华文化专业学习的需要，又能适用于非文化专业学习；既能满足学生兴趣需要，又有助于深造；既能用于正规学习，也适用于非正规学习。这样的教材使用范围大，有利于正式出版和广泛应用，从而在教学实践中检验和更新换代，较快地趋于完善。

(2)从对外汉语教材编写的内容上看,一方面,留学生的绝大多数是为了提高汉语水平,选读的主要是语言课,因此文化课程不可能有太多的课时。即使是中华文化专业的留学生,语言课程仍然占相当的比重。而学生汉语水平普遍不高也限制了自学与课堂教学的进度。这些因素决定了文化类教材在内容的量与难度上都必定明显低于一般大学文科专业。另一方面,由于中外学生需求不一,同一学科、课程的内容需求也大不相同。比如,中国学生学地理重在自然地理与经济地理,而留学生出于对中华文化的热爱和旅游的兴趣,对中国地理关注的视角与中国人大异其趣,因而从旅游角度讲文化,将会大受学生欢迎,更能增加教材的吸引力和质量。此外,教材还应该以基本内容为主,兼有深造内容。文化专业学生水平和要求较高,有了后者可以解渴。其他专业选修该课的学生则只需掌握前者即可。基本内容首先体现在每章每节的导语中。在正文中,可采取与深造内容字体大小不同等方法作技术处理。基本内容应是本学科、本专题、本作者作品中最基础的知识,是学生应当掌握的知识下限,是最重要的东西。要少而精,不宜枝蔓横出,免得分散课时与精力。而深造内容除正文外,还可以采取注释和附录的办法解决,或者是每章或每节均应列一个“重要参考书目”。将最重要最有参考价值的专著、论文、专门期刊列出若干。学生撰写毕业论文和深入钻研,均可参考。

(3)对外汉语文化教材的编写应该实事求是,力求客观,用事实说话,避免说教。一是对于反动统治者的言行以及帝国主义的侵略等,不说过头话,不用刺激性语言,观点性语言要科学、简明。二是对我们的历史、文明、成就不要自褒过分。这些都要让学生通过材料自己得出结论。特别是一些当代文化现象与政策、观念,还很不稳定。有些正在摸索之中,有些则还在变化,甚至会突然发生剧变。因此编教材时应特别注意从实际出发,说话留有余地,避免绝对化,比较客观、公正地介绍情况。不是不讲观点,没有倾向,而是点到为止,不宜离开材料过多发挥。应当相信事实胜于雄辩这个朴素的真理。当然,某些教材的部分内容较快地老化是很难避免的,尤其是经济类课程。但如果我们处理得好,可以缩小老化面,延缓老化过程,使教材有较长的稳定期。对于不断出现的新问题,新材料,可以编印一些活页,作为补充教材。

六、对外汉语文化教学中教师的基本态度

具体来说,对外汉语文化教学中教师需要持有的基本态度有以下几个方面。

(1)热爱并熟悉中华文化,了解并尊重其他文化。作为对外汉语教师,如果要让学生喜爱中华文化,他自己首先就必须热爱并了解中华文化,因为只有这样,他才能对传播中华文化有兴趣、有激情,才能理性地看到民族文化的长处与不足。同时还必须了解并尊重其他文化,对外汉语教学是不同文化的交流与碰撞,比较是不可避免的,也是必要的,但在比较时应持平等的、冷静的态度。自高自大的“民族中心主义”和自卑、自弃的“民族虚无主义”都是文化交流中的错误态度。一个教师如果连自己的民族文化都不热爱、不熟悉或者不了解、不尊重其他文化,很难设想他能很好地起到文化传播者的作用。

(2)介绍传播中华文化,不强加于人。一名对外汉语教师,既是知识的传授者,更是文化的传播者。但是由于教学对象的不同,价值观念、生活习惯、是非标准、风俗理念等都存在很大的差异。因此,他们对中华文化可能会有不同的认识,甚至会有一些过激的言语、错误的看法。对此教师可以做一些解释、说明工作。当然,争论也是允许的,但无论如何,不能把自己的观点强加给学生,非要他们对我国的历史、文明、成就大唱赞歌。还应当注意的是对过去的历史以及现在别国的一些政客的言行等,不能使用刺激性太强的语言,重在实事求是,用事实说话,观点性语言应科学、简明。

(3)以发展的眼光全面准确地看待中国传统文化和现代文化。作为一名对外汉语教师,应该清醒地认识到,中华文化既有精华,也有糟粕。哪些是精华,哪些是糟粕,就需要以发展的眼光去看待,用符合时代潮流和社会进步的观念去分析,把中华文化放在全球化的大背景下,在世界不同文化的碰撞、交融和吸收中理性地对待,要让学生明白绝没有一种文化是百分之百的精华,是超越其他文化的优等文化;每一种文化都有它的长处,也有其各自的不足,都需要扬长避短,都需要借鉴其他文化的合理内核。

(4)对外汉语文化类教材要有合适的语言要求与语言目标。语言要求与语言目标是两个不同的概念。前者是对编写教材所使用的语言提出的要求,后者则指教材除专业内容的知识目标外还应达到的语言目标。

为外国留学生编写的文化类教材文字上应当适应他们的语言水平。目前一些使用的文化类教材普遍语言太难。其中有些教材由于生词量太大,学生根本无法预习。有些虽然难度稍低,但学生需多次查词典方能读懂一页。一般来说,文化类教材应以本年级学生不查词典能基本上看懂为原则,语言不应成为学习文化教材的重要负担,教师在课堂上应基本上不费时间来处理语言问题。因此,对外汉语文化类教材的语言要求必须向汉语词汇水平等级大纲靠拢。这是一项基本要求,否则就不可能真正从语言上解决教材适合留学生使用的问题。

对外汉语文化类教材不仅要有知识目标，而且要有语言目标，这是对外汉语学科文化类课程与一般大学文化专业课程的重大区别之一。当然，留学生在一般大学文科专业学习时随中国学生听课，听力也会提高；作业、考试用汉字写，笔头能力也会有所长进。但是这些都是客观效果，不是教学上自觉追求的目标。而在对外汉语教学学科中，即使是中华文化专业，提高汉语水平仍然要作为一个重要目标来追求。因为学生汉语水平越高，学习和自学能力就越强，学到的文化知识就会成倍增加。当然，文化课提高汉语能力主要靠课程设置的合理性与课堂教学的科学处理，不过文化类教材在编写时要努力为语言目标的实现创造条件。主要是编写好各类练习，使学生在复习巩固所学知识时，汉语技能也有所提高。

第三节　对外汉语教学中的跨文化交际理论

从本质上看，对外汉语教学实质上是一种第二语言教学，而第二语言教学的研究也离不开跨文化交际研究。下面就从跨文化交际的角度探讨对外汉语中的文化教学。

一、跨文化交际概述

（一）跨文化交际的含义

要想了解跨文化交际的含义，首先要清楚其中的两个基本概念，即文化与交际。前文已经叙述了文化的定义，下面我们来说明一下什么是交际。

“交际”一词在汉语中自古有之。古时指接触往来：“际，接也。交际谓人以礼仪币帛相交接也。”（《辞源》）现代定义是“指社会上人与人的交际往来”。（《现代汉语词典》）在跨文化交际学中，外语教学界和对外汉语教学界将英语的“communication”译成“交际”，国际政治界译为“交流”，新闻界译为“传播”，交通、通信界译成“沟通”“通信”“交通”。也有人将其译成“传通”。有人认为，不同译法源于汉语中没有与 communication 相对应的词。我们认为主要原因恐怕还是不同学科和不同领域根据自己的专业的要求和术语使用的习惯选用适合自己的译法。汉语的“交际”与英语的“communication”的基本涵义是对应的，都有共同、共享和相互传递信息的涵义。

交际是交际双方信息交流的动态过程，这一过程包括八个要素：信息源、信息编码、信息内容、信息渠道、信息接收者、信息解码、信息反应和信息反馈。同时,交际还有自己的特点,分别如下。

(1)动态性。交际是正在进行的过程,是动态的,而不是静止的。

(2)互动性。交际是双方互动的,信息发出者与接收者、编码与解码是交替进行的。

(3)不可挽回性。一言既出,无法收回,只能修正。因此,交际中一个严重的问题是,无意识的言谈举止有时产生了负面的影响,讲话人却毫无觉察。

(4)情境性。包括交际活动的具体环境和交际者之间的关系。

由此看来,"跨文化交际"的概念可以这样界定:在特定的交际情景中,具有不同的文化背景的交际者使用同一种语言(母语或目的语)进行的口语交际。这个概念界定是明确的,它是立足于对外汉语专业的需要界定的,因而与一般的跨文化交际概念是有区别的。从上述概念界定来看,它包含以下几个要点。

(1)交际双方必须来自不同的文化背景。文化背景的差异是一个宽泛的概念,既指不同文化圈之间的差异,也指同一文化圈内部亚文化之间的差异。不过立足对外汉语专业,文化差异主要指不同文化圈之间的差异,尤其是中国和欧美国家的文化差异。因为从跨文化交际的实际情形来看,由于文化背景的差异导致交际失误,容易引起冲突的主要是中国和欧美国家的人际交往。中国同亚洲地区国家,如日本、韩国以及东南亚一些国家的人际交往,虽然也有文化差异的一面,但要顺利得多,这是因为这些国家与中国同属于东方文化圈,彼此之间在文化取向和交际规范方面有很多相通的地方。

(2)交际双方必须使用同一种语言交际。这是显而易见的,假如一方使用一种语言,而另一方使用另外一种不同的语言,交际是无法进行的。但是,既然交际的双方来自不同的文化背景,又要使用同一种语言,那么用来交际的这种语言对一方来说是母语,而对另一方来说必然是第二语言。比如一个中国人与一个美国人交谈,他们可以选择使用汉语,也可以选择使用英语,这样他们就可以用同一种语言直接交际,而不需要通过翻译这个中间环节。这样界定的着眼点也是由对外汉语专业的特点决定的。

(3)交际双方进行的是实时的口语交际跨文化交际的途径多种多样。可以是语言符号的交际,也可以是非语言符号的交际,如商品、画报、实物、影像、演出等其他物化形式符号的交际;可以是现场的双向交际,也可以是通过媒介的单向交际,如电视、广播、报刊、广告等传播方式的交际;可以是口语交际,也可以是书面交际,如信函、公文等的来往。从对外汉语专业来看,我们着眼的主要是实时的口语交际,即双方面对面的交谈。此外也包括伴随口语交际而可能发生的书面语交际,即文字传播方式的交际。

(4)交际双方进行的是直接的言语交际。当前国内的跨文化交际研究主要集中在外语教学界。外语教学当然要注重跨文化交际,但他们的研究中有一个很重要的方面就是翻译,包括口译和笔译。因为外语专业毕业的学生将有很多是从事对外交流工作,这项工作的要求之一就是能通晓两种语言,能在跨语言交际中充当翻译角色。换句话说,文化背景的差异主要由"翻译"这个中介来解决。而对外汉语专业却不一样,这个学科的任务是教会外国人说中国话,包括中国文化的对外传播,所以着眼点在交际双方的直接交际,而不是通过"翻译"这个中介来完成交际任务。因此我们基本上不涉及翻译问题,而侧重语用规范,通过了解对方文化的价值取向和行为规范,协调双方交际中涉及的文化因素,从而保证交际的有效性。

(二)跨文化交际研究的发展

跨文化交际是一种普遍、长期存在的现象。但是,作为一门学科,跨文化交际学的历史是短暂的。跨文化交际研究兴起于20世纪六七十年代的美国,虽然理论构架还不够完善,但越来越多地吸引各学科领域学者们的普遍关注。近年来,跨文化交际学已成为我国外语教学界研究的一个热门课题。语言教师对之表现出兴趣,反映了时代的变化和要求,这是经济全球化掀起的浪潮和国际交流合作及竞争日益激烈的必然结果。跨文化交际学的兴起促使了人们从跨文化交际的角度对第二语言教学进行深入思考。

跨文化交际研究是美国新兴的领域。人们普遍把霍尔的《无声的语言》视为跨文化交际学的开端。1959年,美国文化人类学家爱德华·霍尔(Edward Hall)的经典著作《无声的语言》出版,该书中首次使用了跨文化交际一词。从某种角度来讲,该书的出版标志着跨文化交际学的诞生。霍尔对于文化与交际之间的关系一直予以关注。在《无声的语言》一书中,霍尔对于时间、空间与交际的关系作了深入的探讨,他认为不同文化背景的人们在使用时间、空间表达意义方面表现出明显的差异。在书中霍尔对于如何更科学更细致地研究文化提出了一些设想,他在跨文化交际学的领域内对于其他学者影响巨大。此后,20世纪60年代陆续又有一些有关跨文化交际的著作问世。与此同时,美国一些大学开始开设跨文化交际学课程。

就跨文化交际学在学术领域的地位而言,1970年是最具有重要意义的一年。在这一年,国际传播学会承认跨文化交际学是传播学的一个分支,在学会下面成立了跨文化交际学分会。国际传播学会确定1970年年会的主题为跨文化交际与跨国交际。此后,各大学传播学系、教育系纷纷设立跨文化交际学方面的课程。1972年,第一届跨文化交际学国际会议在日本东京举行。1974 年跨文化教育训练与研究学会在美国马里兰州召开首届会议，正式宣布成立。这是跨文化交际学方面最具有影响的一个组织，目前已经发展成为了国际性组织，在欧洲设立了分会，且创办了《国际跨文化交流年刊》。1977 年，在全美国有 450 多个教育机构教授“跨文化交际”的课程，有的大学还颁发跨文化交际学的硕士、博士学位。

跨文化交际学在欧洲发展得比较晚，影响也比美国小得多，而且具有不同的传统。国际跨文化教育训练与研究学会在欧洲的分支 SIETAR Europa 已经存在多年，开过多次会议。除此之外，还有另一个研究跨文化交际的组织在北欧活动。尽管在英国开设跨文化交际学课程的大学比较少，这并不是说英国学者对于跨文化交际方面的问题不予注意。总的来说，在欧洲，跨文化交际学与语言学的联系更紧密。它被承认为一个独立的学科是比较近的事情。

跨文化交际学在中国的兴起是近 30 年的事。随着中国加入 WTO，以及同世界各国经济技术合作的日益增多，人才市场对具有跨文化交际能力的外语人才的需求呈不断上升趋势。中国外语教育界已经把注意力从 20 世纪 50 年代的重视语言知识的传授和掌握过渡到语言知识与语言技能并重即综合语言运用能力上。

20 世纪 80 年代初，跨文化交际学由外语教学界引入国内，研究重点在于外语教学中的跨文化差异以及语言与文化的关系。学术界一般认为，许国璋于 1980 年在《现代外语》第 4 期上发表的题为“Culturally-loaded Words and English Language Teaching”一文，标志着跨文化交际学在中国的诞生。他提出在不同的语言中表面上对等的词汇实际上在文化内涵上并不相等。此后交际教学在外语教学中逐步推广，使得人们认识到学习外语必须结合文化。只注重语言的形式，而不注意语言的内涵是学不好外语的。由此在教材中对于交际中的文化因素开始注意，有的课本提供文化和知识的材料，有的设立文化知识注释一栏。从 20 世纪 80 年代中叶开始，北京外国语大学、北京大学、首都师范大学外国语学院等大专院校相继开设跨文化交际学的课程，从 1981 年至 2001 年 20 年间，我国学者对跨文化交际学的研究兴趣越来越浓厚，发表了近 300 篇研究论文，出版专著 20 余部。从已发表的著作和论文来看，我国学者的研究集中于以下几个方面：(1)语言与交际的关系；(2)非语言交际；(3)中西习俗比较；(4)中西经营管理模式比较；(5)国民性研究。国内学者对于跨文化交际学的理论与研究方法也有一些见解，但是，总的来说，这方面论著较少。1995 年在哈尔滨工业大学召开了我国第一届跨文化交际研讨会，这是我国首次将跨文化交际作为主要议题的会议，在会上成立了中国跨文化交际研究会。

(三)跨文化交际与第二语言教学的关系

由于第二语言教学与对外汉语教学有着密不可分的关系,所以,要研究对外汉语中的跨文化交际理论,就要明白跨文化交际与第二语言教学之间的关系。一般来说,跨文化交际学在第二语言教学中有着独特的指导作用,涉及第二语言教学的各个方面和整个过程,主要表现在以下几个方面。

首先,第二语言教学的任务是架设跨文化交际的“桥梁”。成人学第二语言永远难以达到目的语为母语者的语言水平,运用外语进行交际的行为也永远难以与以目的语为母语者一模一样。他们的外语只能尽力达到最大限度地接近目的语为母语者的语言水平,口语水平难度更大,非语言交际行为与交际方式的学习和模仿的难度尤其大,文化知识、生活习惯、行为方式、交际规则、思维方式和价值观念,等等,很多方面都难以完全摆脱自身母语和母语文化的影响。要彻底改变自己的文化身份则完全不可能。实际上,人们学习外语的目标并不在此,而是要成为沟通母语文化与外语国家文化的“桥梁”,起到来自不同文化的人相互交际的媒介作用。第二语言教师的任务就不言而喻了:不是要将自己的学生培养成完全的目的语国家的人,而是将他们培养成沟通中外交往的“桥梁”。从这个意义上说,第二语言教师都是桥梁建筑者,或者说“架桥人”。当然,他们自己也是沟通不同语言和不同文化的“桥梁”。

其次,第二语言教学的主要目标是培养学生的跨文化交际能力。跨文化交际能力指的是跨文化交际环境中的交际能力,即来自不同文化背景的人之间进行交际时,具有强烈的跨文化意识,善于识别文化差异和排除文化干扰并成功地进行交际的能力。它与同文化交际能力的根本区别在于,它解决的是跨文化语境问题,是来自不同文化背景的人相互交际时对同一语境中交际行为和交际信号的文化差异的识别和对文化干扰的排除能力,解决的是同一语境中不同文化之间交际规则的碰撞和冲突。这里所说的“不同文化背景”,不仅指母语文化背景与目的语文化背景,还指与母语文化不同的多种文化背景。培养跨文化交际能力,就是不断增强跨文化意识,了解跨文化交际的特点与要求,掌握跨文化交际的规律和特点,学会交际规则转化的技能以及必需的外语,具备与多种外语文化的人进行交际的能力。跨文化交际能力是在跨文化交际环境中由语言交际能力、非语言交际能力、语言规则和交际规则转化能力以及文化适应能力所组成的综合能力。在跨文化交际中,第二语言学习者会发现,他们不仅外语交际能力受到了巨大的挑战,他们母语文化的交际规则和思维方式也常常行不通。他们的价值观念也常常受到误解或责难。所以,一般的交际能力是难以完成跨文化交际任务的。只有跨文化交际能力才是跨文化交际中必要的能力。

再次,跨文化交际要求第二语言教学教授两种规则。“两种规则”指的是语言规则和交际规则。所谓语言规则,指的是语音规则、词汇规则和语法规则。“交际规则”指的是后天习得的行为方式,也称为组织人们之间相互交往的规则,人们认为应以这些规则指导人际交往,即指导人们相互交往的行为准则。一方面,在跨文化交际中,人们在使用外语时必须注意语言规则的转化,照搬母语语言规则说的就只能是“洋泾浜”式的外语。然而,语言规则的转化只是一个方面,跨文化交际还需要另一规则的转化,即“交际规则”的转化。交际规则的正确而又得体的转化在某种意义上比语言规则的转化更为重要。这是因为在跨文化交际中,外语说得不好,母语国家的人还容易原谅,因为人们知道他是“外国人”。但是,如果某人外语说得既正确又流利,却违背了外语文化的交际规则,母语国家的人就会本能地极为反感,文化误解甚至文化冲突就极易产生。沃尔夫森说:“社会语言学家公认的一条道理是,语言之间的差异不仅反映在语音、语法和词汇等方面,还表现在这些语言材料的运用上,不同言语社群之间的交际方式往往互相差别极大。”她还说:“既然讲话时不仅涉及到说什么,还存在着如何说的问题,语言学习者即使了解‘所有的词语’,他们也可能不理解话语的意思。更糟糕的是,他们还可能用自己的母语的语言规则去理解所听到的外语,造成的后果常常是,讲话人本为好意,听话人却误解其意图,甚至还可能以为讲话人缺乏真诚,出言不逊。……反之,语言学习者也会碰到另一同样严重的问题,即他们自己的言语行为又可能为母语文化的人所误解。”海默斯把这一问题称为“交际干扰”。所谓交际干扰,就是人们在跨文化交际中照搬母语文化的交际规则,结果造成各种各样的误解。所以,如果要成功地进行跨文化交际,就必须成功地进行两种规则的转化。

二、对外汉语教学与跨文化交际

(一)对外汉语教学中跨文化交际的学科背景

在中国,跨文化交际研究是改革开放的产物,是汉语国际推广战略决策的需要,是进行对外汉语教学的必经之路。同时,跨文化交际又是一门综合性学科,它是当代社会科学学科综合研究的结果,学科背景主要涉及文化语言学、社会语言学、言语交际学,这些又与对外汉语教学息息相关,下面进行具体介绍。

1. 文化语言学

文化语言学是从文化学角度对语言进行研究。它把语言看作民族文化的模式和构成民族文化的符号系统，旨趣在于揭示隐藏在语言形式、语言结构、语言运用和语言变化背后的文化内涵。文化语言学认为，人类的文化世界也就是语言世界，语言与文化有一种“互塑互动”的作用，要想透彻了解语言的文化属性、语言的文化功能以及文化对语言的影响，就必须深刻揭示语言与文化的关系。因此，语言与文化的关系就是文化语言学研究始终关注的焦点，也是文化语言学的研究对象。

文化可以分为历史文化和现时文化。历史文化是人们往昔的文化活动的轨迹，现时文化是人们今日所从事文化活动的状态。历史文化是现时文化的渊源，现时文化又是全部历史文化当今时代的投影。任何民族的文化发展和变异都不仅不可能摆脱历史文化的影响，而且还必定要以对历史文化遗产的批判继承为根据和前提。语言是一种精神产品，是人类心智活动的成果，又是民族文化的表现形式之一，它和人类文化的其他形式一样，具有历史的连续性和继承性。然而语言又有变化发展的一面，这种变化发展的结果形成了古今语言间的明显差异。文化语言学不仅要探讨现代语言和现时文化的关系，还要探讨古代语言和历史文化的关系；不仅要研究现代语言和历史文化的关系，也要研究语言变化同文化变化的关系。

与对外汉语教学紧密结合的，主要是现时文化和现代语言。原因是，语言教学的主要目的是使学生用目的语进行有效的交际。脱离现时文化的教学对实现这一目的没有多少帮助。试想，对初级汉语水平的学生大讲中国古代四大发明，中国选官制度的演变发展，对学生进行交际没有什么效应，不如多花一些时间讲中国当代生活中的交际习惯和礼仪规则。而中高级阶段的学生能用汉语进行日常交际，掌握了一些行为规范和交际准则，逐步用在一些不同的场合，但是，对这些学生，古代文化的教学比例不应该超过现时文化。应该让他们进一步了解当代中国人的思维方式、价值观念和其他文化心理。不然，中高级汉语水平的留学生也难以跟中国人进行深入一步的交际。

2. 社会语言学

社会语言学是研究语言与社会的关系的一门新兴学科。它从不同的社会科学角度（社会学、人类学、民族学、心理学、地理学、历史学等）来考察语言，进而研究在不同的社会条件下产生的语言变异。“不同的社会条件”是一种变素，而“语言变异”也是一种变素，因此我们可以把社会语言学看成是研究社会与语言的共变的一门学科。

社会就是以共同的物质生产活动为基础而相互联系的人类生活共同体，是人们交互作用的产物。这个定义揭示了社会的本质属性，但从社会语言学的关注点来看，可以把社会定义为“任何为某种或多种特定的目的而结合在一起的人的群体”。在讨论社会语言学时必须考虑到多种多样的社会、多种多样的社会集团。语言是一个特定社会的成员所说的话。有时候，一个社会是多语的，许多人会使用不止一种语言；而同一个人，几乎毫无例外地会随着环境的变化而调整自己的语言。语言和社会不是各自独立的，它们之间存在着错综复杂的关系。语言是在特定的交际环境中历史地形成的。它既起源于物种的个体发生，也起源于全人类的进化和每个人的生命史，还起源于社会交际行为。语言和社会的关系是辩证的，语言是人类通过交际来应付生活、应付世界的前语言和原始语言这个序列的产物。

跨文化交际研究中关于社会关系的阐述，关于社会角色与言语行为的关系的阐述，很多都来自社会语言学的研究成果。在对外汉语教学中，教师要让学生明白在不同的文化语境下，社会角色或规范与言语行为是不同的。比如在中国，与有身份、有地位的人，或者长辈、不太熟的人交谈或称呼时，不能直呼其名，要用敬语，这是中国社会中“尊重权威“的社会规范所决定的；而西方人交往时则习惯直呼其名，是西方文化中“平等”观念的体现。

3. 言语交际学

言语交际学是研究言语交际现象及其规律的学科，是一门语言学分支学科。言语交际学的出发点和落脚点是语言的使用，它研究语言用于交际的动态形式，揭示其语用规律，因此它从一开始就是站在语言科学阵地上来考察言语交际现象的。

语言学认为人们用来互通信息、交流思想的语言，是人类社会所独有的一种特殊社会现象。其特殊性就在于它是专门用来交际的，语言的生命力和存在价值就在于交际，语言的社会实践，就体现于言语交际活动中；语言的交际功能，实际上是一种社会功能。而言语交际学正是抓住语言这一社会现象的特殊性，从交际的角度来研究语言，而不是把语言以外的其他社会因素列为研究对象，即使涉及有关社会因素，目的还在于考察这些因素对言语交际所产生的影响，主要是对语言进入交际以后在结构和功能上所产生的影响。

跨文化交际研究中关于交际规范的阐述，关于语境因素与语用规则关系的阐述，很多都来自言语交际学的研究成果。而对外汉语教学中有关交际规范等方面的教学也与跨文化交际有共通之处。不过言语交际学的研究通常侧重某种特定语言系统和某种特定语用规则之间的关系，而不关注跨语言、跨语用的研究，这个领域正是跨文化交际研究的领地。

(二)对外汉语教学中跨文化交际研究的方法

要研究对外汉语教学中的跨文化交际现象，就要明确跨文化交际研究的方法。总管对外汉语教学界跨文化研究诸种方法，最具有代表性的是对比分析法、文化内涵揭示法。

1. 对比分析法

对比分析法是跨文化交际研究最主要的、最普遍方法，同时也是进行对外汉语教学的重要方法。跨文化交际研究使用的对比分析方法是对不同文化之间的交际行为和决定这些交际行为的交际规则、思维方式与价值观念进行对比分析，从中揭示出文化的同异点，重点是文化差异及其造成的文化误解和文化冲突，并且追溯其文化根源，研究和提出排除文化差异干扰的有效方法，以促进交际双方的相互理解和彼此适应，保证跨文化交际在交际双方同建的共识基础上有效地进行。同时，对比分析法也有自己的原则和方法。

对比分析的原则有五点。其一，对比要紧密结合实际。一要在教学中结合本国实际，二要注重自己的调查研究，着眼于解决跨文化交际中的实际问题。要注意研究中外跨文化交际的异同。其二，对比分析的重点是语言和文化差异的各种表现，而且要认识到小异比大同重要得多。特别要注意那些貌合神离的社会现象和语言现象。这里有两点值得注意：第一，应当重在查异，释异，以揭示和对比差异为主。第二，要注意对比双方的对应情况的差别，即对应的不同类型。其三，警惕用“比附”代替“对比”，即只见其同，不见其异。避免比附和善于比较，说起来容易，做起来常常很难，主要是人们缺乏跨文化意识，容易自觉不自觉地以自己的想法或母语文化代替他人的想法或他种文化，或者用他人的观点不加分析地解释自己的文化。这是对外汉语教学和跨文化交际中极为有害的现象。其四，分析不仅要知其然，还要知其所以然，这是对比分析的一条重要原则。只知其然，不知其所以然，是无法正确认识事物的；只能说是什么却说不清为什么，是无法让人信服的。当然，真正要做到说理富有说服力，必须刻苦钻研，力戒人云亦云，草率从事。其五，对比分析的成效有赖于严谨的治学态度。对比分析能否具有成效，关键在于研究者是否具有严谨的治学态度。严谨的治学态度表现为：注重研究本国实际，不照搬外国理论；善于独立思考，不是人云亦云；善于观察问题、发现问题和科学地分析问题，善于发现语言事实等。

对比分析的具体方法有以下几点。一是只比异同，不论褒贬。对比的目的不是发掘不同文化的优劣表现，更不是评判不同文化之间孰高孰低，以一种文化之长对比另一文化之短则更不足取。对外汉语教学中对比的目的只是促进不同文化之间相互正确的了解和平等友好的交往。所以，对比成败的关键在于能否排除文化优越感、文化模式化和文化偏见的干扰。二是对比的是每种语言民族的主导文化。主导文化指的是，在人们日常生活中起主导作用的那些文化因素，也是同一民族共同认可的标准语言和标准行为的文化特征，是当前绝大多数人所遵循的、在对外交往场合适用的那些交际规则。三是对比的是交际规则，而不是社会现象。文化特征和交际规则是通过社会现象体现出来的，但不是任何社会现象都是该社会交际规则和文化特征的反映。在跨文化交际研究中最需要注意的问题之一是不能草率地用孤立的社会现象代替交际规则，不可用一种文化的交际规则去评判随手拈来的另一文化的某种社会现象。四是对比必须是共时对比和公平对比。对比分析要着眼于解决现实生活与当前跨文化交际中的现实问题。一定要避免以一种文化的过去对比另一种文化的现在，不可以一种文化的过去代替该文化的现在，更不可以一种文化之长对比另一种文化之短，或用一种文化的交际准则对比另一种文化的社会现象。社会现象繁杂多变，任何人都可以从同一社会中找到千万条事例证明自己与众不同的观点。然而，只有反映该文化特性的那些现象才是合适的事例。而要抓住这样的事例，就必须善于通过现象看本质。

2. 文化内涵揭示法

这种研究方法不是直接从两种语言和文化的对比入手，而是从目的语本身所包含的文化因素入手，从不同的角度来揭示其含义。胡明扬先生探讨了最有可能直接影响学习者语言学习和使用的那些文化因素。如制约汉语语汇文化内涵的自然地理环境因素，特定物质生活条件，社会和经济制度，特定的精神文化生活，特定的风俗习惯和社会心态以及特定的认识方式等。① 不难看出，胡明扬先生采取一种"暗比"的方法来揭示汉语语汇的文化内涵。这种非直接的对比显然是以学习者的母语作为参照系。不过，不是一对一的具体对比。所列各项大都是目的语文化中所含有的特定文化内涵。陈建民先生采用的研究方法则侧重揭示汉语言文字中与制度文化和观念文化相关的文化因素。如汉语礼俗词语中所反映的汉民族的礼俗文化，汉语某些词语所反映的汉人的思想观念，思维方式和习惯，人们的价值观

① 胡明扬：《对外汉语教学中的文化因素》，语言教学与研究，1993年第4期。

念，民俗心理，风土民情和民族感情等等。① 这种研究方法是从社会文化的角度来揭示汉语言文字的文化内涵。此外，还有人从第二语言学习中的跨文化现象入手来揭示汉语语音、词汇、语法层面和学习者在目的语各层面的理解与生成过程中出现的跨文化现象。这种研究方法，不仅揭示了蕴藏在汉语各层面的文化因素，而且把目的语文化内涵的揭示与学习者的第二语言习得过程中的跨文化现象联系在一起，试图从目的语文化解码中找出学习者产生跨文化现象的原因。

（三）对外汉语教学中的文化混融

在实际的跨文化交际中，因使用第二语言而使得跨文化交际出现制约作用的不仅仅是目的语文化，实际上母语文化也参与了交际，并具有相当重要的作用。因此，在这里我们要讨论一下跨文化交际语境中的文化混融现象及其产生的原因，以及对外汉语教学的若干对策。

跨文化交际要求双方遵从交际语言的文化规约，但具体交际话语的文化语境与目的语的社会文化的大语境往往并不一致。因此，跨文化交际常会出现文化混融、变异和误读的现象。文化混融现象包括文化的混合与文化的融合两种情况。文化的混合是指在交际过程中两种文化交替出现，包括双方互相使用对方文化习惯的情形，也包括在目的语交际中使用母语文化的情形。文化的融合是指一种文化吸收融合了外来文化，使自身的文化发生了变化的情形，尤指第二文化吸收融合第一文化的情形。文化混融现象在跨文化交际中经常出现，例如一个会说汉语的英国人用“你好”“对不起”“再见”等与中国人交际，而中国人脱口而出的倒可能是与之相对应的英语。在混杂使用交际语言尤其是互相使用对方语言的情况下，文化的混融是显而易见的。即使撇开语言混用的现象不谈，假定双方都使用中文，表达方式仍然可能是西方的。比如越来越多的中国人在受到称赞之后坦然回答说“谢谢”，而不一定采用传统的中国文化所要求的那种自谦自贬的表达方式。

从通常情况看，一般的文化对比著作通常都用东西方的文化差异为典型。但从文化的普遍性来看，即使是差异最大的东西方文化，它们也不是截然不同、完全对立的。无论我们从思维方式的角度、人际关系的角度，还是文化取向的角度来观察，文化的同一性还是普遍存在的，正所谓“人同此心，心同此理”。也正因为如此才使跨文化交际成为可能。中西文化之间的关系也是你中有我，我中有你的，在跨文化交际中文化混融现象是常见的，而

① 胡文仲：《文化与交际》，北京：外语教学与研究出版社，1994 年，第 205 页。

纯而又纯、原汁原味的单一文化倒是罕见的。

不同文化的交流、渗透、吸收、借用和误读是文化混融现象产生的根本原因，但是在具体的跨文化交际和对外汉语教育中，文化混融语境的产生还与以下几个方面有着密切关系。

首先，文化认同矛盾可能会产生文化混融。要顺利完成跨文化交际，应当具备跨文化意识，尽可能地运用目的语文化来进行交际。为此我们在对外汉语教学实践中加强了对汉语交际与文化的介绍和训练，培养学生的目的语文化认知能力。但是，在实际中，留学生在与中国人的交际中并不能很好地贯彻目的语文化原则。例如，一位美国学生说，中国人的称呼太多、太复杂，像“大爷、大娘、大叔、大婶、大嫂、大哥、大姐”，我们记不住，也用不好，所以很少用。这表明文化认同矛盾是普遍存在的，这是因为母语中潜在的文化观念根深蒂固，对于操英、法等强势语言的学生来说，文化认同就更为困难。正如盛炎所说的：“外国人学习中文时，必然要调整自己的文化态度，以便适应中国文化环境。但不管他们怎样调整，总是以自己的民族文化为主，以中国文化为补充，理解两种不同质文化的差别。他们的外国人身份不会从根本上改变，除非他们被中国文化同化。”①

其次，心理因素往往也对文化混融现象产生重要影响。当中国人面对着西方人的时候，虽然彼此用汉语交谈，但也会产生强烈的跨文化交际的意识，并在心理上作好了接受异文化冲击的准备。例如当他邀请对方吃饭之后，无论对方是爽快地答应，还是干脆地拒绝，他都能接受，因为他可能具有对西方文化的思维定式，即西方人的性格是直爽的，说话喜欢直截了当。对语际语用学的研究表明，即使是目的语水平很高的学生，在实际交际中，对目的语语言形式的掌握，也不是很准确，语用语言迁移和社交语用迁移的现象是普遍的。在交际中，本族语者对第二语言使用者的语言水平不高有一种心理预期，即使对方出现语用失误，违反了合作原则或礼貌原则，他通常也能够宽容或迁就。但是，本族语人对外国人过分地道的第二语言反而会表示反感。这也许是本族语人可能感到身份受到威胁。可见，在语用的“地道”方面，也不必过度追求。跨文化交际不仅要求使用第二语言的一方遵从目的语的文化规约，也要求使用第一语言的一方尽可能照顾对方的文化规约。如在中国文化中人们可以谈论的收入、工资、信仰、宗教、婚姻状况等话题，在西方文化中却构成对个人隐私的威胁。即使双方使用的交际语言是汉语，也不能完全不顾西方的文化习惯，因此最好不要谈论这些话题。此外，中国人一些普遍的民族性格特点如宽厚仁爱、以和为贵、反躬修己、卑己

① 盛炎：《跨文化交际中的语体学问题》，语言教学与研究，1994年第2期。

尊人等都有助于他在心理上容忍和接受异文化。反过来，西方人对中国人使用英语时的语用失误，通常也能谅解。

再次，在跨文化交际中，使用第二语言的一方常受制于语言能力。通常情况下，学习者在缺乏第二语言规则的情况下，直接使用第一语言形成句子，然后再将第二语言的词汇替换第一语言的词汇，同时通过控制调节系统进行一些小型调整。当第二语言使用者在不能顺畅地表达自己的意思的时候，往往要使用直译母语的表达方式，有时还要借助于夸张的表情和手势，在情急之下甚至连母语也会脱口而出。当他按照母语的表达方式进行交际时，不可避免地要把母语文化带入话语场中，产生文化混融现象。同时，在第二语言的使用中，通常会出现各种偏误，包括语音的、词汇的、语法的和语用的，这也是产生文化混融语境的原因之一。例如，在西方文化中直呼其名表示关系亲密，有些西方人不清楚中国人的姓名顺序，常把中国人的姓当作名来称呼。

此外，交际的话题也在一定程度上影响着文化混融现象，如果双方谈论的是西方事物，则西方文化的影响就会大一些；反之，如果话题是中国事物，那么中国的文化影响就大一些。这是显而易见的。

针对跨文化交际中的文化混融现象，我们建议在对外汉语教学中采取以下对策。

第一，突出交际性教学原则，努力创造条件提高学生的交际技能。首先是充分利用课堂环境加强交际训练，因为课堂能提供模拟真实的交际语境。在课堂上，除了做有交际意义的问答练习，模仿课文情境进行分角色表演之外，教师还可以设置一些跨文化交际的情景或话题进行交际练习。课堂语境也是文化混融语境，教师最清楚学生的心思、语言能力和文化习惯，别人听不懂的语句，教师常常一下子就明白了。同样，学生也最熟悉老师和同学的语音、语调和表达方式，最容易互相沟通。教师应利用这种有利条件，加大目的语的有效输入。其次，教师要鼓励学生走出校园，直接接触中国社会，在与中国人的实际交际中学会交际技能。还要有计划、有组织地安排课外语言实践活动，让学生在自然语言环境和真实交际中习得汉语。交际既是语言学习的最终目的，也是语言学习的重要手段。学生在课堂上学习的语言结构知识必须与语境和功能结合起来，才能提高交际能力。

第二，追求表达的正确性和得体性，提高第二语言的自我监控调节能力。由于文化混融语境有助于跨文化交际的实现，留学生在进行了成功的交际之后，一方面会增强信心，但另一方面也可能会放松对表达的正确性与得体性的要求。比如，当外国人在语法上出现错误，而中国人在交谈中出于礼貌和合作，只要听懂了，一般都不会打断对话去纠正他们语法上的失误。

因此，在实际交际中，由于文化混融语境的影响，这些语音、词汇、语法和语用方面的问题往往得不到纠正，甚至不能被发现。我们强调交际的重要决不意味着可以降低课堂教学的标准。我们不能因为学生进行了成功的交际而放松对正确语言形式和语用得体的要求，恰恰相反，这些方面的课堂教学必须加强。只有学生掌握了正确的语法规则和语用规则，才能在交际中监控调节自己的语言输出。如果缺乏这种监控调节能力，学生在交际中生成的错误句式和习得的不正确或不得体的语言形式就会因交际成功而强化，使错误的句式成为定式，以至于难以改正。

第三，从改进教材入手提高对外汉语教学的质量。教材是教师教学活动和学生习得活动的主要依据，教材决定教学的基本内容。一部好的第二语言教材，必须突出交际性和实践性原则，必须符合语言学习规律。现在有的教材内容脱离现实生活，缺乏交际价值，引不起学生的兴趣，或者有些教学内容滞后于学生的实际能力，或者交际文化知识的介绍与技能的训练不足等。因此，我们要有针对性地介绍汉语交际文化知识并通过进行语言文化对比分析来强化学生的跨文化意识，使他们能在文化混融语境背景下的交际中分辨出目的语文化与母语文化的不同表现形式，保持对目的语中文化信息的敏感，避免把母语文化的表现形式误认作目的语文化的表现形式。

（四）对外汉语教学中的文化差异

从跨文化交流和第二语言学习的角度看，对外汉语教学中不可避免地会涉及文化差异。这种文化差异主要表现在价值观念和文化思维模式的不同。而因为有这种文化差异，也会产生很多对外汉语教学中的问题，比如语义歧义、词语内涵的不同理解、交际习惯方式不同等。

从根本上说，中外文化的差异主要表现在两个方面，即价值观念和思维模式。下面以中英文化为例分别进行简要说明。

从价值观念上看，每一个社会体系都有其独特的价值观念体系，这套体系直接影响人们思维的方式，交往的规则，对人们的社会生活起指令性作用，社会成员在不知不觉中习得了这套体系。对于隶属于某一文化的人来说，行为受价值观的支配，语言上也打下了价值观的烙印。价值观的表现范围很广，这里仅取其中与文化差异有密切关系的方面介绍。

首先，从世界观上看，中国传统的宇宙观是“天人合一”，即人与自然处于统一和谐的整体结构中，表现为人对自然的顺从及崇拜，认为人是自然的一部分，是整体的一部分。体现在思维模式上就是整合型思维，是一种整体优先的认知活动，体现在语言上就是整合型句式，它首先注重整体形象，然后再注重细节，先整体后局部。以此对应，西方文化坚持“天人相分”即“主客相分"的哲学观点。认为人是万物的中心，人与自然相对分立，人应处于支配和改造的地位。西方人认为整体由个体构成，思维时往往以个别部分为起点，然后把这些部分拼合成一个整体，即分异型思维，也称解析式思维，体现在语言上就是分异型句式。此外，中西方的"天人合一"和"主客两分"的哲学基础，决定了汉语重"意合"而英语重"形和"。

其次，基于上述世界观的不同，中西方的价值取向有天壤之别。中国人认为个人微不足道，推崇社团和集体价值，强调社会群体的统一和认同，是一种社团价值至上的价值取向。而西方文化则是个人价值至上，它推崇个人主义，强调个人的存在价值，崇拜个人奋斗。由此在语言上呈现出群体取向和个体取向的差异。

再次，从时间取向与时间顺序上看，中国人以过去为主，往往考虑过去做什么，有什么经验教训。而西方人着眼于未来。有强烈的时间"紧缺感"，不是追求如何做人而是追求如何做事。即汉语哲学在"为道"与"为学"的侧重点不同决定汉语语言的逻辑性和客观性。客观性在句式上体现为主动语态。外国人在汉语学习时往往接受不了这一内在影响，在用汉语表述时间关系的句子时往往不会按照时间顺序。汉语学习者应对此引起注意。有意识增加对文化差异的敏感性，使所学汉语句式更地道、更纯正。

从思维模式上看，中西两种不同的价值观构建了不同的思维模式，不同的思维模式决定了不同语言的基础结构。如在感知时间，地理位置，在表达组织，系统介绍人物等方面，汉语的顺序都是从大到小，而英语的表达顺序恰好相反。中国人的整体思维是自然与人处于一个统一的整体结构中，由大到小就是先整体后局部。而西方人则认为相互独立的部分组成了世界。因此，由小到大，由点到线，他们的思维是归纳式的，线式的。即东方为整合型思维，西方为分异型思维。体现在现代汉语中，次结构可以整合到主结构之内，而英语中的主结构与次结构是分异的。因而在对外汉语教学中，要帮助学生自觉比较英汉思维模式的个性部分，即差异部分，了解思维模式对语言表达的影响，从而排除英语思维的干扰，从根本上提高自己的汉语表达能力，准确地传递所要传递的信息。

很显然，这种价值观和思维模式的不同会造成很多方面的文化差异。首先，因为不同的文化背景而会产生语义的歧义。比如汉语中的"黄色"表示一种颜色，又表示色情的意思，而英语中则没有。有时汉语中一些反映中国特色的词语在别的语言中也找不到对应的词语。其次，不同文化传统对词语内涵的理解也不同，比如"龙"在汉语中有神圣至尊等涵义，但是英语中的"龙"表示罪恶残暴等。再次，不同民族社会的交际习惯方式不同等。

从以上看来，对外汉语教师的责任在于引导学生注意从活生生的语言环境中既要学习汉语，又要了解使用汉语的汉民族的传统文化，同时又要了解与自身母语文化的不同，理解其深层原因和历史渊源，这样才能真正理解文化差异，学好汉语以及汉语文化。

（五）对外汉语教学中的文化依附矛盾

从实践经验看，对外汉语教学中会出现一些文化矛盾，其中最主要的是文化依附矛盾。对外汉语教师在教学中和学生在学习中代表或体现什么样的文化，即是所谓的文化依附。教师作为汉语文化群体的一员，自然而然地是代表了汉语文化，但他的教学对象是来自异文化群体的成员，这样，他在教学中有时就会自觉或不自觉地进行文化依附选择以适应教学对象，文化依附矛盾便由此产生。来自汉语非母语文化群体的留学生是某一民族、国家或地区文化群体的一员，他所代表的是各自民族、国家或地区的文化；但置身于目的语环境中的他必须学习汉语，而汉语体现的是汉文化，这就使得他们有时不得不“背叛”自己的文化群体而去理解甚至接受汉语文化的价值观念或准则。在这种情形下，留学生的文化依附矛盾便由此而产生。从教与学两个方面来看，我们把对外汉语教学中的文化依附矛盾定义为：教师因教学对象为异文化群体成员而进行文化选择时和留学生因学习内容为汉语言文化而进行文化选择时所表现出来的矛盾。文化依附矛盾可分为表层和深层两个层面。表层层面上的文化依附矛盾是看得到、听得见的，是可感的文化行为，比如语言行为中的称呼语、文化词语；非语言行为中的身体姿态、手势等；深层层面上的文化依附矛盾是潜在的，看不到、听不见，但它是可知的，比如价值观念、文化准则和态度等。下面我们从对外汉语教学的学生和教师两个方面对文化依附矛盾进行简要说明。

大多数对外汉语教学的学生是来自不同国家的留学生，他们的文化依附矛盾可以从表层和深层两个方面来概括。从表层的语言行为看，当留学生进入汉语文化环境时，他们总会表现出某种程度的不适应，甚至出现文化休克。但是，当他们认定必须面对这种语言文化现实，必须介入汉语文化时，形形色色的文化依附矛盾就会出现在他们的语言文化生活中。比如，如果我是英国人或美国人，我用汉语交际时必须询问年龄、家庭、婚姻、工资、来历吗？如果我用“今天天气不错”来引发话题，他会理我吗？会不会觉得我是无话找话？当有人打招呼问我去哪儿时，我得很认真地回答吗？诸如此类的问题，依附母语文化还是依附汉语文化的种种矛盾困惑着来自异国他乡的留学生。从文化词语上看，也会存在文化依附的矛盾。文化词语是指在某一语言文化中具有一定文化附加意义的词语。在不同的语言文化中，这样的词语，虽然其词汇意义相同，但它们的文化附加意义却不一定相同。如“松、竹、梅”在汉语文化中可用来指坚强、正直、高尚等，而在其他语言文化中就不一定有类似的意义。留学生在理解和使用文化词语时，常常感到苦不堪言。虽试图依附汉语文化去理解，但因为知识的缺乏，又往往停留在字面意义上不知所云，如果按照母语文化的习惯来使用，又会闹出一些误会。在非语言行为上，留学生的母语文化依附要远比语言行为牢固得多。有时会有这样的情况，即使他们的语言行为完全依附汉语文化，可非语言行为体现的依然是母语文化。能做到“言行一致”的学生人数很少。在深层次上看，学生在接触汉语文化时，他们的价值观、审美观、行为准则、生活方式等应该也会受到影响，可实际上他们往往依附其母语文化，有时拒绝接受汉语文化深层的东西。有的留学生重视个性发展，忽视集体主义精神，对汉语文化的集体意识、集体主义行为等大惑不解。总之，留学生依附汉语文化程度的深浅，往往取决于他们对汉语文化乃至自己母语文化的态度。对母语文化感到自卑同时崇拜汉语文化者，依附程度最深，甚至有发展到归属汉语文化的可能。对汉语文化持认同、亲近态度者，依附程度要看他们对汉语文化的熟悉程度，文化依附矛盾的多少也往往取决于此。

身为汉语文化群体成员的对外汉语教师，在日常生活和教学活动中都享有体现自己母语文化的自由。在日常生活中，教师如果有意识地依附某种异文化，常会招致汉语文化群体成员异样的目光。在课堂教学中，面对以汉语文化为目的语文化的留学生，教师拥有传授汉语文化的绝对权力，可留学生总处于被动接受的环境，也会引发文化上的不合作行为。因此，对外汉语教师也承受着文化依附的矛盾。这也主要表现在表层和深层两个方面。在表层的语言行为上看，在教授留学生汉语或与留学生进行日常交往时，对外汉语教师总会被告知：不要随便打听对方来历，不要问年龄、婚姻、工资收入等。所以很多教师很少涉及此类话题，尽管有时也想就这些方面的内容进行一些交流。这就涉及到了汉语与异文化的矛盾。在非语言行为上，有些教师的文化依附也有脱离汉语文化的倾向，这会引起本国学生的反感。从深层次上看，对外汉语教师作为汉语文化的化身，他应体现自己文化的价值观念和文化准则等，并通过传授这些内容以及自己对母语文化的态度来影响、改变学习者的行为。但有时学习者对目的语文化的冷淡又会使教师面临窘境，陷入文化依附矛盾之中，甚至被迫去依附异文化以迁就学生。当教师置身于留学生中间时，尤其是在日常交往中，教师如果依附汉语文化，坚持自己的生活方式，就会表现得与留学生很不合拍；如果去依附异文化，自己又不情愿，而且也表现得不自如。

对外汉语教师的文化依附矛盾与自己对汉语文化的态度有着密切的联系，绝对的自豪与自卑都不可能促成健康的文化依附。在对外汉语教学的现实中，有这样两种倾向应引起我们的注意：一是本民族文化优越论，特别是当想到汉语文化的悠久历史时，更是对其他文化不屑一顾，进而在教学中处处表现出强烈的文化优越感；二是文化自卑，对本民族文化抱有虚无态度，教学中一味地去依附留学生的母语文化，对本民族文化的消极评价甚至超过来自异文化的成员，这同样也不会得到学生的肯定和信任。在实践中，我们鼓励教师确立汉语文化自信，但绝不能凭借教师的权威而使自己表现出文化沙文主义的倾向。

在对外汉语教学过程中，文化依附矛盾的出现是不可避免的。从教学角度看，我们应确立这样一条原则，即教师的教学活动、教材编写都必须把汉语言文化作为主导文化，而不必去依附某种外语文化。这与我们提倡教师在课堂教学中不讲外语的道理是一样的。只有这样，对外汉语教学才能健康地发展。同时，还应该努力培养学生依附汉语文化的兴趣，鼓励他们依附汉语文化的勇气，同时也应注意让他们学会用汉语表达本民族的文化世界。

（六）对外汉语教学中的跨文化交际意识

在对外汉语教学中，已经有越来越多的教学者和研究人员注意到了跨文化交际意识的重要性，即在对外汉语教学中，不但要求教师将文化教学寓于语言教学之中，重视对目的语文化背景的教学，了解文化差异，获取必要的知识和经验，还必须理解和接受文化差异，能够设身处地理解交际对方或置身于异文化立场之上，接受其思维方式和行为方式。

每个国家都有其独特的文化，当不同文化背景的人相遇、接触、交往的时候，文化差异就凸显出来了，由此人们也就意识到跨文化交流中的问题。"跨文化意识"是由西方学者汉维提出的理论，根据他的观点，认为跨文化意识是指跨文化交际中参与者对文化因素的敏感性认识，即对异同文化与共同文化的异同的敏感度和在使用外语时根据目标语文化调整自己的语言理解和语言产出的自觉性，是一种理解和承认文化差异的能力。西方学者Chen 和 Stacosta 对"跨文化意识"做了更加具体的解释，他们认为跨文化意识是跨文化交际中认知方面的问题，指的是对影响人们思维与行动的文化习惯的理解，跨文化意识要求人们认识到自己具有文化属性，也要基于同样的认识去探寻其他文化的突出特征，只有这样，他们才能在跨文化交际中有效地理解他种文化人们的行为。很显然，跨文化意识不但要求人们在跨文化交际中认真探究彼此之间的文化差异，有效地理解交际对象的行为，还要求交际双方乐于接受和正确对待文化差异。

外国学习者在学习汉语时一般会经历跨文化交流意识形成的不同阶

段，事实上，由于文化学习者个体存在差异，其最终所能达到的层次也不尽相同。Hanvey对跨文化交流意识形成的层次进行了简要的划分，他把文化意识划分为四个层次并且认为大多数的语言学习者都可以归于这四个层次。

在第一层次上，学习者感受到的文化信息包括学习者认为的目的文化事实、对目的文化及其中的人群持有的文化定式和学习者所认为的目的文化具有的“不足”。这些文化定式在不同程度上，都会对学习者真正地了解目的文化产生阻碍。在第二层次上，对外汉语学习者会发现更多有关目的文化的细微特点并且有时可能会感觉到失望或沮丧。在这一时期，学习者对于他们观察到的事物只表现出浅显的理解，而非深入的理解。有时，诸如此类的发现会使得学习者感到迷惑，甚至恼怒，但是他们却不了解其背后隐藏的真正原因。在第三层次上，对外汉语学习者开始从文化载体本身参考框架的角度来理解文化现象。这一层次包括学习者对文化深入的理解和其对文化接受的程度。这一层次的学生开始掌握能够与目的文化礼貌传统相结合的主观防御机制，进而能够理解来自目的文化的人传递给他们的某些混杂的信息。在第四层次上，对外汉语学习者可达到移情，即融入了汉语文化并获得的真正的文化立场的转换和对自己母语文化框架模式的超越。一般来说，只有较少的人才能达到这一层次。

一些对外汉语学习者非常渴望尽快了解汉语文化社会，但事实上，许多学习者并不能够完全了解并适应目的文化。有时候，在跨文化交际课堂上，虽然有的学生完成了对目的文化某些方面的学习，但是他们往往坚持其母语文化的理解方式和行为模式，而并未作出很大的改变。即使这样，大多数学习者还是十分渴望通过在日的语国家学习或生活，观察他们周围的文化传统习俗，并设法适应目的语文化来开阔其文化视野。通常来讲，他们会以自己的文化视角来看待目的语文化，但与此同时，他们又开始以新的方式来审视自己以及其母语文化。

对于对外汉语教师来说，不仅应该对汉语文化有着深刻的自知之明，同时对于学生的母语文化也应该有相当深入的了解，对于两种文化的异同及其在语言中的反映非常敏感，能自觉地将文化比较运用于对外汉语教学，即双文化的意识和自觉。在对外汉语课堂中，教师也应该着重从以下几方面帮助学生更好地理解汉语文化的内涵，增强跨文化交流意识的层次。

第一是与语言相关的文化因素。尤指对汉语词语中的文化因素的发掘与讲解，教师在讲解所学词语的基本意义时，要考虑到该词语是否具有文化附加义，这种文化附加义的重要性如何，学生母语中对应的词语是否也具有某种文化附加义及其对汉语词语认知的影响如何。

第二是与交际相关的非语言因素。指的是影响交际双方言语行为的一些非语言因素，例如情绪、表情、手势、体态、动作、距离、接触、语音、语调等。在口语交际中，语言的隐含性大，就是因为大量的信息是通过非语言因素的渠道传递的。据研究，非语言因素传递的信息能占到全部信息的60%之多。教师应当掌握学生所属文化中的非语言表达方式与汉语文化中的非语言表达方式的差异，使教学的针对性更强，效果更好。

第三是与语境相关的因素。尤指跨文化交际中与文化相关的一些因素，如交际双方的年龄、性别、社会地位、职业、文化水平、教育程度、言语习惯、行为方式、习俗、礼貌原则、得体性、环境、语境背景、认同感等。这些因素虽然是间接作用于交际，但对交际能否成功影响极大。教师应带领学生通过真实的交际和接近于真实的交际活动，体会和把握语境因素，调整自己的文化依附心态，提高自己的文化适应能力。

第四是与价值系统相关的因素。指对人们的语言或行为起着规定性作用的价值观、信仰、处世哲学、评价标准、行为规范等。一般来说，人们容易注意到的文化差异可能表现在艺术、音乐、建筑、服装、时尚、生活方式等外显的事物方面，而更深层的文化特质却不容易把握。如果把文化比作大海里的冰山，能看见的只是露出水面的一小部分，那潜藏的部分才是决定性的。交际的失败往往不是由于语言的障碍或冲突，而是来自价值观的对立。因此教师对文化差异准确的阐释、宏观的把握、通达的态度、良好的修养就显得至关重要。

三、对外汉语教学与跨文化适应

(一)跨文化适应的内涵

1. 跨文化适应的含义

“跨文化适应”是英语“cross-cultural adaptation”的汉译，一般将其称为“文化适应”。对于跨文化适应，金的定义是：跨文化适应是“一种综合现象，指的是初居一种生疏的社会文化环境中的人，努力在自己与新文化环境之间建立起并维持一种相对稳定的、互动的和有功效的关系”。这一定义的核心是，适应的目的是达到个人心理对外在新环境的全面适应。金等人认为，适应实际上是一个交际过程，其中包括含义比较狭窄的一些常用术语。布朗则认为，文化适应是“对一新文化适应的过程。要实现文化适应，不仅需要进行交际行为的调整，还需要重新调整思维和感情的导向”。阿克顿和费利克斯则将文化适应定义为“逐步适应目的语文化但不必抛弃母语文化的身份”。

综上，我们可以将“跨文化适应”定义为：跨文化适应是一个对新文化环境适应的过程，指的是初居一个新文化环境的人，不断克服文化休克的负面影响，从交际行为、生活习惯到思维方式与价值观念做出相应的调整或改变，最终达到适应新的文化环境和学会在新文化环境中进行有效交际的能力。

2. 跨文化适应的种类

跨文化适应可以分为以下几类。

(1)短期旅居者的文化适应

短期旅居者的文化适应是指因学习或工作而暂时旅居另一文化的人对新文化环境的适应。他们的居留时间短到数月，长则几年。从文化休克到文化适应的过渡一般体现在第一、第二年。

(2)长期文化适应

长期文化适应是指长期侨居异国和移民国外者的文化适应。克拉克称这种文化适应过程中的文化休克为“意识冲突”，认为这是第二次文化休克“浪潮”。这种文化休克表现为永久移民在新文化环境中基本克服了短期文化适应过程中文化休克的阻碍，已经基本安定下来。在语言、生活、工作和交际等方面都已无大的困难，但是他们仍然难以融入当地居民群体和文化。他们对当地语言的深层内涵和风格仍不得要领，对人们的生活方式和“幽默”感仍难以认同，甚至感到自己已成为既不被新文化接受又不为母语文化所认同的边缘人物。许多人身居一种新文化数十年，甚至一辈子，却仍然摆脱不了这种没有文化归属的困境。所以，移民要实现长期文化适应，只有跨越了长期文化适应的门槛，实现了文化身份的完全改变，才能基本达到目的。

3. 文化适应的过程

文化适应需要通过一个艰难的克服文化休克，在语言、生活、交际和思维等方面的习惯逐步由本文化转向目的文化的过程，文化适应过程也是价值观念和文化身份调整或改变的过程。文化适应的成果大小、时间的快慢，不仅取决于两种文化之间差异的大小，更重要的是本人的态度和适应能力。

文化适应过程是分阶段的。西方学者从不同的角度进行研究已有许多很有价值的论述，有的将这一过程分为三个阶段，有的分为四个阶段，也有人分为五个阶段。划分阶段的依据和角度也不尽相同。

莱文和阿德尔曼从文化的角度以一年左右侨居期为例，将文化适应过程分为五个阶段，并用“W”加以图示，如图 9-1 所示。每个阶段都有其典型的表现。

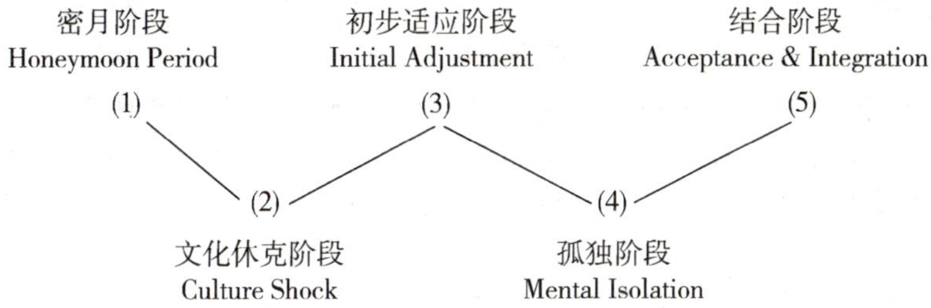

图 9-1

(1)蜜月阶段。刚到一种新的文化环境，许多人对一切新的东西都感到新奇，情绪兴奋，他们为能来到这一新文化而感到兴奋不已。

(2)文化休克阶段。有人感到一下子为许多问题所困扰：住房、交通、购物、语言等都遇到了问题。特别是语言困难造成了严重的心理危机。

(3)初步适应阶段。日常生活困难基本克服。语言虽还不流利，但尚能使用对外汉语表达基本意见和感觉。

(4)孤独阶段。已离开家乡故土良久，开始感到孤独无助。感到自己还不能像使用母语一样自如地运用对外汉语，进而开始慢慢感到心情沮丧，失去信心。有些人总难跳出这一阶段。

(5)结合阶段。工作、生活和学习都已走上正轨，对新文化的生活、习惯、风俗、饮食和人们的文化特征已经适应或接受，与朋友和同事之间相处也比较自然，语言也已习惯。

莱文和阿德尔曼还将重归适应过程细分为五个阶段，如图 9-2 所示。

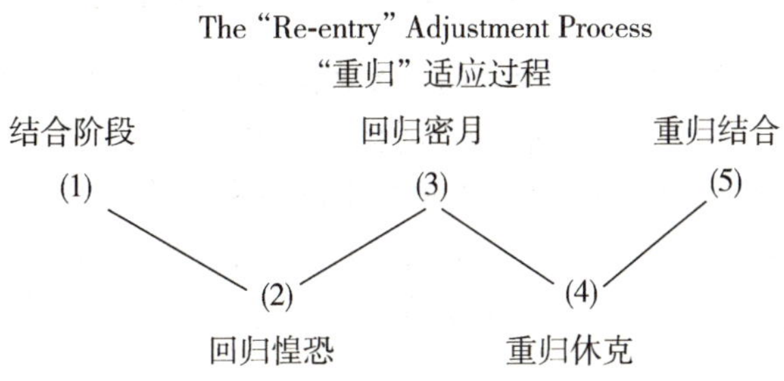

图 9-2

(1)结合阶段，已经适应新的文化。

(2)回归惶惑，即将离开已经长期旅居的文化时感到心里惶惑，为即将失去已交上的朋友而感到痛苦，不少人感到自己在国外期间已发生了巨大变化，现在要回国心中感到惶恐不安。

(3)回归蜜月，刚一回到长期阔别的祖国感到兴奋不已。亲友的欢迎，旧情重叙都令人神往。

(4)重归休克，亲朋好友可能对自己的国外经历难以理解和认同，发现祖国和故乡发生了意料不到的变化，自己颇有“落后于时代”之感。

(5)重归结合，与家庭和亲友重新熟悉，感到又融入故国社会。许多人达到这一阶段时认识到自己祖国和曾经旅居的国家都各有长处和短处，对自己在两种文化中的经历已经产生了心理平衡感觉。

(二)文化适应与对外汉语习得之间的关系

在第二文化中学习对外汉语所遇到的困难使文化适应变得更加困难，更加难以应对。文化休克是在第二文化中对外汉语学习者所普遍遇到的大问题。这是因为，语言作为每种文化中人们相互交往的最重要的工具，是文化的载体。这也因为，陌生的对外汉语成为对外汉语学习者在陌生的第二文化环境中赖以生存和与人交往的唯一手段。(Brown，1987)对外汉语学习者语言习得的困难与其所遭遇到的文化休克之间存在着相互作用的密不可分的关系：文化休克削弱了对外汉语学习的积极性；对外汉语学习的困难反过来又加剧了文化休克。所以，文化适应的过程也就是在第二文化中初学对外汉语者艰难的语言习得过程。

对外汉语教师不能不认真研究文化休克与文化适应，但是对外汉语教师是从语言教学角度，或者说是从外国留学生学习汉语的角度和过程研究文化休克和文化适应的，对外汉语教师研究的内容是学生对外汉语习得过程与其文化适应过程之间的同步关系。

(三)文化适应过程与对外汉语习得过程之间的同步发展关系

文化适应与对外汉语教学之间的关系需要从第二文化中学习对外汉语者的文化适应过程与对外汉语习得过程之间的同步发展关系角度去讨论。“文化适应”在此指的是布朗、阿克顿和费利克利所使用的概念“acculturation”，即逐步适应外语文化但不必放弃母语身份，也就是在第二文化中学习对外汉语期间所需要的短期文化适应。

1. 对外汉语习得的心理适应过程

阿克顿和费利克斯总结了有关在第二文化中学习对外汉语的一些理论，从语言习得与对第二文化的心理适应过程之间关系的角度将文化适应过程分为四个阶段。

(1)旅游者心理阶段。初到第二文化环境的对外汉语学习者对新的文化感到几乎一点也不能接受,这一阶段在一定程度上涉及文化休克问题,所讲的语言只能算是词语拼凑,学习者基本上还是按母语的一套表达意思。

(2)生存需求阶段。这一阶段所学的是急用语言和适用的文化知识。只有通过了这一阶段,才能学到优雅的语言能力,然而许多人难以通过这一关,只能停留在第二阶段,学到的只是“洋泾浜”式的语言。

(3)移民心理阶段。这是有文化的人通过较长时间的国外工作和生活渴望达到的阶段,不过绝大多数人难以越过这一阶段。

(4)公民心理阶段。到这一阶段就可达到第二文化的公民的语言水平,只会偶尔遇到一些语言和文化上的细微困难,其发音和体态语可望近似于侨居地本土居民。

2. 对外汉语习得的认知变化过程

菲尔莫尔也是从语言技能提高过程的角度将文化适应过程分为与阿克顿的阶段论类似的五个水平。

第一阶段是初级阶段。新的语言学习者基本上完全依靠环境的提示,使用的是第一语言的词语与表达方法。这一阶段相当于阿克顿和费利克斯理论中的第一阶段。

第二阶段是提高阶段。对外汉语学习者能听懂日常对话,并且可以按语法规则组织语言,但一般只限于日常实用性交流。这一阶段同阿克顿和费利克斯的第二阶段。

第三阶段是合格的交际者。同阿克顿和费利克斯的第三阶段。到达这一阶段的学习者已学会基本语法和对话,可以运用新的语言思维,很少出现大的语言错误。

第四阶段为语言运用熟练阶段。同阿克顿和费利克斯的第四阶段。到达这一阶段尽管还要依赖语法规则,但已有较好的语感,能够根据具体需求有效地选用不同的语言表达方式,已经学会遣词造句了。

第五阶段是专业水平阶段。语言已经达到专业水平,能够运用对外汉语撰写诗歌。这一阶段是阿克顿和费利克斯理论中没有的。

3. 对外汉语习得的感情态度转变过程

许多学者强调要学好对外汉语,对对外汉语的感情和态度至关重要。西方有些学者认为,只把语言当成某种需要的工具来学习是不够的,只有具有强烈的结合意愿的人才能通过第三阶段并进入第四阶段。加德纳和兰伯特等人曾指出,要学好第二语言就必须对该语言采取积极的态度。除了理解能力和学习天赋外，具备与目的语文化的人交往和结合的愿望可以促进对外汉语习得。

4. 对外汉语习得与个性、角色的变化

“个性”在此指对外汉语学习者的行为、态度、信仰、思想、动作和情感。西方学者认为，人的个性因素，如自尊、压抑、焦虑、冒险和外向，会影响第二语言学习，因为这些因素能够影响对外汉语学习者的学习动机和策略的选择。“角色变化”在此指对外汉语身份的培养过程。

第一，在第二文化中学习对外汉语会遇到文化休克和洋泾浜外语的干扰；第二，克服文化休克需要度过一个适应过程，这一过程存在明显的不同阶段；第三，伴随文化适应过程，语言学习也有一个从母语向目的语转化的过程，这一过程与文化适应过程不仅密不可分，而且同步发展，在整个过程中二者都会相互影响，互相作用；第四，文化适应过程中需要越过一个“文化适应门槛”才能摆脱母语文化的羁绊，达到适应新文化的目的。对外汉语习得也需要跨越这一文化适应门槛，由用母语交际的习惯转变为适应对外汉语要求的运用习惯；第五，文化适应和对外汉语习得成败的关键都在于学习者对第二文化和对外汉语的态度，即是否有强烈的学习第二文化和对外汉语的要求，是否对第二文化和对外汉语持正面的态度。

5. 对外汉语习得的文化关键期

(1)对外汉语学习与语境

对外汉语学习的语境包括：一、在第二文化中学习对外汉语；二、在本文化中学习对外汉语以满足在本文化环境中某些职业领域的需要，如教育部门、政府部门、商业场合的应用。我们在此讨论的是第一种情况，如外国人到中国来学习汉语的环境。这种学习环境使对外汉语学习者遇到严重的文化适应问题。学习者必须完全依靠所学得的对外汉语进行交际，同时还必须学会在一种陌生而又“怪异”的文化环境中求得生存。

(2)对外汉语学习环境与社会距离之间的关系

社会距离是对外汉语学习中必须研究的问题。两种文化之间差别越大，社会距离就越大，学习的困难也就越大。舒曼认为，由于存在这种社会距离，对外汉语学习者会遇到不同的学习环境，这些学习环境都可分为对学习有利和不利的两种环境。有利的环境包括：对外汉语学习群体受到第二文化的影响比反影响大时，对学习有利；对外汉语学习者与第二文化的人之间关系融洽时，对学习有利；对外汉语学习者与第二文化人士都有同化的要求或至少对外汉语学习者有适应新文化的愿望时，对学习有利；对外汉语学习者具有在第二文化中长期居留的愿望，有利于学习；对外汉语学习群体小而且群体意识不太强时，对学习有利；对外汉语学习者与第二文化的人都不大在意文化圈子局限时，对学习最为有利；两种文化的人彼此之间都持积极态度时，对学习有利。

(3)对外汉语学习与感知社会距离

阿克顿提出的感知社会距离有别于舒曼的实际社会距离，这一理论中有两个观点值得注意和研究：首先，人类用自己的世界观“过滤”和“折射”的方法去认识文化环境，然后再按照这一认识去行动。按照阿克顿的看法，对外汉语学习者接触到新文化后，其文化适应的过程就会使其从第一、第二文化之间关系的角度去认识母语文化和目的语文化。这一理论启发我们注意到母语语言与文化对对外汉语学习会起到负迁移的作用。我们只有通过语言与文化对比才能发现两种语言、两种文化之间的同异点，并恰当地处理语言与文化之间的差异，避免用一种语言和文化的眼光观察和理解另一语言和文化。其次，阿克顿提出的最佳感知社会距离论将感知社会距离分为三种类型：一是学习者与母语文化人群之间的距离；二是学习者与目的语文化人群之间的距离；三是母语文化与目的语文化人群之间的距离。认为在第二文化中学习对外汉语期间有一个最佳感知社会距离时机。学习者感觉自己与母语文化之间的距离感或与目的语文化之间的距离感过近或过远都会不利于学习，而有利于对外汉语学习的最佳时机是与第一、第二文化都保持一定距离。

第十章　对外汉语的计算机辅助教学

科学与技术是对外汉语教学的双翅，有了双翅，对外汉语教学才能获得飞跃。现代高新技术的发展为我们的研究创造了条件，提供了有利的保证。多媒体技术的应用已经成为时代发展的必然趋势。为了提高对外汉语教学的效率和质量，多媒体技术都随着技术的进步一一出现在对外汉语的教学过程中，引起了对外汉语教学模式、方法的全面变革。

第一节　对外汉语计算机辅助教学理论

一、对外汉语计算机辅助教学的基本类型

根据教学模式，可以将对外汉语计算机辅助教学分为以下几种类型。

(一)个别指导型

教授规则、评估学生的理解和提供应用的环境等都属于个别指导型。例如，母语为英语的学生，有时把“我在清华大学学习”说成“我学习在清华大学”，这时应告诉他们，在汉语里，介宾结构放在动词前做状语与放在动词后做状语意义是不同的。

(二)对话与咨询型

允许学生与计算机之间进行限定性的“对话”。例如，使用《多媒体汉字字典》，可以从中查看每个汉字的笔顺书写过程，可以听到汉字的读音；可以按拼音、按部首检索到某个汉字，也可以按部件检索到某个汉字。

(三)操练与练习型

这种类型主要包括编排题目、比较答案和登记分数，通常作为正常教学的补充。例如，最典型的应用是针对某一语法点或词汇而设计的机械性操

练，像“这是一________熊猫。(A. 只 B. 个 C. 把)”的填空练习。最困难的应用是学生可以自由发挥的造句、写作或翻译练习，像“用‘从……到……’造句”。

(四)游戏型

创造一个带竞争性的学习环境，将游戏的内容和过程与教学目标相联系，也可以是在竞争的环境中进行。例如，在计算机上演示汉字的笔顺让学生判断正误时，如果正确，则学生可以听到该字的读音，看其古文字形，听中国民乐等。

(五)模拟型

用计算机模仿真实环境并加以控制。例如，提供在机场接人的场景，学生与计算机中的人物分别扮演一个角色，练习会话。

二、对外汉语计算机辅助教学的设计原则

(一)交互方式恰当

交互性代表了传统媒体和现代媒体间的根本区别，是计算机辅助教学的重要特征。它的作用应是使学习者能够融入所提供的学习环境。交互的关键是引导学习者主动参与各种学习活动。交互方式要简洁、明确。

(二)媒体素材的有效性

对外汉语计算机辅助教学中往往包含了一些图片、声音、动画、录像等媒体素材，在语言教学中会起到积极的作用。但语言教学中的媒体素材并不是越多越好，也并不是越复杂越好。媒体素材的有效性包括：素材运用要恰当，不可滥用，以免喧宾夺主；素材的质量要符合教学要求，字体、音质、画质、录像要有一定的清晰度；运用素材的目的要明确，不能有二义性；文字解释要采取有效措施，尽可能做到易懂(如对比的手法、表格的形式)，对初学者可以考虑使用母语进行解释；图标要直观，含义要明确，最好能提供在线帮助；解说速度适中等。

(三)内容正确、规范

对外汉语计算机辅助教学的内容可能包含文字、声音、图片、动画、录像等多种媒体。无论是哪种媒体都有其行业标准。例如，文字内容的标准是：

表述通顺流畅，所使用的语言及格式应参照国家出版业相关的标准和规范；拼音标注要符合《汉语拼音方案》和《汉语拼音正词法基本规则》；汉字书写应依据《现代汉语常用字笔顺规范》；汉语发音要符合普通话标准；除涉及报刊、文化艺术方面的内容和标题外，一般不使用竖排。

三、对外汉语计算机辅助教学的影响因素

对外汉语计算机辅助教学的效果不仅有赖于课件的质量，也会受到来自于教师、学生以及教学环境等各方面因素的影响。因此，我们有必要对影响 CCAI 效果的各种因素（或称变量）进行考察和分析，其影响因素主要包括以下几方面。

(1)环境变量，包括 CCAI 课件的质量、社会的需求和认可度、使用环境。

(2)教师变量，包括教师对使用 CCAI 的态度和能力、采用的教学方法。

(3)学生变量，包括学生的学习动机、学习方法、使用计算机的能力。

四、对外汉语计算机辅助教学的应用场所

(一)应用于课堂教学

对外汉语计算机辅助教学课件是为了弥补课堂上传统教学手段的不足而设计的。可以通过综合运用各种媒体，起到提示、启发、帮助理解、提高兴趣等作用；可以临时链接到某个网站，补充语言教学材料。其形式可以是全班同学面对一个与计算机相连的大屏幕上课，也可以是由一台教师计算机控制每个学生的终端机上课。要根据不同的教学内容、不同的课型选用不同的形式。这样做的好处在于，节约了课堂上的板书时间，减少了教师备课中的重复劳动，简洁清晰，提示语言场景。根据以往的实验情况看，它有助于学生的语言表达，更有助于学生的理解。

(二)应用于课下辅助训练

汉语计算机辅助教学课件是针对课堂上教师所讲的内容让学生进行更多的、进一步的、有针对性的听说读写训练而设计的。例如，教师在课堂上讲授了“被”字句，课下学生就可以利用教师所发放的课件进行“被”字句的练习。这种方式既可以弥补因课堂时间有限造成只有部分学生获得练习机会的缺憾，又可以对课堂教学内容进行巩固训练。

(三)应用于自学

对外汉语计算机辅助教学课件可以承载在磁盘、光盘或网络上,以便在不受时间、空间限制的条件下进行自学,它具有比纸版本教材更详尽的讲解、更丰富的表达手段(图画、声音、动画、视频),既有练习,又有测试,甚至还有个别化教学指导。

五、对外汉语计算机辅助教学的可能性

(一)技术上的潜在可能性

首先,印刷的教科书以图文为主,但都是静态的图文,没有声音。作为语言实验室基础设备的录音机能提供声音,却不能提供图文信息。早期的计算机只具有文本处理能力,人机交互要通过文字命令来实现,因此是以文本为主的。后来随着计算机软硬件技术的发展,计算机应用早已实现了以图形屏幕为主的人机交互模式,使界面变得十分友好,便于使用。

其次,教科书没有文字处理能力,所提供的文字是静态的。计算机则具有极强的文字处理能力,这种能力分三个层次。首先是词处理能力。今天利用 Word-processor 制备文件、编写教材已经成为工作常规;此外,像自动拼写校对、查找同义词、反义词、同根词等功能在写作训练中都可以充分利用;利用计算机编制频率词表、词语索引等也可在语言教学中充分发挥作用。其次是文本处理能力,如大规模文本检索、自动编文摘等,在语言教学中也可以发挥作用。再次,随着自然语言处理技术的发展,计算机不但可以对文本进行语法分析和语义分析,而且还可能通过自然语言实现人机对话。由于教材的基础是课文,计算机强大的文字处理能力使它在语言教学中能够发挥独特作用,成为语言教师手中强有力的教学工具。

再次,印刷的教科书本身不能提供音频信号,除非配备录音机和录音带,提供有声资料;常规的非多媒体计算机也有这样的技术局限性;语言实验室则正好相反,其基础设备录音机能够提供有声资料,却需要依靠其他媒体提供文字资料。多媒体计算机则对文字信号和音频信号都能处理和传输。

视频信号的情况也是如此,这里指的视频信号处理能力是指传输动态画面的能力,在上述五种媒体中只有多媒体计算机具有传输和接收视频信号的能力。

最后,录音机、录像机都是一种线性设备,磁带上的信号是一个线性序列,无法实现信号的随机存取;计算机则可以对数字化的信号实现随机存取,不难想象这种能力对语言教学的意义。

而且，存储技术的发展，使计算机存储的容量越来越大，各种海量存储介质如大容量硬盘、只读存储器（CD—ROM）等，使各种信息的存储和交换变得轻而易举，一张光盘就可以储存一部图文并茂的大型百科全书，使学生在学习语言的过程中有可能接触大量真实的语言材料。

综上所述，语言教学过程中不但需要文字处理手段，而且需要有音频信号和视频信号来提供真实的语言交际情景；此外，还要使学生有机会接触大量真实的语言材料，在上述各种媒体中只有联网的多媒体计算机具备这种技术可能性，其优势显而易见。

（二）教育学上的潜在可能性

从教育学角度来看，各种不同媒体所具有的潜在可能性如表 10-1 所示。

表 10-1　不同媒体在教育学上的潜在可能性

	Textbooks	L. L.	CALL	MCALL
个别化教学	−	+	+	+
自定步调	−	+	+	+
即时反馈	−	+	+	+
学生自主学习	−	+	+	+
自助式学习	−	?	+	+
练习提示	?	−	+	+
在线“帮助”	−	−	+	+

（1）最佳的教学方式也许是师生一对一的面对面教学方式。每一个学生都有自己的个性，有不同的学习动机和学习目的，学习能力也各不相同。面对面教学，教师能最好地了解学生的长处与短处，做到因材施教。

（2）语言实验室的出现首先提供了个别教学的可能性，学生可以根据自己的情况确定学习进度，也就是所谓的自定步调（self-pacing）。

（3）做了练习能得到即时反馈，做对做错，立即知道，随时了解自己的学习情况，改进学习方法。

（4）在学习过程中还应当向学生提供丰富的学习资料，使学生能根据自己的实际情况找到适合自己程度和兴趣的学习材料，即所谓的自找学习材料的自助式学习（self-access）。

（5）理想的学习环境最好还能向学生提供进行阶段性自我评测的手段。

（6）所有这些都可以用技术手段来实施，实现所谓的学生自主学习

(sself-directed learning)。

(7)机助教学不但可以提供上述所有教学手段，而且还可以为学生提供在线“帮助”(on-line“help”)，随时帮助学生解决学习中的困难，使学习变得轻松，学习内容容易被接受。

(三)语言教学上的可能性

从教育学角度来看，各种不同媒体为语言教学提供的可能性如表 10-2 所示。

表 10-2　不同媒体为语言教学提供的可能性

	Textbooks	L. L.	CALL	MCALL
养成习惯的操练	－	＋	＋	＋
人机交互	－	－	?	?
探索式学习方式	－	－	＋	＋
虚拟现实	－	－	－	＋

从语言教学法的发展历史来看，我们可以以语法翻译法、交际法和结构主义听说法，作为语言教学法流派的三个代表，来观察不同媒体的作用及这些技术手段为语言教学提供的可能性。

语法翻译法的教学重点是书面语，着重书面语的分析，对技术手段的依赖很少。

随着语言学的发展，人们认识到语言交际过程涉及语言能力和交际能力。真实语言交际的本质特征之一是人与人的交互作用(interaction)，语言教学的目的，不但要教会学生掌握一定量的语言形式，而且要培养运用所掌握的语言形式准确地、得体地进行语言交际的能力。因此教师的作用仍不可替代。

听说法在语言学上的理论基础是结构主义，在心理学上的理论基础是行为主义。听说法认为学习一门语言主要是掌握一系列的技能。结构主义语言学者 R. Lado 和 C. C. Fries 曾经有一个关于语言学习的著名定义：“学习一门语言就是要把该语言的句型从口头上养成下意识的习惯。”这里有三个关键性的概念，一个是“句型”，结构主义语言学对语言的描写以句子为界限，对一种语言的描写可以把它归纳为一个有限句型的集合；其次是“从口头上”，即强调学习一门语言必须从掌握口语出发，而不是首先从书面语出发；再次是“养成下意识的习惯”，听说法认为语言使用在某种意义上是下意识的，人们在进行正常语言交际的时候，意识集中在所交换的信息上，很少集中在语言形式上，语言加工通常在下意识的层次上进行。所谓 4-相位句型操练(4-phase drills)就是根据行为主义心理学的刺激—反应理论而设计的习惯养成技术(habit-forming techniques)。语言实验室就是这种理论的技术实现。应当说利用语言实验室进行 4-相位句型操练对于在短时间内迅速养成语言习惯是有效的，这种对句型作出迅速反应的能力，单纯依靠教科书而不依靠一定的技术手段很难达到。在听说法鼎盛时期，语言实验室曾经风靡一时。可是人们很快发现了语言实验室的不足。句型操练往往是机械的、脱离上下文的，并不能反映语言交际的本质，学生通过句型操练所养成的技能在实际交际中并不一定能够保证产生能力迁移。

多媒体计算机可以提供示范音和学生朗读的声音的波形分析，把语言声学研究中使用的语图仪交到普通学生手中，使语音学习获得一种直观有效的手段，这些都是多媒体计算机给语言教学提供的强大潜在可能性。

机助语言教学作为一种媒体其最大的特点或许是给语言学习者提供一种以探索方式学习语言的手段(exploratory mode of learning)，例如词语索引软件(concordancer)，可以从大量语料中迅速查找出含有某个词或某个语言现象的大量真实的例句，学生可以通过分析、归纳，自己摸索掌握某个词或语言结构的用法，这可以称为数据驱动的教学(data. driven instruction)方式，是常规媒体所不具备的。

(四)语言教学的课内活动

各种不同媒体在语言教学课内活动中的作用如表 10-3 所示。

表 10-3　各种媒体在语言教学课内活动中的作用

		Textbooks	L. L.	CALL	MCALL
讲解	系统性	+/−	+	+	+
	代表性	+/−	−	+	+
	上下文意义	+/−	−	+	+
操练	机械操练	+/−	+	+	+
	有控制的操练	+/−	+	+	+
	多样化操练	+/−	+	+	+
	在情景中操练	+/−	?	+	+
	有意义的操练	+/−	−	+	+
	开放性答案练习	+/−	−	?	?

续表

		Textbooks	L. L.	CALL	MCALL
运用	语言交际活动 完成指定任务	+/−	?	+	+
	解题	+/−	?	+	+
	模拟	+/−	?	+	+
	活用语言	+/−	−	?	?
测试/自我评价	+	+	+	+	

(1)讲解的目的是介绍语言现象，要做到系统性、有代表性，而且要在上下文中进行，而不是脱离上下文孤立地讲解语言现象。这主要取决于教材编者和课件编者的教学法指导思想和水平，而不是某种媒体所特有的功能，虽然在表中，每处都打了＋号。

(2)语言操练包括机械的、有控制的操练，操练要多样化，而且还要使练习在一定情景下具有一定的意义，而不单单是机械的重复。对于常规媒体和高科技媒体，这些都可以做到，关键仍然是教材编者和课件编者的教学法指导思想；另外还有一类练习称为开放性练习，练习没有固定答案，主要依靠学生的想象力发挥。批阅这一类练习，目前只有教师用人工做得到。

(3)语言学习的目的是运用，课堂里的语言交际活动只能模拟客观世界的交际需要，利用计算机多媒体技术在课堂里创造这种模拟的交际环境没有困难，但要不受控制地使用自然语言与计算机对话则目前还有很大的局限性。

(4)在表 10-3 中教科书栏下画的是＋/－号。很显然教科书有没有某种功能主要是指教科书编者和使用教科书的教师，取决于编者和教师的教学法指导思想，而不是指教科书本身。即使教科书是按交际法的原则编写的，提供了许多交际型的练习，着眼在培养学生实际运用语言的能力，如果教师坚持语法—翻译法，则交际法教材可能具有的某些优点也会就此消失，这种情况在实际教学中并不少见。

六、对外汉语计算机辅助教学的优势与局限

(一)对外汉语计算机辅助教学的优势

1. 方便

使用电脑的最大长处是使用方便。用电脑编制的教材、练习、考题内容

可以随时加以修改。有的内容不必等完美无缺才公之于世,不必受到传统印刷出版周期的限制。现有的词处理软件可以打印出与传统印刷相媲美的教学材料。通过电脑资料库,可以很方便地处理学生学习情况记录以及进行其他教学管理,网上的教学内容随时可以修改。例如我们的网上学中文,网页差不多每个月都要更新一次,增加新发现的资源,删除过期的或者不再有效的网点。

2. 灵活

人们可以随时随地(anywhere and anytime)根据自己的情况安排学习,突破时空限制。有一些人由于工作或者家庭的原因,无法进入传统大学,但是他们只要有一台电脑,有上网的设备,或者买一个光盘,就可以随时学习自己想学的课程。两年以前,美国乔治亚州的一个电子公司总经理希望提高汉语口语水平,我们通过电脑网络用电子邮件(文字和语音)、电脑电话进行远程教学。学生根据每周收到的用电子邮件发去的学习材料进行自学,一周一次(一个小时)用电脑电话进行口语练习。波兰华沙和格旦斯克各有一名学生通过电子邮件进行阅读与写作练习。其中一名至今还在继续通过这一方式学习中文。在加州州立大学,相当一部分的学生平时除了上课以外还要工作,他们的工作时间常常和选课发生冲突。有了电脑学习辅助软件和网上课程以后,他们可以根据自己的时间表用电脑进行学习。

3. 多样

跟传统课堂不一样的是学生不再只见到一个教师、一本教材,通过多媒体的电脑软件或者网络资源,学生可以接触到大量不同的真实语言环境、语音、图像、电视片段。学生可以看到、听到真实的语言材料并在接近真实的语言环境中学习语言。他们不仅可以熟悉自己的教师,也可以通过网络认识其他学校的教师和学生,还可以和中国的电脑网友进行交流。他们的视野扩大了,语言接触面呈现多样化。

4. 共享

资源共享是网络的特点之一。目前在网络上的中文教学资源已经相当多了,教师可以从中选择对自己的教学有用的东西,加以适当改变用到课堂中去。例如在网上可以找到许多中文阅读材料,有的已经加上了生词和注释,只要稍加修改就可以使用。此外教师要单枪匹马制作大量的教学辅助材料总会受到各种因素的限制。例如有的教师非常想制作电视教学片或者语言练习,但是受条件的限制无法如愿。现在有了一大批热心于电脑教学的教师的无私奉献，让大家分享他们的研究成果，这是以前无法做到的。

（二）对外汉语计算机辅助教学的局限

使用电脑虽然有很大的优点，但是电脑使用发展情况是不平衡的。有的学校和教师走得比较快，用得比较多；有的学校和教师则使用得比较少；也有的人至今不愿意运用电脑。这种情况在学生中同样存在。如上文所说，有的学生成天泡在电脑上，有的却不太愿意使用电脑。网上教育情况也不像开始估计的那么乐观。在美国中文教学界情况也是如此，经常在教学中使用电脑的教师还不是大多数，有的只是用中文词处理让学生打打字，或者买一些多媒体的软件让学生在课堂上或者课外“玩玩”，有的并不是不想使用电脑，而是有一些实际的困难。主要表现为三费、三限制。

1. 三费

（1）费时

学习使用电脑费时。从不懂电脑到全面掌握要三五年时间，编写电脑教学多媒体课件及上网、制作网上材料费时间。如果一个教师主持一个网上课程，光是编写网上教材就要花去大量的时间。如果用电子邮件接收学生的作业，并且在电脑上批改以后再传回给学生，所用的时间也大大超过传统的用笔和纸的办法。有人曾经试图让学生做口语练习，每次要求学生将口语练习以语音电子邮件的形式传送过来。一个班有 24 个人，平均每人两分钟的语音作业需要近两个小时才能收录、听完，再给每个人发语音评论，又需要不少时间。备课、批改作业是如此，编写电脑练习、测试题更是需要不少的时间。

（2）费力

制作电脑学习材料非常费力。例如有人试图制作动画汉字，让学生看到汉字书写笔顺。但是制作这样的动画汉字非常费力，每制作一个动画汉字至少要花一刻钟，以一小时制作四个字，完成 1 000 个动画汉字就需要 250 个小时。每天长时间地坐在电脑前工作是非常费力的，不少人对此估计不足，因此有些项目上马以后不能完成，虎头蛇尾，一个教材往往只有前几课，没有后续内容。美国有一个学校曾经试图制作实用汉语课本的电视录像，但是，制作了十几课就停止了，而且从此从网上消失。有的项目停滞不前，也有的网页三年没有更新内容。制作过电脑辅助教学软件或者网页的教师对此一定会有同感，都会说一个“累”字。

（3）费钱

购置电脑硬件和软件都需要经费，虽然现在电脑价格不断下降，但一台比较普通的电脑也需要两三千元人民币。电脑购置也不是一劳永逸，三五年一过，本来非常当令的电脑就变得陈旧落后了。电脑软件不断更新也需要经费，电脑软件商出于商业需要不断更新版本，有时一个软件还没有使用熟练，新的版本又出现了。制作中文教学软件也需要经费购置必要的软件，给教师的工作时间和报酬增添了负担。

2. 三限制

(1)人力限制

中文教学系、科或部门一般教师不多，其中也不是每个教师都对电脑非常精通，或者对电脑很有兴趣。一两个人的力量显然非常不够，一个人的电脑知识也非常有限。我们不能要求教师既是语言教学专家又是电脑专家，况且在电脑技术飞速发展的今天，已经没有什么专家可言，每天有许多新东西要学习。在人力有限的学校，教师就觉得非常困难，即使在教师比较集中的学校，也不是人人都会有精力、时间及能力来开发电脑软件。

(2)经费限制

目前大多数学校的教师都配有电脑，但是由于学校经费分配情况不同，电脑有旧有新，软件有多有少。上文已经说到费钱的问题，不少中文系经费不足，用于购买电脑软件的钱不多。电脑软件动辄几百元，买了一个软件以后在一段时间里鲜有机会再买第二个软件。此外如果购买给学生在电脑室使用的软件，必须购买一定数量的用户许可证，例如购买 30 人许可证的南极星中文软件就需要 3 000 多元。当软件需要更新时行政方面常常会很不理解，认为中文软件就是一种，买了以后一劳永逸。教师如果要编写新的软件或者制作网上学习材料也需要购买各种软件，并且需要有工作报酬，申请这些经费也是大费周章的。

(3)技术限制

技术限制包括教师不懂技术的限制，没有电脑或者电脑功能不够的限制，平台不同的限制这三方面。目前不少学校的电脑设备还不先进，甚至还缺乏电脑。教师对电脑的使用熟悉程度也不同。即使有了电脑，还有平台不同的问题，其中最主要的还是教师对电脑不熟悉，一有问题更是一筹莫展。教师总是希望身边随时有人可以咨询，有什么问题可以随时请教。为了帮助大家使用电脑，每年都有一些讲习班介绍中文电脑的使用方法，让教师在电脑上实际操作学习。这些讲习班一般都很受欢迎，参加的人也很多。但是一回到自己学校真正应用时又会碰到大大小小的问题。有的问题并不是很大，如怎样用电脑打印出带调拼音，虽然在讲习班上介绍过，但实际操作时由于每个人的电脑情况不一样，总会有一些问题出现，这些小问题也使教师头痛不已。

七、对外汉语计算机辅助教学的新思路

在对外汉语教学中，构成语言系统的三个基本要素：语音、词汇、语法，一直是作为语言教学的主体处理的，而汉字作为语言的视觉形式，作为记录语言的符号，是第二性的东西，常处于附属的地位。基于这种认识，在过去相当长的一个时期内，我们在对外汉语教学中对汉字教学的研究是重视不够的。改变汉字教学研究的滞后现象，在国外同行（特别是欧美同行）中，呼声很高。最近，有学者提出，汉字教学是汉语教学的组成部分。主张从加强培养学生的汉语交际能力，尤其是书面语言交际能力出发，把汉字和汉字教学研究的成果吸收到课程设计和教材编写中来，并落实到课堂教学中。

对汉字文化圈国家以外的留学生来说，学习汉语所遇到的最大难题是汉字的识读、书写和使用。传统的对外汉语教材是在课后附有"汉字笔顺表"，画出方格，指示笔顺。这是沿袭了以汉语为母语的儿童习字描红的方式，不过是一笔一笔的叠加而已。如何改进汉字教材，革新汉字教法，给学习者以自学汉字的津梁，一直是业内同行思索的问题。

（一）顺应世纪潮流，应用当代技术，研制《多媒体汉字字典》

汉字教学与学习既然是对外汉语教学的重要组成部分，为了突破这个既重要又特殊的环节，必须在科学地认识汉字性质和特点的基础上，打破传统，开拓新思路。以往的纸介对外汉语教材受传统媒体介质二维性的限制，对汉字的拼读、书写规范和字义解释，都难以满足学习者的需要。汉字教学未与汉语教学融为一体。比如，学习者对汉字的读音是否标准，无从检验。对汉字的书写是否规范、正确，既看不到实际的动态书写过程，对错与否又不得而知。当遇到多义字时，对字义只见笼统的解释，没有完整的相关的搭配，外国人很难了解如何使用。教材也好，字典也好，质言之，都未能充分展现汉字本身固有的属性，未能把汉字与相关层次或相关层面的语言单位联系起来。这未免是个缺憾。

因此，语言学界和对外汉语教学界一直在呼吁"开发具有科学教学理论指导、高新技术支持、符合心理认知规律的、全新的对外汉语教学教材及配套的对外汉语教学字典、词典"（陆俭明，1999）。众多的同行也在大声疾呼"对外汉语教学界也应该充分利用现代科技成果，在传统教材的基础上，制作多种多样的教具、学具，设计计算机多媒体教学软件，加强对外汉字教学"（中国对外汉语教学学会秘书处，1997）。于是《多媒体汉字字典》（HSK·

甲级·英文版)(郑艳群等,1999)便应运而生。

《多媒体汉字字典》将汉字的形、音、义及其相关信息,用多媒体、超文本的形式组织在一张光盘之内。所有这些信息,都可以根据学习者个人需要而展现出来。也可以这样说,根据汉字本身的特点,结合学习者心理认知过程,以及汉字习得的客观规律,融会贯通,把字、词有机地组合起来,为学习者提供了诸多方便。比如,打开光盘,可以听到汉字的标准读音,可以看到汉字的规范的书写过程,可以了解到汉字的构造:是独体字,还是合体字。还可以把汉字分解为部件,可以得知其中的某些部件又可以构成什么字。可以随时跳到与该汉字同音异义的另一个汉字,见到另一番景象。如果某个汉字所具有的某个义项可以构词,也可以清楚地看到该义项所构成的词,而所有这一切都是用英语解释的,耳听能懂,眼见能明,一目了然。这样一部字典,既是字典,又是词典,还可以作为学习汉语的初级教材。一本多用,理应受到学习者的欢迎。

(二)促进学生有效地学习汉字

汉字在视觉上醒目,非字母文字所能比。对于初学文字的人来说,文字符号越是形象化,就越是容易学。汉字有这种优点。但是,正如吕叔湘(1991)所说:“汉字的优点很多,但是有一个极大的缺点,就是容易读错,容易写错。”

《多媒体汉字字典》充分发挥了汉字的特点:醒目、形象;尽量抑制其短:难认、难写、难用。在帮助学习者学习汉字的过程中,遵循认知心理学的原理,充分调动人类联想机制,有效地提高了汉字学习效率。

据对外国留学生识记汉字的心理过程研究,识记汉字的策略主要是联想。

(1)形象联想:比如识记“着”时,联想到学过的“看”,想象它头上有一个“丷”。

(2)结构联想:比如识记“考”字,联想到“老”字的上边部分,加上一个“丂”。

(3)母语联想:外国人识记汉字的记忆顺序,是由表层向深层逐步发展的。次序大致如下(王碧霞等,1994):形象记忆—笔画记忆—偏旁记忆—字素记忆—框架记忆—意义记忆。

遵循这些研究成果,《多媒体汉字字典》从字形开始,然后进入动态笔顺书写,形成一个部件形体结构,再从独体字(字素)进入合体字,形成汉字的整体框架,通过联想构词,进入意义记忆。字典的这种编排,正符合外国人识记汉字的心理过程与认知规律。

学习汉字，并不能代替识记词汇。任何一个外族人学习汉语，都要记大量的词汇。夸大汉字在学习汉语中的作用是不妥的。所谓汉字有义，遇到生词时只要掌握了那些构成生词的熟字就可以推断出词义，是不现实的，对一个外国人来说是难以做到的。

一位对外汉语教师对美国外交学院来华留学生作过一个实验，这些学生在美国已经学习了400～600学时的汉语，来中国后又学习了近300学时的汉语，然而他们却存在着识词不识字的现象。比如：

继续/持续　准备/准则　损失/亏损　建设/设施
许多/允许　一切/关切　目标/标准　原则/否则

斜线前面的词都认得，但是后面生词中的汉字（下画线者）却不认得，而这些汉字是他们在别的词汇中早已学过的（吴晓春，1999）。这说明，他们学习了一个双音词，识记了其中的汉字，但当其中的一个汉字移位，并与别的汉字组合成新词时，他们并不能立即将有关对该汉字的认识带入新词，甚至连该汉字也不认识了。

因此，汉字学习，并不能代替词汇学习，正确的途径应该是个连续的过程：认字识词，识词记字，用字构词，识记汉字词。

（三）指导教师正确地教授汉字

教汉字的目的，是为了使学习者具有阅读和书写的技能，这是不言自明的。究竟如何教授汉字，方法可以各异，但要有科学的依据，讲求正确的方法。如果不得其法，便会贻误学生。

汉字具有表意性，是形、音、义的统一体，这是跟拼音文字不同的。拼音文字的字母只有形和音。如果我们充分利用汉字形体所负载的较多的文化因素，因势利导，开展汉字教学，应该说是可行且可取的。对外汉语教学界的汉字教法可说五花八门，兹介绍两种有代表性的：(1)先教独体字，再教合体字；利用汉字部件教合体字；利用形声字表意表音功能进行汉字教学（张惠芬，1998）。(2)也有人主张教汉字应从字形入手：从教笔画开始；抓字素环节；抓汉字基本结构；抓基本汉字——常用字（施光亨，1987）。两种教法的思路可说大同小异。

整个的汉字教学过程包括了认、写、用三个阶段。朱德熙(1988)说："必须把认汉字、写汉字和用汉字三者区别开，不能混为一谈。三者之中，认最容易，写就比较难。……用汉字比起认和写都要难得多。"

《多媒体汉字字典》总结了对外汉语教学界传统的汉字教学法，使之更形象化、具体化、多元化。按照"认""写""用"三个步骤，编排汉字教学内容。

该字典共收《汉语水平词汇与汉字等级大纲》中甲级汉字 800 个，汉字的排列顺序如下。

(1)展示该字简体汉字，如有繁体也在旁边显示。

(2)点按“书写图标”展示该字按规范笔顺书写的动态过程，笔顺依据《现代汉字通用字笔顺规范》。

(3)点按“部首图标”可见该字标准检字部首。

这部字典在检索方式上可说与众不同，共有四种检索方式。除了传统的拼音检索和部首检索外，还有笔画数检索和部件检索。只要知道一个字的总笔画数，就可在笔画数检索中查到；只要知道某个汉字的某个部件的笔画数，就能在部件检索中查到该字。这后两种方法无疑是专门为方便外国人而设计的。

(4)字源。点按字源图标后，可以看到以动画形式演示该字的形体的最初形态及形体演变过程，并可了解到对原始字形的解释。

(5)点按“部件图标”可展示该字的形体结构和构字联想。如以“安”字为例：点按上部部件“宀”，展现“安擦定富馆寒寄家客容赛实室宿完碗宴宜谊院字”，点按下部部件“女”，展现“矮安姑好姐楼妈妹奶娘努女如始数她姓宴要”。在部件标识方面，字典更是匠心独具。部件按“表意”“表音”“表记号”“表指事”等分别用蓝色、黄色、绿色、红色标示。如“啊”字，部件“口”表意，用蓝色；部件“阿”表音，用黄色。如遇到一个字中的部件表同一属性，则再用颜色的深浅标示。如“解”，部件“角”和部件“军”均表意，应用蓝色标示，进而再用深蓝和浅蓝加以区别。

(6)展示该字的标准汉语拼音和注音字母(ㄅ、ㄆ、ㄇ、ㄈ)，点按后可听到规范读音。

(7)义项释义及构词联想。汉字多义现象很普遍。该字典所收的 800 个汉字，涉及义项数为 3 243 个。这是经有关词汇研究专家和有经验的对外汉语教师多次共同磋商后，所得到的一个较为适合外国学生的、适当使构词用例较为集中的义项分合标准，是颇费一番斟酌的。这些义项涉及有关 HSK 等级词汇共 4 795 个。这样，在点按义项时，就可以清楚地看到该字的主要义项，以及这些义项所构成的若干词条。这些词条有汉字形式、汉语拼音(可以发声)、词性标注和英文解释。

(8)如果遇到一个多音多义字，也可以很方便地转换，如“脏”zāng，可以转换到“脏”zàng。

从字典所辖内容不难看出，字典作者本着科学精神，扎扎实实，有板有眼，没有随意解释汉字，整部字典仅对 38 个字配了字源图标。固然，部分汉字可以见形知义，像“日、月、目、旦、水、火、山”等，就是这些字，因指义模糊，不明白的人也不是一下子可以看出的。就以形旁而论，它本身是表意的，但在现代汉字中，形旁大多已失去表意的作用。

对汉字的构词，字典也采取了谨慎的态度。根据使用频率，构成与学习阶段相匹配的常用词，仅学汉字，外国人是绝不会自行构词的。汉语作为第二语言，学习者头脑中并无汉语的词汇，他们学了“黄”，又学了“瓜”，绝不可能联想到“黄瓜”，见了“黄瓜”这个词也不知为何物，闻其声也不会产生联想。另一方面，在汉字中并不是表示一个意义的“字”就是一个词，还得看能不能独立运用。在 HSK 甲级 800 字中也还是可以区分三种字。一种是词字，如人、书、学、飞、早；一种是语素字，如疲、傅、绩、诉；还有一种是音节字，如咖、啤、芦、蕉。这三种字都可以构词，但功能不同。词字可以单独作为词使用，语素字和音节字不能单独作为词，而只能与别的字结合起来构成词才能使用。外国人学汉语，由字，到词，到句，有着一个科学的认知过程。所谓“字”本位之说，在对外汉语教学中，不可随意解释。

(四)帮助人们科学地认识汉字

改革汉字教学，提高汉字学习效率，关键在于科学地认识汉字的性质和特点。要认识汉字，首先应给汉字定性。

我们同意采用两种方法来给汉字定性。一种是根据汉字字形所能表示的语言结构的层次(也可以说语言单位的大小)来为它定性，持这种观点的人认为汉字是语素文字、语素—音节文字(裘锡圭，1985)。另一种是根据汉字字形所起的表意、表音等作用来为它定性，持这种观点的人认为汉字是表意文字、意音文字，甚或表音文字。

我们用汉字来记录汉语里的语素，而语素是最小的语音、语义结合体，于是语素的音和义就成了相关汉字的音和义。汉字的形，与其代表的语素的音、义紧密结合，所以，我们说汉字是典型的语素文字，是形、音、义的统一体。

对于不同的语素，比如记、寄、计、纪、济、绩，虽然同音，所用的字形却不同。少数汉字不表示语素，如蝴、徘、葡，只有形、音，没有义，不是形、音、义的统一体，但数量有限，不能改变汉字是语素文字的本质。

汉语是第一性的，汉字是第二性的。汉语的特点决定了汉字的造字原则。实践证明，汉字与汉语基本上是适应的。之所以如此说，是因为汉语语素以音节为主，而汉字是单音节文字，用单音节的汉字来记录单音节的汉语语素，两者基本适应。

如果从汉字本身的构造来看，汉字是由表意、表音的偏旁(形旁、声旁)和既不表意也不表音的记号组成的文字体系(朱德熙，1988)。在汉字中，只有独体字才是纯粹的记号文字。合体字虽由独体字组合造成，从构造上说，却比独体字高了一个层次。因为组成合体字的独体字本身虽也是记号，可是当它作为合体字的组成部分时，它是以有音有义的“字”的身份参加的。

基于这种认识，《多媒体汉字字典》在介绍汉字结构中讲述了汉字一般分为独体字与合体字，合体字又按结构方式，分为：左右组合式 27 种，上下组合式 19 种，包含式 25 种。每种都有例字介绍。这部字典面向以英语为母语的学生。为了让学生正确地了解汉字，消除对汉字的模糊认识，解除不必要的畏惧心理，也破除由于某些误导所带来的对汉字的神秘感，在概述中用英语解释了与汉字相关的背景知识。在外国人识字与习字之前，对汉字的这种客观、全面、科学的介绍，实属必要。这些知识对一个从来未接触过汉字的外国人来说，既新鲜，又有趣，打破了所谓“汉字神秘”“汉字神奇”之说，清楚表明汉字没有“特殊功能”，汉字也并不比其他文字“优越”，汉字就是汉字，它是一种记录汉语的文字符号，只要科学地掌握它的特点和规律，对汉字的认读、识记、书写和运用，都是有门径可入的，都是可以掌握的。诸如：

汉字的历史，讲述了汉字起源的基本常识。

在基本造字法中，介绍了“象形、指事、会意、形声”四种形式，并配以解说和例字。

有关笔画，介绍了五种基本笔画：横、竖、撇、点、折和 23 种派生笔画。既有例字的动态书写过程，又使用了特殊的标记。

有关笔顺，介绍了不同笔画的书写规则 2 条，不同结构中的笔顺规则 5 条，并配有相应的例字和演示。

此外，还有 15 个有关汉字的名词解释，并展示了 10 幅各种书体的字帖，以增广对汉字的见识，并引起学习者的兴趣。

(五)融字典、词典、对外汉语教材为一体，开创教材新媒体

多媒体技术使汉语(包括汉字)的教学由口耳传授变得更为直观形象，视觉形象与听觉形象同时并用，声音与图文相结合，图、文、音并存并茂，使得汉语教学真正地情景化了，更有利于言语交际的开发。可见，多媒体汉语教材才是真正意义上的全方位、立体化教材。这部《多媒体汉字字典》首先是字典，它以字为单位，依次排序，有字形、读音、释义和用法指引。它同时又是一部词典，收有相当数量的词汇，有词汇、注音、释义，并且标注词性，便于使用。它更是一部对外汉语教材。由于该字典利用多媒体技术把每个字的形、音、义与汉字主要义项相关的词的形、音、义等多元化信息有机地连接起来，不仅在汉字教学和指导学习上有独到之处，同时也不失为通过字、词

学习汉语的一种行之有效的方法。它具有一种声、图、文并茂的交互式人机界面,可以充分发挥学习者的联想思维与联想记忆,作为初学汉语的入门教材,特别是自学教材,是一种新的尝试。

近年来,关于"字"的讨论又有了新的认识。徐通锵(1999)认为:"字首先是说的,其次才是写的,写的字仅仅是说的字的书面化而已。""字是汉语的基本结构单位。""印欧语的基本结构单位是词和句子,而汉语是字。"对"字"的这种新的理解与认识,虽尚未取得人们的共识,但必定会为《多媒体汉字字典》的改进与提高,开拓思路,寻求新的尝试点。比如,如果能增加汉字的语音识别功能,增加手写汉字笔画和笔顺的识别功能,对学习者来说,增加了判别对错的能力,使用价值还可提高。

对外汉语教材由纸介教材到多媒体教材应该说是一个飞跃。多媒体教材容量大,编排方式灵活,表现方式多样,使用起来极为方便,这些都是纸介教材所不可比拟的。以《多媒体汉字字典》为起始,我们期待着更多、更好的多媒体对外汉语教材和辞书问世。

八、对外汉语计算机辅助教学的认知心理

认知心理学是运用信息加工观点来研究认知活动,其研究范围主要包括感知觉、注意、表象、学习记忆、思维和言语等心理过程或认知过程,以及人类的认知发展和人工智能。语言学习过程中的认知心理研究对我们的对外汉语教学具有非常重要的作用。而多媒体辅助对外汉语教学是随着电脑技术的成熟而逐步为我们所重视的,现在将多媒体引入课堂,以辅助对外汉语教学已经是一种大趋势,关于多媒体辅助对外汉语教学的研究也越来越多。

我们应该了解媒体所拥有的影响教学交流的特性,再根据认知心理学理论对这些特性作进一步的分析,希望能得出一个有利于我们教学的结果,以指导和改进我们的教学实践。在各种类型的教学中,为有效地学习而设计的教学可以用多种方式来传输,并且可以运用各种媒体。教学中对媒体的选择既依赖于可使用性的实际情况,又依赖于教师的能力与观点等等。加涅(1965)说过:"多数的媒体选择系统都主张,应该根据媒体的特征——媒体所拥有的影响教学交流性质的各种特性,来决定媒体的选择。但是必须认识到,将要使用媒体的教学情境,是对媒体选择更具限制性的因素。"加涅接着就此做了进一步的分析,阐述了教学情境对媒体的选择可能。根据加涅的教学理论,对外汉语学习应该归属于智慧技能型的(或认知策略),而这种类型的教学"就必须要求媒体具有与学习者进行'交互作

用'的能力"，媒体应该"对学习者作出的反应提供精确的反馈"。那么具有这种"交互作用"能力的媒体并不多，根据加涅的理论，智慧技能型教学对媒体的选择体现为三种可能性，即计算机、程序课本和交互式电视，而我们在此所论及的多媒体正是计算机的代表。所以我们首先通过这些来确认用多媒体来辅助对外汉语教学是非常重要的，也是非常必要的。

多媒体辅助教学的特性主要体现在其互动性、娱乐性以及多样性这三个方面。其中互动性是多媒体的本质（尼葛洛庞帝，1996），在辅助教学的过程中，互动性主要表现为学习者与教师、软件以及其他学习者具有方便的交互功能，学习者不仅能从教师那儿得到信息的反馈，而且可以从学习软件、其他学习者那儿得到信息的反馈，并且能对自己的学习过程作一定程度的控制。在研究多媒体辅助教学的时候，林众、冯瑞琴（1996）也指出，"分布式多媒体是今后发展的方向"，这里所说的分布式就是指互动性。娱乐性主要是建立在多样性的基础上的，因为媒介、内容表现的多样，因为有图像、动画、影像、声音等的丰富表现，使学习者的学习不再是枯燥、单调的语言内容、教科书和练习形式。多样性主要指多媒体因其传播媒介之多而使同样的信息有多种传播通道，表现出来的结果也有所不同。尼葛洛庞帝（1996）曾经说过："思考多媒体的时候，下面这些观念是必不可少的，即它必须能从一种媒介流动到另一种媒介；它必须能以不同的方式述说同一件事情；它必须能触动各种不同的人类感官经验。"以及"多媒体领域真正的前进方向，是能随心所欲地从一种媒介转换到另一种媒介"。这样学习者就可能根据自己的需要，根据学习内容的需要选择不同的信息传播媒介，以达到更好的学习效果。

在认知心理学理论中，知觉、注意与记忆是三个重要的范畴。第二语言的学习过程是对一系列符号的学习、存储及以后的提取和应用的过程，实现这一过程的时候，知觉、注意和记忆虽不能涵盖全部的心理，但是它们却是其中非常重要的部分。

（一）知觉

目前，认知心理学将知觉看作是感觉信息的组织和解释，也就是获得感觉信息的意义的过程。认知心理学认为，知觉与人的知识经验是分不开的，并因此而具有间接性质。实验结果表明，人在知觉对象时，是以已有的知识为依据的，有关景物的空间关系引导我们的知觉活动。

认知心理学对知觉的理解非常强调知觉的主动性和选择性，以及过去经验的重要作用。另外，多媒体辅助教学能使练习形式上变得更加丰富，练习量变得更大（尤其是将多媒体技术充分应用于网络后），加上人机对话的应用，使得学习者在语言学习过程中有了更多的形式选择，更多的知觉通道。在此将多媒体辅助教学中的交互性与之结合起来探讨，是因为交互性体现出来的最重要的一点就是学习者具有很强的主动性，学习者可以自由地选择学习的方式、内容等，这些正切合认知心理学的知觉理论。而关于过去经验方面，因为多媒体光盘以至局域网的大容量，以及多媒体链接技术的普遍应用，学生所学习的内容（学习过和尚未学习的）可以方便地连通起来，所以在辅助教学的过程中，也就更容易将感知对象与过去的感知经验联系起来。例如，学习特殊疑问句的时候，可以通过“疑问句”上的链接，迅速地转换到已学过的一般疑问句、正反疑问句等相关的内容上，从而将这些疑问句的新旧内容联系起来，进行对比，达到更好的认知。而且，在学习过程中，由于多媒体具有交互功能，学生可以根据自己的理解情况，进入不同的解说、演示界面，获取最切合自己实际的信息，并得到相应的反馈与指导。这样学生知觉的主动性和选择性就能得到较大程度的发挥，对语言知识有更好的知觉作用。而且因为多媒体感觉通道多，所以知觉不会因为在一条感觉通道上堵塞住而无法与过去的经验建立起联系。新旧知识的快速、有效的联系使留学生的汉语学习中具有更高的效率，语言习得过程得到加快。现在的多媒体至少能通过视觉与听觉两种通道的文字、图像、影像、声音、动画等将学生的学习内容展示出来，并在这里将各个部分、各种因素链接起来，学生在学习过程中就有较多的选择余地。例如，学习某个语法项目的时候，学生首先可以选择多媒体中的文字描述、解释，当这还不能完全理解的时候，可以选择相应的图像演示、动画演示，或者语音解说，还能选择观看相关的影像材料，增进对此语法项目的理解。

从认知心理学的知觉观点来看，对于一个客体的整体与部分的知觉是有所不同的，格式塔心理学认为，整体多于部分之和，整体决定着其部分的知觉。依照这个观点，整体是在部分之前被感知的。Navon(1977)就此作了一系列的实验，实验的结果证明了这种观点。Navon 的实验结果表明，听觉辨别的反应依赖于听觉刺激与视觉刺激的总体的一致关系。Navon 因而认为，在一些情境中进行的视觉加工有着有限的深度，知觉开始于总体的组织，然后才是对局部特征的分析。虽然 Navon 的这项研究不是专门针对语言学习的，但是依据 Navon 的这项研究，我们结合多媒体辅助教学的多样性特性，即多媒体能从多种媒介来传播同一信息这个特性可以推断：利用多媒体来辅助对外汉语教学，感知语言对象的时候，更容易从整体上来进行感知，从而由整体到部分，而不是偏向于某一种媒介、某一种感觉通道，由部分入手进行感知的。所以，用多媒体来辅助教学应该是合适的。另外，随着多媒体技术的发展，将来通过触觉、味觉等更多的通道对对象进行体验、认知将成为可能，学生对同一对象的认知就增加了更多的感知通道，认知也将随之深入。例如，用多媒体课件来教汉语语音的时候，教师可以通过课件让学生从听觉方面输入（不同语速、不同背景地听），也可以让学生从视觉方面输入（观看静态的舌位图、动态的发音器官变化以及由电脑所描述的音谱图等），学生对语音的知觉范围会更广，视觉与听觉更为一致，这些认知大于通过单独一种感觉通道对语音所作的部分的认知，所以对语音的认知也就更加深入、全面了。

（二）注意

注意作为心理活动的调节机制在认知心理学的发展中一直受到重视，注意的研究得到广泛的开展。这不仅仅是因为认知心理学将注意看作信息加工的重要机制，而且也由于认知心理学在整体上强调人的心理活动的主动性。关于注意的实质和特征，目前（王甦、汪安圣，1992）主要强调其选择性维量，将注意作为一种内部机制，借以实现对刺激选择的控制并调节行为。“注意的功能在于把认知过程对准外部刺激，因此能收集有关信息”（John B. Best，2000）。

在认知心理学理论中，注意具有两种含义，即选择性知觉和一般的警觉功能两种。从第一种含义来看，要“将施加给学习者的刺激加以安排，以便强调所呈现刺激的区别性特征”（加涅，1965）。加涅所说的在于要突出将要在短时记忆中存储和加工的那些特征，多媒体本身媒体组合的多样性也决定了它有更多的方式来突出对外汉语教学中的特征。例如不同图形、不同颜色、不同声音、不同节拍韵律、不同画面等，可以说各种媒体所有的方式多媒体也大都具有。从第二种含义来看，多媒体可以通过其多样性，通过各种新的感官刺激和画面、声音的变化等等来较好地维持学习者的警觉水平，使学生不至于困扰在枯燥的语言知识之中。所以，多媒体辅助对外汉语教学能提高、加强学习者对学习内容的注意，使教学效果的实现更具可能性。但是，也应当看到，多媒体的媒体多样性也可能在注意的范畴里导致另外一种结果，就是同时进行传播的媒体太多，信息之间互相干扰，因而分散了学习者的注意，使教学达不到预期的效果。因此，充分地、客观地认识多媒体的优缺点对辅助我们的教学也是非常重要的，过分地渲染、夸大多媒体的作用必然会走向另一个极端，结果反而不理想。

（三）记忆

记忆是认知心理学研究的又一个重要范畴，它包括编码、存贮和提取三个过程，学习者在语言学习过程中首先将所感知到的信息形成短时记忆，然后经过加工形成长时记忆。心理学研究(藩菽,1963)早已表明,多种感觉分析器的协同作用是提高记忆成效的一个重要条件。

在认知心理学理论中,视觉表象被认为是一类非常重要的记忆编码和存贮形式,所以图形、图像以及实物等,通过提供编码表象常常在教学中得以应用,被用于执行学习指导的功能。"如果正在学习的是语言信息,表象就会在很短的时间内提供大量的有意义的附加材料,以此作为对新习得的命题编码的背景"(加涅,1965)。而多媒体的视觉信息是非常丰富的,即使是实物也能通过视频图片或图像、影像展现在学习者的面前,所以说在这方面多媒体具有很大的优势。加涅(1965)还说过:"如果学习的刺激情境中增加了图片或实物,这其中的许多功能就能够更轻松更有效地完成了。"虽然这里加涅没提到多媒体,没看到多媒体的诸种特性,因为当时多媒体技术还没成熟、发展,更不用说应用到教学中去了。但是,目前的情况是,多媒体的娱乐性确实能调节我们的课堂气氛,提供娱乐的刺激情境,使学习者能在轻松愉快的氛围中去感知信息、加强注意,从而将所接收到的信息有效地记忆下来,完成学习任务。第二语言教学的内容多是枯燥的语言知识,这些能通过多媒体课件的设计,将抽象的语法、语音、词汇等知识通过图表、图像、声音、动画等变得直观具象起来,有利于学习者的记忆形成,并在充分、有效地知觉、注意的基础上,将短时记忆发展成长时记忆,将所学的内容成功地进行编码,内化为学习者自己的知识。

1968年,阿特金森和希夫林提出了关于短时记忆与长时记忆的信息存贮库理论,假设存在感觉登记、短时记忆以及长时记忆系统。其中短时记忆依赖于注意,短时记忆转化成长时记忆有言语符号形式和非言语的表象形式两种,这两种形式在转化、加工信息的过程中可能单独出现,也可能同时出现,认知心理学家认为两者同时出现更有利于长时记忆的保持,而且,非言语的表象形式更能保留对画面等的有意义的解释。布兰斯福德等人1973年就通过一个实验证明了图画信息在理解散文材料中的强大作用。由此看来,我们所论述的多媒体中,非言语的表象形式远比其他媒体丰富得多,这显然有助于所感知的内容形成长时记忆。我们对外汉语教学的目的之一就是要通过教学,让学生将所习得的内容由短时记忆更多地转化成长时记忆,以使编码能力得到加强,汉语水平得到提高。

还有一些认知心理学家认为,形成短时记忆编码的总是听觉或语音代码。所以,相应地我们也可以认为,长时记忆的形成除了听觉以外还需要其他感觉通道,这样,对信息的感知更深,记忆也就更有可能得到保持。那么我们在利用多媒体来辅助教学的时候,就要注意相同信息的不同媒体表现。而且这种不同表现在教学设计上要互相联系、互不干扰,这样,才有可能更好地加强和保持长时记忆。

以上从认知心理学角度就这三个部分结合多媒体特性的分析，我们可以看出多媒体辅助对外汉语教学是具有重要的作用的。如何利用好多媒体这个现代化媒体对我们来说是一个新课题，而从认知心理学的角度去探讨和解决辅助过程中存在的问题，这对我们来说，也应该是很有意义的。

九、对外汉语计算机辅助教学课件制作的误区

随着越来越多的基于 web 的网络教学课件投入使用，网络教学课件的开发模式也越来越趋于稳定，从学科教师培训（计算机基础知识、网络课件知识、多媒体技术、脚本规范等）、脚本编写、脚本审读、教学设计、素材制作、课件整合、课件审读、学员测试、课件审校、专家评审到课程发布，基本形成了一套完整的规范和操作步骤。满足网络教学质量要求的课件开发模式已经基本形成。但同时也应承认，针对具体的某一开发环节，仍然存在着一些认识上的不足和实施过程的误区。尽管这些不足和误区并非对外汉语教学网络课件所特有，而是在目前 IT 行业内部，特别是教育部所属的网络试点院校都不同程度地存在。其中有三个误区比较典型，它们是：课件制作之前的内容脚本量越大越好；课件制作之中的媒体使用越多越好；课件制作之后的审校越细越好。这三个比较典型的误区贯穿了整个网络课程制作的全过程，也涉及了网络课程制作过程中的所有参与者，因此有理由，也有必要对此问题提请关注，深入探讨。

（一）媒体使用越多越好

网络课程不同于传统的纸版本教材也正因为它不仅可以采用文字媒体来表征知识，而且可以用声音、图片、动画、视频等多种媒体来表征，从而导致网络课程学习起来可以丰富多彩，但这同样又带来了一个问题——是不是媒体使用得越多越好呢？

孤立的媒体运用是没有任何意义的。网络课程选用适当的媒体，一定是在该种媒体在表征知识、创设情境、提高兴趣、将复杂的问题具体化，或者是在通过媒体进行游戏教学、强化训练、扩展课外知识、突破重点和难点方面有特殊的效果。而且这种应用也一定要结合具体的教学内容才能达到目的。否则，不分青红皂白，凡事都用多种媒体表征，必然造成媒体的滥用而事与愿违！

但是，到底使用多少种媒体表征知识？到底使用哪一种媒体表征知识？

一种媒体表征是否一定比另外一种媒体表征更有效、更有利？等等，对于这些问题目前尚没有绝对的量化指标可以遵从。也正因为如此，才使得多媒体技术的应用留给使用者巨大的操作空间。我们同时也要认识到：多媒体课件有其图文并茂优势的同时，也必然导致课件存储容量增大和表征过于具体的劣势，这一劣势的前者在低速网络或用户较多而线路繁忙时，如果传输受阻，将会影响学习者的心情；而后者则有学者称“多媒体的表现方式太过具体，因此越来越难找到想象力挥洒的空间。相反，文字能够激发意象和隐喻，使读者能够从想象和经验中衍生出丰富的意义”，因此过多使用多媒体是否影响个体学习者创造能力的培养，尚无定论。权衡利弊，目前开发的对外汉语教学课件的媒体选择，应该适度，防止滥用！

要正确地运用媒体，首先应该对每一种媒体的特性有所了解，以行业上的术语而言，每一种媒体都有每一种媒体自己的属性（特性），比如文字媒体，就有字体、字号、色彩等属性之变化，声音媒体就有读音、音效、音乐等效果之选择，图片媒体可以真实情境再现（静态），动画媒体可以真实情境模拟（动态），视频媒体可以进行事件仿真（动态）等等。在每一种媒体运用的过程中，都要思考这种媒体的运用有没有充分发挥它的特性。以文字媒体为例，它虽然简单，但依然可以通过字体、字号和颜色的变化来达到充分表征知识、引起视觉重视的目的。

需要注意的是，媒体的选择一方面要根据教学内容、教学知识点的难易程度来设计、安排，另一方面也要考虑选择媒体后所制作的课件在目前网络带宽的条件下是否传输通畅。在这方面，实验心理学家赤瑞特拉（Treicher）的两个实验能够给我们以启示：一个实验是关于人类获取信息的来源，即人类获取信息主要通过哪些途径。他通过大量的实验证实：人类获取的信息83%来自视觉，11%来自听觉，这两个加起来就有94%，还有3.5%来自嗅觉，1.5%来自触觉，1%来自味觉。多媒体技术既能看得见，又能听得见，还能用手操作。这样通过多种感官的刺激所获取的信息量，比单一地听教师讲课强得多。显然这里强调的是多种媒体（多种特性）的综合运用！由于信息和知识是密切相关的，因此获取大量的信息就可以掌握更多的知识；另一个是关于知识保持即记忆持久性的实验，结果如此：人们一般能记住自己阅读内容的10%，自己听到内容的20%，自己看到内容的30%，自己听到和看到内容的50%，在交流过程中自己所说内容的70%。这就是说，如果既能听到又能看到，再通过讨论、交流用自己的语言表达出来，知识的保持将大大优于传统教学的效果。显然这里又在指导我们充分运用多种媒体的特性创设交互的情境，以使学习者有更多主动参与的机会。

（二）内容脚本越大越好

课件制作之前的内容脚本是整个网络课件制作的基础，也是整个网络课程最终能否满足学习者需要的最重要的环节。从某种角度而言，脚本的优劣决定着最终课件品质的高低。这自然也就引起脚本提供者和课件制作者双方的关注，因此在此环节投入的时间和精力也就最多。鉴于网络课程开发还是一件新生的事物，很多脚本提供者——学科教师又都是传统教学模式的实施者，对网络课件的脚本没有很恰当的认识和把握，因此在合作初期，可以采取三个步骤来保证学科教师能够提供相对规范的脚本：第一，对学科教师进行计算机基础知识和网络课件、多媒体技术等方面的培训，使他们对此领域有初步的认识（这一步骤目前已经为高等院校教师现代教育技术培训所替代，且实效显著）；第二，对学科教师进行脚本写作规范的培训，该规范的目的是使后期所开发的课程具有统一的风格，以利于学习者使用；第三，请学科教师编写一章或一节脚本样例，开发人员对该样例进行制作，使之成为样课，通过样课具体制作过程的实施，使学科教师和制作人员对对方拟要实现的目标都有比较深入的认识、交流和理解，之后在此基础上，才进行大规模的脚本编写和课件开发。由于学科教师对网络教育的形式缺乏深刻的认识，也由于多数学科教师受传统教育模式惯性思维的影响，更由于对网络教育没有时空限制说法的笼统理解，导致接下来的脚本编写环节，学科教师为追求内容的丰富、创意的鲜明、练习形式的多姿多彩，致使所编写的网络课件脚本较之传统的纸版本教材的文字量多了许多，导致网络课程的学习时间不能按传统课堂教学时间进行。

导致网络课程的学习时间不能按传统课堂教学时间进行的原因很充分，抛开目前网络带宽的限制不谈，就是传统的纸版本教材一旦被开发成为网络课程之后，内容与内容之间的结构关系就发生了变化，同样是100万字的文字脚本，如果是传统的纸版本教材，阅读起来因为是线性的，所以只要认真、耐心，一般人还是能容忍的；但一旦变成多媒体的网络版本教材后，不仅增加了视频、动画、图片、声音等多种媒体的表现形式，而且内容与内容（知识点与知识点）之间不再是简单的线性结构，而是超文本或超媒体链接的形式，阅读起来的时间量就会成倍地增长。有资料表明，人们在屏幕上阅读要比在纸上阅读速度慢30%的时间，且在屏幕上阅读很容易造成人眼疲劳，也有资料提出影响超文本阅读效率的心理学问题有五条：(1)认知负荷问题；(2)线性文档与非线性连接的组合问题；(3)Back—Forward问题；(4)导游线路问题；(5)其他问题。因此网络课程学习较之传统教学需要消耗更多时间的事实也就不足为奇了。反过来，前期学科教师在编写如此大量的脚本时，也势必耗费相当多的心血，而结果是否如愿，难有定论。而且，高数量的脚本直接导致了后期脚本审读、课件制作、课件测试、课件审读、学员试用、课件审校等等环节时间量的增加；间接导致了整个课件开发成本的增大，尽管按照传统课堂教学所用的纸版本教材的内容组织理应如此，但在网络环境下如此大的课业量显然不利于学习者学习。比如，一门课程的某一课为例，传统课堂教学规定教学时间为 4 学时，具体分配如下：生词 30 分钟（该课生词为 61 个），课文 1.5～2.5 小时，语言点和重点词语 1 个小时，变成网络课程后，显然对于母语非汉语、处于远端而又无指导的学习者而言，所花费的时间肯定要超过 4 个小时。不仅如此，该课练习部分共 235 道题，且相当一部分题目都是问答题，如果回答一个问题（学习者自己通过键盘输入答案）平均需要 1 分钟，则完成这一课的全部练习就需要将近 4 个小时，而事实上对于远端的外国学生一分钟回答一个问题，显然不现实。因此，这样计算下来，整个课程的学习是不可能按照传统教学规定的教学时间完成的。

因此，在一门课程内试图通过脚本量的增加，来完成多门课程的教学目标，是否一定能够达到目的，值得商榷。

有效的方式应该是脚本的提供者要精选教学内容，切忌书本搬家，防止以量取胜，教学内容要尽量模块化，要分出层次，要区分难度，其目的也是尽可能符合个性化教学的需要。

（三）课件审校越细越好

课件审校是网络课件质量保证体系中非常重要的环节。同传统纸版本教材出版发行一样，作为电子出版物，网络课件准备上网发布之前，既需要保证其课程没有科学性、知识性和政治性的错误，还需对课件的总体设计，文字、图片、声音、动画、视频等素材的版权，各种媒体素材之间、知识点之间的超链接，课件的整体风格等方面进行严格的审查。

在网络课件发布的组织与管理中，可以通过实施以下四个环节来保证其质量。

1. 课件审读

由学科教师对制作完成的课件进行审读，对制作过程中的科学性错误、知识性错误、政治性错误再次进行校对（有些工作在脚本审读时已经进行），并提供给制作人员修改，同时，就所完成的课件多种媒体表现知识点的方式是否有效、是否恰当地反映了设计者的需求，都应给予明确的修改建议，这些建议以及学员测试环节的测试结果均以报告形式提供。

2. 学员测试

组织有关外国留学生对已完成的各门课件进行试用,除进行有关错误的审校外,还对课件是否真正满足学习者的需要提出看法,并对课件不能满足学习者需求的地方提出意见。例如,对外汉语教学过程中,学习者的典型特征是非母语的外国人、处于远端、学习无指导,这种情况下,网络教学课件或平台中就要提供充分满足学习者需求的各种有效工具,诸如在线词典、在线录音、声音比对、语音校正等功能,这些将有助于学习者学习。

3. 编辑审校

为保证课件发布后错误率降至最低,保证教材质量,并对学习者负责,对在网上发布的电子教材实行审校制度。这里专门设置网络编辑部,完善编审机制,对测试并修改完成的课件按出版要求进行审校,并实行签字制度。

4. 专家审查

由学科专家、媒体制作专家、远程教育专家、有关主管教学的院校领导等组成的专家委员会,根据前期提供的课件制作素材、课件审读报告、学员测试报告、编辑审校签字等有关材料,对所有课件进行等概率抽样审查,审查通过的课件才有资格上网发布,如有科学性、知识性、政治性错误、媒体使用不当、超文本或超媒体链接有误、使用资源有侵权倾向等问题,限期整改,整改后的课件经过再次确认方可投入使用。

这四个环节环环相扣,后者是前者的递进,也是以前者为基础的。但是,原本线性的文字脚本,在制作完成后,已经变成非线性的、具有多种媒体表征和超文本(媒体)链接的网络课程,网页之多,链接之多,如果还是像审校文字教材那样,仔仔细细地审校,肯定不是短时间可以完成的。如果按照开发流程一直向前推导,那么内容脚本的品质是质量能否得到保证的最初始的环节。从软件工程角度出发,内容脚本环节就相当于需求分析阶段,如果这个阶段出了问题,修改其错误耗费 1 美元的话,那么到了软件发布之后,发现该错误再去修改,则要耗费 200 美元,即为200∶1 的比率。网络课件开发前期错误发现与后期修改错误投入的比率虽然没有前述的系统软件的比率那么大,但同样是很高的。因此其质量保证的过程应该是全面质量保证体系实施的过程,即每一个环节都应该严格进行,从而到最后的课程发布时,质量才能得到有效的保证。否则,等到课件全部开发完毕后,再在这一个环节上去进行详细审校,仅从时间上讲,就是不可能完成的。

正像目前在软件领域里流行的构件开发技术一样，后期的软件系统是复用前期的构件来完成的，此为构件的复用，而后期软件系统的质量又是有前期构件质量的保证，这种模式是软件得以快速发展的有效机制；同样，对外汉语教学的网络课件的质量保证，乃至规模发展也是前期实施环节的层层递进、环环相扣的结果，即从内容脚本、素材制作、课件整合、课件审读、学员测试、编辑审校以及专家审查每一个环节都严格按质量要求进行，而绝对不是不管之前环节的质量如何，只要最后一步保证就能使整个系统的质量一锤定音的。在我们实际开发的个别对外汉语教学网络课件中，的确有因前期内容脚本审查环节不合格而导致后期课件制作完成，经学员测试和编辑审校后发现非常大错误量的事实，乃至后来编辑审校、制作人员修改该门课程所投入的时间比开发该门课程所投入的时间还要多，直接导致了课程开发成本的增加。

所以，网络课件审校的细，不是在一个环节上极端的细，而是所有环节上全面质量保证体系的实施。

第二节　对外汉语计算机辅助教学实践

一、多媒体对外汉语教材的制作

（一）制作多媒体教材的流程设计

“流程设计”是为了使所有参与多媒体教材制作的人员，都能够有目的、有计划地完成总系统下的各个子系统，并了解各子系统在总系统中的位置和相互关系。同时，流程设计可以让所有参与人员和使用人员更加了解制作过程，是不断提高制作水平的最好的优化和修改途径。以下我们以对外汉语教学“视、听、说”课型为对象，在采集多媒体视频素材的基础上，设计多媒体教材的整体制作流程（图 10-1）。

正如上图所示，用序号表示的每一研究步骤都有明确的阶段性成果及其功能形式，其内容相互联系，互为制约。制作多媒体教材的流程设计，可以使整个开发研究过程摆脱混乱与盲目，从而获得了一种整体化的秩序和完整性的思考。

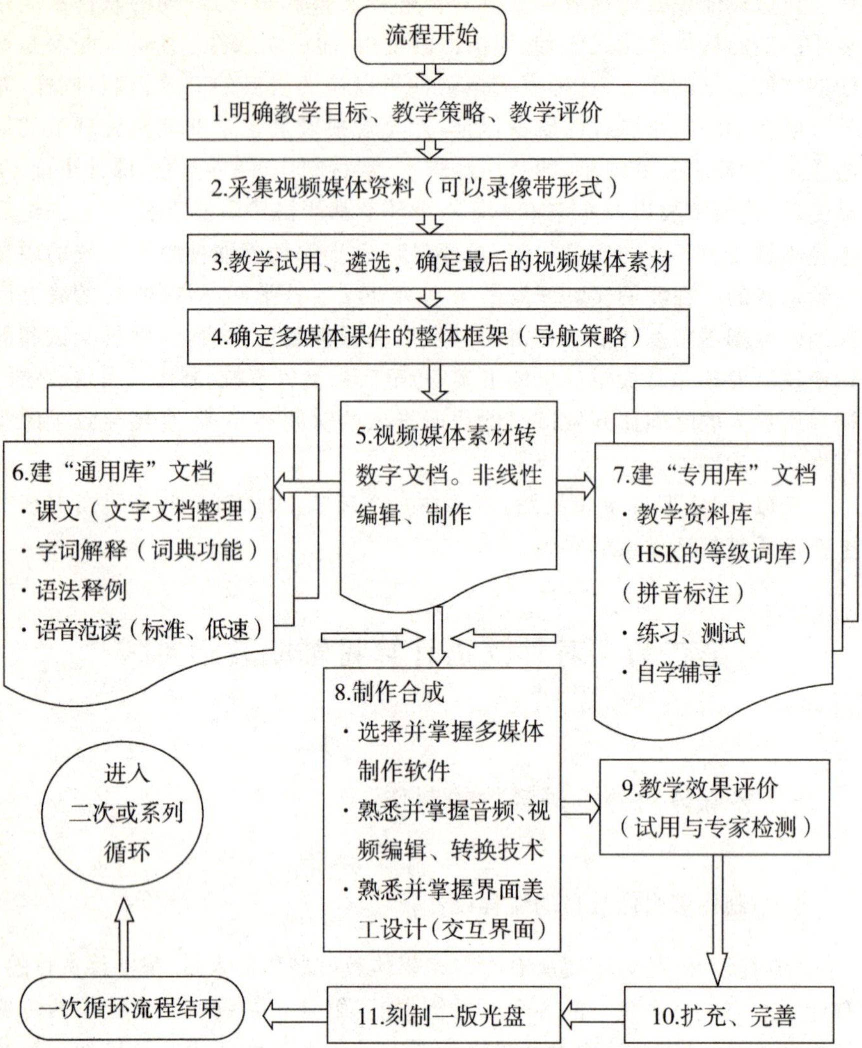

图 10-1

（二）多媒体教材的制作原则

“制作原则”是指在整个设计流程的具体操作中所必须遵守的基本规矩，也是科学地指导制作的准则。依据设计流程来阐释媒体课件的制作原则，可以使制作过程的每一环节的目标更加明确，亦便于补充和完善；事实上，任何事物的认识过程都是从实践到理论，再从理论到实践；由此，制作原则也应经过这样一个过程。多媒体教材的制作原则和流程设计是相对应的，以下序号与图 10-1 中的序号相对应。

1. 流程 1 的原则

多媒体课件的基本功能是使学习者完成有效的学习。为此，教学目标、教学策略、教学评价决定了多媒体课件的系统结构设计；在我们与教师讨论整体课件“教什么”“怎么教”“教得怎么样”问题前，我们应该让参与课件制作的教师们把握一些基本原则。其一，以计算机多媒体为核心的教学软件具备什么样的功能，怎样才能充分发挥计算机多媒体的各种特性和人机交互的优势（可以观摩一些优秀的多媒体教学软件）；其二，必须明确，制作多媒体课件不能照搬原有书本教材或练习。对于多媒体课件的设计而言；它的重心在于如何用多媒体教材阐释用课堂教学语言无法或难以表达的东西。

2. 流程 2 的原则

在对外汉语语言教学中，我们可以利用多媒体的图像功能来虚拟场景画面，其构想是让眼睛接收到在真实情景中才能接收到的信息，以强化认知效果。一般来讲，图像功能主要包括：图片、动画、影像（视频媒体）等，其中影像（视频媒体）最接近现实场景，故常被称之为多媒体课件的灵魂。为此，在条件（光盘容量，素材拍摄、采集）允许情况下，多媒体课件应该围绕已确定的教学目标和教学策略精选视频媒体素材。值得讨论的问题是：多媒体课件中的视频媒体素材是拍摄还是采集（利用现成的影视作品或选录电视频道节目源）。就目前的对外汉语教学实际（市场情况）而言，这个问题已经关系到对外汉语多媒体教材能否广泛发展和普及运用。

理论上讲，采用编写脚本—组织拍摄—数字化制作是非常理想的视频媒体制作流程，其优点是可以针对教学对象，使编写的媒体脚本自始至终都贯穿着学习语言的脉络信息（教法体现）；语法、词汇乃至情景都可以在整体系统结构设计中循序渐进地出现，使其达到不断巩固的作用。这正如美国麦克米伦出版公司 20 世纪 90 年代出版的《走遍美国》英语教学片。这种由上百名语言学家参与的、历时八年投资七百万美元的大制作，其投资回报预期是以世界范围的英语教学市场为支持的；而相对于此，国内外的汉语市场尚属发展阶段，我们国家的经济实力和教育投入都还很薄弱（目前 1 集汉语情景教学片的制作成本约在一万元以上），况且我们在语言教材，特别是语言媒体教材的编写理论和教学理论上还很不成熟，缺少实践经验等。所有这一切说明，对外汉语多媒体教材中的视频媒体素材应该先走“采集”的发展道路。事实上，纵观对外汉语中、高级书本教材，其课文的选材，一般也是根据教学对象采集名家名篇，而非刻意以语言教学规律编写之。这种先选择教学素材，再进行教法和学习方法规范的编写流程，无论其教学效果如何评价，其流程却非常适用于今天的对外汉语多媒体教材的制作，因为采集的素材要比拍摄的素材节省 80%以上制作经费；特别是就汉语而言，我们可以利用的节目源（素材）实在是太多了，我们并非没有选择余地。

3. 流程 3 的原则

一套或系列多媒体课件中，视频媒体素材的确定至关重要。为此，我们将采集到的视频媒体素材（录像带或 VCD 光盘等）通过授课形式加以试用和遴选。除了满足预设的教学目的和易于施以教学策略外，还应强调的是被选定的多媒体素材应具有“长时效性”。强调此概念是因为多媒体教学软件必须留有不断升级的空间（不同版本的“兼容性”），即一套软件应该可以在原有素材的基础上，分不同时期扩充和修改使用功能，推出新的版本软件。而新的版本软件并非摒弃旧的版本素材，所以遴选的媒体素材，其内容无论是从版本升级还是从制作经费上考虑，都必须具有“长时效性”。

4. 流程 4 的原则

一般来讲，教学活动的每个环节或讲授方式决定了多媒体课件的整体框架。所以，必须在理论（语言获得理论）联系实际的基础上认真设计，使其达到或接近最佳的教学效果。需要说明的是，多媒体课件与录像带或 VCD 等媒体的不同之处在于，它将大量的文字、图片、音频、动画、影像等原始数据或数据库，用复杂的逻辑关系编辑成序并加以管理。而所谓“复杂的逻辑关系”，就是文字或音频等各种数据库根据教学活动的实际需求的不同组合（关联）出现，是确定整体框架时必须考虑的主要问题，包括：核心内容目录的显示方式；信息间的层次结构和浏览顺序；信息间的跳转关系（超文本链接）等等。需要注意的是，在教学活动中“教无定法”，为此，课件的整体框架设计必须面向教师群体而非个人，要在通用性的基础上，给每个教师留以施展个性风格的空间。如果从使用目的上划分，完整的多媒体课件可以包括协助教学（Computer-Aided Instruction）和辅助教学（Computer-Assisted Instruction）两部分。协助教学部分侧重课堂使用（或教师讲授），其内容设计应该更多地注重引导和控制，避免随意性和目标的不明确性；而辅助教学部分则侧重课外使用（或自学），其内容设计可以多一些“咨询型”，以此为学生提供发挥主动性的空间。

5. 流程 5 的原则

视频媒体素材经过试用、遴选被确定以后，还需将其内容进一步优化、压缩。因为一张光盘的存储量目前约为 650 兆，对于存储文字来说这是一个天文数字的容量，但对于图像，特别是视频图像（视频媒体素材）来说，并不乐观；为此，视频媒体素材（模拟信号）转换成数字信号前（或转换成数字信息后），必须去掉视频媒体内容上的冗笔，使光盘空间得到更有效的利用。

6. 流程 6 至 7 的原则

多媒体教材的最大特点，是能够从一种媒介流动到另一种媒介；能够以不同的方式阐述同一个问题；能够激发接受者不同层面的感官经验。因而，选定的视频媒体素材只是多媒体课件多种数据组合的一部分。剩下的数据或数据库种类视教学需求而设置。就对外汉语教学多媒体课件来说，可以围绕视频媒体素材，把其他不同的数据或数据库划分为两类，即“通用库”和“专用库”（也是以开发难易程度来划分的）。“通用库”中，应根据视频媒体素材整理相应的文字文档；应根据教案设计，增加诸如字词解释、语法释例和语音范读（用低速或标准速度）。同样，在“专用库”中，也应按照教学需求来建立各种类型库。需要说明的是，设计者可视“库”的难易程度和需求程度来逐步建立或完善，并在不同版本中推出。比如“专用库”中的练习与测试、自学辅导两项（主要用于课外部分）可稍后推出。

7. 流程 8 的原则

制作合成是一个课件最后的技术操作，它包括多媒体制作工具（软件）的选择与熟练掌握；交互界面的美工设计等，其原则是根据设计指标选择软件功能。比如，制作软件中，是否要求能进行文本、图像、动画、音频、视频的屏幕编辑；是否需要添加数据库管理功能等。而且，还应该考虑制作人员的技术水平及软件的价格性能比。总之，在各种类别数据准备充分的前提下，应该强调多“兵种”的协作与交流，其人员配备应该包括：计算机技术人员、视频制作技术人员、有丰富教学经验的教师，以及相应的管理人员。要尽快地认识并掌握不同的制作手段；要因地制宜创造条件，利用现有设备，减少不必要的硬件经费开支，用最快的速度推出多媒体初版课件。

8. 流程 9 至 11 的原则

推出初版课件后，应该说课件总体框架已经基本确定，只是数据可能还不够充实。这时，可以通过教学实践和组织专家（语言教育家和多媒体制作专家)检测的方法对课件的教学效果进行评价。并在此基础上不断充实系统数据,完善系统结构与功能,使其更加符合教学规律。另外,将不同时期扩充、完善的数据结果刻制成光盘,可视为一个版本的结束,无论是系列课件还是推出新的版本课件,均可根据需求选择制作流程的不同环节进入流程。上述诸项原则,确立了思考问题的方法与标准,在实际操作中应是一个和谐的整体。在此原则的统领下,可大致保证多媒体课件制作的方向性、科学性、系统性、连续性和可行性。希望对"制作原则"的讨论,能推动对外汉语教学多媒体教材的普及发展与运用。

二、多媒体对外汉语课堂教学

(一)多媒体形式和对外汉语课堂教学

1. 媒体和媒体形式

"媒体是记录、存储、传输、调节和呈现信息的所有材料、实物、设施和人的总称",即媒体是在传播者和接受者之间传递信息的人和物。用于教学的媒体,我们称之为教学媒体。比如,在传统的对外汉语课堂教学中,教材、挂图、照片、卡片、道具或模型,以及幻灯机、录音机、录像机、电视和教师等,都是教学媒体。使用教学媒体的目的是为了提高教学质量、缩短教学时间或扩大教育规模。

不同的媒体所能传播和承载的信息类型是不同的。我们把媒体所能传播和承载的不同类型的信息称为媒体形式。如文字、图片或图表、录音、录像等,都是不同的媒体形式。每一种媒体和媒体形式都有其表达信息的优点和局限。

媒体随着现代科学技术的发展而不断地发展变化。语言教学在利用媒体方面经历了从传统媒体到现代媒体的转变,大致分三个阶段:黑板、粉笔阶段;音频、视频阶段;计算机、网络阶段。

现代媒体技术是以计算机和网络技术为基础的多媒体技术,它有三个基本特点:综合性,能集文本、图形、图像、声音、动画和视频图像等多种媒体形式于一体;跨时空性,能在瞬间置千里之外所发生的事件于课堂之上;智能性,能根据课堂进程来编排或剪辑内容,并自动控制教学进程。因此,我们可以认为,现代媒体技术对课堂教学的影响是以往任何媒体技术所不能比拟的。

2. 媒体形式在对外汉语课堂教学中的应用

对外汉语课堂教学与其他学科的教学是不同的，它需要人际间的交流，它包含跨文化因素，因此，在运用媒体形式时，应充分考虑到这些特点。

(1)对外汉语课堂教学中涉及师生间的跨文化交流

对外汉语课堂教学中，教师和学生有着不同的文化背景，这些背景可以通过人们对事物共同的认识和经验来沟通，这也是成人学习外语的特点，它不同于儿童学习外语，因为儿童学习外语时，其智力的发展与知识是同步增长的。依据心理学的理论，这种对事物的认识和跨文化的信息交流，有必要使用媒体形式辅助教学。比如，一个笑声或一个刹车声，一幅苹果的图片或一幅打电话的图片，都能以最快、最直接的方式表达目的和意义。

在教学中，我们要注意使用表达工具，着意构造出目的语文化环境，并借助各种媒体形式，使学生方便地从一种文化氛围，过渡到另一种文化氛围；从一种语言环境，过渡到另一种语言环境。

(2)对外汉语课堂教学中更需要师生间、学生间的言语交流

对外汉语课堂教学中的一切行为方式都是为语言学习服务的，教师的作用之一就是用规范的可懂输入与学生交流，这不同于其他学科的教学，如讲解化学变化时，教师边讲解边演示实验即可；又如，讲解某个历史事件时，讲解或播放史实录像即可。在对外汉语课堂教学中，教师既是语言技能和知识的传授者，也是学生使用目的语进行交流的首要对象。

对外汉语课堂教学中，教师的讲解重要，教师与学生的言语交流更重要，通过师生间和学生间的交流，创造了目的语小环境，并使学生从中获得了交际技能训练，即使是在目的语国家学习，课堂教学也是非常重要的环节。

(3)对外汉语课堂教学中人的因素和技术因素的关系

对外汉语课堂教学仍然是对外汉语教学的中心环节，它不应当被削弱，教师的作用依然是独到的、重要的；汉语课堂教学在跨文化交际方面，更需要多种媒体技术的辅助，使之更加完善，更加合理，具有更高的教学效率。问题是我们要把握好其中的关系，必须使技术的因素得到适当的控制，否则会适得其反。媒体形式应该为教师的语言作补充，而不是让教师解释媒体形式。课堂上使用媒体形式，不应该简单地将其罗列在一起，而应使教师、学生、教材、表达工具和表达方式构成一个系统。系统中的各个因素只有相互协调配合，才能使系统的功能大于各部分功能的总和。

总之，语言教学既需要一定媒体形式来构造语言环境，又离不开人的参与和控制。

3. 媒体形式在对外汉语课堂教学中的作用

依据心理学的理论，利用多种媒体比用单一媒体的教学效果更好，因此，我们应该根据媒体和媒体形式的特点，以及不同的教学目标、教学对象和学时等级，用不同的媒体和媒体形式表达事物及其特性，提供不同的感官刺激。

从以往的教学实践来看，各种媒体形式在对外汉语课堂教学中发挥了各自的作用。从语言技能训练看，听力课上通常利用录音机播放录音来训练学生辨别、记忆、联想、概括、反应、模仿等能力，有时也利用录像进行教学，在看电视剧、电影这种相对真实语料的过程中培养听力能力；口语课上，用看图说话或给出提示让学生复述课文的方式训练口语能力；阅读课上，用图示的方法讲解文章结构、写作背景；写作课上，有时用看画写话或听后写的训练方法，有时用描述图片、连环画、电影、幻灯等训练方法。从语言知识教学看，语音课上，有时用发音部位图讲解发音部位或用吹动纸片来演示送气音；汉字课上，有时用图片释字义，有时用色彩等方式勾画笔画、偏旁、部首、部件，有时也用看图识字的练习方式；词汇课上，有时用图片释词义；语法课上，可以用公式或图表的方式分析句法结构，可以用图片的形式展示语义和语境；文化课上，常用的手段是看录像，通过看录像既可以了解知识文化，也可以了解语言文化，有时也用图片辅助讲解典故、成语。

(二)多媒体技术和对外汉语课堂教学

在常规的对外汉语课堂教学中，教学手段主要依靠黑板、粉笔和教师的教学语言。辅助的措施大致有两类：一是非电教手段，比如，教师准备的一些图片、教具、画了图或写了补充文字的小黑板、教师的辅助教学动作等；二是电教手段，比如，幻灯机、录音机、录像机等。教学手段与教学需求产生了矛盾，因此，传统教学媒体发展到现代媒体技术是非常必要的。而现代信息技术的迅速发展，也为此提供了性能越来越完善的硬件和软件配置。

1. 多媒体技术引发了对外汉语课堂教学模式的变革

多媒体技术应用于课堂教学，实际上是在原来已经构成的教学系统中增加了新的元素——多媒体课件，由此所形成的新的教学模式我们称之为多媒体教学模式。多媒体技术引发了对外汉语课堂教学的一系列变革，如教材、教师、学生和测试。

(1)教材形式的变化

传统的教材多是纸版本的，可印刷的媒体除了文字以外，只有图片；而且配套的教学资料(如录音带、录像带)多是相互独立的，特别是教材中的文字解释，有时用词难，有时句式复杂，不易于为学生理解。多媒体教学模式下，除纸版本教材外，还有配套的电子教案(多媒体课件)。电子教案中，以全方位、立体化的和更接近于真实语言应用的方式呈现给学习者，无论从解释的形式上，还是从解释的内容上，都更接近于课堂用语，易于为学生理解。电子教案中还可以用超文本、超链接的方式组织教学内容，使教学内容在组织方式上更能体现人的认知方式和学习习惯。

(2)学生学习与复习方式的变化

传统的授课方式下，学生要专注地听教师的讲解，再与已有的知识和经验建立起联系，在感知、理解阶段经历的转换步骤更多一些，单一的手段不能唤起他们的积极性和注意力。多媒体教学模式下，学生在一种虚拟程度较高的语言教学环境中学习，容易集中注意力，容易产生积极的行为，如在多媒体技术创设的情境下，可以促进学生把所学语言知识和技能运用到新的情境中去。借助形象化的提示，可以缩短理解的时间，有利于语言表达，有助于记忆。

学生还可以把电子教案带回家，这样，学生就不必在课堂上花费时间和分散精力地记笔记，他们可以更专心地考虑教师的问题，并积极参与语言教学实践，且有更多的练习机会。由于重要的字词和典型的句式都可以显示在屏幕上，因此，避免了学生在不理解意思的情况下，机械地跟读或模仿。

(3)教师备课、授课方式的变化

传统的备课方式，教师的教案大多是手写的，不利于修改和改进，也不利于课堂上动态地变换内容。多媒体教学模式下，教师可通过各种方式寻找适宜的教学资源，如购买、交流、自制等，电子教案是灵活的、便于更新的、多媒体的，它能方便地把讲课用的大纲内容与辅助文字、图形、动画等相结合，构成色彩丰富、图文并茂的幻灯片，加上声音、动画等各种媒体信息，插入超链接，组成在计算机屏幕上显示用的电子演示教案。

传统的授课方式中，教师主要用口述和板书的方式授课。多媒体教学模式下的授课方式，是在有计算机技术支持的情形下进行的，节省了板书时间，教师可以把精力更加集中于组织教学；电子课件中多媒体技术的应用，可以增强直观性并体现交际性原则，提高语言教学的效率，同时它对保证教学质量起到了积极的作用。此时，教师的任务转向如何有效地控制教学进程，如何控制技术的因素与人的因素的关系，做到适时、适量、综合地使用多媒体技术和传统教学手段。

教学模式的变化还要求教师能根据自己的特点，选择便捷的操作工具，掌握科学和规范的操作方法，了解教学环境，并具备一些处理硬件和软件方面随机事件的能力。

(4)测试方式的变化

语言测试是语言教学的一个重要环节。语言测试与语言理论,特别是语言教学理论密切相关。语言测试的方法和手段在现代科技的发展中也会发生变化,这就是多媒体语言测试。采用多媒体语言测试,不仅有可能更加真实地测量学生的语言水平,也可以为多媒体语言教学研究提供反馈信息。

以往,由于我们对多媒体测试缺乏研究,测试时无论是主观题型,还是客观题型都是以文字或声音的形式出现,难以更透彻地考查学生在真实语言交际中的语言运用能力,甚至有悖于交际教学法,为了顺利通过考试,教师和学生仍努力完成传统的练习题型,无形中使教学重回到结构法的老路上。

2. 多媒体技术在对外汉语课堂教学中的应用

多媒体教学在多媒体教室中进行。

目前的多媒体教室大体有两种,一种是只有教师机,没有学生机的多媒体教室,我们把它称为"1+0"形式;另一种是既有教师机,又有学生机的多媒体教室,我们把它称为"1+n"形式。选用哪种形式,一要看具体条件,二要看课型。比如,对于汉语口语课,当然用"1+0"形式比较好,它注重的是集体气氛和人与人之间的互动关系;对于阅读课,两种形式都可以,这取决于教学方法。就"1+0"形式来说,教室里包括大屏幕数字投影机和含有电脑的综合控制系统;课件在电脑上运行,同时显示在大屏幕上;教师通过无线遥控鼠标或电子教鞭、屏幕遥控器等,控制课件的运行及屏幕上显示的内容;大屏幕居中或居侧面,同时备有黑板或白板供教师板书必要的教学内容;学生的座位上不带有电脑终端;上课时,教师手持无线遥控鼠标可以在教室中随意走动,而不需固定坐在讲台前操纵电脑,也不必操作时回到电脑旁。这样,便于教师亲近学生,可以自如地与学生进行正常的语言交流。这种教学手段贯穿于课程的始终。

教学中,如果必要的话,电脑还可以和网络连接。通过网络,教师可以广泛地利用其丰富的资源,可以让学生观看即时发生的、与课堂教学内容相关的事件和场景,或者进行远程交谈,或学生利用软件继续学习或练习。

(三)多媒体汉语课堂教学中的主要问题

1. 没有相应设备

有关调查显示,若能提供相应的多媒体设备及配套的多媒体课件,绝大部分教师都希望尝试这一教学模式。他们反映，学校对于多媒体汉语课堂教学是持积极态度的。有的学校投入了大量的资金和设备用于建立多媒体语音实验室、多媒体教室，添置多媒体设备，还有的学校有专门的教师和研究人员正从事多媒体辅助汉语课堂教学研究。但是，也有一些学校存在着资金、设备不足的情况，教师想尝试应用，但学校不具备相应的条件；还有的教师认为领导认可，但没有实施计划。

2. 汉语教师对多媒体课堂教学存在一定的担忧

汉语教学经过几十年的探索，已经积累了一套比较成熟的、普遍适用的成功经验，在将多媒体技术应用于课堂教学的过程中，有的教师担心如果不能很好地把握技术手段使用的度和量，那么多媒体教学将产生副作用。比如，机械故障可能导致教学中断；课件的使用也许会分散学生的注意力，或者挫伤学生的主动性；使用课件要花费大量的时间来演示，减少了学生复述、反复练习口语的时间，起不到应有的教学效果。这些认识上和研究上的问题也是值得重视的。

3. 存在资源和操作方面的问题

汉语教学既具有高技术需求性，又具有弱技术相关性。由于许多汉语教师属文科知识背景，无论是计算机技能，还是机器设备操作上都有一定的局限。在调查过程中，只有少数教师每天都在使用计算机。在现代化机器设备面前，许多教师感到束手无策，因而回避使用多媒体技术；许多教师认为，花费在找电子资料上的时间太多，且效率低，影响了课件设计；另外，从世界范围来看，多媒体辅助语言教学仍处在起步阶段，语言的多媒体教学有其特殊性，如抽象概念不容易表达、课件设计缺少可参照模式、配套课件不易获得，因此，也阻碍了推广和使用。这些问题如不及时解决，最终将会影响多媒体汉语课堂教学的发展和推进。

（四）多媒体汉语课堂教学的对策和建议

事实上，任何一种计算机辅助教学的效果都是与环境因素、教师因素和学生因素相关的。多媒体汉语课堂教学涉及多个学科的知识，仅以课件设计问题为例，它就涉及计算机人机界面学、人体工程学、色彩学、心理学、图形学以及板书设计等许多交叉学科的基本原理。因此，考虑多媒体汉语课堂教学问题，就要以综合的、发展的眼光来看待，努力探索并解决其中的问题。

1. 环境问题

多媒体汉语课堂教学的环境问题，除了领导层要加强重视、建设必需的多媒体教室、配备多媒体设备外，还要加强多媒体课件设计研究，提供课件设计的基本课型可参照模式，以减轻汉语教师制作课件的负担；建立对外汉语教学多媒体素材库，以减轻汉语教师寻找可用素材和重复劳动的问题。

2. 学生问题

多媒体汉语课堂教学的学生问题，除了考虑课型与媒体的关系外，还要考虑学生的语言能力与选择媒体的关系。因为，学习能力与教学处理相互作用方面的研究指出，教学效果随学生特点的不同而不同，采用同样的教学方法与教学手段，可能会因不同学生的不同特点而呈现不同的教学效果。阅读理解能力是学生所具有的一个可以把握的特点，对无阅读能力的学生，图片比言语表达能更迅速、更有效地传递学习内容。

3. 教师问题

多媒体汉语课堂教学的教师问题，除了要引导教师充分认识多媒体汉语教学的作用、掌握基本的信息技术处理能力外，还要组织教师积极参加交流和培训，不断地更新知识；努力掌握多媒体汉语课堂教学方法，以适应新形势下汉语教学任务的要求。

三、网络汉语教学课件开发

(一)网络汉语教学课件开发的原则

1. 软件工程方法的掌控

同其他计算机软件开发一样，有效的课件制作的组织与管理也主要集中在三个要素上，即人员(People)、问题(Problem)和过程(Process)，俗称三个P。

(1)人员

人员除前期编写脚本的学科教师之外，课件制作的参与者主要有以下几类。

用户：网络课件的最终用户有两类，其一是网络学院招收的学员(对外汉语教学网络课件的用户是母语为非汉语的学习者)，其二是从事教学的教师(包括编写脚本的教师)。作为用户，这二者对课件制作期间的组织与管理、保证课件制作的品质均起着不可替代的作用。

项目(技术)管理者：负责计划、激励、组织和控制课件开发人员。

开发人员：开发课件所需的专门技术人员。具体来说，包括教学设计人员、网页制作人员、美工(包括手绘、平面设计等)、动画设计人员，同时包括语音处理(诸如录音、监听、切音等)、视频处理(包括录像、视频截取等)以及网络后台技术支持等人员。

(2)问题

问题是指课件制作之前，首先要明确课件制作的目的和范围(与课件的教学目标有重叠)，考虑可选的解决方案(涉及教学设计)，界定技术和管理上的约束(即受限制)条件。其中“目的”描述所制作课件的总体目标即教学目标(做什么)，而不考虑这些目标如何实现(怎样做)；“范围”说明课件制作相关的主要数据、功能和行为，更为重要的是，“范围”以量化的方式约束了上述特性。

从工程上讲，没有这些信息，就不可能进行合理的(准确的)开发成本估算，有效的风险评估，适当的项目任务划分，或是给出意义明确的项目进度标志的项目管理计划。一旦了解了课件开发的目的和范围，要就综合课件交付的期限、预算的限制、可用的人员、技术接口及各种其他因素，给出整个项目的约束，并着手考虑可选的解决方案。

需要强调的是，鉴于脚本编写过程中允许学科教师充分发挥自己的想象力，进行最大限度的创意，因此有可能导致学科教师提出的目标因受当前计算机技术的约束而不能实现，或实现起来比较困难，因此课件制作过程中，必须对这些问题有所考虑。同样以对外汉语教学课件为例，如《写作入门》课程的作文自动判卷、《汉语口语教程》课程的语音自动校对等功能受目前技术层面的约束，尚未实现。

(3)过程

过程的本质是提供一个课件开发的框架，在该框架下可以建立课件开发的综合计划。目前比较成熟的软件工程框架有瀑布模型、螺旋模型、增量模型、四代技术、面向对象模型等，而我们实际课件开发过程中认为带有约束机制的原型模型和螺旋模型是比较有效的开发方式——但并非原型模型和螺旋模型的完全照搬，而是上述模型的可裁剪式的综合应用(进而体现出软件工程思想具体实施过程中的掌控)。而在开发人员的组织与管理上，则采用的是小组软件工程机制，且每个小组都配备相关的技术人员，这样给予了课件开发最大的灵活性。

与其他大型的计算机系统软件开发相比，网络教学课件的制作也采用软件工程方法，虽然规模上与前者不能相提并论，制作过程也远没有前者那么复杂，无须过于复杂的框架(指软件开发模型)，但在细节成分的雕琢上网络课件的开发则有过之而无不及。

但是，并不是所有的开发人员都必须理解或了解软件工程的系统开发方法，正如很多理论方法“日用而不知”一样，我们期望使用方法的人能够将所使用的方法上升到理论层面上来认识，但不应该强求，而且也没有必要，毕竟“术业有专攻”。事实上，在课件的组织开发过程中，软件工程方法的掌控是项目的组织管理者以一种潜移默化的方式贯彻下去的。例如，软件工程上称之为原型的开发方法，到了网络课件开发的实际就演变成为样课的制作，而样课(课件原型)就成为沟通学科教师、课件开发人员之间的桥梁。随着沟通的深入，样课或以增量前进，或以螺旋上升，一旦达到了双方相互认可的程度，就开始了一门课程的全面演进，而这一点，恰好成为我们软件开发过程中有效的模式。

人员、问题、过程这三个要素中，人的要素是最重要的，因为问题的解决、过程的实施都是依靠人来完成的，而人这个要素中，其个人素质、技术水平、敬业精神、协作能力以及创新能力都是影响课件制作质量直接而且重要的因素。

2. 人机工程思想的渗透

人机工程，有人也称为人类工程，主要是从心理学和方法论导出的知识来确定和设计高质量的人机对话界面 HCI(Human-computer Conversation Interface)的多学科活动，因此有人也从工业心理学角度全方位地探讨这一问题。

人机工程思想的重要性，从人们对于基于计算机的系统认识变化也可见一斑。传统的基于计算机的系统一直被模型化为使用 IPO 结构的一个信息变换，即输入(Input)—处理(Process)—输出(Output)结构的信息变换。而 Hatley 和 Pirbhai 扩充了这个看法，在原有 IPO 的基础上，追加了两类系统特性，即用户界面处理、维护与自测试处理。而且，随着计算机网络的越来越普及，用户界面友好性(User friendly)问题已经放在了优先考虑的、越来越重要的位置，用户界面的设计不仅要把整个软件的功能、性能和特色完整地展现给用户，也要为用户提供最漂亮和最便捷的操作方法，同时还要以最优质的服务指导和帮助用户。

体现这一思想的工程化要求是通过强调界面一致性来实现的。所谓界面一致性，用专业术语描述，就是要求计算机在某一部分对话时的响应方式与其他部分完全相同，这样可以缩短用户学习和掌握界面的时间。一致性用户界面具有很多优点：对研制人员来讲，大大地缩短了通用界面的研制和开发周期，节省了经费和投资，提高了软件的共享性，加速了标准化；对用户来讲，可以在很短的时间内学会界面的操作和交互，极大地提高了工作效率，减少了挫折感，增强了成功的信念。

界面一致性包括语法、语义和物理三个方面。

(1)语法一致性是指屏幕上的元素(显示语言)出现的顺序和规则及操作要求(动作语言)顺序的一致性问题。如窗口的标题、控制选单、工作菜单、窗体、滚动条、按钮等元素的布局和操作规程都必须习惯成自然，不能随意改变。

(2)语义的一致性是指构成界面的元素意义必须保持一致。如界面菜单名称、图形符号等的含义不能随系统不同而改变用意，应始终保持一致。

(3)物理一致性强调硬件方面的一致，即键盘布局、键的位置、鼠标器按钮设置和用法、追踪球的球动设置和转法等，它们无论出现在什么样的系统中，用法都必须一致。

界面一致性原则的体现方式，就是俗称的“统一的风格”。同样，对于课件制作人员，我们不强调过于专业化的界面一致性原则，而是强调“统一风格”的思想，并将其渗透在开发过程中。这一点对于批量开发的“网上北语”对外汉语教学学历课程课件，已经得到了充分的体现。例如所有课件均以蓝色背景为基调，课头统一图案，冠以“北京语言大学”“网上北语”，统一的LOGO，教学指导、教学内容、课程选择等位置一致，各种按钮按照业界的惯例统一设计，以及课程总体导航图、各章的目录树导航、各独立部分导航等多层次、多种形式的导航策略，等等，均给人以系列和品牌效应。

对外汉语教学网络课件界面一致性原则的进一步应用和探索，就是如何适应不同国家、不同民族的学习者的问题。不同国家、不同民族的学习者，其文化背景、阅读习惯等很多内在的品质与汉民族并不相同，以中国人的阅读习惯、审美观点设计的网络课件不一定完全适应于母语为非汉语的学习者。因此，这类网络课件的制作一方面要适应国际上已有的课件开发标准，同时也存在网络课件本地化的问题。

3. 教育技术理念的融合

美国教育传播与技术协会(AECT)1994年给出教育技术的定义是“教育技术(Instructional Technology)是为了促进学习，对学习的过程和资源进行设计、开发、利用、管理和评价的理论和实践”。此处的教育技术理念的融合包含两个层面的含义，一是在全部对外汉语教学网络课件开发的过程中，始终坚持对教学过程进行设计，始终坚持对教育资源进行有效的管理和利用，使得教学设计与资源管理贯彻整个课件开发的全部过程；二是尽管建构主义学习理论已经成为基于web学习系统设计的主要理论基础，但在语言教学特别是对外汉语教学过程中，我们并不认为它是唯一的理论基础，在语言教学过程中，认知主义的学习理论、行为主义的学习理论依然发挥着非常重要的作用。因此极端的建构主义思想在语言教学过程中是站不住脚的。事实上，特瓦德尔（W. F. Twaddell）归纳的听说法的五个阶段教学过程——认知、模仿、重复、变换和选择，仍然被许多学科教师在教学过程中巧妙地利用，有机地嵌入到了所编写的脚本中，成为促进学习者学习的有效策略。而行为主义，特别是斯金纳的操作行为主义所持的"言语行为是通过刺激与反应的联结并加以强化而形成习惯，强调第二语言教学要通过大量的模仿和反复的操练养成新的语言习惯"的观点，在语言要素教学，甚至言语技能训练中都是非常有效的方法。

从教学设计的角度来谈，教育技术理念的融合主要涉及以下几个方面。

(1)教学目标的确定

对学习目标的描述应力求做到精确化，避免传统描述中存在的模糊性，如"理解否定句"，此时就要问："你认为学生表现出哪种行为时就表明他理解了否定句?"对于这个问题的回答便能够引导出教学目标的精确描述。可以采用学习结果的分类方法，对每一部分的教学目标的成分进行分析时，分别从学习者可以习得的智慧技能、言语信息技能、认知策略、动作技能和态度情感五个大的方面去进行分析，在具体描述时遵循ABCD模式，即对象（Audience）、行为（Behavior）、条件（Condition）和标准（Degree）四个方面进行描述，这样就基本做到了对教学目标描述的精确化，为后面的教学评价提出了具体的标准。

(2)学习者特征的分析

学习者特征分析主要包括对学习者的一般个性心理特征、学习风格、已习得的能力、学习者的动机水平和学习者文化、宗教背景等进行分析。对外汉语教学网络课程的学习者是处于远端、母语为非汉语、缺乏教师指导的学习者，他们拥有不同的国籍，学习汉语的习得过程不同，汉语基础知识参差不齐，学习过程中容易犯的错误也不同，等等。了解学习者的特征，就为构造个性化的课件提供了相应的理论依据。需要强调的是，学习者特征的分析不是一蹴而就的，在脚本编写之初、课件制作之中、课件测试之后等环节都可以持续不断地进行学习者特征的分析，并不断地进行总结。鉴于学习者来自世界各地，存在特征差异是显而易见的。

(3)教学策略的制订

教学策略的制订包括网络环境下的教学内容的组织策略、教学情境的营造策略、教学活动的设计策略、协作学习的实现策略等等，从而鼓励学习者根据自身情况进行一些自主化的学习。

(4)学习环境的设计

学习环境是学习者学习行为的容器，是学习资源、学习工具和人际交互的组合。其功能是为学习者完成学习行为提供资源、工具和人际方面的支持，使学习活动更加个性化、情境化、多样化、综合化。例如《报刊阅读》在传统课堂教学中所使用的教材内容可能比较陈旧，但在网络课件中，完全可以利用共享资源，内容取自于最新出版的报刊。

(5)媒体的选择

对外汉语教学网络课件中所使用的媒体除了文字以外，还有图片、图像、动画、音频和视频等。媒体的选择一方面要根据教学内容、教学知识点的难易程度来设计、安排，另一方面也要考虑选择媒体后所制作的课件在目前网络带宽的条件下是否传输通畅。因此网络课件中适度地使用多种媒体表征知识，创设情境让学习者参与，不仅非常有利于学习者知识的获取，而且非常有利于知识的保持。但也要注意，图文并茂的多媒体课件必然导致课件存储容量增大，在低速网络或用户较多而线路繁忙时，若传输受阻，将会影响学习者的心情。权衡利弊，目前对外汉语教学课件的媒体选择除极少量的视频外，主要采用了文字、图片、图像、动画和音频的形式。

(6)评价

教学评价主要包括两大部分，一是传统的总结性评价，二是需要在教学过程中不断进行的形成性评价。“网上北语”课程的教学评价是通过课件制作完成后的两个环节具体实施的：其一，有来自 11 个国家的 27 名不同性别、不同汉语基础的学习者参加了不同课件的学习测试，测试过程中监测教师填写学习测试记录表，测试完成后学员进行考试，并对考试结果进行评价，以此根据学员学习反馈意见和考试评价结果来改进网络课件的设计；其二，2001 年 9 月 7 日“网上北语”开通后，对实际交费进行学习的学员及其反馈意见进行动态跟踪，对整个课件的教学效果进行评价，而且，这种评价是一个长期、持续的过程。

按照上述理论原则开发出来的对外汉语教学网络课件在总体设计、艺术性、制作技术与教学内容等方面都有了自己的特色，得到了一定范围的认可。但毕竟上述理论原则是一种多学科活动，要真正做到有机地结合，并对实践产生真正意义上的指导，还有相当大的距离。

(二)网络汉语教学课件的制作方法

1. 课件的教学内容制作

对外汉语网络课件的教学内容一般包括课文、生词、语法、功能项目、文化背景、注释、讲解、练习、测试、学习指导等，通常以文字、声音、图表、图片、动画、录像片段等多媒体形式，按超文本格式组织成一个互相连接的网状超媒体教学信息系统，供远程的学生随时通过网络浏览器学习。

制作时，一方面要特别注意课件的教学内容要模块化。可以将课件按不同功能制作成不同模块，如课文、讲解、练习与测试、咨询与讨论、学习指导，等等。课文模块可以包括短文、会话、生词、注释；讲解模块可以包括语法、词语、功能项目、交际文化项目；练习与测试模块包括各种形式的交互式题目及参考答案和反馈信息；咨询与讨论模块包括留言簿、电子邮件、电子白板和聊天室，以便学生提交问题，教师答疑解难以及师生或学生之间进行在线实时笔谈或非实时的论坛交流；指导模块是教师为学生提供的各种学习指导。比如，说明教学目的要求，指出学习重点难点，说明练习方法步骤，等等。

另一方面，每个学习章节要有言简意赅的标题和适量的小标题，展现不同教学内容的节点之间链接要畅通，能够方便地互相参照，互相切换页面。要调动一切屏幕设计手段，保证教学重点和难点突出在屏幕最醒目的位置。比如采用下拉菜单在有限的屏幕上显示大标题，而小标题则通过展开菜单后才显示。又如课文注释可放在“隐藏层面”内，通过鼠标触发以后才显现出来。

2. 课件的屏幕制作

屏幕制作包括颜色搭配、字体图案、屏幕页面等内容。第二语言学习课件的屏幕制作不应该过分追求屏幕的美观、形象、生动，而应该把重点放在教学内容的合理安排方面。颜色对人视觉影响较大，柔和的颜色可减轻疲劳，鲜艳的色彩可引人注目。要尽量做到色彩协调，醒目而不刺激，美观而不花哨。页面上可以有与文字内容相关的图片或动画修饰点缀，但过分繁杂则会喧宾夺主。总之，要努力使课件呈现出一种友好的界面，激发学生的学习欲望。

在制作课件时，可充分利用 JavaScript 脚本语言，以及菜单、隐藏层面(hidden layer)、多窗口显示等网页制作技术，使页面上突出主要节点的重要教学信息，而其余的信息则可通过点按鼠标，打开伸展式或下拉式菜单、显示隐藏的层面，打开定时自动关闭的新窗口等方式来显示。在同一屏幕或页面上，展示教学内容的区域和控制信息的区域要分开，可以采用“框架页面(frame)”来实现。页面上要提供返回主页、前后页面跳转等“导航”辅助按钮或链接，避免学生在信息海洋中“迷航”。由于计算机屏幕的尺寸有限，切忌页面的结构布局设计不合理，造成页面过长，导致频繁地移动屏幕上窗口的“滚卷条”来翻动页面。

3. 交互式习题与试题的程序制作

应用JavaScript脚本语言和ASP编制练习题、自测题和试题程序，可以实现人机之间的交互，及时反馈教学评估信息，具体如下。

(1)练习题分类

交互式习题与试题程序可分为主观题和客观题两大类。主观题要求默认可能出现的任意答案，如问答、论述、作文、翻译等，所以很难用程序实现。客观题常用于标准化考试，可分成三种。第一种只默认某个答案，如多项选择题中的单选题、是非判断题、完形填空、汉字填空、排序、配对。第二种可以默认两个以上的答案，如多项选择题中的复选题、连词成句、用所给的词语造句、单句翻译、句型转换、词语填空、简短问答等。第三种客观题具有一定的人工智能性质，比如“机助自适应测试”(cat-computerized Adaptive Testing)程序，能够根据学生答题分数的高低和错误的情况，自动从题库中提取相应难度的题目或补救性题目随机生成试卷，或者自动链接到预先编制的相应难度的试卷。

(2)交互式练习题或自测题程序的制作

交互式练习题或自测题程序一般应该具备如下功能：输入答案、提交答卷、查对答案、答题反馈(对学生答案的正误评判、显示参考答案、对成绩的肯定和鼓励、错误分析、其他评语)、提示、自动删除错误答案、重做、自动计分、限定答题次数、限定答题时间、在线帮助，以及窗口跳转和页面切换等功能。练习题程序一般要实现对学生答题情况的即时反馈，而自测题程序则采用延时反馈为宜。

(3)程序的屏幕界面制作

根据课件的具体内容和信息量，我们可以将程序的屏幕界面设计成三种。

第一种是单框界面。题目、答题操作、答题反馈等都出现在屏幕上的同一个框面内。

第二种是多窗口界面。题目和答题操作出现在同一个窗口内，而答题反馈出现在另一个窗口内。反馈窗口又分为点击消失型和自动消失型两种。

第三种是分框界面。题目与答题操作和答题反馈等分开，分别出现在屏幕上的两个框面内。

(4)答题方式制作

第一种答题方式是键盘操作，即通过键盘在文本框内输入答案，适用于可写型程序。另一种答题方式是鼠标操作，也就是用鼠标点按圆圈(radio)、方格(checkbox)、按钮、图标、链接，或者用鼠标拉拽文字、图片和图标来传递答题指令，适用于只读型程序。

(5)在线测试程序制作

在线测试程序可分为电子邮件测试系统和网络数据库测试系统。一般包括如下几种模块并实现多种功能：考试登录(验证学生姓名、学号和考试密码)、试题选择(选择考试科目和题型或者随机出题组卷)、在线答题(记录考试时间、限定考试次数、答案输入、提交答卷、限定答题时间并定时自动交卷、自动评分)、答卷传递与存储(通过电子邮件传递到指定的邮箱或者直接存入服务器上的数据库)、延时反馈(包括成绩、正确答案、考生答案、评语等)、试题管理(包括浏览考生信息和成绩以及添加、删除或修改试题和考生信息)。

(6)电子邮件测试系统制作

制作电子邮件测试系统时，必须实现学生提交答卷以后，系统就自动将答卷通过电子邮件发送到 Outlook Express 中预先创建的表示相应考试名称的邮箱内，以便进行归档、管理和查阅。在答卷邮件中，必须包含学生的答案及其正误的自动评判、参考答案以及教师预先设定的评语或其他反馈信息。由于电子邮件测试系统可以允许教师直接在电子邮件上针对不同学生的答题情况添加具体的评语，然后反馈给学生，所以有利于教师进行有针对性的考试分析，帮助学生采取相应的补救措施，比较适用于“诊断考试”(diagnostic test)、单元测验和“成绩考试”(achievement test)。

(7)网络数据库测试系统制作

制作网络数据库测试系统时，可采用 ASP 与数据库技术相结合。ASP 源程序本来就具有较高的安全性，如果再通过设置虚拟目录和数据源、加密 ASP 网页和数据库文件等方式，就可以进一步提高试题数据库的安全性，所以特别适合第二语言学习的水平考试、机助自适应考试(CAT)和成绩考试。

第十一章　对外汉语的综合课教学

在对外汉语教学中，综合课是一门基础课或主干课，从语音、词汇、语法和汉字等语言要素和语言材料出发，结合相关的文化知识，综合训练学生的听、说、读、写等语言技能和语言交际技能。

第一节　对外汉语综合课教学理论

一、对外汉语综合课的教学原则

对外汉语综合课的教学原则，在不同的教学阶段是不同的。接下来，我们就分别对初级阶段、中级阶段和高级阶段对外汉语综合课的教学原则进行介绍。

（一）初级阶段对外汉语综合课的教学原则

在对外汉语教学的初级阶段，综合课作为主干课程，是一门对学生进行语言知识教学和各项语言技能综合训练的实践汉语课，实践汉语课的最终目的是培养学生的言语交际能力。对于初级阶段对外汉语综合课的教学原则，我们将从综合课的语音教学、语法教学、短文教学和课文教学四个方面进行阐述。

1. 综合课的语音教学原则

汉语语音，简单来说就是汉语的声、韵、调，但汉语声、韵、调的教学又不能概括汉语语音教学的全貌。在综合课语音阶段的课堂教学中，只教学生声、韵、调还远远不够，必须在此基础上充分重视对轻声、儿化、轻重音、语调、语气、语流音变等语音成分的教学。同时，语音教学不能孤立地看作是语音阶段的教学任务，应该在其后各个教学阶段都能给予足够的重视，使语音教学真正地做到常抓不懈。综合课的语音教学原则，具体来说有以下几个。

(1)要了解教学对象,确定教学重点

学生汉语学习的第一个阶段是语音学习,因而语音教学是提高课堂教学质量最基础的一个环节。教学规范化要求教师在语音教学之初,就应该了解自己的教学对象,并根据他们的不同特点采取相应的行之有效的教学方法。尤其是应该对不同学生在语音学习上的不同难点做到心中有数,确定自己的教学重点,使语音教学有的放矢。

由于汉语是世界语言中少有的几种带有声调的语言之一,非常容易给学生的汉语学习造成难以逾越的障碍,因此教师还需要帮助他们纠正"洋腔洋调"或"怪腔怪调"。在了解了多数学生语音学习上的难点以后,还须进一步了解个别国家的学生在汉语语音学习上的特点,以便能够在课堂教学中对症下药,从而取得理想的教学效果。

(2)要从声、韵、调入手,结合语流训练,辅以语音理论知识

在语音教学中,既要重视声、韵、调的基础语音训练,又要注意在语流中进行整体训练。具体说就是在加强句子整体训练的同时,注意学生对汉语声、韵、调准确性的掌握,不要让学生孤立地去死记某个音、调,或是让学生一味机械性地模仿教师的发音,要让学生在学习汉语发音的同时,尽快地接触句子,在简单的会话练习中去体会并逐步掌握汉语的发音。当学生遇到难发易混的音、调时,大量而反复的操练很大程度上只是白白地浪费时间,未必能够达到理想的效果。这时教师应利用必要的语音理论知识给学生加以简要的指点,使他们不但知其然,而且知其所以然。需要注意的是,语音理论知识的指点,应尽量采用形象、生动的方法,以便学生易于和乐于接受。

(3)教师要正确发音,学生要自觉地模仿,并进行大量的听、读练习

语音学习重点在于模仿,但不能一味地机械模仿,也就是说,语音教学应在语音理论知识指导下,采用各种形象化的手段,引导学生进行正确有效而又自觉的模仿和操练,因而语音教学中充分发挥教师的课堂教学主导作用是至关重要的。

与此同时,汉语语音教学应该在听、说、读、写全面要求的基础上,尤其注意对学生进行听和读的训练,让学生在大量的听、读练习中奠定学好汉语的语音基础。

2. 综合课的语法教学原则

在对外汉语教学中,综合课的语法教学不仅要使学生了解汉语语法的特点、掌握汉语语法学习的规律,而且要让他们尽快学会正确地使用汉语,发展其言语交际能力,提高其汉语水平。语法阶段课堂教学的重点除应放

在语法点的讲解和句型的操练上以外，还应该特别注意加强词汇扩展和会话练习，让学生在系统了解汉语语法规则的同时，利用所学的词语组织出完整的句子，开始进行成功的言语交际。综合课的语法教学原则，具体来说有以下几个。

(1)要确定讲练比例，理顺讲练关系，精讲多练

通常来说，对外汉语综合课语法教学能否成功，与课堂上如何处理“讲”与“练”的关系，即以教师为中心还是以学生为中心有着很大的关系。对外汉语综合课是一种实践汉语课，实践性的主要表现是“精讲多练”。《语言教学原理》给“精讲多练”的解释是“理论规则要讲得精，用的时间要少；练习要多，用的时间要多。‘讲’与‘练’的比例一般不低于 1：5”。

坚持“精讲多练”，要弄清课堂教学中的“练”究竟应该“练什么”“怎么练”。大量的对外汉语教学实践表明，课堂操练首先要有明确的目的性，使学生在操练之后感到确实有所收获；其次注意操练要充分体现课堂教学内容，突出重点、难点，能够解决学生学习中的实际问题；再次要注意在准确性上下工夫，注意及时纠正学生操练中出现的问题，以免产生误导；最后要注意在操练中有意识地把新旧知识结合起来，在学习新知识的同时巩固旧的知识。

坚持“精讲多练”，还要注意将学生放在课堂教学的中心位置，尽可能发挥他们的主观能动作用，调动他们的学习积极性。因此，课堂上的一切活动都应尽量符合学生的学习兴趣，并努力使学生的课堂活动带有明确的交际目的。

(2)要从句型入手，加强语义和语用分析

对外汉语综合课的语法教学，既要对各种句式的结构特点、层次关系作出科学而客观的描述和分析，又要讲清楚某个句式的使用条件，即必须在什么时候、什么场合和要表达什么意思时使用这种格式。但在对外汉语语法教学中，仅从形式出发进行句法分析是远远不够的，还应将语义分析和语用分析引入课堂教学，以免学生造出不可接受的句子。

从严格意义上来说，句法分析、语义分析和语用分析并不在同一个平面上，因而对外汉语综合课的语法教学还必须在“以语义表达为主，结构形式为辅，语用变化为补”的语法教学总体指导思想的前提下，进行“句型—语义—语用”分析。具体来说就是在对外汉语语法教学中，首先要从句型结构入手，简明指出某一句式结构上的特点，让学生获得感性上的认识；其次要特别注意对这一结构的语义和语用特点加以说明，让学生理解在什么情况下使用什么样的表达方式以及在使用某种表达方式时应该注意什么样的限制条件；最后要把大量的课堂教学时间用在有实际意义的操练上。

(3)要淡化语法讲解，加强词汇教学，突出词组教学

初级阶段对外汉语综合课的语法教学必须以词汇为依托，以简单的句型模式作为语法教学的基本形式，并在具体的语境中展示和操练句型，将大量的词汇扩展(即词组教学)及有实际交际意义的会话练习作为语法教学的主要形式。

在进行词汇教学时，要尽量体现汉语词汇的特点。由于在对外汉语综合课教学的初始阶段，语素及构词法教学显得尤为重要，因而要充分重视作为汉语最基本的构词单位的语素。另外，在进行词汇教学时，还要注意词语搭配、词语扩展和词语的语用对比，尤其是要把握好在具体的语言环境中讲授词语这一整体思路。词语搭配主要是指在学习新词语时，不但要让学生了解所学词语的意思，而且要把它放到词组乃至句型中让学生去体会，进而在语境中去加深理解。词语扩展是在学生掌握了一定数量的词语之后可以采用的一种词汇教学方法，包括横向扩展和纵向扩展两种。它不仅可以像词语搭配一样复习巩固已知的词语，而且可以使学生在原有词汇量的基础上进一步扩大词汇量。词语的语用对比指的是词语进入具体语境以后所表现出的各种用法上的区别，包括感情色彩(即褒贬义)的对比、语义轻重的对比、范围大小的对比、适用对象的对比等。语用对比教学，一定要把重点放在“对比”上，可以让学生自己去对比，也可以由教师引导学生进行对比，甚至可以在教师的指导下由学生进行充分的讨论。

(4)要适当加强读、写技能的训练

在对外汉语语法教学中，必须首先加强对听、说技能的训练，以听、说带动读、写，进而达到听、说、读、写四项技能整体提高的目的。应该说，在综合课的语法教学过程中适当加强读、写技能的训练，既体现了综合课的教学特点，又为短文阶段的教学铺平了道路。

3. 综合课的短文教学原则

在系统的语音、语法学习之后，课文形式基本上变成了叙述体，即短文形式(语音阶段和语法阶段多以对话体为基本形式)，而词汇教学是贯穿于初级阶段综合课乃至于对外汉语教学各个阶段的教学内容。应该说，初级阶段的短文教学，目前还处在不完全成熟时期，短文阶段到底应该怎么教仍是一个需要讨论的问题。但通常来说，综合课的短文教学同样应该以词汇教学为基础和依托，在进一步加强词汇教学的同时，充分体现短文阶段自身的特点，使短文教学逐步走向规范化。综合课的短文教学原则，具体来说有以下几个。

(1)要继续巩固词汇教学，并注重语段和语篇的训练

短文教学阶段可以说是语法巩固强化和词汇大量扩展的阶段。语法巩固强化指的是应对前一阶段所学的基本语法进行复现式和滚动式的练习，同时加强复句的教学；词汇大量扩展指的是这一阶段语法教学的比重将逐渐减轻，而词汇教学量将迅速加大。复句和重点词语的讲解、扩展及运用将成为这个阶段的教学重心，语段和语篇的训练则成为这一阶段的重要教学手段，成段表达能力的培养是这一阶段的最终教学目的。在进行词汇教学时，仍应以词语搭配、词语扩展和语用对比等形式进行，使学生能够在更加广阔的词语空间范围内拓展自己的思路，培养语言运用能力，不断提高汉语学习水平。

与此同时，语段、语篇训练要逐步摆脱以往以单句教学为主的模式，引导学生在听一段话或说一段话、读一段文字或写一段文字的同时，抓住中心内容，以便能够深刻领会这段话、这段文字的内容或明确表达自己的意思。

(2)要加强读、写技能的训练

在综合课短文阶段，听、说技能的训练固然十分重要，但同时必须对读、写技能的训练给予充分的重视。读的训练在课上主要表现为大量的认读，尤其是短文的朗读，它从方法、技巧和速度等各方面集中训练了学生读的能力。除课上的认读(包括生词、注释等)和必要的朗读以外，课下大量的阅读也是短文阶段训练读的有效手段。

在综合课短文阶段，写的训练也不能仅停留在写生词、造句子、抄例句和记录讲课内容上，应逐步从单句向语段、语篇过渡；连词成句、成段、成篇不能仅体现在说的训练上，也应体现在写的过程中。如何从写句子上升到写语段，进而到写一篇文章，应该说是短文教学中写的技能训练的一项重要内容，也就是如何提高学生书面表达能力的问题。

4. 综合课的课文教学原则

在对外汉语综合课教学中，课文贯穿于课堂教学始终。这里所说的课文包括语音、语法阶段的会话体，以及短文阶段的叙述体。综合课的课文教学原则，具体来说有以下几个。

(1)要结合阶段教学重点有层次地进行

在对外汉语综合课的课堂教学中，课文的处理在各个教学阶段都是非常重要的。语音阶段的课文虽然很可能只是短短的一两个句子，但却提供了每一课的重点音素、词语，而且为在语流中训练语音、语调提供了必要的保证。因此，语音阶段重视课文的教学，也为以后各阶段的教学中引入语境教学奠定了良好的基础。语法阶段的课文不但包含了每一课的全部生词、汉字和新语法点，而且提供了展示具体意义和用法的语境。语法教学只有结合语义和语用分析才能达到理想的程度，而课文为达到这种理想程度创造了可能性。语法阶段的课文教学要尽量做到在教材所提供的材料的基础上，拓展学生的思路，不但能够让他们在会话中学习课文，还要让他们能够用自己的话描述课文，为短文教学阶段的成段表达做好充分的准备。短文阶段的课文教学尤其重要，课文不但为语段和语篇训练提供了必要的材料，而且为读、写技能的训练提供了极好的参照。短文阶段的课文教学可以按语段进行，也可以把课文按意思的不同分成若干段来进行，同时应注意让学生了解语段之间的内在联系，逐步培养他们自行组织语段、语篇的能力。

(2)要注意重视知识和技能

综合课教学实际上包括知识传授和技能训练两方面。对课文的教学，从知识方面讲，不同教学阶段应有不同的要求；从技能方面讲，同样应遵循“听、说、读、写全面要求，阶段侧重”。语音阶段的课文教学应注重在语流中加强语音、语调及变音、变调的训练，同时注意对学生听、读能力的培养，以免学生只会发单个的音而不了解语流中的音变现象。语法阶段的语文教学应让学生在课文的学习中进一步理解句型、掌握词语在搭配上的关系及在具体语境中的正确使用。短文阶段的课文教学除要让学生能够在课文中体会重点词语、主要句式的运用以外，还要以课文为示范，加强语段、语篇训练，并在以听、说带动读、写的同时，开始对学生进行写的能力的培养。

(3)要注意教学方法的灵活性

对外汉语综合课的语文教学应以朗读、讲解、问答、简述、复述、背诵等为主要形式，并注意在不同阶段灵活地采用不同的教学方法，以逐步培养学生的语言表达能力。语音阶段的语文教学应以朗读为主，集中训练学生的辨音辨调能力；语法阶段的语文教学要在重视朗读的基础上，加强会话、问答练习，并适时引导学生对课文进行复述，逐步培养他们说的兴趣；短文阶段的语文教学应在朗读的基础上，加强默读的训练，同时辅以问答、简述和背诵等训练方式，使学生能够用自己的话(包括文字)表达自己的思想。

(二)中级阶段对外汉语综合课的教学原则

对外汉语教学属第二语言教学，虽然整个教学过程可以分初级、中级、高级三个阶段，但课堂教学的基本原则应当是共同的。因此，中级阶段对外汉语综合课的教学也要遵守初级阶段的教学原则。与此同时，中级阶段对外汉语综合课的教学还应遵守以下几个原则。

1. 交际的原则

对外汉语教学的最终目的是让学生能够运用汉语自如地进行交际，因而在进行教学时要遵循交际的原则。贯彻交际的原则应做到课堂教学交际化，课堂交际真实化。

交际分口语交际和书面语交际，中级阶段课堂教学应以操练口语交际能力为主。交际训练一般分为三个阶段：课堂交际、模仿交际、真实交际。课堂交际是就教材内容，师生之间、学生之间进行有交际意义的问答练习等，这是理解记忆语言项目、掌握语言材料的交际活动；模仿交际是在学生理解记忆的基础上，模仿课文提供的情景、角色进行的交际活动，常用的方法是表演，分角色讲述，“答记者问”等，模仿交际因受教材内容的限制一般是表演化的，学生是在表演某一角色而不是自己，因而这种交际活动是非真实的，但它为真实交际提供基础；真实交际是综合利用所学的语言材料（不单是本课的内容），根据学生的真实情况和交际需要，设置真实的情景，活用语言知识进行的交际活动，这是活用语言材料，培养用汉语思维，创造性地用汉语表达的过程，要求学生能见景生情，在各种交际情景中不假思索地说出恰当得体、符合身份、符合情景的话，表达自己真实的思想、感情和见解，而这是课堂教学最终要达到的目的。

与此同时，交际的原则要求词语教学情景化，要求教学内容符合交际需要，接近现实生活，教学过程的各个环节都以组织学生进行交际为准则。

2. 以学生为主的原则

在当前，坚持以学生为主的原则是世界各国语言课堂教学的总趋势，对外汉语教学也不例外。对外汉语教学与其他外语教学一样，也是一个很复杂的过程，它的一切活动都要作用于教学对象这个极不稳定的因素上面。学生是对外汉语教学的内因，学生的学习动机和目的、智力、性别、年龄、性格等都对学习成绩有影响，而且课堂教学只有让学生学得积极主动才能有良好的效果。

贯彻以学生为主的原则，教师要充分调动学生积极参与课堂活动，组织问答、提问、表演、讲述、演讲等，激发学生的交际兴趣和欲望。同时，课堂上要以练为主，充分保证学生操练的时间。

3. 实践的原则

对外汉语教学的所有课程都是汉语实践课，而且不论是语言知识的讲授还是语言技能的操练，都要靠大量的实践。实践的原则要求少讲多练，只有教师少讲，学生才能多练。少讲就是教师得在限定的时间内力求讲得精一些，并要考虑怎么调动学生在课上多练。另外，实践的原则要求突出“说”的训练。听、说、读、写四项技能的训练，每个阶段自然应当有所侧重。初级阶段应当侧重听说，高级阶段侧重阅读，而中级阶段应当以说为核心带动听、读、写三项技能，达到全面训练的目的。

4. 时效的原则

对于外国学生来说，掌握汉语这一交际工具，满足交际欲望，是他们学习的直接动力。因此，要珍视学生的学习热情，不断提高教学水平，提高教学效果。没有效果的教学活动是难以持久的，因而教与学要讲效果。讲究效果，尤其要讲究时效，即每个学时的效果。中级阶段的教学时间有限，而每学时的效果积累形成了总效果，因而在安排课堂教学时要遵循时效的原则。

贯彻时效的原则，要求教师备好每一节课，上好每一节课，讲解要选用精练准确的教学语言，要让学生听得懂，让学生通过听来理解语言项目，同时还要充分调动非语言手段；操练时要突出重点、难点、要强调预习和复习，而且指导操练的指令要简单明白，非语言指令要与学生达成默契，以便学生能立即做出反应；课堂节奏要明快，做到张弛有度，既让学生全身心地投入，又不至于过于紧张等。

(三)高级阶段对外汉语综合课的教学原则

高级阶段对外汉语综合课的教学同样也要遵守初级阶段和中级阶段的教学原则。与此同时，高级阶段对外汉语综合课的教学还应遵守一个特别重要的原则，即系统性的原则。

高级阶段的对外汉语教学要继续进行技能训练，把传授语言知识、交际文化知识与培养学生全面的语言交际能力结合起来，在有限的学校学习时间内，以最佳的学习途径和手段，提高学生的汉语水平，就必须贯彻教学的系统性原则。

系统性的原则要求高级阶段的对外汉语综合课的教学从整体环环相接、紧密联系、互相配合，这包括纵向和横向两个方面。在纵向方面，要注意与中级阶段教学相衔接，避免学习和训练内容的中止或重复；要合理地安排高级阶段三、四年级两年间的学习，注意学习内容及训练方法的深化和不同。在横向方面，要注意同一年级所设的各门课之间有密切联系，而不是各行其是；要注意课型、教材和教学方法、测试的有机统一。

二、对外汉语综合课的教学内容

对外汉语综合课的教学内容有很多，在这里，我们主要介绍一下词语教学、语文教学和语篇教学等内容。

(一)对外汉语综合课的词语教学

中国著名语言学家胡明扬先生曾说过:"语言实际上体现一连串根据语法规则组织起来的词语。所以语音、语法、语义都体现在具体的词语身上。"因此,在进行对外汉语教学时,要十分重视词语教学。

1. 对外汉语综合课词语教学的原则

在对外汉语综合课中,进行词语教学需要遵守以下几个原则。

(1)要与语境挂钩,避免脱离特定的语境和孤立地讲某个词语的用法

语境,从广义上来说,指的是学语言的社会背景的各个方面,政治、经济、文化、宗教、习俗等。语境还包括一个国家人们的世界观、价值取向和思维模式。从狭义上说,语境指的是语言表达者和听话者在特定的语境中进行交际的背景,包括时间、地点、场合、情景等因素。

在进行对外汉语词语教学时,要让学生沉浸在中国文化的熏陶中,在具体的语境中去理解词语的意义及用法,特别是虚词。现在的对外汉语教材中多采用词语例释的方式解释词语,可以提供大量的语料例句,但其不足之处就是脱离特定的语境,使学生不易理解。比如讲"即使"有这样一个例句:"即使明天下雨,我也要去。"学生看了不知所云。但若设计如下的情景对话,就可以将学生理解上的困扰消除:

A:明天我们一起去故宫吧。
B:好的。我也早就想去了,明天我一定去。
A:要是明天下雨,我就不去了。
B:我是一定要去的,即使下雨,我也要去。
A:你是说,明天不下雨要去,下雨也要去。
B:是的。

通过上面这一个例子可以看出,在一定的语境中理解词语,可以帮助学生不断改变自己母语的思维定式使之适合汉语的要求,逐步形成汉语的思维和表达习惯。

(2)要与语法教学相结合

一般来说,意义的表达离不开句子,即词语在句中显义。在语境中理解了某一词语的语义后,还要充分说明该词语运用时在语法上的限制和条件。比如讲"进行"时,要讲以下用法:"进行"的宾语必须是双音节动词,且双音节动词只表示正式、庄重的活动,因而不能说"我们每天进行学习";用作宾

语的动词不能再带宾语，如不能说“大家进行比较这两款手机”，应该说成“大家把这两款手机进行比较”；若是强调某一活动在持续中，则要在“进行”前加“正在”，因而不能说“足球比赛进行”，而应说“足球比赛正在进行”。

在进行词语教学时，语法条件与限制讲得越细越好，否则学生极易用错。当然，不论讲得多细，还是会出现很多的错误，教师在学生大量造句练习中要不断发现用法错误，及时指出纠正。

(3)要以培养学生语段篇章能力为目标

随着学生掌握的句型和词语不断增多，便逐步具备了话语能力。在汉语中，靠关联词语连接的语段所占比例较低，常见的是靠意合的“流水句”，但帮助学生掌握关联词语，是培养语篇能力的第一步。需要注意的是，有些关联词语在书面语与口语中均可使用，但有些偏重于书面语，有些偏重于口语，前者常在报章杂志中出现，例如：

书面语的：由于……因此……，然而……却……，至于……

口语化的：因为……所以……，不但……而且……，虽然……可是……，越……越……，除了……以外

在进行词语教学时，要注意它们的语用区别。

与此同时，在教学中要尽量避免肢解语段，一个句子一个句子地串讲，把整个语段的逻辑关系搞得支离破碎，不利于培养学生的语段篇章能力。为此，教师在进行教学时可以采用综合听读练习法，具体步骤是：第一步，课前做好生词预习，较容易掌握的词语通过翻译和讲解让学生做到四会，虚词(关联词语)和较难理解的词语留到第二天课文练习时再进行讲解；第二步，在进行课文教学时，先不让学生看书，教师以语段为单位，边说边板书重点语法结构和词语；第三步，让学生看黑板提示，跟学生说两遍，并对难点及学生提出的疑点进行解释，学生此时通过视觉、听觉同时吸收语料，理解语段意思，可以加深记忆，为进一步读说打好基础；第四步，让学生根据板书提示说出整段话来，要求必须用上重点词语，而且在学生练习说的过程中，板书的提示可逐渐减少，直至板书只留下重要的语段连接词语；第五步，在课文听说后进行问题讨论，帮助学生活用语言；第六步，为检查学生的语篇能力，可要求学生课下做这样的练习：用所学的关联词语写出一小段话来，内容教师可加以限定，避免学生无从写起。从教学效果看，采用这种教学方法，学生运用语言的能力都比较高，特别是听说的能力。但这种方法占用的时间比较多，在比较短的课文中可以用这种方法，较长的课文可选取其中的几段练习，串讲和听读法相结合。

2. 对外汉语综合课词语教学的步骤

在对外汉语综合课中，进行词语教学需要遵循以下几个步骤。

(1)对生词表进行提纲挈领的处理

生词表往往是学习一篇课文时首先接触到的，而新词语是学生接受新的语言知识，进行新的语言技能项目训练的起点。在课堂上，处理生词表的方式大致有几种：让学生课下预习，课堂教学不涉及生词表，这主要是出于节省课堂时间的考虑；教师带读，学生朗读，“走过场”的形式；课堂上教师从意义到用法逐条讲解。这几种形式都存在弊端。生词表较为集中地指出学生学习过程中可能出现的障碍，有针对地讲解是必要的，不应该忽略这个环节，但也不能浮光掠影地走过场。词语表采用的一般是对译形式，如果处理方式过于简单或不讲解，在这一初始步骤就很容易形成汉外词语“一对一”的印象，留下母语负迁移的隐患。但如果不分主次地逐条讲解，既不符合学生认知的层次性，也不利于有效利用课堂时间。

因此，在进行词语教学时，应该在学生课前预习的基础上，根据课文内容和生词的特点，找到合理的角度，帮助学生梳理、归纳，使其对本课生词的内容和形式形成较为鲜明的整体印象，即对生词表进行提纲挈领的处理。

在对生词表进行提纲挈领的处理时，可以采用以下的几种方式：第一种方式是按课文主题提示。课文内容不同，词语的意义相对有所侧重，如关于人口、教育、环境等专题。处理词语时，可提示学生找出与主题有关的词语，再围绕这些主题词语适当扩展。这样围绕主题的提示，可使学生运用联想，全面把握的方式，不仅便于记忆，也为理解课文内容打下了基础。第二种方式是按学生的掌握范围提示。这是从较为主观的角度来划分梳理新词语的方式，更容易调动学生的积极性。具体方式是提示学生说出本课生词表中自己已经学过的词语，用解词或造句的方式加以说明。这样不仅可以帮助水平相近的同学理解词语，而且也便于教师了解学生的掌握情况，使教学更有针对性。第三种方式是按词类及搭配特点提示。以生词的形式作为联系新词语的链条，因而在一课的语词中，可以理出某类语法功能较强的词语，如动词或形容词等作为核心。这类词与同一篇课文中出现的其他词类，如名词容易构成某种关系，可以让学生为动词配上宾语或为形容词配上中心词，同样也可以为名词加上常用的修饰词语或动词，词语的这类整体形式从组合到聚合都可以进行适当的延伸和扩展，使全课的词语有机地结合起来。尽管这种最初的结合在用法上能给予的提示还是很粗浅的，但是对于将要学习的内容来说是较好的铺垫。这几种方式虽然形式不同，但基本的出发点就是为词语建立一种既符合课文中的词语的特点，又适合学生记忆的联系。这种在目的语的意义和形式的基础上建立的联系，使学生的学习过程更为积极，可以避免一开始接触生词时，按照生词表的翻译，自然地采用一对一的翻译形式来接受词语，从而调动学生用目的语来了解目的语的词语。

(2)结合课文对词语进行进一步理解

通常来说，生词表阶段认识的生词尚未跟上下文联系，有的生词即使以前学过也不一定是本课中涉及的意义或用法。也就是说，生词表中呈现的只是词语的概念意义，还应注意指导学生结合课文提供的语言环境，具体细致地了解词语的其他附加意义。汉语词语外在的形态不丰富，词语的用法尤其灵活多变，要在多项联系中，才能建立起理性认识，并准确运用到语言中去。

在结合课文对词语进一步理解时，需要注意以下几个方面：第一，要注意选择重点，适度扩展。在课文学习过程中讲解词语，不可以局限于生词中出现的词条，因为有的教材采取出现过的词语就不作为生词处理的做法，并不考虑词语的不同意义和用法，所以在重点词语的选择上要关注功能较强、理解上需要指导的词语。与此同时，对词语的讲解要注重展示扩展形式，以揭示词语在不同条件下的意义和用法。在进行词语扩展时，还要注意扩展形式的适度。第二，要注意导入词语交际文化知识，指向实际运用。词语一旦在具体的语言环境中出现，就自然而然地会接触到一些交际文化和语用方面的知识。词语的文化意义，着重在词语的附加意义本身，是在语义的层面上。文化意义的讲解、提示对理解课文、正确运用词语都很重要。

(3)指导学生运用词语

能否准确运用所学的词语是衡量课堂词语教学效果的重要标志，即通过让学生练习，掌握并运用所学的词语。在词语教学中，往往出现两个极端，一是强调开口率，让学生尽可能多说，主张不要过多纠错；二是有错必纠，强调准确运用语言。这两个方面的考虑是无可非议的，但应该找到兼顾二者的方式，要让学生说，但要尽可能地控制学生的语言输出过程，并通过预测错误，选择符合学生的认知心理和学习规律的方式，合理安排讲练的层次，以达到准确表达的目的。

用词的准确度不仅关系到某个词语的把握问题，对学生的学习质量也很有影响。要想让学生在运用词语时力求准确，可以通过以下几种方式来实现：第一，从模仿开始运用。模仿可以作为语言学习过程中的各个训练项目的起点，用新学的词语表达时，通过模仿投入运用可以说是最有效的方式。实践表明，这样练习时学生的出错率低，容易形成良性定式。第二，提供恰当的语境启发学生。从最初级的模仿向自由表达迈进的一个阶梯是提供一定的语境，让学生在带有现实交际性的环境中学习使用某个词语。与造句相比，这种提供语境的方式使学生不必考虑说什么，而把注意力集中到怎么说好的问题上来，从而帮助学生建立语感和自信，达到熟练使用的目的。第三，预测性纠错和总结性纠错结合。词语运用中会出现一些比较普遍的问题，如对动词的搭配对象或特定的使用条件未加注意等。有的词语常用于否定句，有的动词要求谓词性的宾语，有的受较强大的文体限制，只适用于口语或书面语，有的带有贬义等。类似这样的问题教学中可以进行一些预测性的纠错处理，即讲解词语的用法或让学生练习之前先作说明，使学生避免这样的错误。一般来说，总结性的纠错往往在练习之后进行，学生国别不同，语言水平不同，认识过程中的难点也各异。练习之后，可以针对运用词语的情况进行一些总结，点出关键的问题，或语义、语法层面的，或语用层面的，使学生在运用中引起注意，对没有出现此类错误的学生，也可以防患于未然。

在对外汉语综合课的词语教学中，教师应该把这几个步骤有机地结合起来，灵活地运用到实践中去。

(二)对外汉语综合课的语文教学

在对外汉语综合课的教学中，语文教学也是一个非常重要的内容，教师必须予以高度的重视。

1. 对外汉语综合课语文教学中存在的问题

在当前对外汉语综合课的语文教学中，还存在一定的问题，具体来说有以下几个。

(1)教学方法单调，培养技能单一

通常来说，课文教学方法灵活多样，不论采取哪种方法都应该根据具体课文而变换，从而真正体现教学有法而教无定法。但传统上大都把一种方法完全固定下来，成为一种单一的教学模式，这势必会导致培养技能和学习技能的单一化。同时也会使学生感到千人一面、缺乏新意，进而使其学习兴趣降低。

(2)课文教学不教课文，且教师活动多，学生活动少

我国的对外汉语教学长期以来受传统语言教学模式影响，一直将语言作为一个完整体系来教授。常采用的传统教学模式有生词、语法、教师通过句子分析逐段讲解课文、问答、练习等。这种传统的课文教学以教师为中心，以语法为纲，课文讲解以分析语言为主，课文教学只注重词汇、语法，不重视语篇、内容。这看似是在教课文，实际上已经使课文游离于教学之外，因而不可避免会产生只注重语言系统知识传授，忽视交际能力的培养；只重

理解，不重篇章；只重准确，忽视流利程度的弊病。结果只能是使学生的学习永远停留在语言形式上，缺乏对整篇文章的综合理解，难以尽快建立汉语思维和习惯，更影响了文化和语感的培养，课文教学达不到真正的目的。

与此同时，在进行对外汉语语文教学时，通常是教师一人堂、满堂灌，使学生疲于应付。教师进行着诸多的活动，逐句逐段地分析、引导学生细抠每个句子、纠错和讲解等，但留给学生很少的练习时间，导致学生因操练少而影响实际掌握。

2. 对外汉语综合课语文教学的难点

对外汉语综合课语文教学中，教师的教和学生的学都存在着一定的难点，具体如下。

(1)教师教的难点

对外汉语综合课语文教学中，教师教的难点主要有两个：一是如何针对不同类型的课文、不同程度的学生分别设计出不同的教学方法，以适合教学需要，这无疑会增加教师的工作量，对教师的理论、教学技能也提出了更高的要求；二是如何合理地安排课文中出现的知识点，如何合理地分配课文各部分讲练的比重。

(2)学生学的难点

对外汉语综合课语文教学中，学生学的难点也主要有两个：一是长期习惯于教师讲、学生听的学习模式，学生依赖性强；二是还没有形成从课文主题、篇章、文意上整体把握课文的习惯，不善于整体学习课文，从而影响了对课文的理解，进而影响了成段、成篇语言能力的提高。

3. 对外汉语综合课语文教学的原则

在对外汉语综合课中，进行语文教学需要遵守以下几个原则。

(1)整体和模式相结合的原则

通常来说，一篇课文既有一个完整的思想，又有一个完整的结构，是一个语言和思想连贯的整体。在教学中要把握这一整体，要求学生不要停留在词句学习的水平上，而要从文章的层次结构和内容上入手，学习并掌握文章所传递的主要信息，逐步培养学生的理解能力。在整体教学的基础上再进行适当的内部分析即对实现篇章的语言手段展开分析，不仅要分析小句的功能，而且要分析构成课文整体的衔接手段、连贯、语法、词汇运用等，其目的在于培养学生的语言能力。

课文与句子一样，在结构上有相同之处，可以归纳为课文“模式”，虽然课文的内容千变万化，但同类文章的“模式”相同或相近，因而课文教学应不断引导学生发现并学习这种“模式”，利用“模式”整体地把握课文内容并有效地进行预习，增强其学习自觉性，提高其理解和表达能力。由于这种“模式”是寓于整体之中的，整体教学有利于“模式”的学习，而“模式”又是整个思想内容和语言表达的框架，因而在语文教学中，要将整体和模式有机地结合起来。

(2)灵活性和针对性相结合的原则

对外汉语综合课课文教学方法灵活多样，不同的课文应探索不同的方法。对外汉语综合课的课文无论是选材，还是内容等均各具特色，记叙文、散文、小小说、剧本等不可能用一种方法囊括其中。针对性就是依据不同的课文内容，有针对性地训练某一技能，精读课教学时间有限，不可能面面俱到，而应根据不同特点，有针对性地训练，并应时时注意以语篇、语段为中心。这样，每一次的课文教学都有新招术，真正使学生体会到语言和内容的密切联系，从而激发学生的兴趣，也使其更容易地掌握学习的内容。

(3)以点带面、重点突出的原则

对外汉语综合课的课文教学应突出重点，可以将各“模式”中语篇结构典型、词汇和语法知识密度大、句型多的课文作为精学课文，在课堂上进行重点训练，而将与其相同或相近的课文作为泛学课文略讲，其重点放在引导学生根据精讲“范文”进行自学仿练。对那些故事性强、逻辑性强、在整体理解上无困难、语言简单的课文可以考虑自学，而教师在课堂上进行检查、答疑。还可以按听力、口语、阅读等划分类型进行有侧重的言语训练，同时在教学上进行不同的处理等。

4. 对外汉语综合课语文教学的步骤

在对外汉语综合课中，进行语文教学需要遵循以下几个步骤。

(1)根据标题，预测篇章的内容。这是对课文的导入，提出的问题是简单的、预测性的，而学生的回答正确与否都无关大局，关键是能够表达，以利于对课文段落、中心的理解。

(2)在预读基础上，教师在教学中首先将注意力集中于引导学生抓住作者的主体思想和中心主题，然后研究段落，即先从表达完整而确切的意义和思想内容的语段、篇章结构入手，再分析句子之间、语段之间的衔接和相关意义及思维的连贯，使学生从中理解和掌握语言现象所表现的交际功能，并从语言交际的动态环境中掌握语言现象。在进行分析时，可根据不同体裁、把握重点进行分析。论说文的分析，可以先让学生区分文章的主要、次要论点，找出论据，研究论证，按照它们的层次进行分析，并提出自己的意见；记叙文、描写文的分析，可先让学生找出课文中出现的人名、地名和时间词语及顺序，然后找出与它们有关的信息，按照文章中所出现的时间、地点、人物关系、时间发展过程的顺序进行分析等。

(3)对部分基本词汇、辨析词义及必要的语法现象进行精讲，并提供交际情景操练关键句型。强调篇章分析并不意味着主干课课文教学无须讲授语言知识，相反应视学生的需要进行精讲，因而语篇分析要以语言分析为基础，而且必要的语言点的讲解与操作是培养学生掌握语言基本技能的一个重要手段。同样，语法内容也不能摒弃于外，只是要注意将传统语法讲成交际语法。

(4)利用学生的先前知识，对作者的观点正确与否进行评判，并组织学生积极对课文进行讨论、概括和复述活动。

(5)对文章段落的发展方式、衔接手段进一步进行探讨，并指导学生利用信号词、主题词概括段意，进行语段训练。

(6)通过讨论、议论、辩论等交际性活动对学生的语段、语篇表达能力和话语交际能力进行提升。

5. 对外汉语综合课语文教学效果的影响因素

在对外汉语综合课语文教学中，影响其教学效果的因素主要有以下几个。

(1)课文教学的各部分所占的时间与比重

在对外汉语综合课的语文教学中会遇到句型、语法、词汇、语音及语调等各方面的问题，教学中对此应该有所照应，但主要的精力还是应该放在课文上，以保证课文本身的教学时间，进而保证听、说、读、写言语练习的时间。依据以往的教学经验，课文教学的各部分所占的时间与比重大致如表 11-1 所示。

表 11-1　课文教学各部分所占时间与比重

教学部分	所占时间与比重
语调发音练习	5%
语法归纳练习	5%～10%
词汇练习讲解	10%～15%
句型归纳练习	10%～20%
课文本身讲练	50%～70%

(2)学生自身的因素

来华进行对外汉语学习的留学生，其国别不同、水平各异，而且其母语教学和学习模式对其有着潜在的影响，使得其对课文的操练、接受能力不尽相同。而且，他们的学习兴趣、对教学法的接受程度也会使课文教学呈现出不同的效果。

(3)教师在课文教学中的地位与作用

对外汉语综合课的语文教学的好坏，从某种意义上说，在一定程度上取决于教师作用的发挥。教师的主要目标在于使学生获得语言能力，从教与学两方面看，教师在任何时候都应起引导、激励和推动作用，在课文教学中应担当起计划者、激发者的角色而不应是主导者。教师必须对每次的课文教学进行精心设计，根据学生的水平接受能力、课文的体裁和内容确定教学目的及训练重点，然后引导学生进行语言技能和交际技能的实际操作。这样做不仅不会降低对教师的要求，反而为其提出了更高的目标，要求教师具备很高的教学能力，包括教师的语言能力、语用能力、理论水平，也包括有效的教学方法。一般来说，教师的语言能力、语用能力、理论水平不高，再好的方法也难以提高学生的汉语水平。因此，教师只有真正具备了基本的能力和科学的认识，才能在课文教学中做到高屋建瓴，进而切实提高对外汉语综合课的语文教学效果。

(三)对外汉语综合课的语篇教学

在进行对外汉语综合课的语篇教学时，要特别注意以下几个方面。

1. 要注意以中心问题带动词语和句型的训练

以中心问题带动词语和句型的训练，有助于达到培养成段成篇表达能力的目标。所谓中心问题，就是有别于基本上不用动脑子，一般只用几个字就能回答而且答案比较现成的问题，是内容较多的、需要认真想一想，然后将内容重新组织一下才能回答上来的问题。这就促使学生要熟悉这个部分(句、自然段乃至结构段，或分散在若干段中的人物、事件)的内容，而不只是一两句话，也不能做个简单判断或选择了事。由于简单问题在心理上容易造成一种缺乏价值感，难以激发学生的表现欲，且时间一长容易造成沉闷的局面并变成思维定式与学习惰性。而中心问题则由于有一定的难度，其价值造成了学生的兴趣与荣誉感，学生在回答甚至听了这样的问题后容易发现自己学习中的缺点，或是看到进步，因而其表现欲易于被激发出来。

需要注意的一点是，中心问题是有层次的。以量来衡量，有段落性的、跨段性的和全文性的；以质来衡量，有复述性的、归纳性的、分析性以及其中两者或是三者结合的。而且中心问题有助于培养学生比较复杂的思维能力，且这一培养过程是由简入繁、由易到难、深入浅出的，还便于与重点词语或句型教学相结合。

以《漂来的孩子》第一、第二两个自然段为例：

从前有个皇帝，不管理国家大事，不关心老百姓的疾苦，天天只知道打猎。

有一天，皇帝又去打猎。远远地跑来一只鹿，一直跑到皇帝的马跟前。忽然，它掉头又跑了。皇帝喜欢极了，也顾不得招呼别人，就独个儿跟在鹿后边追。追了很远很远，最后追到一个大树林子里，鹿忽然不见了。这时，太阳落山了，皇帝迷了路，好容易才找到一个烧炭人的家，就住在这家的楼上了。

教师范读后可以板书"……不……不……只……"，然后提问"这个皇帝怎么样"，并要求学生按句型回答。接着教师可以再口头作个例句，并让学生练习这一句型。第二段内容多一些，有"顾不得""招呼""好容易"三个重点词，教师可以这样提问："皇帝为什么迷了路？他住在哪儿了？"要求学生至少用五句话回答，并用上那三个重点词语（板书）。接着，教师可以重复这一中心问题后，并将问题分解："皇帝干什么去了？他看见什么了？怎么就他一个人了……"这种分解的小问题看起来与前述简单问题形式一样或相近，但并不要求学生孤立地回答，而是将其作为复杂思维中的一部分来要求，效果就大不一样。对学生形成的是复杂刺激，是一个要读一读、想一想才能回答的问题。而这个跳跃高度并不大，稍做努力便能达到。在学生回答后，教师要立即指导学生捕捉重点内容的方法。

在进行对外汉语综合课的语篇教学时，尽管学生开始时由于掌握词汇少而生疏，运用语法不大熟练，很不习惯用目的语进行复杂思维，但教师要引导学生自觉地以复杂思维来带动简单思维，或将简单思维组接、升华为复杂思维，从一开始就建立起语境观念。不同的词语在不同语境中的语义作用、语法作用和文化色彩往往大不相同。学生一旦有了语境观念，接触的例句多了，某些理论到时候一点就透。因此，要引导学生从语境的角度去理解语义、语法和文化。同时要注意学习和运用关键词和关联词语，表达各种复杂的感情与关系，学会词句的组装和句群、段落的衔接，去记忆各种语言材料。

2. 要注重培养学生的综合分析能力

要想培养学生用外语进行复杂思维的能力，就必须从一开始就注重培养其对众多事物进行综合以及对某一或某些事物进行分析的能力。当前，已经有越来越多的对外汉语教师意识到了及早对学生的综合分析能力进行培养的重要性和可能性。学生在综合、分析的过程中，必将从实际语境出发，从记忆库存与课文提供的素材中选取最适用的词语、句式表达内容，从而容易锻造出活的语言运用能力。

以《班车》第一段为例：

乔光朴站起身去拿暖瓶，想给自己倒杯水，顺便向窗外望了一眼，手立刻停住了。他的眼里射出一种尖刺刺的光，透过玻璃窗看见厂区中央大道上又有人提前下班。他看看表，离下班时间还有二十分钟。他曾下决心整顿过劳动纪律，上下班时间也曾派劳资科的人在大门口检查过。每逢有人检查的时候，很少有迟到早退的人，一不检查就准有早走的人，而且都是带孩子的女工。为什么这种现象就煞不住呢？

教师范读后可以提问："乔厂长发现了什么？"对于这个问题，不管是简单复述还是缩编复述都不行。这时，教师可以引导学生体会"手立刻停住了。他的眼里射出……"以及"为什么……煞不住呢"等重点语句，启发他们对乔厂长发现又有人早退时吃惊与不快的心情进行分析，从而培养学生的分析能力。

3. 要注意对训练难点进行分解，并逐步形成能力

在对外汉语综合课的语篇教学中，有些教师因觉得综合型分析性问题难度太大、学生难以适应而不让学生做这类问题。实际上，任何能力的形成都有一个逐步发展的过程，因此，教师要善于对训练难点进行分解，帮助学生认识和掌握一些关键性的学习方法，并创造一些条件使学生逐步形成能力。

4. 要更加注重大段与成篇的训练

更加注重大段与成篇的训练主要针对的是对外汉语教学的高级阶段。进入高级阶段后，应适当加强训练的质和量。

(1)适当加强训练的质

在加强大段与成篇训练的质的方面，首先是提高分析性问题的比重，包括微观分析(重点词语、句子的含义；词句用法上的比较分析等)和宏观分析(如从全文逐个分析重要人物性格以及探讨某些全局性的深层文化意蕴等)。

以《背影》第四段为例：

到南京时，有朋友约去游逛，勾留了一日；第二日上午便须渡江到浦口，下午上车北去。父亲因为事忙，本已说定不送我，叫旅馆里一个熟识的茶房陪我同去。他再三嘱咐茶房，甚是仔细。但他终于不放心，怕茶房不妥帖，颇踌躇了一会。其实我那年已二十岁，北京已来往过两三次，是没有甚么要紧的了。他踌躇了一会，终于决定还是自己送我去。我两三回劝他不必去；他只说，"不要紧，他们去不好！"

教师范读后，若是能提出一个分析性问题，可能会比提出一个复述性问题的效果更好："为什么父亲决定亲自送他？哪些词语表现了他的这种心情？"通过这一问题，可以引导学生理解父亲由于爱子心切而不放心，在默读中将重点词语找出，并体会人物细腻的感情和语言的准确传神。

其次是要求学生逐步做到回答得更正确、完整、连贯。也就是说，学生的回答不仅要内容不错，而且该有的几个方面都齐全，句与句、句群与句群、段与段，衔接得当，格式规范。当然，并不是一朝一夕就能做到这些的，还需要不断努力。

(2)适当加强训练的量

加强成段与成篇训练的量，最重要的一点是加大书面训练量，复述性、归纳性、分析性的均可，字数在200～400字之间。在加大书面训练量时，每课课时后的大段书面练习对学生是非常有用的，它是培养学生大段成篇口头和书面表达能力的一个必要过渡。学生通过每次课后的大段书面练习，既熟悉了内容，丰富了词汇与句型，又为全篇性口头与书面的表达做好了内容与语言准备。这样化整为零，由零到整，不易给学生增加负担，易于保证作业的完成与能力的形成。否则一课书结束后突然要求学生写一篇不少于800字的分析性文章，学生就会不知从何入手，容易出现不交作业或请人代作的情况。

书面的大段成篇表达能力训练的基础是口头训练，而教师讲得过多，学生就会缺乏大段成篇地口头表达的训练，书面练习就不易落实。因此，教师在教学中要特别注意少讲多练，加强学生成段、大段成篇口头表达的训练，不仅在"串讲"阶段让学生回答中心问题时要求"正确、完整、连贯"，而且在每一次上新课前复习提问时，要求学生有准备地(即上次课留下的几百字的作业)、语言流畅地、基本上不看书本大段成篇地回答。

第二节　对外汉语综合课教学实践

一、对外汉语综合课的教学实践案例

(一)对外汉语综合课语法例句的设计与展示

在对外汉语综合课的教学中，语法是非常重要的内容之一。若是不能全面地抓好语音、词汇、语法的教学，不能把语法结构与语义、语用等相结

合，不能贯彻实用性与实践性的原则，只是纯粹地灌输语法知识，就无法全面提高学生的听、说、读、写能力与交际能力。由于语言是有规律的，且对外汉语教学的对象都是成年人，因而在第二语言习得的过程中，应该承认语法规则、规律对掌握言语技能有其不可忽视的指导作用。对语法规律领会得好，有助于听、说、读、写训练的效率的提高。因此，对外汉语教师应在尽量短的时间内科学、精当、明确、有效地传授语法知识。而在这个过程中，语法例句设计与展示得如何对教学的效果有着非常直接的效果。一般来说，在进行语法例句的设计与展示时要注意以下几个方面。

1. 要注意有针对性

在对外汉语教学中，教语法不是目的，帮助学生理解语法现象并学会运用语法规律去交际才是目的。因此，在设计例句时要注意做到有针对性，具体来说要做到以下几个方面。

首先，设计例句时要针对所教语法现象的特点及其交际功能。以教可能补语为例来说，可能补语主要用其否定形式，肯定形式限于用于疑问句、与否定形式相对的肯定句、包含否定意思的句子等。因此，教可能补语时，可以先重点设计否定形式的例句，并创造适宜的语言环境引入，如：

(1)坐在我前面的人很高，挡着我，我看不见黑板上的字。

(2)小明才学了三个星期的汉语，还看不懂中文书。

(3)甲：你能听清楚我讲的话吗？

　　乙：听不清楚。

(4)这个房间很小，坐不下 20 个人。

与此同时，可以用不同的方式引入肯定形式的可能补语：

(1)甲：你看不懂中文书吧？

　　乙：不，我看得懂。

(2)老师的话我听不懂，李磊听得懂。

(3)甲：你听得懂汉语广播吗？

　　乙：听得懂。

其次，设计例句时要针对学生的实际即运用所教的语法知识时常犯的错误。在对外汉语教学中，传授语法知识是为了指导语言实践，因而语法知识的作用应该是积极的，是为了使学生在语言实践中预防错误，而不是为了事后说明错误。因此，设计的语法例句应该先入为主，提高学生的警觉，给他们留下强烈的印象，避免形成错误的习惯。以教反问句为例来说，用否定的形式表示肯定时，学生易犯的毛病之一是受汉语词序特点的干扰，掌握不

了“不”在句中的位置。于是,可以针对这一情况设计这样的例句:

(1)甲:你慢慢说,不要太激动。

乙:我的梦想实现了,怎么能不激动?

(2)甲:你有心脏病,不能激动。

乙:我的病已经好了,能够激动。

我的病已经好了,怎么不能激动?

设计好这一例句后,就需要启发学生观察、对比,并最终归纳出:句中已有能愿动词的,“不”加在“能”之前;没有的,则把“不”放在“怎么能”之后。

有一点需要注意,要让学生真正地掌握语法,教师应把更多的注意力和时间放在练上。但练前这样有针对性地讲,就可以使学生的暂时神经联系得到强化而有利于他们记住,并通过练更好地掌握所学的语法知识。

2. 要注意繁简得当

由于语法例句承担的是帮助学生理解语法知识、规律的任务,因此,在充分保证科学性的基础上,要考虑的是例句宜简还是宜繁。当然,这不能一概而论,在必要的时候(如教某些虚词,特别是关联词语的连用)当然该繁则繁;但在一般的情况下,例句还是以简练为妥,或者由简入手,从简到繁。例句过多过繁,学生的注意力就会分散,不易集中精神将主要的问题解决好。

3. 要注意使用学生学过的、熟知的词语

在进行语法例句设计时,所展示的例句中的词语,应尽量是学生学过的、熟知的。如果例句中出现了一些学生不懂的词,学生就会把注意力集中于例句中的词语的念法和意义,反而忽略了语法本身。

4. 要注意有启发性

例句的设计应该有启发性,因为从心理学的角度说,“直接兴趣是无意注意的重要源泉”,学生如有了兴趣,也就能保持其“注意的稳定性”。以教动词前加“一”出现在复句为例来说,可以先板书两组词组:

(1)开门看看

开门一看

(2)找人问问

找人一问

接下来可以请学生思考:每组中的两个词组意思是否一样?它们造句时用法又是否相同?当然,想要学生在教师还没有讲授这一知识时就正确地说出两词组用法的差异是不可能的。但由于这两组词组的用词都很简单，似曾相识，这样设疑就使学生形成了一种悬念，急切地想了解两者是否相同，不同的话差别又在哪里，促使他们主动地参与学习活动。这时，教师就可以进一步将词组补充完整：

(1)玛丽开门看看是谁来找她。

玛丽开门一看，原来是小王来找她。

(2)马丁要找人问问北京路怎么走。

马丁找人一问，就知道了到北京路该怎么走。

在将词组补充完整以后，教师就可以启发学生自己总结出：前者后面跟的是"看"或"问"的内容，后者跟的是"看"的结果与"问"后发现的情况。这样，两种用法的差异就鲜明地留在学生的脑海里。

5. 要注意对比

在对外汉语教学中，对比是经常用到的方法，语法例句的设计与展示也不例外。讲授语法知识，要注意汉外对比，还要注意新旧知识的对比及新知识之间的对比。以教连词"尽管"的用法为例来说，如果单独举一两个例子并与英语比较异同，学生还是理解得不透。但如果将它与一些学过的连词进行对比，不但能帮助学生较好地理解新知识，懂得其用法，而且还能帮助他们巩固旧知识，提高辨析、运用这些连词的能力。因此，在教授连词"尽管"的用法时，教师可以先展示几个既涉及旧有知识，又含有新知识的例句：

即使下雨，我也要去。

如果下雨，我就不去了。

既然下雨，我就不去了。

尽管下雨，我还是要去。

接下来，教师可以启发学生对这几个例句进行比较，体会它们之间的联系与区别。之后，教师要引导学生作出归纳：

假设

即使下雨，我也要去。

如果下雨，我就不去了。

事实

既然下雨，我就不去了。

尽管下雨，我还是要去。

其中，第一个句子和第四个句子不受这种情形的影响，而第二个句子和第三个句子受这种情形的影响。

总的来说，在教学中通过新旧知识的对比，使知识不断地系统化，并理解各部分知识之间的联系，不仅有利于知识的深化，而且有利于用完整的知识去理解新的知识。除了新旧知识对比外，新知识本身也可进行对比。在教授“除了……以外”，表示加合关系及排除关系的内容时，可以设计这样两组例句：

(1)加合关系：住在这里除了方便以外，还很安静。
他晚上除了做作业以外，还预习新课。
排除关系：除了这一桌以外，所有的桌子都坐满了人。
除了小李以外，大家都去。

(2)加合关系：除了他(学汉语)以外，还有我们学汉语。
他除了学汉语以外，还学俄语。
排除关系：除了他(学汉语)以外，我们都学俄语。
他除了(学)汉语以外，别的都不学。

比较这两组例句可以发现，第二组要比第一组好一些。因为第一组所展示的是互不相干的内容；而第二组句子的内容有联系，所表达的意思却又不同，通过对比，句中“除了……以外，还……”与“除了……以外，都……”的语法功用就显得十分鲜明。而且，第二组例子可以提醒学生注意，两个分句主语的异同决定了“除了”在第一分句中的位置，而这往往是学生容易弄错的地方。

6. 要注意有灵活性

例句的设计还应该具有灵活性，因人而异，因知识的内容、特点而异。与此同时，汉语没有很多形式上的束缚，一意义可用多种形式来表达，相当灵活。在设计例句时，也应适当注意体现这一特点。如教授“双重否定”的用法时，可以先列出一组单句：

我们这儿人人都认识他。
我们这儿没有人不认识他。

列出这一组单句，为的是帮助学生体会什么叫双重否定。接下来，教师可以在此基础上列出一个非双重否定的复句：

只要努力，这些难题都能够克服。

列出这一非双重否定的复句之后，教师可以接着告诉学生，在这类表示条件与结果的复句中，两个否定词在句中的位置是灵活的，而且表示意思的句式也是灵活的，进而启发引导学生逐步说出以下的句子：

只要努力，不可能克服不了这些难题。

只要努力，这些难题不可能克服不了。

不努力，这些难题就都不可能克服。

不努力，就不可能克服这些难题。

不努力，这些难题就都克服不了。

这样之后，学生不仅懂得了灵活地运用双重否定这一语法知识，而且会受到启发，知道怎样灵活地表达自己的思想。

另外，例句的展示方法也应该灵活，有时可以直接展示所教内容的例句；有时可以先展示非所教内容的例句，然后引导启发学生动脑动口说出教学所需的例句。

（二）对外汉语综合课课堂交际技能的训练方法

对外汉语教学的目的是培养学生使用汉语的能力，而交际技能的操练恰恰关系到能否有效地培养学生使用语言的能力。进行交际技能操练，不仅直接影响到课堂教学的成效，也为学生的课堂学习与课下自然习得有机结合起了桥梁作用；既能激发学生投身于汉语的社会环境中进行实践的兴趣，又能为学生具备这种实践能力打下一定的基础。因此，对外汉语综合课课堂教学要重视对学生交际技能的训练，为此，可以运用分组的办法。

1. 分组的原则

尽量使同一组的学生来自不同的国家是分组的原则，即使来自同一国家，关系较密切的学生也不分在同一组里。这样做是因为，学生在活动中必须用汉语交流，并且有独立思考的过程，避免了他们之间用母语交谈、相互依赖的现象。

2. 分组的练习

交际技能训练一般安排在一课结束之前，通过布置学生分组做一些综合练习来完成，每小组一般是 3～5 人。综合练习时，其内容一般有两类：一类是先让学生与同（邻）桌配对，熟读并能背诵课文对话以后，布置学生在原课文的基础上编情景对话，各组分别向全班表演，时间一般为15～20 分钟；另一类是先以全班集体讨论的方式回答课文中有现成答案的那些问题，然后布置学生讨论一些需要认真思考、综合课文内容，并可发挥的问题，再由各小组推荐代表向全班汇报讨论情况，时间一般为45～50分钟。在小组进行讨论时，教师要走下讲台，观察各小组讨论情况，回答学生在讨论中提出的各种问题。

在对外汉语教学中，教学班级成员的组成一般有两种情况：一是来自多种国别，二是以某国学生为主。在进行分组时，要保证各小组都有中坚力量，以保证每小组的活动都能正常运转，而且各组成员的综合能力相差不大。否则，组与组之间的差距会影响全班的教学进度和学生的学习情绪。而且，在分组时要兼顾不同国别、性别、年龄、汉语基础、媒介语水平等。接下来，就分组的两类练习各举一例进行说明。

(1)第一组分类练习：班级总人数是16人。

①教学内容：《初级汉语课本》第二册第31课(学生累计生词量约550个)。

(高开送走了张子强回家，走到门口儿，遇见了邻居王师傅)

王：高老师，您上哪儿了？

高：哟，是王师傅啊！我上车站送人去了。您上街了？

王：没有。我刚下班，顺便洗了个澡。

(高开回到了家，他爱人在做晚饭)

王兰：回来了？

高：回来了。

王：刚才门口儿的水果店里卖苹果。你回来的时候，看见了没有？

高：没有，我没看见。苹果好吗？

王：不错，老李买了好几斤呢！

高：明天咱们也去买几斤。

②学生情况：见表11-2。

表11-2　学生具体情况

<table>
<tr><td>国别</td><td>韩国</td><td>泰国</td><td>日本</td><td>尼泊尔</td><td>爱尔兰</td><td>芬兰</td><td>赞比亚</td><td>以色列</td></tr>
<tr><td>人数</td><td>4人</td><td>3人</td><td>2人</td><td>3人</td><td>1人</td><td>1人</td><td>1人</td><td>1人</td></tr>
<tr><td>性别</td><td colspan="4">男：11人</td><td colspan="4">女：5人</td></tr>
<tr><td>年龄</td><td colspan="4">30岁以上：3人</td><td colspan="4">20～30岁：13人</td></tr>
<tr><td>文化程度</td><td colspan="2">硕士：1人</td><td colspan="2">大学：5人</td><td colspan="2">大学在校生：4人</td><td colspan="2">高中：6人</td></tr>
<tr><td>职业</td><td colspan="4">公司职员：7人</td><td colspan="4">学生：9人</td></tr>
<tr><td>汉语基础</td><td colspan="4">来中国以前学了1～3个月</td><td colspan="4">零起点：11人</td></tr>
</table>

续表

国别	韩国	泰国	日本	尼泊尔	爱尔兰	芬兰	赞比亚	以色列
人数	4 人	3 人	2 人	3 人	1 人	1 人	1 人	1 人
学习语言能力★	较强:4 人				一般:8 人		较弱:4 人	
交际能力★	较强:6 人				一般:5 人		较弱:5 人	
组织能力★	较强:4 人				一般:6 人		较弱:6 人	
媒介语水平(英语)	熟练运用:8 人(其中包括 1 名英语为母语的学生)				简单交流:4 人		不会:4 人	

注:★号表示该划分标准是根据学生情况而定的相对标准。

③分组:按照前面所说的分组原则,依据课文内容,将 16 名学生分成 4 组。在分组时需要注意的是,16 名学生中仅有 2 名来自欧洲,文化差异加上性格内向,很容易使他们与其他学生的关系比较疏远。因此,在分组时要将他们分别与组织能力较强、能用简单英语进行交流的同学分在一个组里,以减少他们的心理压力,使他们能积极参与小组活动。

④活动内容及要求:按照原课文,或者是在原课文的基础上改编对话,分角色练习;尽量用上本课新语法点"了"以及刚、好、做、看见、斤等主要词汇;准备时间是 10 分钟;各组分别向全班表演。

⑤活动情况:各组均按时完成了作业,其共同做法是将两段课文合成一课,一人旁白,三人分任三个角色。有的组还将课文中的人名换成了本组同学的名字,使对话增添了亲切感,会话情景更加自然。以其中一组为例,分别用 A、B、C、D 代表四名学生:

A:(介绍人物)他(B)叫高开,她(C)叫王兰,是高开的爱人,他(D)是他们的邻居。【此时,C 插话:他(B)是我丈夫。B 接上:她(C)是我妻子。】

D:高老师,您上哪儿了?

B:哟,是柳师傅啊!我上车站送朋友去了。您上街了?

D:没有。我刚下班,顺便洗澡了。

A:(旁白)高开回到家,他爱人在做晚饭。【此时,C 增添切菜的表演动作,将讲台当作切菜桌,右手当作切菜刀,做出飞快切菜的动作,加强了会话情景,而 B 走进家。】

C:你怎么这么晚回来!你看几点钟了?

B:(看看表)哟,七点了。对不起,我上车站送朋友去了。

C:刚才,轮子说,门口儿的水果店里卖橘子,你看见了没有?

B:没有,橘子怎么样?

C:不错,很大,很甜,水很多。轮子买了好几斤呢!

B:明天咱们也去买几斤吧!

C:不行,明天要卖完了,你现在去买吧!

B:买几斤橘子?

C:三斤,你顺便再买两斤苹果。

B:好吧,再见!

⑥教师小结:教师在对学生的成绩进行肯定的同时,也应该指出句子中出现的语法错误,"我刚下班,顺便洗澡了"一句应该改为是"我刚下班,顺便洗了个澡"。同时,教师要注意对以下方面进行强调:词尾"了"和句尾"了"的用法是有区别的;在两人分手后很短的时间内就会回来时,不用说"再见"这个词。

(2)第二组分类练习:班级总人数是 16 人。

①教学内容:《初级汉语课本》第三册第 57 课《愚公移山》(学生累计生词量 1 200 个)。

②学生情况:见表 11-3。

表 11-3　学生具体情况

国别	韩国	日本	印尼	法国	美国	以色列
人数	7 人	2 人	2 人	1 人	3 人	1 人
性别	男:8 人			女:7 人		
年龄	30 岁以上:6 人			20～30 岁:10 人		
文化程度	博士、硕士:3 人	大学:6 人		大学在校生:3 人	高中:4 人	
职业	公司职员:9 人			学生:7 人		
汉语基础	来中国以前学了 1～3 个月:2 人			零起点:14 人		
学习语言能力★	较强:3 人			一般:6 人	较弱:7 人	
交际能力★	较强:8 人			一般:4 人	较弱:4 人	
组织能力★	较强:6 人			一般:4 人	较弱:6 人	
媒介语水平(英语)	熟练运用:12 人			简单交流:2 人	不会:2 人	

③分组:依照分组的原则,将 16 名学生分成 4 组,其中韩国学生 7 人分在 4 个组里,将他们中间平时关系比较密切或比较疏远的学生分在了不同的组里。

④活动内容及要求:讨论愚公要移山时,他的妻子和智叟是怎么想的?

有没有道理？学了这个故事以后，你有什么想法；讨论时要用上本课语法点“连……也（都）……”“动词＋得（不）＋了（动）”“只要……就……”“不管……都……”“只有”等；讨论时间是30分钟；各组在讨论结束后推选一名代表向全班汇报本组的讨论情况。

⑤活动情况：各小组成员都积极参与，讨论都比较热烈，其中一名韩国学生代表自己的小组向全班作了如下的汇报：

愚公要移山，他的妻子想，愚公年纪太大了，身体又不好，他连一块石头也挖不动，怎么能挖掉两座大山呢？智叟想，愚公连山上的草都拔不动，怎么能挖掉两座大山呢？我们小组有三种意见，有的人觉得，愚公的妻子和智叟的说有道理。愚公是一个笨人，他不应该挖山，自己挖山很累，还要儿子、孙子都去挖山。愚公应该搬家，搬家是最好的办法。有的人觉得，他妻子和智叟怕困难，愚公的想是对的。我们不管做什么事，遇到困难都不要怕，只要不断地努力，就一定能达到目的。只有我和他们不一样，我觉得，挖山可以，搬家也可以，只要他们认为有道理，就可以说有道理，他们都可以做他们认为有道理的事。

⑥教师小结：教师在对学生的成绩进行肯定的同时，也应该指出几个语法错误：“动词＋不＋了（动）”结构中，不能说“愚公连山上的草都拔不动”，而应说“愚公连山上的草都拔不了”，“了”在这里是“完”的意思；“愚公的妻子和智叟的说有道理”中，“说”是动词，因而应该改为“愚公的妻子和智叟说的有道理”，同样，“愚公的想是对的”应改为“愚公想的是对的”；“只有”表示“唯一”的意思，而这里有三种不同的意见，因而不能说“只有我和他们不一样”。

3. 分组的意义

在对外汉语综合课的课堂教学中，采用分组的方法得到了所有学生的赞同。而且，采用分组的方法，从课上情况看，不论是学习成绩较好的学生还是学习成绩较差的学生，学习热情都大为提高；从课下情况看，不少学生积极主动地走到中国人中间去进行语言实践。具体来说，分组的意义主要有以下几个。

（1）可以督促学生个个参加

采用分组的方法，可以督促学生个个参加。通常是先给定一个与课文内容有关的话题，然后学生按照教师的要求，用新学的语言知识去完成。讨论问题时，大家迎面而坐，互相启发，人人发表自己的意见；对话表演时，每人都参与编排，各任一个角色。由于各人的社会、文化背景不同，每个人都有鲜为人知的素材，而且对汉语的理解和考虑问题的角度也不一样，因而督促学生相互听、记发言要点，以便更准确地理解课文。

(2)可以使交流在一定的情景中进行，更贴近实际生活

采用分组的方法，可以使交流在一定的情景中进行，更贴近实际生活。学生在实践中，不仅要注意言语的正确性，还要注意言语的得体性，思考是否符合交际的场合、目的和双方的身份等。很多学生普遍反映，没有实行分组活动时，他们虽然很想实践汉语，但找不到合适的交流对象，同班同学下课之后各奔东西，见面都不容易；即使碰上交流机会，也是随意性强，针对性差，难以做到结合新学的语言材料去进行交流。而采用分组的方法，使他们在课堂上有更多的实践汉语的机会，从而有利于把课堂上学到的汉语言知识转化为言语交际技能。

(3)可以为学生创造学习汉语的愉快氛围，激发其兴趣，调动其积极性

采用分组的方法，可以为学生创造学习汉语的愉快氛围，激发其兴趣，调动其积极性。通常来说，对外汉语教学班级是一个多元文化的小集体，学生有不同的社会文化背景，彼此之间存在一定的隔阂，影响了他们学习的情绪。分组活动给学生增加了在课堂上接触、交流的机会，使他们能相互了解、理解，并能互相帮助。在对外汉语综合课的课堂教学中采用分组后，几乎所有的学生都反映，同学之间的关系融洽了，他们由此而喜爱班集体，乐于在这样的环境中学习汉语。

一般来说，分组以表演、讨论等方式活动，形式活泼，课堂气氛活跃。因此，分组活动使学生的学习情绪很高，他们积极思维，积极参与。而且，分组活动带有的竞争性使得学生要常常主动预习，为自己能有个精彩的表演争取小组取胜而努力准备。

(4)可以使师生之间自然交流的机会增多

采用分组的方法，可以使师生之间自然交流的机会增多。由于学生们敞开了思想，学习中的问题暴露得也多，教师就能发现并及时解决。学生的努力和表现，能得到教师及时的肯定与鼓励，增强了他们学习汉语的自信心。

4. 分组中存在的问题

在对外汉语综合课的课堂教学中，虽然采用分组的方法取得了一定的成效，但还是存在着一些问题，具体来说有以下几个。

(1)在分组活动中，由于没有教师在身边，学生思想轻松。这应该说是一件好事，但有时却会出现爱说的多说、不爱说的少说的现象；同学之间交流时出了语言错误，如果小组里没有人意识到，就不可能及时得到纠正，尤

其是学习汉语的初级阶段，减少了当场获得正确信息的机会。

(2)话题有时展开的余地不够大，或是分配的时间较长，显得分组活动十分松散。

(3)在小组代表发言时，推选的通常都是言语交际技能较强的学生，而言语交际技能较差的学生很难得到锻炼的机会。

二、速成对外汉语综合课教学的强化训练

(一)速成对外汉语综合课教学的优势

速成对外汉语综合课教学与常规教学相比，以较少的时间完成等量的教学内容，体现出它的数量效果；在质量上达到或超过常规教学所达到的要求，体现出它的质量效果。因此，目前的速成对外汉语综合课教学已经基本具备了快速的特点，并且显示出了速成教学快速、强化的意义。

速成对外汉语综合课教学的最佳效果不单单是由相对集中的教学时间来体现的，最重要的是来自教学的高效率，因此，“效率教学”应该是速成教学的体现。

速成对外汉语综合课教学更适应日韩学生的学习特点，因而在他们身上体现的速成效果也更明显。若想发挥欧美学生的学习优势，有必要增加其他的教学安排并采用相应的教学手段，考察形式也应与之相匹配。

(二)速成对外汉语综合课的教学目标

速成对外汉语要求在相对短的时间内完成一般要在较长时间内才能完成的教学内容，并且达到相当的水平。这是速成对外汉语教学的总目标，而这一目标又因学习对象和学习时间的不同而体现为不同的具体指标。通常来说，速成对外汉语综合课针对的是零起点学生，其整体目标是使学生经过20周的训练，能够掌握2 000多个词汇，掌握汉语基本的语法规则和简单的语用规则，能进行日常生活会话和简单的事务会话，语义表达正确，语音语调基本正确，能阅读简单的汉语书刊，达到汉语水平考试的3级，也就是说，达到普通基础汉语教学一年应该达到的水平。

(三)速成对外汉语综合课的教学方法设计

要想实现速成对外汉语综合课的教学目标，最为关键的是设计适当的教学方法。而在设计适当的教学方法时，要认真分析教材，并准确把握其编写体例和特点。

速成对外汉语综合课的教学采用的是《速成汉语初级教程综合课本》，根据速成汉语教学的特点，按照“以话题为中心，以语法、功能为暗线，以全方位练习为主体”的总体构想编制。《速成汉语初级教程综合课本》就语法点的排列而言，有一个内在的顺序，但课文所涉及的语法现象并不像以语法结构为纲的教材那样，看起来一目了然，而是根据话题的需要，“兼顾语法点的合理安排”，因而对于语法现象的注释，综合课本并不是“见一个讲一个”，而基本上采取的是“归纳法”。这样，课文出现的语法点，就不能全部在当课注释，从而导致课文和语法注释的某种乖离。对此，教师要注意从以下几个方面对语法点进行处理。

1. 集中讲解与分散讲解相结合

《速成汉语初级教程综合课本》的语法注释有的是集中性的，有的是分散性的。同时，由于教学时间和教学对象不同，集中注释的部分，可能一次课处理不完，而分散性的注释，也可能一次不够讲。对此，教师应该根据教学实际，灵活掌握，不能过分拘泥于教材设定的顺序。能一次讲完的当然好，一次讲不完的，就应该分散开。至于教材里已经分散开的注释，可先按照课文注释的顺序讲，在后面再讲到时就应该回顾一下前面讲过的，从而将教材里分散了的注释有机地串联起来，使学生的理解有个系统。

2. 对比讲解与变换讲解相结合

在速成对外汉语综合课的教学中，经常会遇到这样的现象：单就某一结构本身讲它的特性，学生反倒不易理解，如果提出一些和这一结构有关的句子，进行对比或变换，虽然给的量增多了，却可以缩短学习者理解的过程。也就是说，在对外汉语综合课的教学中，可以运用对比讲解和变换讲解。在运用这种方法时，要注意用来进行对比或变换的句子应该尽量是语法注释中、书后练习中出现的，当然也不完全拘泥于此；要注意提出对比或变换的句子，在语法方面要尽量跟语法点顺序的调整结合起来，在用词上要避免随意性。

(四)速成对外汉语综合课教学的形式

速成对外汉语综合课教学的形式，常用的主要有以下几种。

1. 进行分角色实战练习

分角色实战练习是一种身临其境的练习方式，有着较好的教学效果，对初学者来说是不能缺少的。分角色实战练习特别有利于语法复习或讲解语言现象或讲解国情问题。此外，在通常的情况下也有助于创造轻松愉快的气氛，使学生紧张的情绪放松一下，以便接下去做理解难度较大的练习，如听力练习等。

2. 用卡片对汉语拼音进行练习

用卡片对汉语拼音进行练习，就是给每个学生发一张编有号码的卡片，卡片上用汉语拼音写四个不同的音节，并标有四声。给学生大约5～10分钟的练习时间，要求所有学生尽可能大声清楚地朗读卡片上的音节。接着让某一学生读其卡片上的音节，让其他学生进行重复。若学生重复得不对，则一直重复到对为止。这种练习看起来有些费事或“幼稚可笑”，但在对初学者的教学中有很多不可低估的长处。

3. 做记忆汉字的游戏

做记忆汉字的游戏，要先准备一套词汇小卡片，卡片一面写有汉字和相应的拼音，另一面是空白的。每两张是一对儿，上面的字和拼音是相同的。做游戏的时候，空白的一面朝上混放在桌子上。参加游戏者轮流翻卡片，每人翻两张，如果是一对儿，就收归已有；如果不是一对儿，再扣着放在桌子上。最后谁找到的对儿最多，谁就是胜利者。游戏的目的是掌握词汇，所以要求找到成对卡片的学生准确地读出卡片上的字音并说出其确切的汉语意思。如果做不到这一点，卡片也不能归他所有。这种复习词汇方式的优点是通过做游戏来接触汉字，有一种不可低估的整体意识特点，也有助于培养学生的集体心理素质。

4. 增强理解能力听写训练

在速成对外汉语学习中，听写练习恰恰是最难的练习，特别需要老师的帮助和支持。这是因为听写练习的前提不仅是准确了解每个单词，而且要求学生有很强的听力和坚实的语法知识。学生通过听写练习，可以把他们的错误暴露无遗，以便教师随时纠正其学习中出现的错误。因此，定期做听写练习可以调动学生积极学习词汇的主动性，也可给老师提供系统地讲解拼写和语法错误的可能性。

5. 运用投影仪进行作文练习

在速成对外汉语综合课教学中，运用投影仪进行作文练习就是将学生的作文用投影仪放映在墙上，作为学生朗读和改错练习的材料。用这种办法可以同时达到许多教学目的：可以使学生积极复习并将相互有关联的句子串联成与个人有重要关系的作文；可以提高学生朗读的速度，激发其朗读的兴趣；能够帮助学生更好地意识到并改正在书写、语法和习惯用语等方面的错误；可以使学生对如何找到语法准确和用词恰当的表达方式发生兴趣。但是，这种方式容易出现因错误纠正得不彻底而导致学生记住未经改过的不正确的语句，而且并不是每个学生都能被积极调动起来参与课堂活动。

需要注意的是，在速成对外汉语综合课教学中，教师仅仅运用某一种形式就将所有的学生都教会是不可能的，应积极了解每一个学生的特点，对其运用最适合的形式。同时，教师在教学中也要注意将这些不同的形式有机地结合起来运用。

(五)速成对外汉语综合课教学的时间观强化

速成对外汉语综合课教学的时间观，指的是在速成教学中如何正确理解时间的意义，如何看待时间的作用。树立正确的时间观，是保证速成对外汉语综合课教学健康发展的必要条件。而确立正确的时间观，必须具体分析影响和制约教学进程的各种因素，建立起相应的教学保障体系。

1. 影响和制约速成对外汉语综合课教学进程的因素

影响和制约速成对外汉语综合课教学进程的因素主要有两个，即速成对外汉语综合课教学的“快速”和速成对外汉语综合课教学的“高效”。

(1)速成对外汉语综合课教学的“快速”

速成对外汉语综合课教学是一项复杂的系统工程，构成系统的各种主客观因素都会制约教学的过程，并直接或间接影响教学的效果，因此，“快速”不是简单的、单纯意义上的绝对快速，而是在各种条件制约下的相对快速。

速成对外汉语综合课教学的“快速”具有相对性，主要存在于以下几个方面。

①客观要求：包括构成和指导教学的各项客观因素

设计速成对外汉语综合课教学的整体计划时，除了必须遵循对外汉语教学的基本原则以外，还必须不断吸收对外汉语教学的支撑学科及其他相邻学科的研究成果，理论设计还必须经过实践的检验和完善，才能指导教学；教学时间联系着一定的教学量，初级阶段必须完成多少教学任务是有客观而科学的量化指标的，只有依靠足够的课堂教学时间，才能逐步完成教学目标所规定的教学任务；教学内容的完成情况最终体现在相应的教学效果上，考察教学效果就是考察学生的进步程度，速成对外汉语综合课教学不仅要考察学生在短期内学习了多少东西，更要看理解了多少、消化了多少；强化手段作为速成教学常用的、有效的教学措施，其运用程度以及运用的效果也要受到一定的制约，强化学生对正确概念的理解与运用，并使之成为学生的语言习惯，需要多次实践和反复验证；用增加一定教学周期里的绝对教学时间来缩短教学周期的做法不是无限制的，要受到学习规律等多种因素的制约，还要考虑大多数学生的适应能力和心理承受能力。

②主观保证：主要考虑学习者的学习动机和学习愿望的强烈程度

学习者个人对“速成”意识的理解及其重视程度，直接关系到其学习热情和愿望，而不同的学习动机和愿望也决定了学习者不同的学习态度，因而学生表现出不同的学习动力、对待压力和挫折的不同表现，在学习的自觉性和持久性方面也体现出差异。速成对外汉语综合课教学应充分认识到学生的个性特点，其强化安排要能够激发学生的学习热情，并保持住他们的学习愿望。

③要有科学、明确的参照系统

在进行速成对外汉语综合课教学时，“短”和“快”必须有一个客观的、科学的、可供参考的参照系统。这个参照系统包括国家汉办制订的汉语水平等级标准和本科教育的教学大纲，根据这些参照物来检查速成教学在多大的时间量上完成了多少教学任务、达到什么样的教学效果，然后才能作出判断。

④教材的作用

在进行速成对外汉语综合课教学时，教材作为教学之本，实际上制约着教学的进程和效果。如语法中的句型教学，教材应该及时吸收语言研究的成果，如根据频率统计，筛选覆盖率高、使用范围广的句型，选择典型的、基本的、能产性高的句型，还应从交际角度出发，选用亟需的、具有较高交际价值的句型；再如词汇教学，在编排上要尽可能体现高重现率，尽快地帮助学生记忆、巩固。

总的来说，速成对外汉语综合课教学的“快速”要求的相对性表明，必须综合考虑各种主客观因素，正确理解“快速”的含义；在教学组织中合理利用时间，合理分配时间，做到既量力而行，又尽力而为，使速成教学有利于发挥所采用的教学手段的作用，调动师生教与学的热情，开发学生一定压力之下的学习潜力。

(2)速成对外汉语综合课教学的“高效”

前面提到，速成对外汉语综合课教学的“快速”具有相对性，但这速成对外汉语综合课教学与其他教学模式相比不具有速成效果，相反，在现有条件下，速成对外汉语综合课教学的快速效果在学习的数量与质量上都得到高度体现。从而，速成对外汉语综合课教学可以通过数量指标和质量指标完成的情况来衡量速成教学的速度,判断速成教学的效果。

速成对外汉语综合课教学的数量指标重点强调的是在单位时间内的"数量保证",指的是在规定的教学时间内,学生们完成了多少学习任务,包括学习了多少生词和汉字、掌握了多少语言点。速成对外汉语综合课教学与其他形式的语言教学一样具有相同的教学任务,即通过一定量的语音、语法、词汇的教学,逐步提高学生对汉语的理解与运用水平,使学生具有基本的听说读写能力,并且能就日常生活与学习的内容进行一定范围内的交际。

速成对外汉语综合课教学的质量指标重点考察学生是否达到了速成教学的"质量要求",指的是学生的语言能力达到什么样的程度,即各项语言技能指标的达标情况与学习成绩好坏。HSK 考试是我国权威性的标准化考试形式,在目前来看,它的检测手段是最客观的、最具有说服力的。通过表 11-4,可以发现速成教学的质量已得到保证,并显示出快速学习之后的良好效果。

表 11-4　HSK 成绩的对照

		国家等级标准	学历教育	速成教育	
				日韩生	欧美生
HSK成绩	等级范围	初等(3～5 级)	初等(3～5 级)	初等(3～5 级)	总分 2 级
	中数 Md	无	初 C(3 级)	初 C(3 级)	2 级
	达标率	无	76%～82%	85%左右	80%左右

2. 速成对外汉语综合课教学保障体系的建立

要想实现速成对外汉语综合课教学"快速""高效"的目的,必须有完善的教学保障体系。在组织教学时,要保证速成教学的"快速"和"高效",首先是运用强化手段,在课堂教学方法和课程设置上实行优化策略,使教学组织活动为达到速成教学的目标发挥最大的作用;其次是形成教学特色,强调在学习和借鉴的基础上发挥自我优势,找到最佳的教学模式。

(1)运用强化手段

强化是体现速成对外汉语综合课教学时间观念最有力的措施,通过多次的再现、激活和唤醒,使暂存于大脑皮层的初始记忆在遗忘之前得到巩固和保持。在速成对外汉语综合课教学中,强化手段主要运用在教学环节设计、课堂教学手段和课程安排上。

在教学环节设计方面,要注意加大听写和测试内容,提高教学内容的重现频率;增加复习时间,强化学生记忆,巩固教学效果。要形成"讲练—复练—精练＋听力＋语言实践”一条龙的训练模式，讲练结合、听说兼备，形成由知识到技能，从理解记忆到实际运用的训练系统。

在课堂教学手段方面，要运用丰富多样的教学手段讲解和实际操练新知识。操练句型时，对句子结构进行大量的重述、模仿、替换、改装、扩展，重新组装和活用语言材料，使语言刺激达到一定的数量，在数量上达到强化，然后进入功能操练，使所学语言点在一定的语境中得到应用。

在课程安排方面，综合课要与口语课、听力课、词汇语法测试课、小组教学课和语言实践课相结合，对学习内容进行多方位的操练和强化。

(2)形成教学特色

依据学生的特点和要求创造出各种有利于学习的条件，是形成教学特色的关键。教学特色应该针对自身条件而言，在对自己条件进行充分研究的基础上，设计自己的教学模式，形成一定的特色。

参考文献

[1]龚亚天等.英语教学评估——行为表现评估和学生学习档案[M].北京:人民教育出版社,2002.

[2]陈琦等.教育心理学[M].北京:高等教育出版社,2005.

[3]吕必松.汉语和汉语作为第二语言教学[M].北京:北京大学出版社,2007.

[4]吕文华.对外汉语教学语法探索(增订本)[M].北京:北京语言大学出版社,2008.

[5]裴娣娜.教学论[M].北京:教育科学出版社,2007.

[6]周小兵.对外汉语教学导论[M].北京:商务印书馆,2009.

[7]崔永华,杨寄洲.对外汉语课堂教学技巧[M].北京:北京语言大学出版社,2011.

[8]崔永华.对外汉语教学设计导论[M].北京:北京语言大学出版社,2011.

[9]姜丽萍.对外汉语教学论[M].北京:北京语言大学出版社,2009.

[10]李晓琪.对外汉语阅读与写作教学研究[M].北京:商务印书馆,2009.

[11]陈枫.对外汉语教学法[M].北京:中华书局,2012.

[12]李泉.对外汉语教学学科理论研究[M].北京:商务印书馆,2006.

[13]卢华岩.对外汉语课堂教学行为理论与实践[M].北京:北京大学出版社,2011.

[14]陈昌来.对外汉语教学概论[M].上海:复旦大学出版社,2010.

[15]黄锦章,刘焱.对外汉语教学中的理论与方法[M].北京:北京大学出版社,2004.

[16]赵金铭.对外汉语教学概论[M].北京:商务印书馆,2011.

[17]毕继万.跨文化交际与第二语言教学[M].北京:北京语言大学出版社,2009.

[18]程棠.对外汉语教学目的、原则、方法(第二版)[M].北京:北京语言大学出版社,2008.

[19]孟国.第二语言习得理论与汉语教学研究[M].北京:光明日报出版社,2010.

[20]靳洪刚.语言获得理论研究[M].北京:中国社会科学出版社,1997.

[21]郭继懋,郑天刚.似同实异——汉语近义表达方式的认知语用分析[M].北京:中国社会科学出版社,2002.

[22]王建勤.汉语作为第二语言的习得研究[M].北京:北京语言大学出版社,1997.

[23]赵贤州等.对外汉语教学通论[M].上海:上海外语教育出版社,1996.

[24]张和生.对外汉语课堂教学技巧研究[M].北京:商务印书馆,2006.

[25]张旺熹.对外汉语研究与评论[M].北京:教育科学出版社,2005.